新编21世纪远程教育精品教材

• 经济与管理系列 •

管理学原理

孙 喜 编著

中国人民大学出版社

· 北京 ·

新编 21 世纪远程教育精品教材

编委会

孙喜，首都经济贸易大学工商管理学院战略管理系，副教授，长期从事管理学、跨国公司管理、创新管理等专业课程的教学工作。多年来深入一线企业实践，理解中国工业的自主创新与竞争力发展，发表相关论文十余篇，其中多篇引起较大社会反响。

本教材沿袭了国内外经典管理学教材的技术路线，并采用了大量中国各类社会组织，尤其是企业的实际案例，力求经典理论与中国情境的有效结合，将管理过程的四个职能放到更加国际化的视野中，以历史主义的方法加以理解，以适应中国企业的发展需求，同时在确保准确性、实用性的前提下兼顾可读性。教材共设九章：在一个必要的绪论（第一章）之后，分别介绍了管理学的学科历史（第二章）、研究对象（第三章）和时代背景（第四章），并在此基础上深入讨论了管理过程的四个职能（第五章至第八章），最后以管理创新为全书收尾，意在使学习者避免“食洋不化”的窘境，努力探索新时代中国企业管理实践之路。

总序

PREFACE

我们正处在教育史尤其是高等教育史上的一个重大的转型期。在全球范围内，包括在我们中华大地，以校园课堂面授为特征的工业化社会的近代学校教育体制，正在向基于校园课堂面授的学校教育与基于信息通信技术的远程教育相互补充、相互整合的现代终身教育体制发展。一次性学校教育的理念已经被持续性终身学习的理念所替代。在高等教育领域，从1088年欧洲创立博洛尼亚（Bologna）大学以来，21世纪以前的各国高等教育基本是沿着精英教育的路线发展的，这也包括自19世纪末创办京师大学堂以来我国高等教育短短一百多年的发展史。然而，自20世纪下半叶起，尤其在迈进21世纪时，以多媒体计算机和互联网为主要标志的电子信息通信技术正在引发教育界的一场深刻的革命。高等教育正在从精英教育走向大众化、普及化教育，学校教育体系正在向终身教育体系和学习型社会转变。在我国，党的十六大明确了全面建设小康社会的目标之一就是构建学习型社会，即要构建由国民教育体系和终身教育体系共同组成的有中国特色的现代教育体系。

教育史上的这次革命性转型绝不仅仅是科学技术进步推动的。诚然，以电子信息通信技术为主要代表的现代科学技术的进步，为实现从校园课堂面授向开放远程学习、从近代学校教育体制向现代终身教育体制和学习型社会的转型提供了物质技术基础。但是，教育形态演变的深层次原因在于人类社会经济发展和社会生活变革的需求。恰在这次世纪之交，人类社会开始进入基于知识经济的信息社会。知识创新与传播及应用、人力资源开发与人才培养已经成为各国提高经济实力、综合国力和国际竞争力的关键和基础。而这些仅仅依靠传统学校校园面授教育体制是无法满足的。此外，国际社会面临的能源、环境与生态危机，气候异常，数字鸿沟与文明冲突，对物种多样性与文化多样性的威胁等多重全球挑战，也只有依靠世界各国进一步深化教育改革与创新，促进人与自然的和谐发展才能得到解决。正因为如此，我国党和政府提出了“科教兴国”“可持续发展”“西部大开发”“缩小数字鸿沟”以及“人与自然和谐发展”的“科学发展观”等战略和思想。其中，对教育作为经济建设的重要战略地位和基础性、全局性、前瞻性产业的确认，对高等教育对于知识创新与传播及应用、人力资源开发与人才培养的重大意义的关注，以及对发展现代教育技术、现代远程教育和教育信息化并进而推动国民教育体系现代化，构建终身教育体系和学习型社会的决策更是教育界和全社会的共识。

在上述教育转型与变革时期，中国人民大学一直走在我国大学的前列。中国人民大学是一所以人文、社会科学和经济管理为主，兼有信息科学、环境科学等的综合性、研究型大学。长期以来，中国人民大学充分利用自身的教育资源优势，在办好全日制高等教育的同时，一直积极开展远程教育和继续教育。中国人民大学在我国首创函授高等教育。1952年，校长吴玉章和成仿吾创办函授教育的报告得到了刘少奇的批复，并于1953年率先招生授课，为新建的共和国培养了一大批急需的专门人才。在20世纪90年代末，中国人民大学成立了网络教育学院，成为我国首批现代远程教育试点高校之一。经过短短几年的探索和发展，中国人民大学网络教育学院创建的“网上人大”品牌，被远程教育界、媒体和社会誉为网络远程教育的“人大模式”，即面向在职成人，利用网络学习资源和虚拟学习社区，支持分布式学习和协作学习的现代远程教育模式。成立于1955年的中国人民大学出版社是新中国建立后最早成立的大学出版社之一，是教育部指定的全国高等学校文科教材出版中心。十多年前，中国人民大学出版社与中国人民大学网络教育学院合作，策划出版了国内第一套极富特色的“21世纪远程教育精品教材”。这些凝聚了中国人民大学、北京大学、北京师范大学等北京知名高校学者教授、教育技术专家、软件工程师、教学设计师和编辑们广博才智的精品课程系列教材，以印刷版、光盘版和网络版立体化教材的范式探索构建全新的远程学习优质教育资源，实现先进的教育教学理念与现代信息通信技术的有效结合。这些教材已经被国内其他高校和众多网络教育学院所选用。中国人民大学出版社基于“出教材学术精品，育人文社科英才”理念的努力探索及其初步成果已经得到了我国远程教育界的广泛认同，是值得肯定的。

2005年4月，我被邀请出席《中国远程教育》杂志与中国人民大学出版社联合主办的“远程教育教材的共建共享与一体化设计开发”研讨会并做主旨发言，会后受中国人民大学出版社的委托为“新编21世纪远程教育精品教材”撰写“总序”，这是我的荣幸。近几年来，我一直关注包括中国人民大学网络教育学院在内的我国高校现代远程教育试点工程。这次，更有机会全面了解和近距离接触中国人民大学出版社推出的“新编21世纪远程教育精品教材”及其编创人员。我想将我在上述研讨会上发言的主旨做进一步的发挥，并概括为若干原则作为我对包括中国人民大学出版社、中国人民大学网络教育学院在内的我国远程教学优质教学资源建设的期待和展望：

- 新编21世纪远程教育精品教材的教学内容要更加适应大众化高等教育面对在职成人、定位在应用型人才培养上的需要。
- 新编21世纪远程教育精品教材的教学设计要更加适应地域分散、特征多样的远程学生自主学习的需要，培养适应学习型社会的终身学习者。
- 在我国网络教学环境渐趋完善之前，印刷教材及其配套教学光盘依然是远程教材的主体，是多种媒体教材的基础和纽带，其教学设计应该给予充分的重视。要在印刷教材的显要位置对课程教学目标和要求做明确、具体、可操作的陈述，要清晰地指导远程学生利用多种媒体教材进行自主学习和协作学习。
- 应组织相关人员对多媒体的远程教材进行一体化设计和开发，要注重发挥多媒体教材各自独特的教学功能，实现优势互补。要特别注重对学生学习活动、教学交互、学习评价及其反馈的设计和实现。

● 要将对多媒体远程教材的创作纳入对整个远程教育课程教学系统的一体化设计和开发中去，以便使优质的教材资源在优化的教学系统、平台和环境中，在有效的教学模式、学习策略和学习自助服务的支撑下获得最佳的学习成效。

● 要充分发挥现代远程教育工程试点高校各自的学科资源优势，积极探索远程教育优质教材资源共建共享的机制和途径。

中华人民共和国教育部远程教育专家顾问

丁兴富

前言

PREFACE

写本书的初衷，是为中国人民大学网络教育学院的课程做配套教材。换句话说，这本书最初的目标读者群体是一群有工作经验且对未来充满梦想的人，他们熟悉中国的企业，也亲身参与着当前中国的经济变化。出于这样的原因，我在动笔写作之初，就设定了三条基本原则：

一是正本清源，回归基础。这是一本正统到不能再正统的管理学课本。我不想这本教材被贴上“跟风”“炫技”的标签，我也不是个喜欢追逐时髦的人，所以在很多同类教材已经被“带飞”着走进新时代、引入新范式的时候，我还在按部就班地沿着半个多世纪之前哈罗德·孔茨开辟的管理学教材的技术路线：在明确了管理学的学科脉络（第一章、第二章）和研究对象（第三章、第四章）之后，沿着管理过程这条线索，计划、组织、领导、控制四大职能，一个一个地掰扯（第五章至第八章）。之所以如此，是因为以我寥寥的企业经验，我并不认为中国大多数企业的管理实践已经超越了西方大型工业企业在过去一百多年中发展形成的一般管理框架；更何况，无数历史经验证明，学习、吃透并活学活用先行者的历史经验是中国企业从追随者到领先者的必由之路。正是出于这样的目的，我在本书中使用了一些我非常熟悉的案例来证明传统技术路线的稳健性，其中不乏我亲自走进现场采编得来的。

二是在条件允许的情况下，尽可能回应中国企业管理的一些现实需求。正因如此，本书虽然贴着“管理学”的标签，其内容却来自我多年来承担的几门课程。除“管理学”之外，这些课程包括为本科生讲授的“跨国公司管理”和为硕士生开设的“企业史与企业理论”，其中前者主要体现在第四章“全球化时代的管理工作”，而后者则渗透在这本教材从头到脚的每一个毛孔，从对泰勒制的系统分析，到对事业部制的特别强调，直至对全面质量管理的历史回顾。强调“全球化”，一方面是为了蹭上“一带一路”的热度，另一方面也是对中国一流企业大踏步“走出去”的一种响应：在课堂上，我也开始告诉学生，“已经到了不能不学这些东西的时候”。而对那些专业理论的执念，则是因为我确信那是很多中国企业的短板：还有很多企业停留在经验管理阶段，也有很多企业找不到适当的组织结构来管理日益复杂的业务（产品线和地理市场）。当很多学生带着现实问题回归课堂的时候，我们有义务把这些问题讲清楚。

可“读”，而不只是可“背”是我写作本书时的第三条原则。我很清楚国内这类所谓“文科”教材的套路：几乎找不到活生生的实践身影，打开书本，放眼望去，数不清的“××化”“××性”和“××主义”；明明可以把一个问题讲得逻辑清晰，却偏要像毛泽东在《反对党八股》中批评的那样，“甲乙丙丁，开中药铺”，好像教材只是用来背题，却无须用来明理。读书时，我就是这种教材的受害者：从初中算起，我就被各路“文科”老师批评“背功太差”；做了老师，我还是这种教材的受害者：总有学生抱怨我上课的讲义“内容重于形式”，不如那些“正规”教材条分缕析、“眉眼”清楚，方便他们突击复习、临时“抱佛脚”。每每遇到这类“考进大学的高中生”，我只能笑着劝他们认命，但心中却常想起传说中老北大的场景：每年开学季，请来几位老先生，朝着全体新生当头棒喝地做入学教育，“你们在高中学的那些一二三四都是错的!”我深以为，本科教育和本科教材的高中化，是新时代大学生逻辑思维能力退化的罪魁之一，并直接导致了研究生教育中“龙种”的期许、“跳蚤”的收成。

当然，原则定好了，能不能得到好的执行是另一个问题。真正动笔写的时候，我才理解了在很多作者自序中常出现的那句话：“很难在将全部资料准备齐全之后再开始一部书的写作。”的确，要确保每一个理论、每一条引文的准确无误，这是只有在写作过程启动之后才能做到的事情，即便是写一部教材也不例外。不过好在这个过程充满了欣喜和刺激：为了写好“目标管理”而重读《管理的实践》，为了写好“全面质量管理”而重读《改变世界的机器》，这都是让人倍感享受的过程，而从马克斯·韦伯的理论回望今天中国组织建设的现实，更让人在欣喜之余，难免生出“孙悟空跳不出如来佛手掌心”的感慨。

此外，为了方便学习者理解书中那些艰涩的理论语言，我在书中设计了四种辅助模块：“生活中的管理学”多聚焦于一些随处可见的、源于生活又高于生活的虚拟案例；“管理者须知”和“背景资料”则是对不同类型相关知识的补充说明；而“管理案例”则是来自商业世界的真实故事。希望它们能够起到一定的作用，同时也希望读者看到“李雷”和“韩梅梅”的名字的时候不要出戏。

最后，作为一篇序言的规定动作，很多人在本书成书过程中提供了宝贵的支持，在此予以感谢。感谢首都经济贸易大学 2017 级“企业成长战略”课程班的全体同学——丁一、陆遥、胡莹颖、伍眉夙、宋杨森、张宇霖、张遥岑、刘培培，是他们帮助我顺利完成了最初的讲义草稿整理工作；我的两位研究生，丁一和梁祎协助我通读了全稿，在此再次致谢；感谢中国人民大学出版社的李丽虹、王慧丽两位老师，她们辛勤认真的编辑工作是本书的匠心担当。

希望本书的每一位读者，善待本书中的每一点知识，你们会因此得到回报。

孙喜

2018 年 1 月 5 日

目录
CONTENTS

第一章 绪论：管理、管理者与管理学

本章要点提示

- 管理活动的评价标准
- 管理者角色
- 管理过程与管理职能
- 管理学的学科基础
- 管理技能

引 例

徐老师是某高校工商管理系系主任。系主任最重要的工作就是排课，这也是徐老师每个学期最头疼的事情。工商管理系有几位德高望重的老教师，授课出神入化、激情澎湃，但随着年龄的增长，已经不能承担过重的教学任务，其中的一两位将在最近几年退休。作为系主任，徐老师既要保证青年教师能够顺利接下老教师卸下的教学担子，又要想尽办法努力争取老教师的支持，顺利完成每年最关键的几门“重头”课程，还要尽可能地为青年教师搞好科研创造条件，而且需要提前安排下一步的教师招聘工作，以保证教学团队的连续稳定和科研方向的互补互利。而受到户口指标等因素的影响，学校和学院每年的招聘数量都很有限，因此徐老师的人事计划还必须获得学院领导的支持。

从上面的例子不难看出，任何集体活动、组织行为都需要管理，尤其是需要一个明确的管理者或管理团队作为“核心”，来负责这个集体内部的各种协调、指挥与人事安排，还要带领集体与其他“竞争者”去争夺资源（包括人力资源、财政资源、注意力资源等），最终使这个集体获得长期稳定的发展。正是这种需求催生了现代管理。

第一节 管 理

一、管理的定义

我们经常听到有人被赞赏有“管理才能”，也经常把管理水平作为评价一个企业发展情况的重要标准。那么，什么是管理？日常生活和工作中哪些活动具有管理成分？

我们会发现，管理有很多特定的对象和领域。如果从对象上进行划分，除了我们日常所说的工商（企业）管理、行政管理之外，还有教育管理、市政管理等其他分支；而即便是在工商企业内部，不同职能部门也有着各自的管理工作，如财务管理、物流管理、营销管理、研发管理等。这些不同行业、不同对象、不同专门领域的管理，自然需要体现他们各自的行业规律与专业特征，但在这些特性之外，也必定包含一些共性成分，而这些共性成分就是我们所说的一般意义上的管理。

如果抛开各种术语，中文的“管理”二字有三层含义：①负责某项工作使之顺利进行；②保管和料理；③照管并约束（人或事物）。如果从这三层含义出发，不难发现我们日常生活中的很多事情都带有管理成分。

生活中的管理学

李雷和韩梅梅的家庭分工

（1）财务：由韩梅梅“统收统支”，李雷的工资卡交给韩梅梅，在保证日常零花钱之外，李雷的其他花销都要“报请”韩梅梅审批；与此同时，韩梅梅负责家中的理财投资，只有当她工作比较忙的时候，才会把家里的股票“委托（授权）”李雷打理一段时间。

（2）教育：两个人在孩子教育上有明确的分工合作，韩梅梅负责唱红脸，循循善诱、一副慈母做派；李雷则负责唱白脸，雷厉风行，该“鞭策”的时候绝不手软。

（3）旅游：全家常规性的每年一次国内游、一次国外游，目的地选取由孩子决定，韩梅梅是“总管”，负责制定旅游攻略、挑选景点，提前预订机票、酒店和购买保险，而李雷则负责旅游期间的摄影和安全保卫工作。

而在工商管理领域，过去一百多年是这个学科的快速发展期，在此期间出现了一系列里程碑式的人物，为我们贡献了若干种“管理”的定义：

科学管理理论的创始人、被称为科学管理之父的弗里德里克·泰勒认为，“管理的主要目标应该是使雇主的财富最大化，同时也使每一位雇员的财富最大化”，而且这种“财富最大化”不只是意味着更多的利润，还意味着“达到了最好的经营状况”。为此，必须实现“生产率最大化”，具体的做法就是“确切知道要别人干什么，并注意让他们用最好最经济的方法去干”。

泰勒对管理的定义紧紧扣住了“目标”和“活动（做法）”这两个要害。与他这种定义方式类似的，还有一批美国学者在 20 世纪 40 年代共同给出的定义：管理是引导人力和物质资源进入动态组织（活动），以达到这些组织的目标，即让服务对象满意，并且使服务提供者也获得一种高度的士气感和成就感。一代管理理论大师彼得·德鲁克对管理的定义也遵循了这一思路，他把管理解释为“指导他的组织、提供领导，并且决定如何使用组织的资源实现目标”，其中对工商企业来说，这个目标“就是牟取剩余”。

相比之下，过程管理学派则更看重管理过程，即“活动”的那些具体内容。过程管理学派的创始人亨利·法约尔就认为，管理就是“计划、组织、指挥、协调和控制”，通过这五个基本职能，“掌控企业的整体规划，建立公司组织结构，调配各种力量及协调各种职能行为”。在国内外管理学教学领域极负盛名的罗宾斯《管理学》在“管理”的定义中也对这一过程给出了自己的看法，“管理涉及协调和监管他人的工作活动，从而使他们的工作有效率且有成效地完成”。

在罗宾斯给出的上述定义中，涉及一个非常重要的内容，即对管理活动的评价标准。罗宾斯将这一标准设定为“有效率”和“有成效”。其实，最早关注这一标准问题的是已故的著名管理学教授哈罗德·孔茨，他和他的合作者将管理定义为“设计并保持一种良好的环境，使人们在群体状态下高效率地完成既定目标的过程”。在对这一定义给出进一步解释时，孔茨还特别强调生产率的提高与高效率的关系。

我国学者深受法约尔这种通过职能来定义管理的方式的影响。中国人民大学商学院的王凤彬教授就将管理定义为“在特定的环境下，对组织所拥有的资源进行有效的计划、组织、领导和控制，以便达成既定的组织目标的过程”。我国著名管理学者、南京大学商学院周三多教授也借鉴了这一思路，将管理定义为运用计划、组织、领导、控制、创新这五项职能进行协调，从而“有效实现组织目标、个人发展和社会责任的过程”。

从上面这个简要的回顾不难看出，我们在讨论“什么是管理”的时候，往往会强调其中的四个关键要素：①管理的目的或目标；②管理的活动或职能；③管理活动的评价标准；④管理活动的对象，即组织内的各种资源，包括人、财、物、信息等各方面。基于此，我们可以对管理给出一个简要的定义：

管理是通过对组织资源的计划、组织、领导和控制，高效实现组织目标的过程。

二、管理活动的评价标准

孔茨和罗宾斯等人对管理的定义都提到了管理活动的评价标准问题。在这里，对“高效”的描述涉及三个非常重要的概念：效率、效果和效益。那么这三项评价标准分别代表了什么呢？

首先，效果反映了组织的产出能否获得外部的认可以及由此实现组织目标的程度。所谓“产出能否获得外部的认可”，就涉及组织与外部环境——社会、用户及其他利益相关者的关系问题。大学的产出获得外部认可的标志，是其培养的学生获得了雇主的交口称赞，其科研成果产生了相应的社会经济效益；企业的产出获得外部认可的标志则是用户对其新老产品的肯定与褒扬，以及由此带来的市场占有率显著提升。总之，当我们以“效果”为标准评价管理活动的时候，其本质是组织向社会（包括用户）提供了何种有价值的产出，而组织目标必须适应和满足社会需要，组织才能存续发展。

随之而来的一个标准是“效益”，它反映的是产出达到组织目标的程度。一个企业推出一个创新性产品，获得了用户的一致好评，此时企业肯定希望扩大产能、趁热打铁来扩大市场。但是，由于种种原因（如产品设计和零部件配套的问题，组装环节关键工艺尚未突破的问题），新产品产能迟迟提不上来，结果企业只能眼看着辛辛苦苦打下来的“江山”被竞争对手的模仿产品占领。在这种情况下，这个企业就属于实现了“效果”，却没有获得“效益”的典型。

管理案例

万燕：有效果而无效益的创新者

1993年9月4日，万燕公司在北京国际广播电视展览会上展示了世界上第一台名为CDK330的活动图像光盘播放机（即VCD）样机，在现场引起轰动。同年10月，万燕在新建的厂房里开始组装第一批2 000台播放机，一上市便被一抢而空。1994年，万燕又生产了2万台播放机。在此期间，万燕采用美国C-Cube公司的CL-450芯片作为解码芯片，而C-Cube却在此过程中开发出更高级的CL-480芯片，并将其出售给后来进入VCD行业的其他企业。VCD市场被万燕引爆之后，多家外国企业和几百家中国企业相继涌入中国的VCD市场，其中包括后来在业内叱咤风云的爱多、新科等企业。而万燕却苦于无力跟进资金投入，生产规模始终无法做大，甚至由于种种原因，在VCD最火爆的1995—1997年，万燕的生产处于瘫痪状态，而与此同时新科等企业却迅速将产能规模做到了百万量级，成为这个市场的真正获利者。

资料来源：路风，慕玲．本土创新、能力发展和竞争优势——中国激光视盘播放机工业的发展及其对政府作用的政策含义［J］．管理世界，2003（12）：57－82．

那么，连接“效果”和“效益”的因素就成为评价管理活动有效性的另一个关键指标，这个指标就是效率。效率反映的是投入在组织内部进行转化的水平，是用来实现组织目标所使用的资源数量，即投入与产出之比。也就是为了达到一定的产出，所消耗的原材料、人力、金钱，包括在此过程中产生的环境污染（即环境成本，如废水、废气、噪声等）。实践中，我们常常使用平均成本或单件资源消耗量等指标来反映效率的高低。显然，与“效果”相比，“效率”关心的是组织内部的问题，尤其是投入产出转化技术的问题。

当我们把上述三个标准放到一起的时候，不妨用一种比较形象的语言来区分它们。追求效果意味着“做正确的事”，追求效率则要求我们“正确地做事”，而效益＝效果×效率，即用正确的方法做正确的事，或者叫“做好对的事”。真正有效的管理活动，既要实现相应的效果，最大限度地满足外部需要，实现组织目标，也要实现相应的效率，在投入产出比上达到一个比较经济的水平，这两方面相结合，最终获得很好的效益。而“做正确的事”和“正确地做事”背后又反映了组织内部两种彼此相关又有所区别的关注点。当我们讨论效率，即组织内部投入产出比的时候，其中的基本假设就是：组织能够获得的资源是有限的，面对有限的资源，组织必须提高投入产出比，使有限的资源最大限度地发挥作用。而当我们讨论效果，即外部对组织的认可时，考虑问题的出发点就变成了“组织（企业）为谁而在”的问题，变成了组织发展的战略方向如何满足和响应社会需求的问题。此时，管理工作考虑的不再是“怎么做”的问题，而是“做什么”的问题。效果、效率与效益的关系如图1－1所示。

任何经济组织都尽其所能地追求效益最大化，而要实现效益，只要同时确保效果和效率二者即可，即在“做正确的事”和“正确地做事”之间实现兼顾。但是，很多时候我们会发现二者会存在一些冲突，在这种情况下，我们应该怎么办呢？这二者有没有一个优先顺序问题？

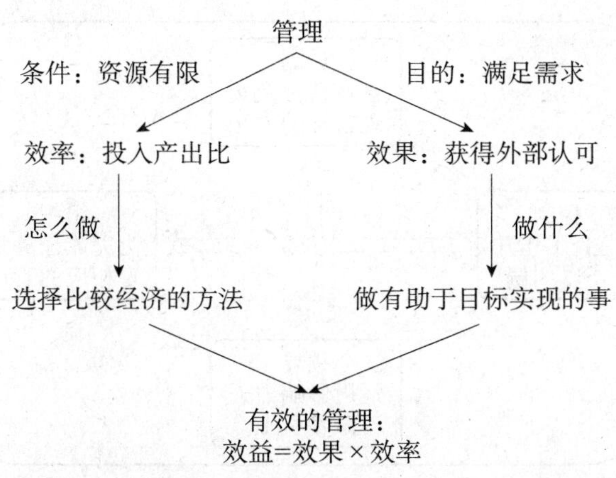

图1-1 管理活动的评价标准：效果、效率与效益

生活中的管理学

从《人民的名义》看效果与效率

热播剧《人民的名义》涉及很多商业伦理和企业社会责任的问题。剧中很多反面人物都是在“效果”与“效率”的权衡上栽了跟头。高小琴（山水集团）和祁同伟（政府官员）一唱一和，六千万贿赂拿下丁义珍（政府官员），以工业用地的价格拿下500亩闲置土地之后，随即将土地使用性质改成了商业用地，两字之差，利益巨大，投入产出比不可谓不高，但却埋下了腐败的种子。同样，赵家公子赵瑞龙（官二代）在月牙湖上兴建的美食城获利颇丰，几乎“躺着就把钱挣了”，但赵瑞龙却没有考虑其中的环境成本，也没有考虑这样做的社会影响。

三、管理过程与管理职能

“管理”的定义中的一项核心内容就是具体的管理活动。这些管理活动的开展形成了一个基本流程，通过这个流程可以解决实际问题，完成组织目标。图1-2为我们描绘了这个管理过程。管理者将各种资源引入组织，然后通过一个完整的计划-组织-领导-控制的过程，利用相应的技术将投入转化为产出，比如提供了外部认可的产品和服务，从而实现了组织的绩效目标。显然，这个管理过程是确保投入产出效率非常重要的环节。下面我们就着重分析这个包括了计划、组织、领导、控制四个环节的管理过程大循环。

（一）计划

计划是选定组织的目标以及选定实现组织目标的方法。也就是说，计划职能承担了两项具体任务：一是为组织确定未来的业绩目标，即解决“向何处去”“成为什么样的组织”的问题；二是确定使用哪些必要的资源来达到这些目标，即解决“如何去”“如何成为这样的组织”的问题。一个组织对这两个问题的回答，反映了组织的愿景与价值观，这就涉及我们在“计划”一章中要着重讨论的思维方式问题。

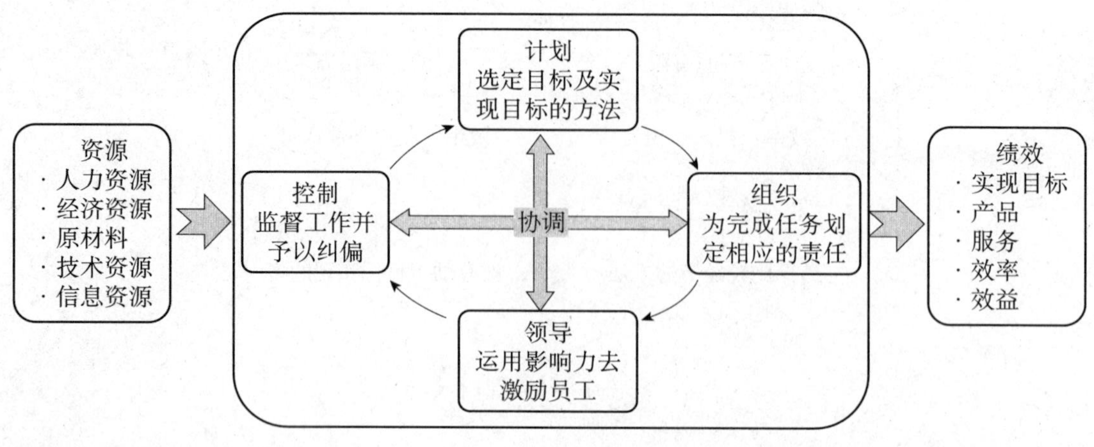

图 1－2　管理过程

管理案例

大连光洋：闯入机床工业的奇葩

大连光洋科技集团有限公司是一家成立于 20 世纪 90 年代的民营企业。公司成立之初，业务范围包括钣金、工控设备等领域，其服务的客户也多是早年进入中国市场的外资企业，客户质量和合同质量都很高，短短几年就轻松完成了资本原始积累。因为要做钣金业务，所以光洋公司经常从日本进口机床设备。但随着采购设备的档次不断提升，光洋公司发现其受到的限制也越来越多，有些设备买进来不能随便挪动，有些设备会随时遭到日本供应商的“抽查”，还有些设备想买也买不到。这让光洋公司的创始人于德海很是恼火，后来于德海明白了，因为日本政府常年限制高端数控机床的对华出口。于德海坚信中国这么大的国家不应该在这种基础工业领域受日本人欺负。于是，2000 年，于德海决定到机床数控系统领域“赌一把”。他把做钣金、工控设备攒下的一亿积蓄全部砸到了数控系统研发上，大有一股“为中华之崛起而‘研发’”的架势。经过十多年的不懈努力，大连光洋旗下的科德数控股份有限公司已经成为国内五轴加工中心产销量最大的企业。

（二）组织

为了完成计划环节确定的任务，就必须划定相应的工作责任，以此为基础为每一个岗位进行工作设计，进而将合适的工作人员分配到合适的岗位上。这就是组织环节的工作。在这个过程中，事先确定的计划是开展一切工作的基础和指南针，在计划的指引下实现组织结构、资源投入和人员安排三者之间的匹配：计划（战略）引导结构，依托特定的组织结构来积累资源和投入资源，并为不同使命、不同职能的不同部门选择合适的“领头羊”。需要再次强调的是，结构、资源和人事三者不能脱节。

（三）领导

把合适的员工放到合适的岗位上之后，就要运用影响力来激励员工，这是领导职能的中心任务。从某种意义上讲，领导是一个鼓舞员工实现组织目标的过程。而鼓舞员工需要相应的手段，比如说在组织内部创建共同的文化和价值观，通过这种方式引导组织成员

“心往一处想，劲往一处使”；而在创建这种文化和价值观的过程中，最有效的途径之一就是向组织全体成员宣传组织的使命与目标，并使员工接受这一组织目标。用我们现在常说的话，就是要让组织目标“入脑入心”，从而激发每一个人投身于共同的事业。

生活中的管理学

从“组织使命”到“个人励志”：服务业企业的组织文化

我们经常会看到一些服务业的企业采用一些看似“喧闹”的方式来展示自己的企业文化，这种做法很大程度上受到零售行业巨头沃尔玛的影响。当年，沃尔玛的创始人山姆·沃尔顿表示，“因为我们的工作如此辛苦，我们在工作过程中都希望有轻松愉快的时候，使我们不用总是愁眉苦脸。”所以，沃尔玛推行“工作时吹口哨”的管理哲学：每天晨会大家集体高呼字母歌，逢年过节服务人员就会把卖场装点成化装舞会，等等。这些做法其实都是在努力体现对每个员工的尊重。后来，国内服务业也学到了这一招，但在不断“翻版”中走了样。现在，我们经常会看到房产中介、足疗保健等各种服务机构，每天晨会组织大家集体唱歌励志，其中传唱最广的励志歌曲当属《飞得更高》。2014 年央视春晚小品《扰民了您》中华少所扮演的角色就是这种励志文化的一个缩影。

（四）控制

有激励就有约束，控制职能就是要实现这种约束。简而言之，“控制”就是要监督整个管理过程和业务流程，并在业务运行出现问题的时候予以必要的纠偏。这种纠偏既包括将组织发展方向从偏离的轨道上拉回来，也包括重新选择做事的方法以保证最高效地达到组织目标。纠偏过程可能会引发新一轮调整和改革，从而使组织进入新一轮管理过程。

此外，还有一个非常重要的工作就是协调。一个有效的管理过程是计划、组织、领导、控制这四大职能之间紧密协调的过程，既不能虎头蛇尾，也不能宽严不当。一个组织如果没有计划，就没有方向，也无从控制；没有组织职能，人员安排和任务分解就无法落地；而领导和控制也缺一不可。领导的激励功能与控制的约束功能相辅相成：如果只有激励而没有约束，组织就有可能在实际运作过程中偏离正常轨道，或者大手大脚、浪费严重；如果只有约束而没有激励也会出现问题，组织就会变得死气沉沉，大家只是在一个“压力锅”式的组织中混饭吃。

正是出于这样的原因，行为学派的创始人切斯特·巴纳德在其里程碑式作品《经理人员的职能》中一再强调，管理活动的中心任务是协调，而协调的最终结果就是实现组织目标。总之，计划、组织、领导、控制这四个职能共同构成一个完整的管理过程，协调居于这个管理过程的中心位置，以确保不会偏废。

第二节 管　理　者

在对管理有了一个基本了解之后，我们这一节来了解那些行使管理职能的人，即管理者。我们将在简要理解管理者所面临的挑战之后，着重阐述管理者的角色与技能问题。

一、知易行难：管理者的挑战

管理是一项极具挑战性的工作，这个挑战可以概括为四个字，知易行难。很多时候，管理的原则、道理很容易讲，但是能够将这些理念、想法真正运用到瞬息万变、纷繁芜杂的管理实践中却非常困难。正因如此，我们很难找到一个完全意义上的成功管理者，一个管理者总会在他的职业生涯中留下一些缺憾。

管理案例

成功的乔布斯：库克真的是一个正确的选择吗？

史蒂夫·乔布斯（1955—2011年），美国苹果公司联合创始人，是过去三十年全球范围内最成功的企业家。乔布斯一生三起三落，跌宕起伏。在他的领导下，苹果公司于2007年推出了第一代iPhone，此后，我们的生活因此发生了翻天覆地的变化。iPhone几乎重新定义了智能手机，我们的生活也因为iPhone的出现而进入了移动计算时代。这足以证明乔布斯的成功与伟大。在生命的最后阶段，乔布斯选择了运营出身的蒂姆·库克作为他的接班人。从宏观上看，库克带领苹果延续着乔布斯开创的神话。但是，我们会发现库克悄悄改变了很多乔布斯留下的优良传统：在库克执掌苹果的这些年，苹果产品的创新性急剧下降，与竞争对手之间的技术差距越来越小，而且乔布斯给苹果留下的那些特立独行的风格也逐渐消失了。乔布斯时期，苹果是美国极少数几家敢于扛住华尔街压力、很少分红和回购股票的高科技企业（还有贝索斯的亚马逊）；但库克上台后就改变了这种传统，跟随着美国绝大多数上市公司启动了百亿美元级的公开市场回购计划，以此讨好华尔街和投资人。从这些角度来看，乔布斯当年选择库克这个决策究竟是否正确，还要留给历史来评判。

上面乔布斯的例子向我们展示了一个管理者在实践中面临的真实困难：即便他的实践经验再丰富（三起三落），也不可能在一个不确定的世界中保持永远正确的决策。顶尖企业家做不到100%的正确，顶尖学者也不能保证永远正确，例如，作为全球范围内最重要的战略管理学者之一，哈佛商学院的迈克尔·波特教授在企业管理领域享有盛名，后来，波特教授学以致用，成立了一家咨询公司，用自己开创的理论为其他企业提供战略咨询服务，结果在2008年金融危机之后波特教授的咨询公司却破产了。管理活动的知易行难可见一斑。也正是这样的原因，很多管理学教科书都会强调一个非常重要的结论，**管理既是科学，也是艺术。**

之所以出现这种知易行难，其根本的原因在于管理实践的高度特定性。这种高度特定性意味着，管理者每天都要面对大量的矛盾、悖论和两难，而且这些难题的共同特征是高速变化、高度差异，因人、因时、因事而异。

首先，管理者所面对的被管理者（下属）高度差异，且个性化特征日益明显。尤其是在中国快速发展的背景下，每一代人的成长环境都发生了显著的改变，代际差异非常明显。随着新生代（“90后”）进入工作场所，这种源于思维方式、价值判断、行为特征上的人际交锋和冲突在所难免，“老革命遇上新问题”势成必然，而这种变化很多时候严重超前于具体的管理学教科书。

其次，管理者所处的组织环境和市场环境变化迅猛。越来越多的行业进入超竞争状态，行业态势的变化速度不断加快，企业很难凭着“一招鲜”而获得长期竞争优势。特别是在中国，21 世纪以来的经济发展形势波澜壮阔、阶段性特征非常明显、阶段转换非常迅速，而中国的企业发展实践中有很多西方理论，以及东亚经验无法解释的成分，这就对中国的企业管理人，尤其是中高层决策者提出了很高的要求。

管理案例

穷家难当：一位老国企经理人的辛酸往事

G 总是一家有着近 80 年历史的老国企的总经理。他大学毕业就到这家地处东北老工业基地的企业工作，一干就是三十年，在领导干部的岗位上也已经干了将近二十年。东北国企最困难的那段时间让 G 总毕生难忘。

在企业最困难的时候，全厂银行账户存款不过万元，企业发不出薪水，运行不正常，各种棘手事也就出现了。有位工人从工厂往家里偷蜂窝煤，被工厂保卫逮个正着，报到 G 总这里。按照规定，企业完全可以辞退这位偷蜂窝煤的同志。但 G 总转念一想，企业发不了工资，这件事情的责任在我们，和工人没有关系，东北又这么冷，工人这样做实属无奈。于是，G 总决定对这位工人进行批评教育，但为他保留了工作机会。

后来，G 总终于为困境中的厂子争取到一个“大活儿”，这位当年保留工作的工人对企业很感激，工作自然非常卖力。但这时 G 总又遇上了新问题：车间有位老师傅技术非常好，但就是喜欢在上班的时候喝酒。如果直接劝阻，就会影响老师傅上班的情绪，甚至会影响他“出活儿”；如果不管，别的工人就会有意见，毕竟好不容易盼到了订单，全厂老少总动员的时候，更应该保证劳动纪律。

面对这种两难局面，如果你是 G 总，你会怎么办？

因此，在真实的管理实践当中，管理者每天都会遇到这种让人两难的困境。此时需要每个管理者能够针对具体的情况作出特定的决策，即具体问题具体分析。但即便如此，理论学习仍然能够有助于管理实践的提升和改善。这是因为，作为对前人管理经验的总结与梳理，现有理论不仅可以帮助我们解决 80%甚至更多的问题，而且能够帮助我们明辨是非，理清思路，建立逻辑，看清企业管理和未来发展的方向。换言之，理论学习能够很好地帮助管理者认清前路、少走弯路、避免死路。而对于另外 20%的新问题，管理者一定要想方设法做好沟通协调的工作。此时，沟通协调的功能有以下两点：

（1）获得有关新问题、新情况的更多信息，以便了解问题的全貌，从而寻找将新问题“降解”为熟悉的老问题的可能性，为解决问题创造条件；

（2）让下属理解眼下的情况，使他们理解管理工作的目的，为什么采用某种解决方法，下属也可以通过这种方式更充分地了解自己可以在多大程度上发挥主观能动性，即了解自己试错的边界在哪里。

总之，对优秀的企业经理人来说，来自多变实践的挑战不仅为他们提供了证明自己能力的舞台，也为他们创造了难得的学习机会，而天才的领导者更是善于把这些挑战变成凝聚组织、团结队伍的宝贵机遇。

二、管理者的角色

我们前面讲到管理的四个基本职能：计划、组织、领导、控制。但在真实的实践中，这四项职能是否足以说明管理者的工作到底是什么？请看下面的管理案例。

管理案例

丰富多变的管理者角色

案例一：经理在向工作年限满三十年的老工人颁发纪念品的时候，突然间秘书来汇报，有一个工厂刚刚被烧毁，于是在仪式间隙紧急安排秘书确认能否临时安排另一家子公司向客户供货。

案例二：为了拿下海外订单，经理亲自率领谈判团队准备各项资料，做足了功课。但是在谈判现场发现对方还是不依不饶，言辞中还透出一丝不信任。起初，经理还只是坐在会议室后排观战，但随着对方攻势越来越猛，经理决定亲自出马，反问了对方一个问题，把对方问得哑口无言，最后将订单拿下，还和国外客户成了非常好的朋友。

不难发现，我们很难用某一个具体职能来描述以上案例中经理的具体工作。加拿大的管理理论大师亨利·明茨伯格最先提出了这一问题。在他的名篇《管理者的工作：传说与现实》中，明茨伯格指出了如下事实：

"他们（指被跟踪研究的五位首席执行官）所从事的活动有一半持续不到 9 分钟，只有 10%的活动持续时间超过 1 小时。一项对美国 56 位领班所做的研究发现，他们在每 8 小时的一个班次中平均从事 583 项活动，即平均每 49 秒从事 1 项活动。首席执行官和领班的工作节奏都极快。首席执行官从早晨到达办公室的那一刻直到晚上离开，就不断接到电话和邮件。喝咖啡、休息和吃午餐也总是与工作有关，无时不在的下属似乎占有了他们的任何空闲时间。一项对 160 名英国中高层经理的日记进行的研究发现，他们不被打断地连续工作半小时或更长时间的可能性，大概每两天只有一次。"

面对这一现实，明茨伯格提出了他的疑问：如果"（法约尔的）这几个词语几乎没有告诉我们管理者实际上做的是什么，至多只表明了管理者工作时所抱有的某些模糊目标"，那么，我们还可以如何描述管理工作？他的回答是：以管理者在工作中扮演的不同角色来理解管理工作。而管理者之所以需要扮演不同的角色，是因为管理者"都被授予负责一个组织的正式权力。正式权力带来地位，由此导致各种人际关系，而这些人际关系又产生了获得信息的途径。信息又反过来使得管理者能够为组织做出决策和制定战略"。因此，管理者在组织中扮演人际关系、信息传递和决策制定三类角色，如图 1-3 所示。

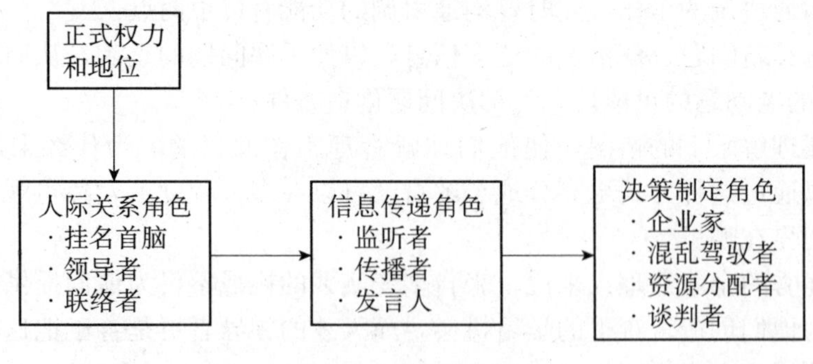

图 1-3　管理者的角色

（一）人际关系角色

管理者人际关系角色的作用，是与组织其他成员协作互动，并为员工和组织整体提供导向和监督管理。人际关系角色分为三种：挂名首脑、领导者和联络者。

挂名首脑是一个组织的象征性领导。很多时候，挂名首脑作为组织标志去参加一些社会性活动，比如为新成立的分公司和办事处剪彩，或是在公司成功 IPO 之后到交易所敲钟。2015 年 10 月，习近平主席访问英国期间，参观华为公司英国分部，任正非（华为技术有限公司总裁）全程陪同解说，这在很大程度上就是扮演了挂名首脑的角色。

第二种人际关系角色是领导者，此时管理者的主要职责是激励和动员下属，并负责人员的配备、培训和交往。比如我们看到很多优秀企业的经理人员都会用尽办法，努力拉近与员工的距离：格力电器的董明珠董事长每年都会参加员工军训；振华重工的创始人管彤贤在任时常与员工一起爬上几十米高的港机，即使他已七十高龄；美国西南航空的创始人赫伯·凯莱赫则全天候向所有员工开放时间，等待他们随时来电讨论问题。

第三种人际关系角色是联络者。与领导者关注组织内部的员工激励相比，“联络者”角色加入了对外沟通的成分：管理者要维护自行发展的外部接触，如外部专家和媒体，与他们沟通信息、交流感情，此时可以采用外部专家座谈会或媒体朋友茶叙等方式。

（二）信息传递角色

信息传递角色与获取和传递信息的任务密切相关。这类角色具体可分为三类：监听者、传播者和发言人。其中，监听者是为了透彻地了解组织与环境，从而获取各种特定的信息，即中国人常说的“知己知彼”。监听活动包括读书看报、听取下级汇报、研读行业动态（如政策走向），等等。此时的管理者是组织内外各方面信息渠道的中枢。传播者是将从外部和下属那里获得的信息传递给其他组织成员，这个组织成员通常指的是传播者的下属，这种传递包括各种沟通方式，邮件、电话、口头通知等。发言人是代表组织向外部发送有关组织的计划、政策、行动等信息。

（三）决策制定角色

决策制定角色与管理者所从事的战略规划、资源运用等工作密切相关。在这一类型中，管理者的角色可以分为四种，企业家、混乱驾驭者、资源分配者和谈判者。

企业家的职责是发现机会和创造机会，并借助机会推动企业和行业的变革。在这一过程中就自然涉及确定组织发展方向、市场定位，以及企业同用户之间关系的工作。具体到中国，这种企业家角色还特别体现为敢于挑战国际领先对手的“胆识”和“眼界”。

混乱驾驭者的职责是，当组织陷入危机和混乱，或者外部环境发生重大变化，尤其是意外动乱的时候，管理者要拿出相应的补救方案来挽回大局，甚至东山再起。2008 年金融危机之后，东南沿海代工企业的海外需求大幅萎缩，很多企业不得不启动二次创业，调头开发国内市场。当时很多企业决策者都经历了这个驾驭混乱的过程。

资源分配者的职责是分配组织内部的各种资源，这在现实中很多时候表现为一种批准的权力。比如很多企事业单位的财务报销制度，都要求主管领导签字，即所谓的“一支笔”财务报销审批制度，这就是管理者资源分配角色的具体表现。

谈判者的职责是在主要的谈判中作为组织的代表，这些谈判既包括与工会的谈判，也包括和商业伙伴、政府部门的谈判。在中国企业走出去的过程中，与国外政府和工会的谈判非常重要，例如，2006 年 8 月，TCL 集团公司在法国并购的电视机业务出现巨额亏损时，TCL 的总裁李东生曾经在一天之内先后拜访了法国的劳动部和工业部两位部长，与他们商议处理方案。此时的李东生就同时扮演了谈判者和混乱驾驭者的角色。

对明茨伯格有关管理者角色理论的总结见表 1－1。

表 1－1　　明茨伯格的十种管理者角色

角色		描述	特征活动
人际关系	挂名首脑	象征性首脑，必须履行许多法律性或社会性的例行义务	迎接来访者，签署法律文件
	领导者	负责激励下属，承担人员配备、培训，以及有关的职责	实际上从事所有的有下级参与的活动
	联络者	维护自行发展起来的外部关系和消息来源，从中得到帮助和信息	发感谢信，从事外部委员会的工作，从事其他有外部人员参加的活动
信息传递	监听者	寻求和获取各种内部和外部的信息，以便透彻地理解组织与环境	阅读期刊和报告，与有关人员保持私人接触
	传播者	将从外部人员和下级那里获取的信息传递给组织的其他成员	举行信息交流会，用打电话等方式传达信息
	发言人	向外界发布组织的计划、政策、行动、结果等	召开董事会，向媒体发布信息
决策制定	企业家	寻求组织和环境中的机会，制定改进方案，以发起变革	组织战略制定和检查会议，以开发新项目
	混乱驾驭者	当组织面临重大的意外混乱时，负责采取纠正行动	组织应对混乱和危机的战略制定和检查会议
	资源分配者	负责分配组织的各种资源，制定和批准所有有关的组织决策	调度、授权，开展预算活动，安排下级的工作
	谈判者	在主要的谈判中作为组织的代表	参加与工会的合同谈判

三、管理技能及其内部差异

理解管理者的另一个重要视角是管理技能的视角。所谓管理技能是指管理者把各种管理理论与业务知识应用于实践、进行具体管理、解决实际问题的本领。这种本领不必是天生的，是可以通过后天有目的的训练获得的，但它又一定在具体工作中有所体现（能够获得绩效），而绝非远离实践的“潜力”。最先提出“管理技能”问题的是美国管理学者罗伯特·卡茨。他认为，正确地理解管理者在具体工作中实际展现出的这些技能，能够更好地帮助企业去选择和培训管理人员。

在进一步的讨论中，卡茨将管理技能分为三类：

第一类叫做概念技能，也叫做思辨技能。这种技能的核心是一种分析、判断和概括总结的能力。正确运用思辨技能，意味着管理者能够站在全局高度去观察问题，以战略性思维去思考分析问题。在这一过程，管理者“将组织视为一个整体，理解不同职能之间的相互依赖，以及由此导致的连锁反应，理解（更广阔环境中的）这类相互联系，从而（通过做出相应的决策并实施之）推动整个组织的福利水平”。显然，这种进行战略性思维的能力，恰恰是决定战略决策者素质高低的关键。换句话说，概念技能对于高层管理者尤为重要。

第二类叫做人际关系技能。人际关系技能是那种“成功与别人打交道并与别人沟通的能力”，其中既包括联络、处理和协调组织内外关系的能力，也包括激励并诱导员工的创造性和积极性的能力。用卡茨的话说，人际关系技能要求管理者“作为团队成员有效工作，同团队成员建立协作努力，厘清上下级和同级之间的关系，通过包容不同的认识与信仰而理解他人通过语言和行为所传达的情绪，并以此建立赞同与安全的氛围”。在这里，需要着重强调其中的三点：

（1）强调“包容不同的认识与信仰”，恰恰是因为我们的共事伙伴千差万别，工作场所的多样性日益提高。此时，一个管理者要带领下属完成统一的组织目标，就必须保持开放的理念与心态，求同存异，拒绝派性。

（2）“理解他人通过语言和行为所传达的情绪”，在中国显得尤为重要。因为中国文化是一种高语境的文化，语言表达以及与之相关的情境因素和非语言表达都非常丰富，这就尤其考验管理者观察、把握和塑造语境的能力。

（3）“建立赞同与安全的氛围”，意味着人际关系技能从本质上是一种激励技能，而不是通过在组织内部建立恐怖气氛以迫使下属顺从的技能。而塑造一个积极向上的组织氛围，是各个管理层次上管理者的共同任务。因此，无论是总经理还是班组长、团队负责人，人际关系技能对他们有着同等重要的意义。

第三类叫做技术技能。和前面两种技能相比，技术技能稍显特殊：它与具体的工作任务相关，对应于管理者对完成特定任务的了解程度，以及完成这个任务的精通程度。高超的技术技能意味着管理者“对特定活动的理解与精通，尤其是那些方法、工艺、流程和技巧”，并且能够凭借这种“处理事物（实物或流程）的能力”来完成自己管理范围内的工作。例如，车间主任需要熟悉各种机械的性能、使用方法、操作程序，各种材料的用途、加工工序，各种成品或半成品的指标要求；财务科长要熟悉相应的财务制度、记账方法、预决算编制方法；研发经理需要精通产品的基本原理，并通常在某一个特定的技术领域有所专长；而销售经理的“精通”则要集中在对用户的理解上：他们在哪里、有何偏好，等等。显然，对于身处具体业务中的一线管理人员来说，如果不能掌握过硬的技术技能，他们与基层作业人员之间就很容易出现信息不对称，欺瞒和虚报的情况就有可能发生，同时还会滋生瞎指挥和庸俗的考核指标。但对中高层管理者来说，他们就不需要太多的技术技能，或者至少不需要掌握全套的技术技能，这是由现代工业多技术、多职能、管理职业化的基本特征决定的。一个非常典型的例子还是格力电器的董事长董明珠：董总是销售员出身，在制冷技术和工业设计方面肯定不如研发副总精通，但董总可以从她对市场需求的理解和判断（概念技能）出发，对研发部门下一步的产品开发提出全新而苛刻的要求，具体的技术实现则是研发部门的任务。

从上面的分析不难看出，管理技能存在明显的内部差异：不同部门之间的技术技能存在差异，不同层级上管理者的技能结构同样存在差异。简而言之，管理者的层级越高，对概念技能的要求就越高，而对技术技能的要求则越低；而无论是一线管理者、中层管理者还是高层管理者，他们都需要掌握高水平的人际关系技能。具体差异对比见图1－4。

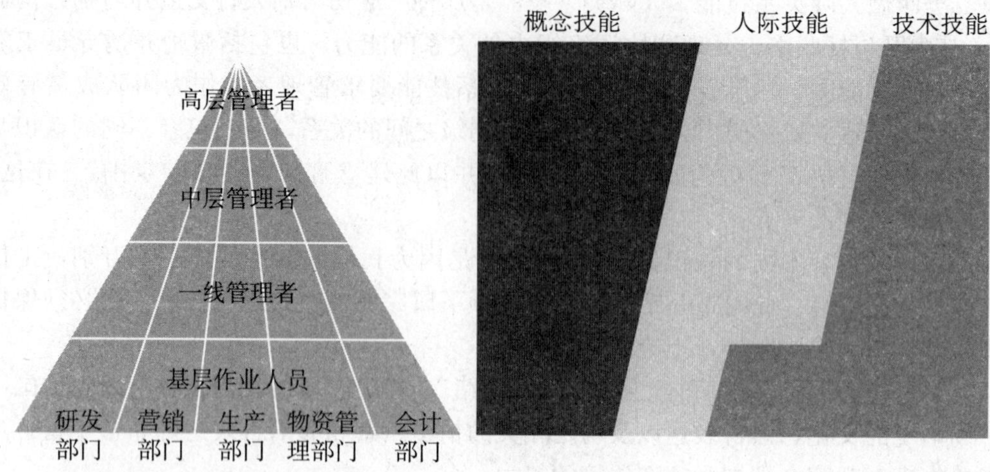

图 1-4 管理技能的内部差异

第三节 管 理 学

前面我们讲到，管理是一门知易行难的工作。这句话容易使人产生误解，认为管理学科本身是一门非常简单的“显学”。也正是由于这样的误解，很多网络购物平台会把一些管理类通俗读物错划到“励志书籍”的名下。但其实恰恰相反，管理学是一个非常典型的交叉学科（见图 1-5）：略知皮毛或许不难，但做到“精通”却实属不易。

首先，现代管理学科的诞生，与现代大型工业企业的发展壮大直接相关，是直接服从和服务于这一重大社会经济现象的。庸俗地讲，管理学是一门研究“钱（利润）”的学科。因此，经济学就自然成为管理学最重要的学科基础之一。经济学是研究如何优化配置社会资源的，管理学是研究如何运用有限的资源取得最好效果的，所以两者有许多契合点。进入 21 世纪以来，管理学与经济学融合的趋势进一步加强。与此同时，现代企业对管理科学化、现代化、定量化的追求，也直接导致了对数学工具和技术科学的大规模应用，应用深度亦与日俱增。从早年对运筹学、描述性统计的简单运用，发展到近年来对各种仿真模拟技术和信息管理技术、知识管理技术的广泛吸收。

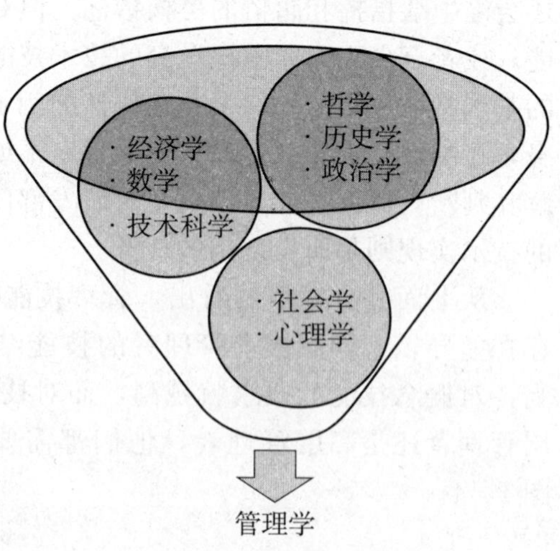

图 1-5 管理学的多学科基础

其次，企业的管理决策不能只是考虑追求利润最大化和决策最优化的问题，要实现利润，就必须处理好人与人之间的关系，管理者需要学会激励下属、团结队伍、分工合作的同时确保协调沟通。正因如此，管理学的重要研究对象就是组织内部的人类行为方式。从这个角度上看，管理学不仅是一门关于“钱”的学科，更是一门关于“人”的学科。而理解这类问题就一定离不开社会学和心理学的支持：社会学帮助我们理解微观层面的社会行动和人际互动，心理学则帮助我们理解个体心理机能及其在组织内部发挥的作用。这两个学科的理论与研究方法被用来研究和理解工业企业的时候，逐渐发展成为管理学中的两个重要分支，即组织行为学和工业心理学。

再次，企业并非存在于真空之中，企业不仅要面对行业内部激烈的竞争，还要面对外部各种复杂的制度环境和社会网络，要响应各种外部利益相关者的诉求，甚至质疑。与此同时，作为人的集合体，企业内部的问题也绝不只是“钱”和“（个）人”的问题，而势必牵扯到人群的分化、权力的运用等各种问题。总之，我们可以把企业视为一种在高度特定的动态情境中存在的文化现象。因此，对企业的理解就自然离不开哲学社会科学的支持。其中包括：

（1）哲学对管理学的支持：哲学对管理学的支持绝不只是“科学之科学”那样简单，哲学为管理学的思考与研究提供了强有力的分析工具和思维方式，它不仅可以帮助管理学者认清企业组织发展的内在逻辑，而且可以帮助企业理解和反思其文化与价值观，即对管理理念和管理哲学的“否定之否定”，从而在“做正确的事”和“正确地做事”之间做出平衡。

（2）历史学对管理学的支持：作为一种有生命的文化现象，企业的存在本身就构成了它自己的历史。而残酷的市场竞争和多变的社会经济环境让一大批优秀企业从“先驱”变成了“先烈”，从“赢家”变成了“输家”。正因如此，对以往企业经验教训的历史总结就构成了管理学知识的一个重要来源。西方的管理学在很大程度上就受益于经济史和企业史研究：早在 1962 年，已故的一代企业史大师小艾尔弗雷德 · D. 钱德勒（Alfred D. Chandler）推出了他的第一部代表作《战略与结构》，当时美国的企业管理层中就流传这样一句话，“与其花上十万美元让麦肯锡来做一次咨询，还不如花 2.95 美元买一本钱德勒的《战略与结构》”。而时至今日，钱德勒企业史研究的三部曲——《战略与结构》《看得见的手》《规模与范围》早已成为全球工商管理学者的枕边书。而现今在世的历史学者也为新时期的工商管理研究提供了新的精神食粮：威廉 · 拉让尼克（William Lazonick）在 2010 年推出的新著《创新魔咒——新经济能否带来持续繁荣》就以宽阔的视角、以史为镜、针砭时弊地为我们理解新时期的企业变革与经济发展提供了宝贵镜鉴，这部作品也因此获得了 2010 年的“熊彼特学会奖”。

（3）政治学对管理学的支持：“权力”是组织内部必然存在的现象，而“权力”恰好是政治学讨论的中心问题。但政治学对管理学的支持远不止于对“权力”的理解：政治学的研究对象在很大程度恰恰是企业组织所处外部环境的重要组成部分，这决定了它在管理学研究中的重要地位；此外，政治学的研究问题与管理问题在某种意义上具有相通性，这也决定了这两个学科之间的契合度。

生活中的管理学

康多莉扎 · 赖斯的“旋转门”生涯

康多莉扎 · 赖斯，美国第 66 任国务卿，也是美国历史上第一位女性非裔国务卿。1980 年，年仅 26 岁的赖斯获得了国际关系博士学位，并被斯坦福大学聘为助理教授。此后的二十多年间，赖斯从政治学家的身份起步，在政府和大学之间不断“旋转”：1988 年，赖斯就任老布什政府的国家安全委员会苏联事务司司长；1992 年赖斯重返斯坦福大学，并于次年成为斯坦福历史上最年轻的教务长；2001 年小布什上台后，赖斯历任国家安全事务助理和国务卿；2008 年，随着小布什卸任，赖斯回到斯坦福大学重新做起了教授，而这次赖斯不再局限于政治学院的工作，她还在斯坦福商学院开设了“全球战略”“管理全球政治风险”等多门研究生课程，期望自己对二十年政治生涯的感悟和理解能够有助于美国企业妥善面对和解决全球化背景下的各种新问题和新变化。

管理学不仅是一门学科基础复杂的综合性学科，而且是一门实践性很强的学科，这决定了管理既是科学，也是艺术。作为一门艺术，管理活动的经验性较强，具有典型的“成功孕育成功”“胜利导致胜利”的特征，很多管理技能是很难在书本上学到的，需要在实际管理工作中去掌握。而作为一门科学，管理活动需要科学、系统且有针对性地学习具体的理论和学科知识。特别是那些经典理论，都是对众多企业实践经验的深入总结和理论反思，是更广泛层面上实践工作的结晶。对这类经典理论的学习，能够帮助我们以有限的时间学到更多的知识，从而在管理实践中少走弯路，避免许多低级错误；而且，高质量的理论学习能够大大提高管理者分析问题的眼光和鉴赏力，从而更加精准地把握管理问题的本质。

本章小结

本章介绍了管理学的一些基本概念，对管理者所担任的角色和必备的技能进行了定义。在一个完整的管理过程中，经理人员通过计划、组织、领导、控制四项职能，实现了投入产出的高效（高效益和高效率）转化，从而最终实现了组织目标。

为了履行四项职能，管理人员需要具备概念技能、人际关系技能和技术技能，这些技能在不同层次管理者之间的分布结构存在明显差别，对于高层管理者而言，概念技能尤为重要；而对于一线管理者而言，技术技能则是最重要的。

管理者是指那些从事管理过程的实现，并对组织内的员工进行领导、组织协调和监督实施的人员。管理者的角色分为三类十种：在人际关系角色中，管理者要担当挂名首脑、领导者和联络者的角色；在信息传递过程中，管理者要充当监听者、传播者和发言人的角色；而在决策制定角色中，管理者需要视情形而定，扮演企业家、混乱驾驭者、资源分配者和谈判者这四种角色中的一个或几个。

管理学是一门多学科基础的综合性学科，这是由管理学的研究对象决定的。管理学又是一门与管理实践紧密挂钩的学科，这决定了管理既是科学也是艺术。

复习思考题

1. 什么是管理？管理有哪些基本职能？

2. 管理者在组织中扮演何种角色？为了更好地扮演这些角色，管理者应该注重自身哪些管理素质的提高？

3. 管理技能如何因不同的组织层次而异？

4. 如何理解管理学是一门“知易行难”的学问？

第二章 管理思想史

本章要点提示

- 法家管理思想
- 兵家管理思想
- 新中国工业企业管理的起源
- 科学管理原理
- 工业管理与一般管理
- 层级制组织理论
- 人本主义理论
- 霍桑实验

引 例

1960 年 3 月 22 日，毛泽东在读了鞍山钢铁公司《关于工业战线上大搞技术革新和技术革命的报告》之后，对鞍钢的经验进行了高度概括，并在报告上批示，宣称“鞍钢宪法在远东、在中国出现了”。“鞍钢宪法”最著名的内容莫过于“两参一改三结合”：干部参加劳动，工人参加管理；改革不合理的规章制度；工程技术人员、管理者和工人在生产实践和技术革新中相结合。后来，“鞍钢宪法”经日本传向西方，日本更是将其进行本土化改造之后形成了著名的“丰田制”，“团队性”和“全员性”作为其核心精神与“鞍钢宪法”一脉相承。20 世纪 80 年代之后，日本在全球市场崛起，“丰田制”成为世界各国工业企业竞相模仿的对象。但奇怪的是，无论是中国还是美国和欧洲国家，几乎没有企业能够成功复制“丰田制”；而中国企业在感慨自己与丰田的差距越来越大的时候，却对五十多年前的“鞍钢宪法”几乎完全没有印象。

过去四十年，中国的企业和市场都经历了史无前例的快速变化。为了应对这种快速变化，或是获得哪怕很小的一点领先优势，很多企业都要花费巨大的精力来学习国内外企业的先进经验。在这个学习过程中，最重要的元素莫过于开放的心态和宽广的视野：中国企业的发展，既不可能与中国悠久而辉煌的传统文化完全切割，也不可能置人类二百年工业化的一般经验于不顾。换句话说，这种学习一定需要最大限度地吸收、借鉴古今中外各种优秀的管理思想和管理理念，从不同的视角、全方位、立体化地提升企业的管理水平和成长质量。这也正是学习管理思想史的重要意义所在。

第一节　中国古代管理思想

中国传统文化博大精深，体系庞杂。诸子百家的学说，瑕瑜互现，珠目共存，而且由于这些学说都是诞生在农耕文明的时代中，所以很难对现代企业管理，尤其是“大工业”“速度经济”以来直至今天的“共享经济”提供直接的见解和帮助。这也使得我们今天所说的“管理思想”更多的是散落在古圣先贤的只言片语中。本节分为三部分，分别讨论诸子中影响较大、与管理活动关系较为密切的儒、法、兵三家的管理思想。

一、儒家与法家的简单对比

在讨论儒家管理思想的具体内容之前，我们首先对儒家和法家做一个简单的对比。这个对比能够为我们更好地理解这两大流派之间的区别提供一个基础。

在中国历史上，儒家和法家几乎是“死对头”，他们长期纠缠，又渊源极深，在历史上甚至有过儒法斗争的说法，而两家分歧的根源则深深植根于他们的世界观差异。表 2-1 是儒家与法家的代表人物、代表作品和基本世界观。

表 2-1　　儒家与法家基本情况对比

	代表人物	代表作品	基本世界观
儒家	孔丘、曾参、孟轲、朱熹、王守仁等	《论语》《大学》《中庸》《孟子》《礼记》等	儒，柔也，术士之称（《说文解字》）
法家	商鞅、慎到、申不害、韩非等	《商君书》《韩非子》等	灋（法），刑也。平之如水。从水，廌（zhì）所以触不直者去之（《说文解字》）

先秦时期，重仁尚礼的儒家和其他流派一道构成了诸子百家竞争的格局，而儒家的代表人物也和其他流派的代表人物被尊称为“子”，先秦儒家最著名的思想家即孔、孟、颜、曾四子，而同时代与之齐名的其他流派的思想家也被尊为“子”，典型的如老子、鬼谷子、孙子等。汉武帝“罢黜百家、独尊儒术”，“五经”（《诗经》《尚书》《礼记》《周易》《春秋》）成为官方指定教材，标志着儒家学说从诸子百家竞争官方话语体系的竞争中胜出了。在此之后出现的各流派代表性人物中，只有儒家思想家被尊为“子”，典型的如宋朝的朱子（朱熹）。也是自朱熹之后，“四书”（《论语》《孟子》《大学》《中庸》）的正统地位也确立下来。到了明代，王守仁（即王阳明）创立心学，提出“格物致知”，至此传统儒家到达了历史巅峰，王守仁也与儒家历代集大成者并称孔孟朱王。

相比之下，法家则是在先秦时期迎来了黄金时代，其代表人物包括商鞅（法治派）、申不害（术治派）和慎到（慎子，势治派），他们的共同特点是对“（刑/法）平之如水”

的强调。而在“罢黜百家，独尊儒术”之后，法家在学术争鸣中进入了一个地下状态。但值得一提的是，商鞅之后的秦始终秉持法家理念，秦始皇嬴政更是重用了法家弟子李斯为相；而自“独尊儒术”之后，包括汉武帝在内的中国历代统治者在统治技巧上极大地吸收了法家思想中的合理成分，从而使儒家的柔弱和法家的严酷得以中和。正因如此，中国历史上还有“阳儒阴法”“外儒内法”的说法。更重要的是，正是由于法家这种“触不直者去之”（意即凡是遇到不公平、不正直的地方统统去掉）的执行力，中国古代政治基础设施的重要变迁几乎全部是由倾向于法家思想的统治者和政治家推动的，从秦汉两朝建立郡县制，到汉武帝推行盐铁专营，直至雍正帝摊丁入亩、改土归流，这些对中国大一统政治传统有着深远历史影响的里程碑式事件都深受法家思想影响。

二、儒家管理思想

很多时候，儒家的管理思想强调的是一种处于守势的柔弱，而这种“柔弱”集中体现在儒家的世界观和分析问题的基本逻辑中。儒家对于人性的假设，即儒家管理思想的基本出发点是“性本善”；正是基于这样的假设，儒家才采取了一种柔性的方法用来建立管理秩序。这种柔性方式就是教化，通过建立一套道德体系和伦理秩序来教育人，引导人们主动提高自己的素养，“修身、齐家、治国、平天下”。具体而言：

（1）“性本善”的人性假设：孟子是儒家“性善论”最重要的早期倡导者。他认为，“人性之善也，犹水之就下也”（《孟子·告子上》），也就是说，人性向善是与“水往低处流”相当的基本规律。这样一种对人性的基本假设后来就变成了《三字经》中朗朗上口的“人之初，性本善”。如果用西方理论中的术语来说，儒家管理思想对人性的理解倾向于“社会人”假设：相信人会做好事，会考虑其所作所为的社会影响，而且正因如此，这些有着“利他”动机和道德情操的“社会人”能够实现自我管理。在这种情况下，儒家在建立管理秩序的过程中就更倾向于采用一些柔性的方式，比如修身。

图 2-1　孔子像

（2）儒家的“修身”，尤其强调“克己复礼”：人应该克制自己的私欲，提升自己的品行，才可能达到“礼”。孔子（见图 2-1）认为，这种“克己复礼”式的修身就是仁的表现（“克己复礼为仁”）。这种严于律己的“仁”的另一种表现就是孟子所说的“反求诸己”：出现问题、遭遇困难的时候不是忙于推卸责任、诿过于人，而是反躬自省，先努力在自己身上找出问题的症结和解决问题的方案。总之，从孔子和孟子的这些表达中我们不难看出，儒家对于个人“修身”有着非常强烈的追求。这种微观个体的“修身”追求必然需要一套宏观秩序的保障，而儒家选择的宏观秩序同样是软性的：伦常道德体系。

所谓“人伦”，即指人与人之间的尊卑长幼关系，反映的是一种权力序列。儒家思想对“人伦”的强调，集中体现在后世所谓的“三纲五常”上。“三纲五常”之说，源于董仲舒的《春秋繁露》，后经朱熹理学发扬光大。所谓“三纲”，即君为臣纲，父为子纲，夫为妻纲，“三纲”所维护的核心道德理念即中国封建传统道德中的“忠”“孝”“节”。而“五常”则是仁、义、礼、智、信。其中，孟子对仁义礼智的解释是“恻隐之心，仁也；羞恶之心，义也；恭敬之心，礼也；是非之心，智也”，董仲舒在此基础上加入了“信”，即诚信的元素。在董仲舒看来，仁、义、礼、智、信五常之道是处理君臣、父子、夫妻、上下尊卑关系的基本法则。

但儒家的思想家们不仅要帮助管理者（统治者）建好约束其下属（臣民）的伦常道德秩序的铁笼，还要把管理者自己的权力关到笼子中去。因此，儒家管理思想为统治者的“修身”提出了额外的要求。作为统治者，要“修己治人”，这又体现在三个方面：第一，在价值观或政治理念上，统治者要摆正位置，孟子就特别强调，“民为贵，社稷次之，君为轻”。两千多年后，以毛泽东为代表的中国共产党人将孟子“民贵君轻”的思想进一步阐发为中国共产党的政治宗旨，“全心全意为人民服务”。第二，在行为示范上，统治者要为下属做出表率，“为政以德，譬如北辰，居其所而众星拱之”，是孔子为统治者提出的建议：领导干部要以德服人，下属才会心向往之。第三，在处理人际关系上，统治者要以更加开放的心态，允许下级犯错误，允许犯错误的同志改正错误，这就是儒家所谓的“恕道”：“恕”的本质是为他人着想、体谅他人，对统治者而言，“恕”恰恰是他们对下属“忠”的回应，也是维持君臣纲常的必要条件。而在如何做到“恕”这一问题上，孔子一言以蔽之，“己所不欲，勿施于人”。

总之，儒家柔性管理的思想特点，充分体现在其对人性假设、管理手段、道德秩序和权力约束等各个方面的见解中。

三、法家管理思想

如果说儒家管理思想是从“性善论”的假设立场出发，倡议了一套柔性管理方法的话，法家管理思想则恰恰相反：它更相信“性本恶”的人性假设，并基于此发展出一系列刚性管理思想，并在实践中发展起整套的严刑峻法。

法家对于人性的假设，即法家管理思想的基本出发点是“性恶论”：法家认为人性恶而逐利。这一基本假设从法家的几位鼻祖开始从未改变。作为春秋法家的代表人物，管仲就曾经明确指出，“夫凡人之情，见利莫能勿就，见害莫能勿避”。这种认识一直延续下来，商鞅也认为，“民之性，度而取长，称而取重，权而索利”。用西方理论中的术语来讲，就是亚当·斯密的“经济人”思想：人总是受到利己主义的驱使。战国末期，儒家思想开始分化，作为先秦最后一个儒家大师，荀子（荀况）的思想已经在很大程度上有别于孔孟时期的儒家正统，而更加接近于法家的认识，甚至比早期法家“趋利避害”的假设更激进：“人之性恶，其善者伪也”，对人性的失望跃然纸上。

面对如此丑陋的人性，有效的管理必须采取一些强制性手段，通过高压外力才能实现期望的管理秩序。因此，法家强调刚性管理，而居于这种刚性管理中心位置的，就是“法”的规范性与权威性。韩非子（荀子的学生）对法的权威性做过非常精彩的阐述：“法不阿贵，绳不挠曲。法之所加，智者弗能辞，勇者弗敢争。刑过不辟大臣，赏善不遗匹夫。”（《韩非子·有度》）

律法面前，人人平等；而律法本身也应保持必要的规范性、稳定性和严肃性。一个国家确定了相应的规章制度、政策条文，就要尽可能地保持一贯性，以稳定的政策措施引导整个国家的行为朝着一个方向持续迈进，因此，商鞅特别强调“国贵少变”。这种思想其实与企业理论中能力学派的观点非常相似：能够为企业带来持续竞争优势的战略资产存量只能是企业在一段时期内遵循一组连贯政策的累积性结果。

由此可见，律法本身就是刚性的，而落实和维护律法的措施同样是刚性的。换句话说，律法制定要从严，落实也要从严，这样才能把律法的威严和威力充分彰显出来。因此，韩非子特别强调，“火形严，故人鲜灼，水形懦，故人多溺”：火很严酷，让人看着就害怕，所以很少有人去玩火，也很少有人烧伤烫伤；水看起来“善利万物而不争”，结果很多人在戏水的时候溺毙了。韩非子想用这样的类比说明，律法只有像火一样严酷，才不会有人胆敢以身试法。而这又需要做好“普法”工作，让老百姓都知道律法的威严。所以，韩非子说，“法莫如显”：律法必须广而告之，让大家知道底线的明确位置，只有这样才能鼓励大家遵法守法；否则，所谓的“执法”就成了统治者的自由裁量，甚至是黑箱政治。从这个意义上看，韩非子的这句话充分体现了他对于法治的基本价值观：律法是王权的根本，也构成了王权的樊笼。

对人性的认识决定了法家的刚性管理方法，而这种刚性管理同时约束了管理者的行为，那么法家刚性管理的本质到底是什么呢？其实，从某种意义上，法家是将国家或组织视为一个有独立利益诉求（实现经济发展或在竞争中胜出）的活动主体，而法家看重和维护的正是这个独立活动主体本身的权威地位，这种权威地位不从属于或听命于其中任何成员的个体意愿。在这种情况下，法家的最终目标是建立相应的国家能力或组织能力。法家的这一本质特征在商鞅的治国理念中体现得尤为突出。

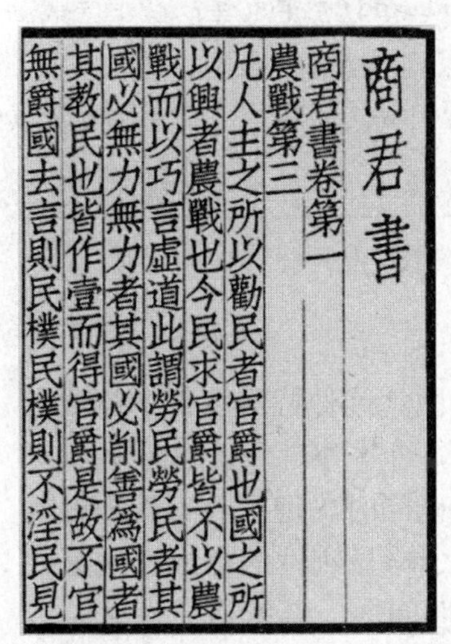
商君書

商君書卷第一

農戰第三

凡人主之所以勸民者官爵也國之所以興者農戰也今民求官爵皆不以農戰而以巧言虛道此謂勞民勞民者其國必無力無力者其國必削善爲國者其教民也皆作壹而得官爵是故不官無爵國去言則民樸民樸則不淫民見

图 2-2 商君书

记载商鞅治国理政活动的《商君书》（见图 2-2）中有专门的一节，名为“弱民”：“民弱国强，国强民弱。故有道之国，务在弱民”。在商鞅看来，绝不允许有任何个人拥有凌驾于国家和法律之上的权力与权威。因此，削弱个人的特权，直至消灭特权阶级，就是强国的第一要务。否则，“民倍主位而向私交，则君弱而臣强。君人者不察也，非侵于诸侯，必劫于百姓”（《商君书·慎法》）：如果下属们只顾着自己私交而不顾君主（代表国家）的利益，那么国家及其代言人（君主）的地位就会被削弱，这样的国家或组织，不是受外敌侵犯，就是要被内部人推翻。因此，商鞅强调国家的权威地位，而国家要想维持这种权威地位，就必须具备相应的能力。这种能力既包括必要的资源优势：通过整合国家的优势资源，集中力量办大事；否则，各种资源像撒芝麻盐一样四处耗散，就很难取得突破。所以，“利出一孔，则国多物；出十孔，则国少物。守一者治，守十者乱。”这种能力还包括必要的信息优势：如果一个国家连自己的家底都摸不清，它的先天禀赋再好也无济于事，因为这个国家根本不知道在危难面前，能够动员出多少国力，也就不可能知道是否值得动员，“强国知十三数：竟内仓、口之数，壮男、壮女之数，老、弱之数，官、士之数，以言说取食者之数，利民之数，马、牛、刍藁之数。欲强国，不知国十三数，地虽利，民虽众，国愈弱至削。”

这是 2000 多年前中国法家法治派政治家提出的有关国家能力的观点。毫不夸张地讲，商鞅对“强国”所需各种能力的理解，直到今天也没有过时，甚至可以说，今天世界上每一个发达国家，在建设国家能力方面的投入与要求，与当年商鞅所提出的这些目标相比，有过之而无不及。从这个角度来看，法家管理思想对今天中国国家治理现代化和企业管理现代化都有着重要的启示意义。

管理案例

美国政府的国家能力

作为当今世界唯一的超级大国，美国的国家能力和商业能力都是世界一流的。但很多时候我们只关心美国企业界所代表的一流商业能力，却往往无意之间忽视了美国政府，尤其是联邦政府所承载的超强国家能力。

美国政府的这种能力首先体现在以高强度人力资源投入到关键、敏感部门，从而确保在这些部门获得充分的信息和主动，以捍卫美国的霸权地位。对此最好的例证就是美国能源部。能源部是美国历史上第 12 个内阁机关，主要负责联邦政府的能源政策制定、能源行业管理、能源相关技术研发和武器研制等工作。对美国这样一个老牌的能源消费和进口大国来说，能源部的意义不言而喻。这也使它成为美国政府中的超级部门：其联邦政府正式职员多达 16 000 余人，合同用工数量高达 10 万人，其中仅负责信息数据统计和分析的能源信息署就有 370 名工作人员。相比之下，中国国家能源局机关行政编制仅为 240 人。

除了高强度的人力投入和发达的组织结构外，美国政府的信息与决策能力还集中在一批资深专业人员身上。前任联邦储备委员会主席艾伦·格林斯潘就是个中翘楚。格林斯潘几十年如一日地沉浸在官方数据、原始材料、华尔街数字以及与各种企业有关的小道消息中。他的数据收集非常广泛，这使他不必依靠特定的预测模型或规则作出决策。曾于 1991—1997 年担任美联储官员的劳伦斯·林赛回忆说，有一次美联储开会讨论一场洪水导致的通胀风险，当时密西西比河上几乎所有桥梁都已被阻断，造成货运中断，格林斯潘却能够说出最后一座“幸免于难”的桥梁的准确位置，而且列举了各种可以用于运输的改道路线。

四、兵家管理思想

与儒家和法家的管理思想相比，兵家管理思想有一定的特殊性。这种特殊性集中体现在两方面。第一个特点是兵家的研究对象直接指向了最残酷的竞争，即军事斗争。这使兵家对很多管理问题的讨论显得更加直接，甚至有时显得简单粗暴。这也同时决定了兵家管理思想的第二个特点：对军事竞争的讨论是以“打得赢”为目的的，这个略显刚性的标准让兵家在一定程度上回避了一些软问题，比如说具有意识形态色彩的人性问题。儒家讲“性善论”，法家讲“性恶论”，兵家却对此不做明确结论，而是直奔主题：开展军事斗争应该如何准备、如何管理。正是由于这种直接鲜明的色彩，在几千年儒法斗争此消彼长的过程中，兵家却逐渐发展为中国古代管理思想中最具国际影响力的流派：因为只要有国家，战争主题就永不过时；而只要有市场经济，“商场如战场”就会迫使工商业精英们从兵法中汲取管理智慧。

那么，兵家管理思想如何回答“打得赢”的问题？组织如何面对残酷的竞争？下面我们就把一个战争或竞争的过程分为决策准备、战略决策和战略实施这三个阶段，来具体看一下兵家对这三个阶段给出的重要建议和经验总结，如图 2－3 所示。

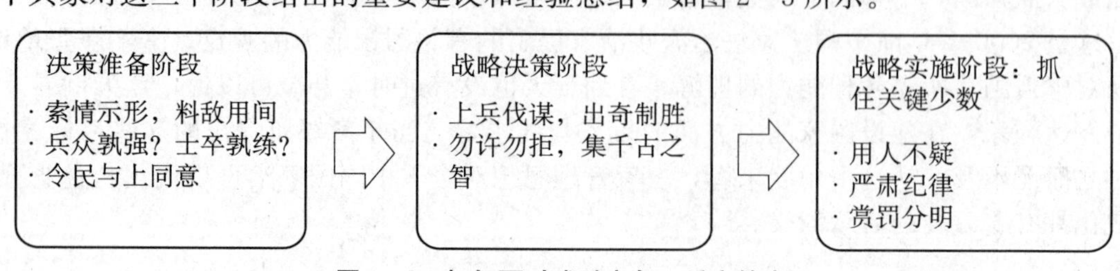

图 2－3　如何面对残酷竞争：兵家答案

决策准备阶段的中心工作之一就是情报工作。兵家称为“索情”，即获取敌方以及与战争有关的各个方面的信息：不仅要侦查敌方的情况，而且要有效地开展反侦查工作。这就是兵家“诡道”的重要内容，“示形”，即现代所说的“伪装”“佯动”，以此造成敌人的不意和错觉。《孙子兵法》就讲，“能而示之不能，用而示之不用，近而示之远，远而示之近”。同时，“示形”也是战略决策的重要选项，而《三十六计》中的“瞒天过海”“声东击西”“暗度陈仓”等计就反映了“示形”的思想。兵家“示形”思想源远流长，影响深远，甚至成为中国谋略的一种符号。除了“索情”和“示形”之外，决策准备阶段的信息情报工作还包括“料敌”和“用间”，即判断敌人的动向，甚至以反间计等手段引导敌人的动向。除此之外，决策者要对己方的情况充分了解：是不是确保人强马壮、粮草齐备，士兵的训练准备是否到位。另外，民心是决策者必须考虑的问题：“令民与上同意”，如果不能做到“上下同意”，领导和下属离心离德，就不可能在竞争中胜出。而做好信息摸底和战前动员，则是确保“上下同意”的重要手段。

管理案例

战争中“示形”的重要作用：从马陵之战到四渡赤水

以战略伪装和战略佯动的手段麻痹和调动敌人，是战争中常用的手段。在古今中外的战史上这类案例数不胜数，而其中最著名的例子当属马陵之战和四渡赤水。

马陵之战是战国时期发生在齐魏两国之间的一场战争，孙膑和庞涓分属交战双方，在这场战争中扮演了重要角色。齐国应韩国求救、攻魏救韩。在认真研究了战场地形条件之后（索情），孙膑建议田忌采取“增兵减灶”的“示形”之计，“使齐军入魏地为十万灶，明日为五万灶，又明日为三万灶”，造成齐军斗志涣散、士兵逃亡的假象，以此诱敌深入。庞涓中计，决定扔下步兵和辎重，带领精锐骑兵孤军深入，结果在马陵遭遇伏击，被一万齐军弓箭手围歼。

毛泽东也是以“示形”调动敌军的战略高手。在四渡赤水前两次被动渡江之后，国民党军在遵义、鸭溪的狭窄地区形成新的围攻。在这种情况下，红军一方面在遵义地区徘徊寻敌、诱敌迫进，寻求新的机动，一方面以红 3 军团向西南方向的金沙佯动，调动周浑元部向南和吴奇伟部向西，而后转用兵力攻击鲁班场守敌。国民党军果然中计，在吴奇伟部北渡乌江靠近红军之际，红军突然转兵向北，于 15 日进占仁怀，16 日从茅台镇第三次渡过赤水河，再入川南。三渡赤水是毛泽东“把滇军调出来”战略构想的一次成功演练，为最终四渡赤水、跳出国民党包围圈创造了条件，积累了经验。

在进入战略决策阶段的时候，兵家特别强调格局。无论是“上兵伐谋”还是“出奇制胜”，其本质都是在强调以战略性思维打败常规性思维，以宏大战略格局打败狭小战略格局的问题。这种战略格局和战略思维的基本要求就是“跳出圈外”，而不能被对方牵着鼻子走。从某种意义上讲，这种格局和思维方式竞争的背后，是对战双方知识基础与能力积累的比拼。而知识基础和能力积累离不开组织学习，离不开每一个组织成员献计献策。因此，兵家还特别强调战略决策中的民主集中制。决策者要做到“勿许勿拒，集千古之智”：既不排斥每一个成员的脑力贡献，也不吊死在一棵树上，迷信和过分依赖个别人，以免一条路走到黑。总之，要把大家的智慧都动员起来，才能把格局和视野打开，才能找出颠覆性的出路。

而在具体的战略实施阶段，兵家特别强调的是“关键少数”的问题：要管住领导干部

（军事统帅或部门经理）这些关键少数。而在管好关键少数的过程中，兵家提出三条非常重要的原则：①疑人不用，用人不疑：要对有能力、靠得住的领导干部予以充分的信任、充分的授权，这在军事斗争和现代商业竞争中非常重要，因为战场（市场）情况瞬息万变，如果从下到上事事请示汇报，难免贻误战机。因此，《孙子兵法》特别强调，“将在外，君命有所不受”。②严肃纪律，要有明确且刚性的管理条例，并且要遵照纪律执行，因此还要③赏罚分明，“杀人而安人，杀之可也”：如果为了安定队伍、严肃纪律而杀人，使大家对纪律有敬畏之心，使队伍获得更强的凝聚力与战斗力，那么杀这个人就是值得的。

管理案例

中国共产党管好“关键少数”的经验

在长期的革命、建设与改革过程中，中国共产党就很好地学习借鉴了兵家管好“关键少数”的思想。早在抗战时期，毛泽东就曾经明确地讲，“政治路线确定之后，干部就是决定的因素”。革命胜利之后，毛泽东一再强调共产党要“两个务必”、赶考成功、绝不能当李自成。正是出于这样的考虑，毛泽东在 1952 年顶住党内外舆论压力，亲自批示，对“三反运动”中发现的存在腐败问题的高级干部刘青山、张子善处以死刑。近年来，习近平总书记也特别强调“关键少数”问题。他在 2014 年中纪委全会上就曾指出，“党要管党、从严治党怎么抓？就从中央政治局抓起，正所谓‘子帅以正，孰敢不正’？上面没有先做到，要求下边就没有说服力和号召力。”这样的决心使得中共十八大以来的“老虎、苍蝇一起打”有效遏制了腐败蔓延的势头。对于中国共产党这样一个有着近七十年执政经验的大党来说，难免会在发展过程中出现一些问题，但正是长期以来管好“关键少数”的努力，才使中国共产党成为全球范围内最成功的执政党之一。

第二节　中国近现代管理思想

这一节将沿着时间顺序展开，分别回顾中国近代、新中国成立之后的计划经济时期和改革开放以来中国工商企业管理思想和实践的演变过程。

一、中国近代企业管理：中国民族工业不能忘记的四个人

我们用一种聚焦的方法来理解中国近代的企业管理思想与实践，而我们聚焦的对象则是四个非常重要的历史人物。在回顾中国近现代史的时候，毛泽东曾说过：“在中国近代历史上，有四个人万万不可忘记。”他们是：搞重工业的张之洞、搞纺织工业的张謇、搞交通运输业的卢作孚、搞化学工业的范旭东。这四个不同时代、不同出身的人，从事的行业也不同，他们的实践恰恰构成了中国近代工业发展和企业管理的一副缩影。

张之洞，洋务派代表人物，政治上主张“中学为体、西学为用”，工业上创办了汉阳铁厂、大冶铁矿、湖北枪炮厂等。其中，汉阳铁厂在 1893 年建成时已经是一个钢铁联合企业，包括大小工厂 10 个、炼炉 2 座，工人 3 000 人。汉阳铁厂不仅是近代中国第一个大

规模现代钢铁企业，而且一度是亚洲最大的钢铁厂，比日本八幡炼钢厂早8年建成投产。在筹办、经营汉阳铁厂的过程中，状元出身、宦海沉浮的张之洞因为不懂工业而闹过很多笑话，比如在选址时坚持建在“能看见烟囱”、便于上级检查和领导观光的地方。最终，铁厂建在远离铁矿、煤矿的稻田里。建成后又强制要求使用马鞍山的煤，后因无法炼焦而转用萍乡煤矿，从英国采购的机炉又不能去磷，导致钢不成材、极易脆裂。可以说，张之洞建立汉阳铁厂的遭遇与明治天皇建立八幡炼钢厂的遭遇有很多神似之处，都是不懂工业的官员直接插手微观的企业建设与经营，最终在行业规律面前碰了钉子。

张謇比张之洞稍晚，也是状元出身。后来，祖籍江苏的张謇回到南通，用张之洞留下的一批设备建立了大生纱厂。清末民初，大生纱厂曾经经历了一个非常辉煌的时期，张謇也在此期间扩张实业、兴办学堂，民国时期张謇还曾应孙中山与袁世凯之邀出任内阁成员。20世纪20年代，大生纱厂走向没落：孤立无援的张謇热爱公益，大生纱厂因此负担很重。后因棉纺织业危机，大生纱厂又在与日本企业的竞争中落败，直至破产。张謇是中国民族资产阶级走上“实业救国”“教育为民”道路的标志性人物。而大生纱厂的历史也对后来江苏中南部地区棉纺家纺工业的发展有着深远的影响。南通至今仍是我国重要的家纺工业中心，孕育出了罗莱家纺、杉杉家纺等行业知名品牌。

相比之下，卢作孚文化水平不高。他幼年辍学、自学成才，32岁创立民生轮船公司，投身于航运行业。1949年新中国成立时，民生公司旗下有148艘轮船，独占川江航运，是中国最大的民营工商业集团之一。经营民生公司的过程中，卢作孚积极向员工灌输“开发产业、富强国家”的“民生精神”，要“梦寐不忘国家大难，作息均以人群之乐”。正是这样的民生精神，成就了卢作孚和民生公司最辉煌的历史瞬间：1938年武汉沦陷之后，协助国民政府将大批滞留物资和军工科研机构从宜昌转运出来，当时情景蔚为壮观，甚至被称为“中国实业界的敦刻尔克”。而在宜昌大撤退期间，民生公司共计损失轮船16艘，116名员工牺牲，61人受伤致残。

化工行业的范旭东是一名海归。1910年在日本京都帝国大学化学系毕业后，范旭东就归国以报效祖国。起初他在政府部门任职，后因在国外考察苏尔维制碱法期间遭遇歧视，奋然辞职创业。先是于1914年在天津塘沽创办久大精盐公司，又在1917年开始创建永利碱厂，后来终于在侯德榜等人的帮助下于1926年生产出优质纯碱。永利碱厂因此成为中国最早的制碱厂，并在此后的市场扩张中挫败了外国企业试图将其扼杀在萌芽状态的图谋。范旭东的个人经历，使永利碱厂在壮大过程中形成了一种中西合璧的企业理念，“我们在原则上绝对地相信科学；我们在事业上积极地发展实业；我们在行动上宁愿牺牲个人顾全团体；我们在精神上以服务社会为莫大光荣”。

不难发现，中国近代管理思想的发展其实自然地构成了中国民族救亡和工业发展进程的一部分。这些管理思想源于洋务运动及其引入的现代工业。而当现代工业的星星之火在中国逐渐点燃之后，中国人开始逐渐在实践中理解、钻研、总结适用于大型工业的管理经验。尤其是在民国初年的和平时期，那些教育水平较高，或是深受中国传统家国观念影响的民族资产阶级，希望以自己的努力在一个半殖民地半封建国家发展壮大民族工商业，“实业救国”。这就促使他们更加努力地将自己的商业实践加以总结提炼，并把自己的经验同中国传统文化中的合理成分，如以人为本、重视教育、集体主义等引入现代工业管理中，从而逐渐发展形成了自己企业的价值观与文化传承。这个过程在1949年新中国成立的时候走到一个转折点：星星之火式的民族工业自发成长已经不足以满足中华民族重返世界舞台的雄心，新中国将以更加系统、更加彻底的计划经济手段建立现代大工业，而此时的“大工业”已经远远超过了张之洞、张謇、范旭东等人对大型工业的理解。

二、新中国的工厂管理：计划经济时期的思想与实践

新中国的工业建设离不开苏联的援助，苏联不仅提供了工业企业建设方面的援助，而且提供了很多管理经验方面的援助。“一五”时期推进156项援建项目的同时，苏联专家还投入巨大的精力帮助中国企业，尤其是部委选定的示范性企业，改进管理方式，健全规章制度。这也成为新中国工业企业规范化管理的重要源头之一。改革开放之后的很多新兴企业，包括那些在村社企业基础上发展起来的乡镇企业，其最初的管理制度建设很多都是国企规范化管理经验的溢出和扩散。也就是说，苏联援建了新中国大工业体系的基础，而在经过三十年计划体制的发展之后，在这个基础上积累的管理经验又成为20世纪80年代经济快速发展、各种企业如雨后春笋般涌现的重要基础。

但是，新中国引进苏联援助、建立现代大工业的过程，并不是对苏联的企业模式和管理经验照搬照抄。尤其是在“一五”计划完成之后，我国工业企业的内部管理已逐渐发展出一些本土化成分，这些本土化尝试既有企业文化层面的探索，典型如石油战线上的“大庆精神”；也有班组建设方面的努力，典型如钢铁工业中的“孟泰工作法”和轻纺工业中的“郝建秀工作法”；“鞍钢宪法”更是新中国探索社会主义工厂管理方式的一次伟大尝试。

（一）大庆精神

1959年9月，黑龙江大同镇发现了罕有的大油田（即大庆油田）。但当时中国石油工业一无经验，二无技术，设备落后，国家正处于困难时期。此后，经石油部组织，数万石油工人集结松辽大地，打响了一场石油大会战。在最困难的时候，会战大军“五两保三餐”，致使到1961年年初，仅浮肿病人就有4 000多人，占会战职工总数的1/10。即便如此，大家仍然坚持一丝不苟地工作，坚持“三老四严”的态度，即“对待革命事业，要当老实人，说老实话，办老实事；对待工作，要有严格的要求，严密的组织，严肃的态度，严明的纪律”。在开发建设大庆油田的过程中，“爱国、创业、求实、奉献”的大庆精神逐步形成，即“为国争光、为民族争气的爱国主义精神；独立自主、自力更生的艰苦创业精神；讲究科学、‘三老四严’的求实精神；胸怀全局、为国分忧的奉献精神”。

（二）孟泰工作法

诞生于鞍钢的孟泰工作法是以老工人孟泰的名字命名的。孟泰以年过半百的高龄学习文化、钻研技术，结合多年实践经验，对高炉上密如蛛网的1 000多根冷却水管了如指掌，总结出一套“眼睛要看到，耳朵要听到，手要摸到，水要掂到”的“孟泰工作法”；他亲手建立的“孟泰储焦槽”，每年节约上千吨焦炭；他为配矿槽研制了防暑降温设施，改善了作业环境，被同行们称为“高炉神仙”。孟泰还组织全厂各方面人员进行联合攻关，先后解决了十几项技术难题，成功化解了中苏交恶之后大型轧辊停供导致的停产危险，填补了中国冶金史上的空白，被誉为“鞍钢谱写的一曲自力更生的凯歌”。

（三）郝建秀工作法

1951年夏天，青岛国棉六厂细纱车间的郝建秀在工作中摸索出一套高效、快捷、节

约的科学纺纱法，被当时全国纺织总工会总结命名为“郝建秀工作法”。郝建秀工作法的基本内容是：①工作主动，有规律，让人支配机器，而不是机器支配人；②工作有计划，分清轻重缓急；③工作交叉，结合进行，以此实现生产合理化，省力又省时；④重视清洁工作，有助于提高产量和质量。郝建秀工作法不但有效地促使生产增加、原料节约、成本降低、次布减少，而且延长了机器的寿命，提高了出纱率和工人看台能力，从而为经济核算创造了条件，为定额打下了基础。郝建秀工作法经全国测定总结后，更加科学化和条理化。向全国推广以后，使生产竞赛走向体力和智力相结合的阶段。

（四）鞍钢宪法

1960 年 3 月，毛泽东在中共中央批转《鞍山市委关于工业战线上的技术革新和技术革命运动开展情况的报告》的批示中，强调要实行民主管理，实行干部参加劳动，工人参加管理，改革不合理的规章制度，工人群众、领导干部和技术员三结合，即“两参一改三结合”的制度，并称之为“鞍钢宪法”，以同苏联的“马钢宪法”（指以马格尼托哥尔斯克冶金联合工厂经验为代表的苏联一长制管理方法）相对应。1961 年的“工业七十条”正式确认了这一管理制度，并建立了党委领导下的职工代表大会制度，使之成为扩大企业民主，吸引职工参加管理、监督行政的形式。“鞍钢宪法”解除了企业管理中权威主义的束缚，解决了科学管理造成的人际关系紧张，缓解了官僚统治与技术自治之间的矛盾，增加了工人与技术人员的自主权，解除了部门对立与决策分割的束缚，增加了员工的自由空间与组织的整体行动能力，充分体现了“以人为本、民主管理、改革创新”的进步精神。

计划经济时期出现的这些本土化管理尝试，从不同侧面反映了当时的历史背景，并因此具有较强的共性：①充分体现了新中国成立之初“勤俭建国”“艰苦奋斗”的基本建设方针，大庆精神的代表人物、“铁人”王进喜的名言“有条件要上，没有条件创造条件也要上”就是这种艰难创业的真实写照；②高度重视每一个工人的工作积极性与创造性，这是“工人阶级当家做主”的基本政治原则在车间现场的具体体现，也同西方企业管理中兴起不久的人本管理思想精神相通；③与高强度的宣传教育、组织动员和劳动竞赛等形式相结合，以类似“运动”的方式在全国范围内迅速扩散。这些措施在一定程度上赋予这些管理手段以强制性，从而对工厂的效率提升起到了正面促进作用，间接弥补了新中国企业因单位体制而无法实施科学管理所造成的效率损失。中国工业企业就是在这样的制度环境下、以这样的管理水平迎来了改革开放的新时代。

三、改革开放之后中国企业的管理实践与思想演进

改革开放让中国的企业管理进入了一个新阶段。国外企业“走进来”与中国企业“走出去”的过程，让中国企业真实地感受到发达国家企业的先进管理水平以及自己的差距。作为中国较早与外企短兵相接的民营企业，华为就对这种对比感觉强烈，对此，华为总裁任正非曾有一句经典表述：“华为是一群从青纱帐里出来的土八路，还习惯于埋个地雷、端个炮楼的工作方法。还不习惯于职业化、表格化、模板化、规范化的管理。重复劳动、重叠的管理还十分多，这就是效率不高的根源。”正是这种巨大反差和对比，成为中国企业自 20 世纪 80 年代至今三十多年管理现代化进程的历史起点。

准确地讲，改革开放之后中国企业管理现代化的努力始于“七五”时期，即 20 世纪 80 年代中后期。在此之前的一段时间，绝大多数企业还在着手恢复生产秩序，而国家的政策重点也集中在“三农”问题上。因此，城镇工业企业的管理改进还只是局限于个别企

业扩大自主经营权的试点，真正的全局性安排则是在1984年秋天的十二届三中全会上做出的，自此之后，改革从农村走进城市，“包”（指承包制）字进城。而“七五”期间企业管理现代化的标志性事件是“全面质量管理”在国内的倡导和推广。这是中国企业第一次与国际先进管理理念“亲密接触”。这次“启蒙课”对中国政府主管部门和企业领导人形成了强烈的冲击，也迫使他们将企业现代化管理提上了日程。

此后，“七五”“八五”“九五”连续三个五年计划，国家都专门出台《企业管理现代化纲要》指导企业，尤其是国有企业管理转型，并将企业管理现代化纳入了国家现代化的战略目标。在此期间，企业的管理提升和机制、体制变革交替进行。先是国家经委大力推动“转机制、抓管理、练内功、增效益”，企业管理逐渐向市场化运行所需要的制度规范变革、过渡；“九五”之后，以现代企业制度，尤其是现代产权制度建设为主线，以国际先进经验和国内成功案例为摹本的“模仿”型管理现代化探索在大型企业中逐渐扩散。当时，国内最典型的成功案例就是“模拟市场、成本否决”的“邯钢经验”，归根结底，还是如何在老国企进一步引入市场机制的问题。此时，面对打到家门口的跨国公司，中国企业没有现成的经验，只能向发达国家学习，只能借鉴国家推行的改革样本，这就使得引进、模仿、借鉴、吸收成为这一时期企业管理现代化的主基调。

进入21世纪之后，尤其是在中国加入WTO之后，中国企业的国际舞台愈发宽广，视野也随之打开。再加上2003年之后一个长达十年的高速增长时期，中国庞大的国内市场终于被激活了，并因此成为中国工业领头企业快速成长的沃土。绝大多数国有企业的经营思想已经完全适应了市场化的需要，部分企业（国企和民企）的战略管理能力和人力资源管理水平已经与国际同行看齐。此时，虽然借鉴、学习仍在继续，但先进企业已不再满足于对国外经验的亦步亦趋，开始从自身特点出发，综合考虑中国的产品市场和劳动力市场的特点，逐步摸索中国企业独特的成长规律和管理模式，回到中国五千年文明传承中寻找管理灵感的企业不乏其类。一条“以我为主、博采众长、融合提炼、自成一家”（原国家经委副主任袁宝华语）的中国式企业管理现代化道路，在摸索中崭露峥嵘。

当然，我们还要看到，中国企业在管理水平上差别很大、参差不齐。很多企业的管理理念尚处于前工业化阶段，甚至有不少“小老板”还在指望看古装剧、线装书，学一点帝王心术的糟粕来管理现代企业。另有一些企业则热衷于“贩卖”国际先进经验和空头概念，更有甚者打着“风口”的幌子狂飙突进、忽视基础、大耍“庞氏骗局”。这种情况是由中国企业经济的高度复杂性和多元化所决定的。这种问题在发达国家同样存在，只是一个分布比例问题。但对成功企业先进经验的总结和对更大多数企业管理现代化的普及、补课，无疑构成了中国企业管理现代化在未来很长一段时间内的“两条腿”。

毫无疑问，企业实践的发展需要同学科研究展开对话，它也为学科研究提供了宝贵的素材。在此期间，国内学者开始对中国式企业管理的主题进行了一些有益的探索，比如：①基于中国特定文化、制度环境和企业实践的新概念、新现象及其背后的理论要素的提炼，其中的典型就是将“关系”引入了国际学术主流的讨论范畴；②逐步构建以中国为背景的理论模型或框架，其中的典型如中国特色的政企关系模型；③部分学者开始尝试将中国古典哲学思想和管理思维引入国际主流管理学界，其中的典型如“和谐管理理论”和“阴阳理论”等。但即便如此，中国管理学研究的主流仍然是对西方管理问题、理论、概念的简单验证和移植，而严重缺乏对国内优秀企业底层实践活动的充分观察和剖解。从这个角度来看，国内管理学界对中国领军企业的理解和支持，还大有文章可做。

第三节 西方早期管理思想

这一节我们将按照时间顺序回顾西方古代管理思想和第一次工业革命期间的西方经济管理思想。

一、西方古代管理思想

我们首先围绕古埃及、古巴比伦、古希腊、古罗马四个文明古国以及文艺复兴时期两位代表性人物展开对西方古代管理思想的回顾。

古埃及的管理思想更多地体现在实践中。比如，在金字塔的建设过程中如何统筹布局，如何恰当地分权、集权，从而设定合理的管理幅度，以便组织数百万奴隶共同建设如此浩大的工程，其管理难度之高不难想象。

古巴比伦的管理思想更多地沉淀在《汉谟拉比法典》中。作为世界最早的成文法典之一，《汉谟拉比法典》对各种典型经济活动情形和案件事由的判定，以及对案件相关各方责、权、利的认定，都体现了较高水平，从一个侧面反映了古巴比伦的管理能力。

古希腊管理思想的发展脉络则集中于苏格拉底、柏拉图和色诺芬等人的师门传承。其中，苏格拉底最早关注管理问题，更强调管理活动的普遍性。他认为，不论是在宏观上管理国家，还是在微观上管理家庭，管理活动都是普遍存在的，而不因阶级、地点、种族有所异同。相比之下，柏拉图关心的更多的是宏观问题，尤其是国家层次的分工问题，在他的名作《理想国》中，柏拉图将理想国中的公民分为治国者、武士、劳动者三个等级，分别代表智慧、勇敢和欲望三种品性，分别履行统治国家、保卫国家和提供物质生产资料三种职能。每一个人应该去做自己分内的事而不应该打扰到别人。苏格拉底的另一位学生色诺芬则专注于有关农业和家庭的研究。在其代表作《经济论》中，色诺芬高度关注农业对国家经济的重要性，认为农业是国民赖以生存的基础；而在讨论家庭内部的分工角色时，他认为主持家务是妇女的天职，家政训练应该成为女子教育中的特别项目。

古罗马的管理思想则尤其体现在其强大的军事能力和作战经验上。罗马军队常年东征西讨，积累了极为丰富的军事斗争管理经验，从而构成了其管理思想的主体。

到了漫长的中世纪，天主教对思想的禁锢使西方文明进入了一个相对低沉甚至万马齐喑的阶段。此后的文艺复兴时期，欧洲的文化与思想缓慢复苏，到文艺复兴中后期，西方管理思想也重获新生。其中有两位值得一提的代表人物：一位是政治学的鼻祖马基雅维利；另一位则是空想社会主义的鼻祖托马斯·莫尔。

马基雅维利是非常典型的政治学家，也是近代政治思想的主要奠基人。其代表作《君主论》讨论的中心问题就是如何成为一名成功的君主；而他对这一问题的回答就是，“只要目的正确，可以不择手段”，而“美德”不能决定政治。正因如此，《君主论》被反对它的人称为“邪恶的圣经”。从某种意义上讲，马基雅维利的理论立场与法家相似：他们都相信“性恶论”，马基雅维利把权力欲望和财富欲望看作人性的基础；他们都崇尚刚性管理，马基雅维利就特别强调领导者要比狮子还勇敢，比狐狸还狡猾。但马基雅维利更进一步：他强调人民群众的作用，认为人民在国家生活中扮演着非常重要的角色；领导者要赢得人民的支持，更要在获得这些支持之后充分利用人民的支持。

托马斯·莫尔是空想社会主义的鼻祖。他对经济管理的理念集中在1516年问世的《乌托邦》一书中。在这部作品中，他一方面相信长久的社会改善的可能性已经出现，另一方面又表达了对圈地运动倾轧穷人的愤怒，从而认为私有制是一切罪恶的根源。他不仅使乌托邦具有平等性，而且还赋予它合理的生产布局和生产组织，从而实现物质丰盈、六小时工作制，以及每十年轮换一次住宅等各种福利。公共市场使人们可以自由获得各种物品，而公共医院则可以使病人都得到医治。国家之间的丰盈和稀缺，通过补偿性的分配来加以平衡，一个国家的剩余有一部分赠予其他国家的穷人，另一部分则以适中的价格出售。从舒适水平来说，需要显然是固定的和有限的，随着欲求的恐惧被征服，贪婪基本上被消除了，而浮华和过分自尊则为法律所禁止。总之，莫尔在这部作品中表达了对过度放任私有制和市场经济的担忧，而更加看重对社会经济的有效管理。

二、工业革命期间的西方经济管理思想

从具体的经济活动和管理实践来看，工业革命最重要的进步就是出现了新的生产组织方式，即工厂制。工资、作业、分工、机器等各类因素，都在“工厂”这一框架内汇集，这也使得对工厂制各方面特征的理解，以及推动工厂发展的宏观建议成为这一时期经济管理思想的重要源泉。

（一）詹姆斯·斯图尔特

作为英国重商主义后期的代表人物，詹姆斯·斯图尔特是这些新经济管理思想的重要贡献者。他在1767年发表的《政治经济学原理探究》不仅为理解工厂制首开先河，还阐述了很多极为超前的观念。在理解工业革命和工厂制方面，他创造了一系列纪录：最早提出分工概念，最早讨论工作研究方法和刺激工资。在经济发展方面，斯图尔特力推干预主义政治经济学：他相信具有生产性目标的公共工程能够在劳动供给过剩的情况下创造就业；他建议在生产者与国家之间建立有效的社会契约，国家保护生产者免遭国外竞争的影响，生产者则要向国家缴纳高税，通过采取积极的产业政策和货币政策来促进经济发展。

（二）亚当·斯密

几乎同一时期的另一个重要人物是亚当·斯密。受到斯图尔特《政治经济学原理探究》的影响，斯密花了六年时间完成了他的代表作《国富论》（1776年），而在此之前他的另一部代表作《道德情操论》甚至先于斯图尔特。在有关人性的基本假设上，斯密深受休谟理论的影响，坚信“经济人”假设。即便是在《道德情操论》中，斯密也把人类看成是积极的、关心自己的生物，他们对所认定的目标，特别是对财富的合理追求，在某些情况下可能会对别人造成有害的影响。

正是基于这样的假设，斯密在《国富论》中对分工理论的探讨才达到了几近完美的形式，而他的价格理论则第一次明确区分了生产要素（土地、劳动、资本）和报酬（地租、工资、利润）的概念。斯密指出，分工（通过工序）有助于解释劳动生产率和社会福利水平的改善。他把这一现象归功于以下原因：①由于专于一种工作的劳动者只进行“比较简单的单一操作”，必然会使“敏捷性”提高；②分工节约了“由一道工序转到另一道工序

的时间”；③对“能简化劳动和减轻劳动的机器”的联合使用，“使一个人能够做许多人的工作”。而在讨论分工可能性时，斯密特别看重市场范围因素：他注意到交通手段，如良好的道路、靠近海洋和可航行河流等因素的重要性，因为这直接扩大了交易半径和市场容量。

分工理论是斯密经济管理理论的重要起点，立足于此，斯密对交换、价格、要素报酬自然率（工资、地租等）和政策问题的讨论才得以展开。与斯图尔特针锋相对，斯密的理论带有很强的自由主义风格：对重商主义的一切办法，斯密一般都会提出反对，“因为这些办法，违反自然趋势，迫使国内一部分产业流入利益较少的用途”。

（三）罗伯特·欧文

欧文于 1771 年生于英国，正逢工业革命的黄金时期，这也使他紧紧抓住了 19 世纪初英国工业化创造的物质丰裕，成为一名成功的棉布制造商。但另一方面，他又认识到广泛的物质贫困的存在，因此几乎倾其所有，想消除这个时代的罪恶。1797 年，欧文购买了几家棉纺织厂，暂时成功地把他作为工厂所有者和社会改革者的作用结合起来。他想证明仁慈博爱的工作环境能够改良人类的品性。在这种冒险中，短暂的成功促使他把一生献给了人类的新生，然而进一步的试验却惨遭失败。欧文在晚年创立了全国劳动平等交换市场，目的在于根据劳动时间来确定商品的价值和付给工人的报酬，但这个市场很快就以失败告终。由于这一系列努力，欧文被尊为现代人事管理之父、人本管理的先驱。

在欧文看来，竞争的市场经济中存在着迅速机械化的趋势，产生了“一种劳动的需求和供给之间最不利的不均衡。这种不均衡阻碍了社会全体成员的经济繁荣的实现，结果引起劳动力的逐渐贬值”。而为了消除对生产的制约和实现工业发展的潜力，欧文认为“人类劳动（应该）得到它的自然的和内在的价值，这个价值随着科学的进步而增加”。正是由于欧文这种智力进取的精神，19 世纪上半叶的英国社会主义思想家，把“政治的”经济学重新定义为“社会的”或“道德的”经济学，而恩格斯也将欧文称为“英国社会主义的创始者”。

（四）查尔斯·巴贝奇

巴贝奇对工业革命的理解极具革命性，这也使他不可避免地具有一定的超前性。在多年走访英国和法国的一些工厂并研究管理问题之后，巴贝奇在 1832 年出版了《论机器和制造业的经济》，书中论述了专业分工、工作方法、机器与工具的使用、成本记录等，是管理学上一本重要文献，比泰勒的《科学管理原理》早 80 多年。

他进一步发展了亚当·斯密关于劳动分工的思想，指出分工能提高生产率的原因是：节省了学习所需的时间和耗费的材料，节省了工序转换和更换工具所耗费的时间；由于重复同一操作，技术熟练，工作速度加快，注意力集中于单一的作业，有利于改进工具和机器。分工后可以按照不同工序所需的技术工种，雇用不同的工人，支付不同的工资，从而降低成本。分工既适用于体力劳动，也适用于脑力劳动。但有别于劳动分工基于市场交换的自由经济特点，知识的不可分性决定了脑力分工很多时候需要在组织内部自上而下地展开。

巴贝奇还制定了一种“对制造业进行观察的方法”，与后来泰勒的时间动作研究方法非常相似。在劳资关系方面，他强调劳资协作，认为工人应该认识到工厂制度对他们的有利方面。他还提出一种固定工资加利润分享的制度，认为这种制度能够使每个工人同工厂的发展和利润有直接的利害关系，使每个工人都会关心浪费和管理不善的问题，促进每个部门的工作改进。巴贝奇的管理思想为后来的《科学管理原理》埋下了智慧火种，他也因此被认为是“开辟前沿的经济学家”，创新经济学的鼻祖约瑟夫·熊彼特更把巴贝奇的《论机器和制造业的经济》誉为“一个杰出人物的一部杰出作品”。

第四节　古典管理理论

19 世纪 80 年代之后，第二次工业革命在美国、德国等地率先兴起，现代大型工业企业登上历史舞台。面对新的企业形式与管理实践，各主要国家的实战派与学术派纷纷提出自己的见解，其中最富影响力的三个理论来自泰勒（美国）、法约尔（法国）和韦伯（德国），而他们都不约而同地采用了亚当·斯密的经济人假设，如图 2-4 所示。这三个理论分别关注个体效率的提高、企业组织整体效率的提高和企业之外更普遍的社会组织效率的提高，从而最终都指向了效率最大化的目标。始于“经济人”假设，终于最大化目标，这也正是古典管理理论逻辑一致之处。

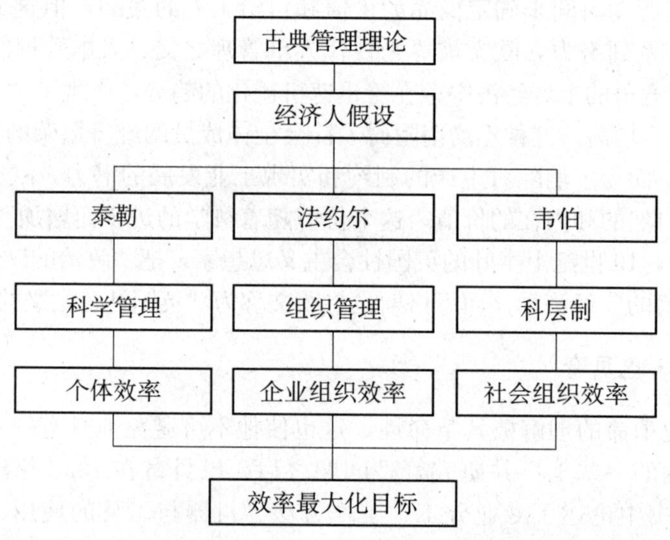

图 2-4　古典管理理论图谱

一、泰勒：科学管理原理

（一）现代大型工业企业的出现：泰勒制产生的社会经济背景

在英国工业革命期间诞生了工厂制，而工厂制带来的问题引发了不同的解决思路，以巴贝奇为代表的一批学者更关心提高效率与改进组织和工作方法，而欧文则代表了那些从心理建设和制度建设上恢复公平、保护劳工的努力。后来，工业革命的成果逐渐向欧洲大陆和美国扩散。19 世纪 40 年代之后，较为先进的工厂开始在美国出现，家庭经营的、依靠外包制度的小型企业开始萎缩。更重要的是，三项划时代的技术进步在此时出现：铁路、电报和无烟煤的广泛使用，彻底打破了传统经济格局，大大扩张了市场容量。

其中，铁路公司是第一批雇用受过专业训练的职业经理的企业，发展了最早的管理层级。因此，现代大型工商企业在美国内战之前就已经诞生了。这也催生了美国最早的大型企业管理理论，亨利·普尔是其中最重要的贡献者。普尔曾长期担任《美国铁路杂志》的编辑，拥有相当丰富的行业观察经验。普尔指出，企业管理不能依靠创办人和资助者，必须由专职管理人员进行。他探求一种管理的科学系统，并为此提出三条基本原则：①组织，从总经理到一般工人的详细劳动分工，每个人有特定的职能，并对他的直接领导负责；②通信联系，是使管理层能够连续确切地了解作业情况的报告制度；③情报资料，这是记录下来的“通信联系”。除此之外，普尔还认为需要克服“把人只看成一部机器”的危险，要用集体精神克服只强调严格管理的官僚化作风，要在不影响个人刺激和尊严的情况下，从混乱中寻找秩序。

铁路和电报的应用，极大地增加了贸易量，而且大大提高了贸易和生产的速度。而南北战争的结束，则进一步将美国打造成当时全球范围内最大的国内统一市场。技术条件的到位、市场容量的变化，为“地方性”企业转变成全国性企业创造了条件。此时，那些能够以最快速度提高劳动生产率、抢占全国市场的领头企业，就变成了“大鱼吃小鱼”的行业兼并过程的主力。

背景资料

美国内战的经济动因

在 1860 年林肯当选总统之前，美国南北双方曾长期接纳奴隶制。但双方的奴隶制存在细微差别：奴隶的价格一度相当于一个普通技术工人三年的工资，这使得以工业为主的北方各州的奴隶制在经济上并不这么根深蒂固。相反，南方种植园奴隶主却通过提升农业生产效率而积累了大量财富，仅奴隶的价值就远超美国所有制造业和铁路资本的总和。不仅如此，南方奴隶主还大肆从英国进口生产生活用品，他们因此也更倾向于降低关税。但一旦降低关税，英国进口商品价格下降，美国工业品的销售价格将被迫降低。这是北方工业资产阶级无法接受的。这种分歧构成了美国内战背后的经济动因。虽然林肯为了团结北方各州中的欧洲移民而回避了关税和贸易保护问题，转而借口奴隶制向南方发难。但不可否认的是，内战结束后，工业制成品在美国进口总量中的比重持续下降，北方工业资产阶级希望的贸易保护如愿以偿，世界最大单一市场也自此形成。

资料来源：迈克尔·赫德森．保护主义：美国经济崛起的秘诀（1815—1914）［M］．贾根良，等，译．北京：中国人民大学出版社，2010.

但是，提高劳动生产率并不简单。毕竟如果缺少前期准备，生产效率的成倍提高会带来一系列的麻烦：“在工厂和设备上铺的摊子越大，各种瓶颈问题和偷懒怠工的现象就越难以应付”；而且“低效率还具有传染性”，它能够“玷污周围的每一件事物”。这种低效率集中体现在当时美国企业中普遍存在的“磨洋工”现象：虽然那些由于松懈的怠工情有可原，也可以通过激励或强制手段加以解决；但还有一些怠工却是思维方式和工作方式导致的。一方面，工人认为市场是有限的，所以工作量是有限的，在这种情况下，快速工作只会导致失业。另一方面，工人们只是凭借经验来工作，这种方法代代相传，即便想要提高效率也有心无力。第一个问题已经被内战之后的国内统一市场解决了，而第二个问题的解决则有赖于管理手段的提升，泰勒的科学管理就在这种背景下出现了。

（二）把技能从车间现场夺走：科学管理原理

弗雷德里克·W. 泰勒，1856 年生于美国宾夕法尼亚，家境优渥，18 岁时考入哈佛大学法学院，但很快自主退学，进入工厂当学徒。此后，经过不懈努力，泰勒在 28 岁就任米德维尔钢铁公司的总工程师直至 1890 年。在此期间，泰勒积累了非常丰富的现场工作经验和管理经验，这为他提出科学管理的一整套思路创造了有利条件。

为了提高劳动生产率，就必须采用一整套手段解决“磨洋工”问题，不仅要打破低水平生产经验的代代相传，还要加强激励，提高工人的工作积极性。在系统解决这些问题的过程中，泰勒科学管理理论的几项核心措施应运而生。

（1）在管理者主导下开展时间动作研究，以便开发更加合理的作业方法，确定工作定额。其中，泰勒通过金属切削实验、铁块搬运实验和铁锹实验这三项著名的实验，回答了若干基本问题：以何种刀具、何种速度来获得最佳的切削效率？如何设计搬运工作的动作规范、工作程序和休息时间？如何针对不同工作设计不同的生产作业工具？在此基础上，选择合适而技术熟练的工人，把他们的每一项动作、每一道工序所使用的时间记录下来，加上必要的休息时间和其他延误时间，得出完成该项工作所需要的总时间，据此定出一个工人“合理的日工作量”。这就是工作定额原理，科学管理就通过这种方式把技能从车间现场夺走，并以此替代低水平的生产经验。

（2）为每一项工作挑选一流的工人，并且使工人掌握标准化的操作方法，使用标准化的工具机器和材料，并使作业环境标准化。所谓挑选一流的工人，是使工人的体力、智力与兴趣，同其工作内容相匹配。而管理者就要为雇员找到最合适的工作，培训他成为一流的工人，从而用科学方法对工人的操作方法、工具、劳动和休息时间的搭配、机器的安排以及作业环境的布置进行分析，消除不合理因素，把各种有利因素结合起来。通过挑选和培训，将管理者经时间动作研究开发的“科学”的生产技能传授给工人，从而彻底阻断低水平生产经验在工人之间的传播，并由管理者掌控生产技能的开发和培训。

（3）增强激励，采取差别的计件工资制。如果工人没有完成定额，就按“低”工资率付酬，为正常工资率的 80%；如果超过了定额，全部按“高”工资率付给，为正常工资额的 125%。在这一过程中，虽然泰勒降低了工人单位工作量的报酬（如在铁锹试验中将每吨的搬运费从 7.5 美分降到 3.3 美分），但是由于采用了更加科学的工作方法，确定了更高的工作定额，完成工作定额的工人仍然能够获得 30%～100%的工资增长。从某种意义上讲，这种“加薪”也是管理层对工人工作技能的一种赎买和交换。

此外，以上工作还需要配套性措施的辅助，比如以职能工长代替工头，服务于管理者的“夺走”策略：分别负责生产流程、指示卡、成本和时间测定、劳动组织、工作速度、维修、检验和劳动纪律的八名职能工长成为研究、指导和监督工人工作的一线管理者。这样的安排又有效推动了计划职能（管理职能）同执行职能（实际操作）的分离。其中，计划部门负责进行调查研究，为定额的操作方法提供科学依据，制定有依据的定额和标准化操作方法，并对“标准”和“实际情况”进行比较。

“把技能从车间现场夺走”，使管理者掌握了生产的知识和信息，从而有效控制了生产过程。尤其是对那些大型工业企业的高层管理者而言，这一变化有着非同寻常的意义：自此之后，他们从与车间工人对生产过程控制权的争夺中解放出来了，而有更多的时间去思考企业的战略问题和重要的人员更替问题。总之，他们可以把一些例行性的日常事务授权给下级管理人员去处理，自己只保留对例外事项的决策权，即管理工作的“例外原则”。

后来，彼得·德鲁克在《管理实践》中说，泰勒的科学管理“可以算是自从《联邦党人文集》问世以来美国人对西方思想做出的最有影响、意义最为深远的贡献。只要工业社会还存在，我们就决不会忘记，人做的工作是可以加以系统研究，加以分析并在它最基本的组成单位上加以改进的”。

管理案例

服务行业的标准化作业：装饰装修行业的经验

G公司是一家装饰装修公司。在很长的时间里，它和很多同行一样，在接到项目之后总有一种无力感：因为装饰装修行业的传统是“大工”在装修现场有绝对的权威，即便设计师出图再好，“大工”干不了也无济于事，这使夹在中间的项目经理非常尴尬。G公司决定改变这种局面。

为此，G公司决定先进入市场容量较大、重复工作量较多、标准化门槛相对较低的住宅精装修领域（与开发商建立合作关系，以小区为单位提供批量化装修）锻炼一番。经历了长期的内部研发，以及与开发商伙伴的合作试验之后，G公司终于掌握了装饰装修标准化的一系列技能，包括在部件加工环节的部件标准化、生产工业化，以及在现场施工环节的材料轻质化和施工模具化。在这种情况下，G公司的设计师也敢于尝试更高级的设计方案，项目管理水平也大大提高。把技能从装修现场夺回来的G公司合同不断，以至于在房地产市场最火爆的那些年甚至要“包着飞机去赶工期”。

（三）科学管理运动的扩散：甘特与吉尔布雷斯夫妇的贡献

泰勒的科学管理理论对美国的大工业发展作出了重要贡献，这使他和科学管理都吸引到一大批追随者，其中的代表人物就是甘特和吉尔布雷斯夫妇。

甘特曾与泰勒共事14年，是泰勒的亲密合作者。甘特对科学管理的贡献包括：①在生产管理中创制甘特图，以此对产品生产活动进行计划调度和控制。从一张事先准备好的图表上，管理者可以看到计划执行的进展情况，并可以采取一切必要的行动使计划能够按时或在预期的许可范围内完成。甘特图至今仍在工业生产管理部门中使用。②提出“劳动报酬奖金制”，主张工人完成当日定额，除日工资外，还可得到奖金；超过定额的增发一定比例奖金；完不成定额的，日工资照发，不予处罚。③主张管理者有责任教导工人，使之养成勤奋合作的习惯。同泰勒相比，甘特更注重管理中的民主方式和人的因素。甘特对人的精神状态和主动性的重视与人际关系理论殊途同归。

吉尔布雷斯夫妇同样是科学管理运动的积极倡导者，并对科学管理的发展有重大贡献。弗兰克·吉尔布雷斯重视工作效率，其夫人莉莲·吉尔布雷斯重视劳动者的心理作用。他们从事分解动作，研究发明和应用了许多新技术，首先使用了拍摄电影的方法，分析和改善动作，寻求“最佳法”，以提高工作效率，又把工人的操作动作分解为17个基本动作，称为“动作的基本元素”。吉尔布雷斯夫妇同样关心工作中人的因素，强调在应用科学管理原理的同时，必须首先看到工人，了解他们的性格、需要，避免漠不关心，这对后来行为科学的发展有一定影响。

科学管理运动的一系列做法冲破了百余年来沿袭下来的传统落后的经验管理办法，以科学的管理方法和操作程序极大地提高了工作效率，强化了对工作过程的组织管理和控制。这使美国的大工业很快进入了一个人性被压抑的时代：工人成了机器的奴仆，这才有了后来电影大师卓别林的著名作品《摩登时代》（见图 2－5）。泰勒制的扩散也因此受到了一定影响：工会的强烈反对甚至使泰勒不得不在风烛残年接受国会质询。而究其根源，除了对“经济人”假设的顽固坚持而忽视工人队伍心理建设之外，泰勒的科学管理理论最重要的内在矛盾莫过于其理念性大于经验性、鼓吹性大于事实性。泰勒总是寄希望于资本家能够同工人分享利润，但泰勒却忘了资本家也是“经济人”，真正能够与工人分享产出的资本家很少，而像亨利·福特在底特律高地公园的 5 美元日工资制（市场工资的 2 倍）更是少之又少；更多的时候，科学管理给工人带来的只是倍增的工作量，而薪水的变化却微乎其微。

图 2－5　卓别林和他的《摩登时代》

二、法约尔：工业管理与一般管理

与泰勒半路辍学、从车间学徒干起的经历相比，亨利·法约尔是“含着金汤匙出生”的：17 岁进入国立矿业学校，19 岁毕业成为采矿工程师，25 岁晋升矿长，31 岁任职煤矿群经理。1888 年，在公司财务状况极为困难、濒临倒闭的情况下，法约尔被任命为总经理。经他努力经营，公司转危为安，财政基础日渐稳固，业务蒸蒸日上。正是这样的职业经历决定了他能够从企业全局的高度来理解企业，进而理解企业中每个方面的具体活动；与之相比，泰勒所关心的问题则集中于车间层的生产管理研究。

法约尔全面总结了他的经营管理经验，形成了一套比较完整的管理理论，并于 1916 年发表了《工业管理和一般管理》一书。在这本书中，他认为整个工业经营活动应包括六个方面：①技术活动，指生产、制造、加工；②商业活动，指采购、销售、交换；③财务活动，指资本的筹集和运用；④安全活动，指财产和人员的保护；⑤会计活动，指货物盘存、资产负债表制作、成本考核和统计等；⑥管理活动，指计划、组织、指挥、协调、控制。在对这六类工作进行分析之后，法约尔指出：随着组织层次中职位的提高，人员的技术能力的相对重要性降低，而管理能力要求逐渐提高。对不同规模的企业而言，也有类似现象，即企业越大，领导者所需的管理能力越重要；企业越小，管理能力的重要性越小。

在此基础上，法约尔对管理活动的五种职能做了进一步的解释：①计划是管理的首要因素，管理人员应对与企业有影响的未来事态作出尽可能准确的预测，并制订一项指导未来决策的行动计划。②组织包括有关组织结构、活动和相互关系的规章制度，以及职工的招募、评价和培训。这个职能将决定完成任务所必需的适当机器、物料和人员调配。③指挥是对下属的活动给予指导。要求指挥者必须以身作则，对下属及其与企业之间的合同透彻了解，定期检查组织机构，对不称职人员应及时处理，经常与主要助手开会协商，以便达到指挥统一。④协调是结合、统一以及调和所有企业活动与个人的努力，以实现一项共同的目标。⑤控制的目的在于保证实际工作按已定计划和命令去完成，它还涉及企业管理过程的其他四项职能：它促使计划编制更加准确，使组织简化和加强，提高了指挥效率，并便于进行协调。

此外，法约尔还从自己的经验出发，归纳总结了 14 条管理的一般原则（见表 2－2）。他认为原则是灵活的，适用于任何管理活动，重要的是知道如何运用它。

表 2－2　　法约尔的 14 条管理原则

原则	基本内容
分工	劳动分工是为了在同样的付出下能够得到更多更好的产出，劳动分工不仅应用于技术工作，也适用于其他一切工作。有些时候扩展某些任务能够成为对员工努力的一种刺激。
权力与责任	权力是下达命令和要求服从的力量，在执行权力过程中进行奖惩，是良好管理的基本条件，权力和责任是一种必然的关系，行使权力时责任就会出现，优秀的领导者应该自觉地表现出承担责任的勇气，且能够感染他周围的人。
纪律	纪律的本质是公司和员工之间达成的协议，它表现为服从、勤勉、行动、忍耐和尊重。纪律对于成功至关重要，而且它应该建立在尊重而非畏惧的基础上。糟糕的纪律必然是领导不力的结果，而良好的纪律需要优秀的领导、公平明了的协议，以及合理应用惩罚。
统一指挥	不管什么行动，下属都应该只听从一位领导的命令。一旦两位领导人对一个人或一项事务行使权力，问题就出现了。合理的职权分配，能够减少这种危险，但却无法彻底消除。
统一领导	为达到一个共同目标，由一位领导人按照统一规划，领导并协调全体行动。这是统一行动、调配力量、集中优势的必要条件。人们通过建立完善的社会组织来实现统一领导，统一指挥则取决于个人如何发挥作用。
个人利益服从整体利益	员工个人利益或员工团体利益，不能凌驾于公司利益之上，国家利益高于公民个体或公民团体的利益。这要求领导者的坚定性和示范作用，协议尽可能公平，认真监督。
职工的报酬	雇员付出劳动的回报价格应该尽可能的公正，让劳资双方满意。选择报酬模式时需要确保公平，激发热诚，奖励有效的努力，并且不会产生过多的超出合理范围的报酬。
集权	集权本身并无好坏之分，集权与分权只是一个单纯的尺度问题，重要的是找到企业适合的尺度。对此进行设计的目的是最大限度地利用员工的所有才能。
等级链	等级链是指从最高权力机构到底层下属的一系列领导层级。它能传递来自最高权力机构的信息，或向最高权力机构反映情况。但它并不总是快速有效的：在大型机构中这条路径相当漫长，因此，需要建立适当的捷径（法约尔跳板）。
秩序	每个物体都应该在指定的位置上，以确保所有工作程序顺利，这种秩序是为了避免材料丢失和浪费时间。为了建立企业的社会秩序，每个人都应该在他自己的位置上，这要求企业对社会需求和资源有确切的了解，并且能在需求和资源之间建立稳定的平衡。
公正平等	公平来自仁慈和公正，并且为雇员关系树立了一项准则。领导者应该尽己所能，使公平感深入各级人员的心中。
保持人员稳定	应该允许员工花时间学习，适应进而胜任一项新工作。应该提供有秩序的人事计划和规定以更换人力资源。
主动性	为每一个员工创造构思计划并取得成功的可能性，这会激发他们的工作热诚。
团结精神	要在公司内建设和谐和团结，避免对书面交流的滥用，避免对“分而治之”产生误解。

在这里我们要着重解释“等级链”中的“法约尔跳板”。法约尔认为，在层级较多的大型机构中，完全经由最高权力机构的信息传递路径太长、效率太低。此时，要把遵守等级制度和快速行动结合起来。如图 2－6 所示，在 G—A—Q 双梯等级结构的组织中，如果按照正常程序，工头 F 和工头 P 之间的信息传递需要层层上报、又层层下达之后经历 10 个环节（F—E—D—C—B—A—L—M—N—O—P），程序大费周折，效率严重降低，而且很有可能在这个过程当中出现信息失真。此时，在 F 和 P 之间建立起联系他们的“天桥”或“跳板”，是常见的解决办法。具体而言：主管 E 和 O 允许他们各自的下属直接建立联系，等级原则就得到了维护；而 F 和 P 在直接联系之后立即向各自的领导汇报他们达成的协议，且这种行为得到 E 和 O 的许可时，直接联系即可生效。这种“跳板”允许各个层级的人保持一定的主观能动性。

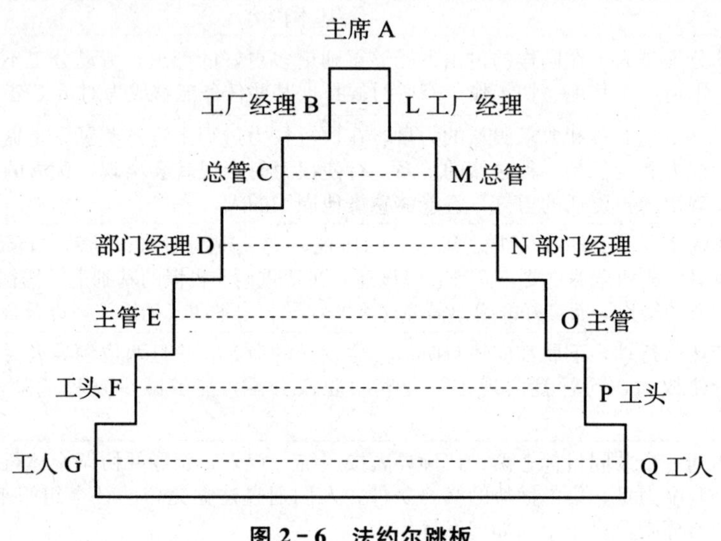

图 2－6　法约尔跳板

法约尔关于管理过程和管理组织理论的开创性研究，特别是其中关于管理职能的划分以及管理原则的描述，对后来的管理理论研究具有非常深远的影响。同时他还是一位概括和阐述一般管理理论的先驱者，是伟大的管理教育家，后人称他为“管理过程之父”。

三、韦伯：行政组织理论

马克斯·韦伯，德国社会学家、经济学家和管理学家，是公认的与马克思和涂尔干齐名的现代社会学奠基人，在管理思想史上被称为“组织理论之父”。其主要贡献就是提出了“理想的行政组织理论”，这集中反映在《社会和经济组织的理论》一书中。西方学术界曾经对韦伯的“行政组织理论”有过这样的评价，“在组织研究领域，甚至所有的社会学领域没有比韦伯的行政组织模式更为著名的了”。

韦伯的行政组织理论有两个基本组成部分：一是对权力的分类，二是理想的行政组织的特征。韦伯认为，任何组织都必须在某种形式的权力的基础上才能实现相应的组织目标，而只有理性合法的权力才适合作为理想的行政组织的基础。所以，在韦伯的理论中，行政组织和权力二者紧紧联系在一起。

在对权力的讨论中，韦伯做了一个非常重要的分类，他将权力分为三种类型。第一种叫做传统权力，这种权力与世袭、血统、封建紧密相关。中国历史上讲，“禹传子、家天下”（意即禹将首领职位传给了儿子启，夏朝世袭制就取代了上古禅让制）就是在讲这种传统权力的建立。第二种叫做超凡权力，又叫克里斯马式权力。这种权力是一种能够吸引别人崇拜和追随的精神魅力。比如西方学界公认，中国历史上最具超凡权力的领袖人物就是毛泽东，无论是在革命时期还是在建设时期都能吸引大量的追随者，获得群众的支持。但是，韦伯认为理想的行政组织不能以这两种权力为基础：以传统权力为基础的组织，人们的服从更多的是一种习惯性的忠诚，而不是尊重那些与个人无关的秩序，此时领导人不是因为能力而被选中的，他的作用就变成了维护传统，这就会影响组织效率；而超凡权力的合法性则依靠对于领袖人物的信仰，感情色彩太强，领导人必须为此不断以奇迹和英雄之举赢得追随者，这就使超凡权力容易无视规则和程序而出现非理性行为。所以，超凡的权力形式也不宜作为行政组织体系的基础。

生活中的管理学

超凡权力的演变：从政治领袖到娱乐明星

在过去的几十年中，中国的克里斯马式权力开始从政治领域向社会领域流散：“毛主席招手我前进”式的政治领袖已经一去不复返，却出现了一批坐拥亿万脑残粉、迷弟迷妹的娱乐明星。尤其是近几年，粉丝们疯狂追星的举动足以让当年痴迷刘德华十余年的杨丽娟自愧不如，从机场围追堵截到高呼“生猴子”，还有的在明星直播中豪掷万金、大送礼物。

什么是理想的行政组织最适合的权力基础？韦伯称之为“理性-法定权力”，或“职位权力”，这就是第三种权力。这种权力与血统、基因、人格魅力、英雄壮举无关，而仅与领导人的职位有关，“是那些被晋升到权力地位者……发布命令的权力”。换句话说，这种权力是以遵守（组织）秩序为基础的，而领导人则是因其完成任务的能力而被选中的，因此它是合理的，而且能够为管理的连续性提供基础，也为领导人提供了行使权力的合法手段。

在韦伯看来，以这种职位权力为基础的、理想的行政组织的基本特征，见图 2-7。

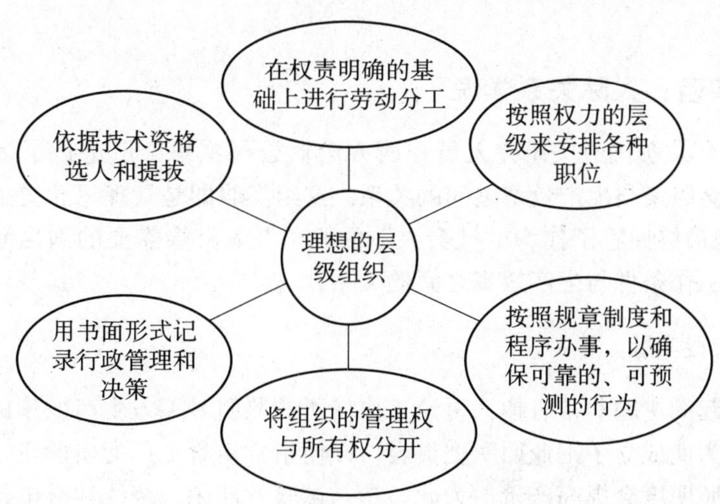

图 2-7 理想的行政组织的特征

生活中的管理学

规则明确和书面记录的重要性：大学的例子

李雷在读博士的最后一年工作量饱满，既要写毕业论文，又要完成发表任务，还要找工作，以至于他险些错过了学位论文的初审提交。后来幸亏有导师帮助，才解决了这个难题。问题解决之后，李雷与导师有下面这样一段对话。

导师："怎么会出现这么严重的问题呢？差点儿就是事故了！"

李雷："第一次通知，还是一个多月之前班主任在微信群里发的一段语音，说论文提交的时间刚刚定下来，但也只是说这个月中旬。等到第二次通知的时候才看见正式的网站通告，可已经只剩三天了。我还有一些收尾的数据没有整理完，格式也是乱的……"

导师："哎……二十多年前我在德国读博士的时候，我们学校论文提交、评审、反馈修改的时间表就已经是将近一百年以前定下的了，每一年几月份的第几个周五提交博士论文，今年这个日子您错过了，对不起，那您就只能等明年。咱们学校，不予评论……"

中国的组织建设欠缺之处还有很多，无论是紧急指示打个措手不及，还是口头指示甚至语音通知，类似李雷遇到的这种问题不在少数。你遇到过这样的情况吗？

第五节　人本主义理论

随着工业实践的不断推进，古典管理理论及其"经济人"假设遭到了越来越多的挑战。人们开始提出质疑：人是不是真的只会追求私利？除了钱，工作还能给人带来什么？还能用什么激励人们更好地工作？在这种探索中，人们意识到必须研究社会条件、人的因素与生产效率之间的关系。人本主义理论逐渐形成，而霍桑实验则是其发展过程中重要的转折点和里程碑。

一、霍桑实验：人际关系学说

1924—1932 年，美国有关研究人员在西方电器公司霍桑工厂进行了多轮实验，以探索工作条件、社会因素与生产效率之间的关系。这组实验即是管理思想史上著名的"霍桑实验"。霍桑实验最终回答了作为"社会人"的职工及其社会需要的满足问题，但其初始目的却是要讨论工作条件与生产效率之间的关系。

（一）第一阶段实验

霍桑事件缘起的主题非常有趣：讨论工作场所的照明对工人生产效率的影响。美国国家科学院还专门为此成立了工业照明委员会，以便指导霍桑工厂的实验正常开展。他们最初的假设是增加照明度会提高产量。为此，参与试验的冲床、绕线和继电器装配工人分别被分成两组，并在两个单独的房间工作。其中，控制组的照明条件保持不变，实验组的照明条件根据实验要求而改变。结果大出所料：两组工人的产量都在提高，看不出改变照明条件对生产效率的直接影响。后来又实验工资报酬、工间休息时间、每日工作长度和每周工作天数等因素，也看不出对生产效率的直接影响。工作条件会直接影响生产效率遭到了挑战，大家开始聚焦于另外一个重要因素：工人的工作态度。隔离试验有可能改变了参试工人的心态（比如感觉受到重视），进而刺激了他们的工作积极性。

（二）第二阶段实验

心理因素或社会因素被发现之后，又围绕这一新的变量展开了新一轮实验。

1. 第一波实验：继电器装配室实验

在这一轮实验中，寻找有合作精神的实验工人，把那些限制产出的工人替换出去，为参加实验的工人们减少了工作日，逐渐增加工间休息、公司午餐等福利措施，并对工资计算方式进行了调整。同时，以一名“友善的观察者”取代了严厉的监工，使其通过领导和相互体谅来保证纪律，并在这个群体中引导团结的精神。实验结果发现：福利措施的增减并没有对产量造成直接影响，而工间休息的效果绝不只是帮助工人缓解疲劳，更重要的是为他们相互沟通、纾解压力创造了机会。而监督风格的改变也对工人产生了影响：他们因此认为获得了“更舒适、更自由和更快乐的工作条件”。总之，各方面因素导致的心态和情绪改变，是生产率提高的根本原因。

2. 第二波实验：大规模访谈计划

主持实验的科学家打算继续讨论心理因素对工人生产率的影响，因此心理学家梅奥此时被邀请加入了霍桑实验。梅奥进入实验之后，首先开展了一轮调查问卷，随后展开了一轮更大规模的访谈调查，即有组织地安排工人对工作现状进行“吐槽”。梅奥的理由很简单：既然监督风格的变化会影响工人的工作态度，那么倾听工人的心声是不是也会有类似后果？研究人员在两年之内组织了两万多人次的职工访谈，结果令人震惊：参与了有组织“吐槽”的工人的工作绩效明显提高，即便他们的工作条件并没有发生实质性变化。梅奥对此的解释是：发牢骚、“吐槽”的机会让工人产生了“处境改善”和“备受重视”的感觉。在这组访谈计划中，梅奥还意外地发现：工人牢骚的性质不尽相同，有些牢骚是真实的、企业可以理解的，还有些牢骚却未必如此。梅奥将后者称为“潜在抱怨”。这些潜在抱怨往往源自工人对私人问题的过分关注和担忧，因此，梅奥建议“需要对这些个人或社会情境进行探索”。

管理案例

潜在抱怨：不仅要听到，还要听懂

韩梅梅的部门中有位年轻的女同事，不时在朋友圈和微博里“吐槽”公司待遇不高、不重视人才。但韩梅梅清楚，在她们公司，这位同事已经是同龄人中的佼佼者，不仅工资、奖金比其他同事高出一截，而且也已经受到了上级领导的关注、重点培养。面对这种情况，韩梅梅又花了一些时间了解情况才得知，这位同事最近正在准备买房，但房价上涨太快，她实在觉着吃不消，而她爱人最近刚刚获得升职加薪。

经过再三考虑，韩梅梅决定跟这位同事深谈一次。如果你是韩梅梅，你会怎么谈……

3. 第三波实验：电话线圈装配工实验

这组实验的目的是理解工人中的群体行为。和前面几次实验不同，这次实验再次引入了监工，而且采用了一种群体工资率。研究者发现，工人在此过程中很快形成了产量默契。工人们认为，如果产出超过了某个非正式标准，工资率就会被削减，或者作为产量标准就会提高。他们既不想因为高产出而导致工资率的削减或者标准的提高，也不想因为低产出而招致监工的不满。集体情绪支配着每一位工人，使他们既不要超出非正式产出协定而成为生产冒尖者，也不要低于这种非正式标准而成为生产落后者，以免损害其他同事。此时霍桑实验的研究者已经意识到，“车间中的社会群体能够对成员个体的工作行为施加强有力的控制”。在这种情况下，他们开始着力观察参加实验的工人的两个小集团，即“非正式群体”。一个是由工人 W_1、W_3、W_4、I_1、S_1 组成，另一个则是由 W_6、W_7、W_8、W_9、S_4 组成，另外四名工人则因各种原因被孤立（见图 2－8）。研究者发现，对工人来说，非正式群体有两种功能：一是保护工人免受集体内部成员轻率行为的伤害，例如生产冒尖或生产落后；二是保护工人免受管理层的外部干预，例如提高标准、削减工资率或制止他们放松。

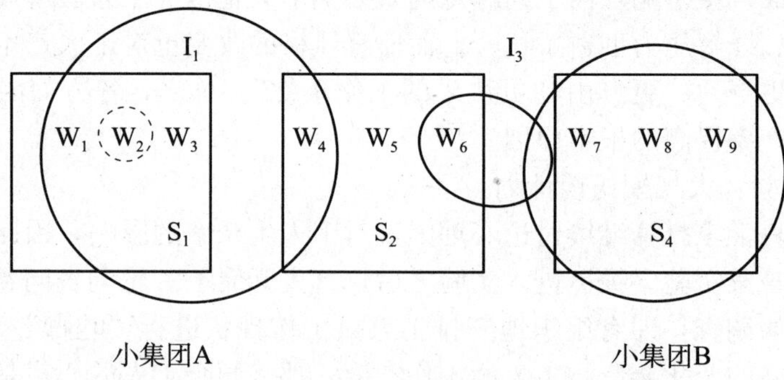

图 2－8　线圈装配工实验中的非正式组织

经过霍桑实验，梅奥等人提出了与古典管理理论不同的新观点，即人际关系学说。他们认为：①不能把工人看成单纯的“经济人”，而要看做“社会人”，影响工人生产积极性的因素，除了物质条件外，还有社会的和心理的因素。②工作条件、工资报酬等不是影响功效的第一因素，功效高低主要取决于“士气”，而士气又主要取决于人际关系。③不能只注意正式的组织，还要看到工人中间存在非正式组织，这种非正式组织有它特殊的情感、惯例和倾向，它赋予成员自豪感和归属感，无形地左右着成员的行为。正式组织以效率逻辑为标准，组织成员为了提高效率而保持协作；而在非正式组织中感情成为成员行为的重要参照标准，表现出感情上对非正式组织的忠诚。在感情与逻辑之间，人们的思想往往更多地受感情的支配。④管理者不仅要善于了解人们合乎逻辑的行为（遵循逻辑推理行动），而且要善于了解人们不合乎逻辑的行为（按感情而行动）。企业领导的能力在于正确处理人际关系，善于倾听和沟通职工的意见，使正式组织的经济需求和非正式组织的社会需求保持平衡，通过提高职工的满意度来提高士气。这意味着要重视对管理者和监督者的教育和培训，以改变他们对工人的态度和监督方式。

二、人本主义理论的发展：人力资源理论

既然人是社会人，那么社会人的属性如何影响人的工作？人际关系学说对这一问题

的回答尚停留在对非正式组织和管理者工作的角度，对日常工作内容本身的讨论并不多。填补这一空白的是后来的人力资源理论：它关注如何将岗位任务设计规范与激励理论结合起来，从而使得日常工作能够激起人们的兴趣，发挥他们的潜力。其中，对人力资源理论有较大贡献的两支管理思想，分别是马斯洛的需求层次理论和麦格雷戈的X－Y理论。

在马斯洛的需求层次理论中，人的需求被分为五个层次：生理需求、安全需求、社会需求、尊重需求和自我实现需求。马斯洛认为，没有满足的需求是最主要的激励因素，而且只有当低层次的需求得到满足的时候，才会去追求高层次。在第七章我们会进一步讨论这一观点，下面以“西游记”和“铆工罗西”的例子来说明这种理论对工作内容设计的启示。

生活中的管理学

西游记：符合马斯洛需求层次理论的最佳团队设计

我们如何依据马斯洛需求层次理论来做工作设计呢？《西游记》为我们提供了一个绝佳的例子。在唐僧师徒这个团队中，每个成员的需求层次都不同：在一群徒弟的保护和陪伴下，唐僧最关心的就是取回真经、自我实现；孙悟空更需要的是尊重，所以他更希望听到别人喊他“大圣”而不是“弼马温”。相比之下，猪八戒就简单得多，他在取经路上念念不忘的只有三件事，即吃饭、睡觉、成亲，都是围绕生理需求展开的。而沙僧和白龙马的需求更接近于安全需求和社交需求。

总之，一个好的团队工作设计应该有目的地对主要成员的需求进行分化和分层：如果一个团队中所有成员都在追求自我实现，这个团队一定长久不了、迟早解体，这也就是中国老百姓常说的“人多了乱，龙多了旱，母鸡多了不下蛋”；但如果大家都只是关心生理需求，也就只能混吃等死。

再比如说，图2－9是第二次世界大战时期美国一张著名的“美女秀肌肉”的海报，叫做“铆工罗西”。这位女士的原型是二战时期美国田纳西飞机制造厂的一名年轻的钣金工。这幅海报在二战时期的美国有着特殊的意义：年轻男性都走上战场，这时候需要呼吁广大女性走出小家，在解决温饱之后支援国家建设。“铆工罗西”正是在这样的历史背景下诞生的：它象征着二战期间美国600万首次进入工厂的女性，也极大地激励了这600万甚至更多美国女性的工作热情，使她们怀着无限的自豪感投入国家建设之中。这恰恰是良好的工作内容设计所期望的效果。

图2－9 铆工罗西

与工作内容设计有关的另一个人力资源理论是麦格雷戈的X－Y理论。这种理论与其说是有关人力资源的理论，更准确地说是对于人性的不同假设，而工作内容和管理手段的差别也就由此决定，如表2－3所示。

表 2-3　　X-Y理论

	人性假设	工作设计与管理措施
X理论	好逸恶劳，只要有条件就会逃避工作； 情愿受人指导，避免承担责任，缺乏进取心	恩威并用，赏罚分明，严格而公平
Y理论	人们为承诺的目标服务，会实行自我指导与控制； 在适当条件下，人们可以学会寻求承担组织任务； 大多数人具有高度运用一定水平的想象力、机智与创造力的能力	分权与授权，员工可以参与管理，鼓励其对自己的工作成绩做出评价

第六节　二战以来西方管理理论的发展演进

第二次世界大战结束之后，第二次工业革命的成果在全球扩散，社会经济影响更加深远。随着实践经验的不断积累，管理理论也向前发展。因此，在二战之后的第一个 25 年间，各种管理理论不断涌现，著名管理学家哈罗德·孔茨在 1961 年和 1980 年先后撰文，将这种管理理论活跃发展的现象称为“管理理论的丛林”，丛林中包括社会系统学派、决策理论学派、系统理论学派、管理科学学派、权变理论学派等流派。20 世纪 80 年代，日本式企业管理也一度吸引了学者们的目光；而在进入 20 世纪 90 年代之后，美国与日本之间产业霸权的二度更迭又把人们引向了学习型组织等方向，甚至有学者高呼“管理的终结”。

一、社会系统理论学派

这一学派是以协作系统为核心，论述企业内部平衡和对外部条件适应的企业管理理论，由美国学者切斯特·巴纳德首创，集中反映在 1938 年出版的《经理人员的职能》一书中。该理论认为组织是由人组成的协作系统，这些人的活动是互相协调的，构成一个系统，即协作系统。由于组织的目标和组织成员的个人目标不一定一致，因此巴纳德率先提出了“效率”和“效力”这两个概念。在他的定义中，“效力”是一个组织由于组织成员的成功协作而达到目标的程度。但为了实现组织目标，需要组织成员发挥积极性，能够实现他们的个人目标，个人目标的实现程度就是“效率”。所以为了实现组织目标，就必须使组织成员实现他们个人的目标，这就是“效力”和“效率”的相互关系。这也就意味着在正式组织协作系统中：所有成员的协作意愿、整体的共同目标和成员之间的信息联系，三者缺一不可。为了满足这三个基本要素，经理人员需要：建立和维持一个信息联系的系统，招募和选拔最好的工作人员，规定组织的目标，充分的授权，并履行分析与综合的决策职能。社会系统理论所讲的协作系统的三个基本要素和经理人员的五项职能，都是为了达到企业内部的平衡；同时，这个协作系统又必须适应外部的条件，才能正常维持和发展。巴纳德的思想影响深远，他的这些真知灼见在很大程度上影响了后来的卡内基学派（决策理论学派）和系统理论学派。

二、决策理论学派（卡内基学派）

这一学派认为管理的关键是决策，决策贯穿管理的全过程。企业管理的主要研究对象不是作业而是决策：决策错了，生产效率越高越没有好处。因此企业管理必须采用一整套制定决策的新技术，以寻求最佳方案。其代表人物是诺贝尔经济学奖获得者赫尔伯特·西蒙。在西蒙对上述问题的讨论中出现了一个显著区别于此前理论的观点：人不可能是完全理性的，因为人不可能获得决策所需的全部信息，即便获得全部信息，人也没有能力对这些信息做出准确判断，做出最大化决策。西蒙称之为“有限理性”，以同“完全理性”相区别。这意味着决策不应以“最大化”为原则，而只能以“满意”为原则。“有限理性”和“满意原则”的提出，标志着管理理论中出现了一种有关人性的新的假设，即“管理人”假设。

三、系统（管理）理论学派

系统理论学派与社会系统理论学派和决策理论学派有着密切的关系，与此同时还受到“老三论”，即系统论、控制论、信息论的影响。该理论认为企业是人们创造出来的一个由相互联系而共同工作的各个要素（子系统）组成的系统，以便达到一些目标（组织目标和成员个人目标）。它同周围环境（顾客、竞争者、工会、供应商、政府等）之间存在着持续互动，并具有内外部的信息反馈网络，能够不断地自行调节，以适应环境和自身的需要。基于这种系统观，系统理论学派强调把所有活动连接起来才能实现总的目标，并同时承认高效率的子系统的重要性。这种把组织视为一个整体系统的观点源于曼哈顿工程，在20世纪60年代前后盛行于企业管理领域。但是，对经理人员来说，这套理论过于抽象，无法实现；而对学者来说，这套理论过于复杂，变量太多，不便研究。两方面原因使得该理论在西方渐趋衰退。

四、管理科学学派

作为泰勒科学管理理论的继续和发展，管理科学学派以运筹学、系统工程、电子技术等科学技术手段，从操作方法、作业水平的研究向科学组织的研究扩展，同时吸取了现代自然科学和技术科学的新成果，形成了一种现代的组织管理科学。简而言之，这一学派是把管理问题列成数学模型，从而为管理决策寻求一个有效的数量解。这也是这一学派比“科学管理”更加强调“科学”的原因。这一学派的发展与第二次世界大战有着密切的关系。战争期间，英国的一个科学家小组利用科学手段，解决了大量复杂的军事问题，如：城市防卫和有效进攻、雷达站的最优布置、轰炸潜水艇的飞机有效高度，以及轰炸机和战斗机的最佳组合，等等。战争结束之后，运筹学、概率论等数学工具快速发展，极大地推动了管理科学学派的发展。

五、权变理论学派

20世纪60年代末之后，二战后“婴儿潮”的一代人（在美国指1946—1964年出生的人群）开始进入工作场所，工作环境随之变化。与此同时，美国企业开始在全球市场遭遇越来越多的竞争。在这种情况下，权变理论在20世纪70年代应运而生。这一理论认为，在企业管理中要根据企业所处的内外条件，权宜应变，没有什么普遍适用的最好的管理理论和方法。企业的结构模式要适应行业技术性质、市场竞争条件等因素的变化，领导者的行为方式也要综合考虑各方面因素，一切以企业的任务、个人和小组的行为特点以及领导者和职工的关系而定。总之，企业的结构和领导方式应该是结果，而管理活动的环境才是真正的原因。

六、日本式企业管理

二战结束之后，在经历了恢复企业管理制度、引进西方管理经验等阶段之后，日本企业的管理现代化在20世纪70年代之后渐成气候。在这个过程中，日本企业特别看重将美欧企业的先进管理方法、技术同日本的传统管理经验相结合，各取所长之后“再创造”。这种“再创造”既体现在对精通东西方管理理论、融汇东西方管理技术的管理人才的培养上，也体现在企业组织、制度和管理技术的有机结合上。日本式现代管理的特点包括：①实行终身雇佣制和年功序列工资制，这是日本企业进行“全员经营”的基础，这种制度把职工个人的命运同企业的经营状况拴在一起。②由经营管理专家全权经营企业。从企业的经营方针、董事以下人员的任免，到各级机构的具体管理业务，均由各级经营管理专家一手包办，他们在企业中形成了一个稳定的专家集团。③以质量管理为中心，开展全部经营管理活动，这既不同于美国以财务管理为中心，也不同于苏联以生产管理为中心。它要求企业内部所有人员都要有质量意识，所有部门都要对质量负责，所有经营活动都要突出质量管理。④重视人在企业经营中的作用，这种重视远远超过了对管理技术设备的重视程度。其中不仅重视高级精英专家和上层领导骨干的作用，而且重视调动每个成员的积极性，重视激发每一个集体的创造性，从而实现以人的“自动化”为特点的现代管理。

七、学习型组织和管理的终结

20世纪90年代中期之后，美国重回全球产业竞争力龙头位置。对美国先进企业管理经验的理解也进入了一个新阶段。学习型组织理论和“管理的终结”的论调是其中的代表。学习型组织的理论开始强调组织内部的持续学习。而在这个学习过程中，过去的等级权力控制已经不再适应于科技迅速发展、市场瞬息万变的行业环境，因此需要鼓励员工的自我学习和团队学习来建设“组织思维能力”，同时还要确保在全局高度的系统思考，以免只见树木、不见森林。“管理的终结”的论调在一定程度上呼应了“学习型组织”理论对自我学习、自主管理的关注。这一观点的提出者也注意到全球竞争环境的变化和大批受过高等教育的新型雇员对管理者提出的挑战，因此他们建议终止权威主义的、家长作风十足的管理，使组织向新的“组织民主”发展。

成功的管理实践和有洞察力的管理思想的出现，是一系列因素共同作用的产物：它既要体现组织特定发展阶段的具体需要，也要适应外部环境的不断变化，同时深深地植根于一国文化、产业、社会的历史之中。所有这些因素决定了，世界上没有哪种管理理论能包治百病，也从来没有削足适履的成功企业家和战略家。一味认为凡是国外的、最新的都是先进经验是不对的，而隔断历史、隔绝于古今中外先贤们的智慧积累也有失偏颇。我们学习管理思想史的根本目的，就是要避免这两种极端思想，以开放的心态和宽广的眼界，解决好中国企业自己的现实问题，以及全球化时代的中国问题。

■ 本章小结

了解管理学科的发展史，有助于当前和未来的管理者更好地认清我们目前的情况，并能促使我们向更好的管理实践迈进，使历史上出现过的各种管理思想和管理方法的合理成分，都被吸收并融合到现代管理学之中。

在现代工业出现之前，无论是在东方还是在西方，管理思想更多时候是其他学科实践活动的副产物，这种局面直到第一次工业革命才得以改变，而“分工”则是工业革命时期管理思想关注的焦点。

第二次工业革命中出现了两种主要的管理学理论：古典管理理论和人本主义理论。其中，古典管理理论包括泰勒创建的科学管理理论，法约尔创建的一般管理理论和韦伯创建的理想的行政组织理论。他们都是在“经济人”假设的基础上发展起来的。而人本主义理论则是以“社会人”假设为起点发展起来的，在这一过程中，霍桑实验扮演了重要的角色。

现代管理思想最早起源于二战期间，20世纪60年代之后有了更加迅猛的发展，逐渐形成了一个管理理论的丛林，其中较有代表性的包括社会系统理论学派、决策理论学派、系统理论学派、权变理论学派和管理科学学派。

20世纪70年代之后，日本式企业管理发展的突出特点，是对日本传统管理思想和西方管理经验的有效结合。而在日本经济奇迹中，企业管理方式的创新扮演着重要角色：年功序列工资制和终身雇佣制这两大企业管理制度，构成了战后日本经济奇迹的微观基础。

■ 复习思考题

1. 儒家管理思想与法家管理思想的基本特征有何区别?
2. 计划经济时期我国企业管理创新的特点是什么?
3. 改革开放之后，我国企业管理制度的发展经历了哪几个阶段?
4. 为什么说泰勒制的本质是“把技能从车间现场夺走”?
5. 法约尔的14条管理原则包括哪些?
6. 理想的层级制组织包括哪些特征?
7. 试述马克斯·韦伯对权力的分类。
8. 试述霍桑实验的主要发现和管理启示。
9. 对比管理思想史上有关“人”的不同假设。
10. “管理的终结”的观点是否符合当前中国企业发展的现状？为什么？

第三章 理解企业

管 理 学 原 理

本章要点提示

· 企业与公司的概念
· 现代企业制度、有限责任公司与股份有限公司
· PEST 分析
· 五力模型分析与利益相关者分析
· 不确定性的来源与应对
· 组织的物理环境、心理环境和文化环境
· 企业文化的定义与表征

引 例

近年来，随着中国经济不断发展，加之“大众创业、万众创新”等政策因素的影响，创业大潮汹涌澎湃。企业的进入退出速度明显加快，经济活跃程度大涨。尤其是在北京、上海、深圳、杭州等地，越来越多的人抱着试一试的心态开始了自己的“老板”之路，其中有的人或许只是想“过把瘾”，还有一些人则心怀梦想，渴望成就一番事业。与此同时，创业企业的形式也越来越多样，合伙制、合弄制等形式纷纷出现，让人应接不暇，甚至连政府的某些制度、规定都为此进行了适当的调整。

通过上面的例子不难发现，“企业”并不是一种孤立的存在，它的各种活动——设立、选址、招聘等方方面面，都受到一系列环境因素的共同塑造。而企业活动的内因同样存在差异，甚至这种差异会更重要，每一家成功企业的身上都深深地打下了创始人的个人印记，这种印记可能是价值观，也可能是仪式感。而时至今日，中国也早已告别了“千厂（企）一面”的时代，企业的类型、层次日益复杂。我们将在这一章对这一系列问题展开进一步的讨论。

第一节　组织、企业与公司

在正式讨论企业之前，我们需要厘清组织、企业与公司这三个概念。

一、组织的定义及其内涵

我们经常会提到“组织目标”“组织文化”等概念，那么到底什么是组织？对“组织”有很多经典的定义，我们在这里呈现其中的三个：

（1）组织是由个体所创造的、被用来追求特定目标的协作结构；

（2）组织是由若干个人为实现共同目标而组成的有机整体；

（3）组织是偏好、信息、利益或知识相异的个体或群体之间协调行动的系统。

不难发现，这三个定义虽然有很多形式上的差别，但它们都共同指向了“组织”的某些本质特征。“人为”是所有这些本质特征的核心：组织首先是一种“人为”现象。在这里，我们所说的“人为”是与“自然”相对而言的：组织不是一种自然现象，也不是自然运行过程的自然结果，而只能是人类建立、以人为主体的整体，是人类有意识创造、活动的结果。那么，我们应该怎么理解组织这种“人为”现象？

首先，组织的目标是人为的。组织的目标是建立或构成组织的这群人，即组织成员有目的地设定出来的人为现象。它反映的是组织成员对未来状态的期望，不管这一期望是明确的（如“成为国内××市场的绝对龙头”“先赚它一个亿”），还是含糊的（如“为人类提供清洁能源”“通过富有创意的玩乐和学习，启迪和培养未来的创建者”），组织都是为了实现这一特定期望而存在的。组织的目标反映了组织的性质与价值。

其次，因为组织的目标是人为的，所以组织为了实现这个目标而进行的分工以及与之相对应的组织内部结构也是人为的。正是在这样的分工与组织结构的基础上，才有了组织内部的信息沟通与交换，并在此基础上实现了协调与协作。

总之，组织是一个以目标为导向的、在分工合作的基础上构成的人的集合体。正如我们一再强调的那样，这样一个“人的集合体”向目标迈进的过程，即“组织”发展的过程，一定源于那些有目的的行为，而非无目的的自然过程。成功的组织、实现其发展目标的组织，不仅不会自发地长出来，而且在面对外部环境突然变化，或竞争态势加剧的时候，组织甚至会出现“逆水行舟、不进则退”的现象。这意味着，在竞争强度越大的领域，越需要对组织进行有目的的投资和建设。

之所以强调组织的“人为性”和“目的性”，是因为在现实生活中很多组织（包括企事业单位）的管理者都喜欢打着“无为而治”“顺其自然”的旗号，推卸组织建设的重任，这种做法的后果只能是把组织发展的主动权拱手让给市场、竞争对手等外力，而自动放弃了掌握命运、改变命运、实现更好更快发展的机会。每一个组织的管理者都应该懂得一个道理："在这个地球上的经济活动中，组织能够决定和影响的范围要远远大于市场能够决定和影响的范围。"而组织的影响力只能是有目的的投资和建设的结果。

管理者须知

现代大型工业企业中有目的的投资与建设：三重投资

钱德勒在《规模与范围》中详述了美国大型企业崛起过程中的内部投资逻辑。在他看来，企业家对大规模生产设施、销售系统和管理组织进行互相联系的三重投资，导致了现代大企业的崛起。他还特别强调，对管理组织的投资使前两种投资得以产生预期经济效益。因为先进技术所带来的潜在成本优势未必充分实现，除非通过工厂各环节的流量能够被不断保持。而为了保持能够带来成本优势的最小规模，不仅要求仔细协调通过企业内部各环节的流量，而且要求仔细协调供应商的投入流量和流向中间商及最终用户的流量。但"这样的协调没有也确实不可能自动地产生。它要求管理团队或管理层级的永不中断的全神贯注"。那些完成了这一内部投资与建设的企业，如标准石油公司、卡内基钢铁和福特汽车，迅速成长为全球市场上的先行者。

资料来源：小艾尔弗雷德·钱德勒．规模与范围：工业资本主义的原动力［M］．张逸人，等，译．北京：华夏出版社，2006.

二、企业、公司与现代企业制度

下面我们将讨论的范围聚焦到某一类组织：经济组织，即企业。所谓企业，是以营利为目的，运用各种生产要素向市场提供商品或服务，实行自主经营、自负盈亏、独立核算的经济组织。具体而言：

（1）企业要为市场提供商品或服务，而不是自产自销、自我服务；

（2）企业是以营利为目的的经济组织，企业可以由于各种原因在一段时间内不盈利（如前期投入大、回报周期长），但它的各种行为应以盈利为指向，且在此期间自负盈亏；

（3）企业的运行需要投入各种生产要素：这些生产要素可以是从外部采购获得，如土地、劳动力，也可以是在企业内部自行开发获得，如技术，从某种意义上讲，企业家精神和管理才能也是一种由企业自行开发获得的特殊的生产要素。

基于上述定义，我国在向市场经济转型、推动国有企业改革的过程中提出了"现代企业制度"的概念。1993年的十四届三中全会，"现代企业制度"被作为大中型国有企业改革的明确方向写入了全会决定。同时，会议还将现代企业制度的基本特征和内涵概括为"产权清晰、权责明确、政企分开、管理科学"。这个基本特征有以下五方面含义：

（1）产权关系明晰，企业中的国有资产所有权属于国家，企业拥有包括国家在内的出资者投资形成的全部法人财产权，成为享有民事权利、承担民事责任的法人实体。

（2）企业以其全部法人财产，依法自主经营、自负盈亏、照章纳税，对出资者承担保值增值的责任。

（3）出资者按投入企业的资本额享有所有者的权益，即资产收益权、参与重大决策权和选择管理者等权利。企业破产时，出资者只以投入企业的资本额对企业债务负有限责任。

（4）企业按照市场需求组织生产经营，以提高劳动生产率和经济效益为目的，政府不直接干预企业的生产经营活动。企业在市场竞争中优胜劣汰，长期亏损、资不抵债的企业应依法破产。

（5）建立科学的企业领导体制和组织管理制度，调节所有者、经营者和职工之间的关系，形成激励和约束相结合的经营机制。

准确理解现代企业制度，就必须紧扣它的核心：公司制度。公司是企业的一种，是依法设立的、有独立的法人财产、以营利为目的的企业法人。其中的核心是“独立的法人财产”，这也正是上述现代企业制度的第一层含义所强调的。但“公司”并不是在最近二十多年才出现的新词，清朝末年的《海国图志》中就提到了“公司”这种组织现象：“西洋互市广东者十馀国，皆散商无公司，惟英吉利有之。公司者，数十商辏资营运，出则通力合作，归则计本均分，其局大而联。”

这个最初的语境可以很好地帮助我们理解公司的内涵：公司不是散商，而是若干投资者共同凑钱经营、共同拥有的企业法人；因为大家结成了一个主体，所以要通力合作，只有这样才能实现一个较大的经营规模和盈利。这就可以很好地帮助我们理解公司的“法人财产权”：法人财产权是出资人授予企业法人的一种有限授权，而这种授权的目的是经由企业法人来营利。

根据法人财产权计算方式的不同，我国现行的《公司法》规定了两种不同类型的公司：①有限责任公司的法人财产以出资人的出资额为限度，全体股东对公司债务仅以各自的出资额为限承担责任，即按照出资额来划分责任承担的份额；②股份有限公司则是将法人财产划分为等额股份，全体股东仅以各自持有的股份额为限对公司债务承担责任，即按照比例来划分责任承担的范围。从这个界定不难看出，有限责任公司的形式更适合规模较小、私密性较高的情况，从而有利于保护股东之间的信任关系；相对而言，股份有限公司的规模通常更大、公众性更强，也正是这样的原因，股份有限公司的设立门槛（设立条件和设立程序）往往更高。二者更具体的比较见表 3-1。

表 3-1　有限责任公司和股份有限公司的对比

	设立方式	股东人数限制	公司资本规模	股权转让与流动
有限责任公司	只能由发起人集资，不能向社会公开募资或上市发行股票	不得多于50人	除上海自贸区无最低注册资本要求外，其余地区最低注册资本为3万元	可在股东内部相互转让，向股东以外的人转让时需经过半数股东同意，流动性差
股份有限公司	除由发起人集资外，还可向社会公开筹集资金并上市融资	发起人2～200人，股东人数无限制	除上海自贸区无最低注册资本要求外，其余地区最低注册资本500万元，上市公司5 000万元	公开发行，自由转让，流动性强

第二节　企业的分类

除了从法人财产权和债务清偿责任的角度对公司进行分类之外，企业还有其他分类方式。这一节我们从所有权（产权）和规模这两个角度来说明这一问题。

一、所有权

正如前面所说，公司作为最典型的现代企业，是由“数十商辏资营运”而成。既然是大家“凑”资营运，就必然存在所有权的问题：企业的出资人是谁？如何确定各出资人的权责利？这就涉及了企业所有制的不同类型：按照企业各出资人的出资数额及其相互连接、耦合的方式，将企业划分为不同的所有制类型。

在我国，主要的企业所有制类型（即登记注册类型）包括以下五大类：

（1）私营企业，包括私营独资企业、私营合伙企业、私营有限责任公司和私营股份有限公司等子类，其中又以私营有限责任公司居多；

（2）外资企业，包括中外合资企业、中外合作企业、外商独资企业、外商投资股份有限公司和其他外商投资企业等子类，其中以外商独资企业为主；

（3）港澳台投资企业，包括港澳台合资企业、港澳台合作企业、港澳台独资企业、港澳台投资股份有限公司和其他港澳台投资企业等子类，港澳台独资企业是其中的主力；

（4）有限责任公司，主要指国有独资公司和其他有限责任公司两类；

（5）股份有限公司。

除此之外，由于各种历史原因，我国还有若干联营企业和未经公司制改造的集体企业和国有企业。

图 3-1 和图 3-2 分别给出了 2015 年我国规模以上工业企业的所有制类型细分数量和 2000—2015 年我国不同所有制类型的工业企业的数量变化。

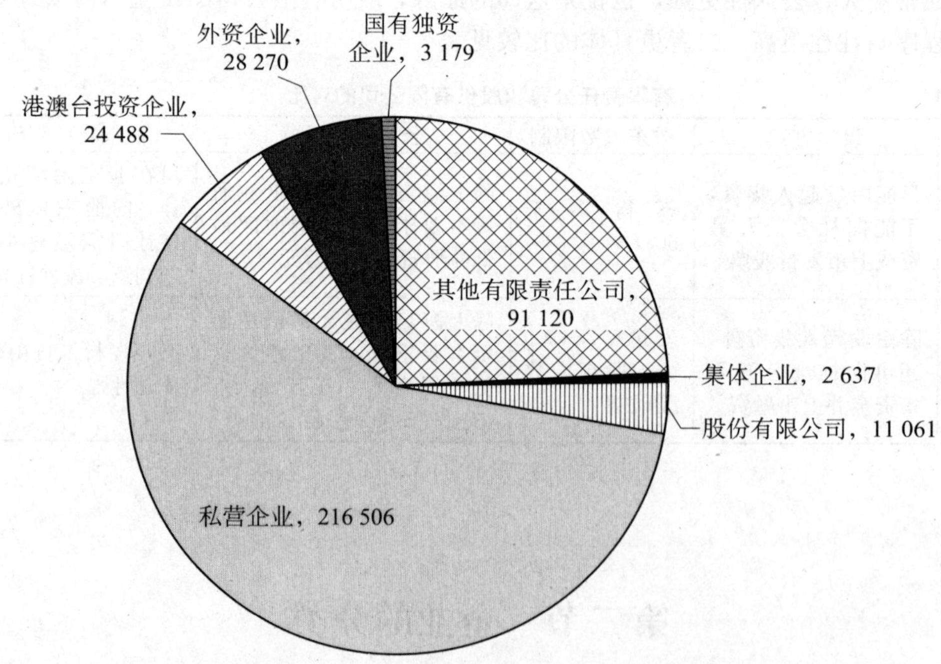

图 3-1　2015 年全国规模以上工业企业的所有制类型细节数量：按照登记注册类型

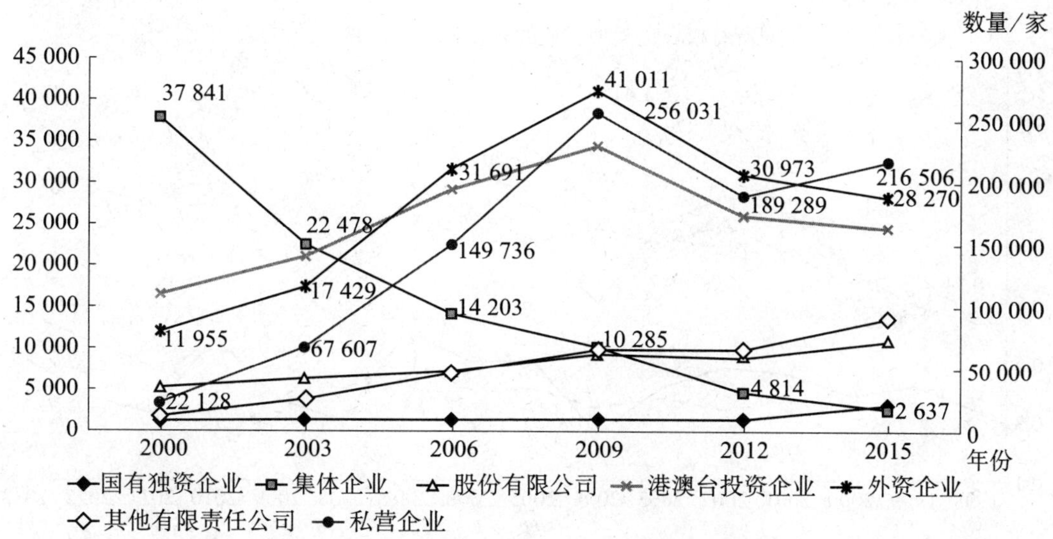

图 3-2　2000—2015 年我国不同所有制类型的工业企业的数量变化：按照登记注册类型

这两个图可以反映很多有意思的现象。首先，21 世纪以来，各种类型的私营企业发展速度最快，从 2000 年的 22 128 家起步，逐渐扩张，直到 2015 年全国规模以上私营工业企业达到 216 506 家。其次，相比之下，在此过程中受挤压程度最为严重的则是集体企业：从 2000 年的 37 841 家开始一路萎缩，2015 年的时候只剩 2 637 家。再次，最值得探讨的是外资企业的扩张轨迹：从 2000 年时候近 11 955 家外资企业开始，随着中国经济开放程度的提高，外资工业企业在金融危机前后迎来了他们在华扩张的巅峰，在 2009 年达到了 41 011 家，随后在华经营外企的数量开始减少，直至近年的 28 270 余家。此外，股份有限公司的数量一直有限，虽有增长但较为缓慢，而国有独资企业的数量一直维持在几千家左右。换句话说，过去十几年我国工业企业发展的整体趋势是“民进”，即民营企业（私营企业）不断扩张，而被“民进”“逼退”的则是集体企业和外资企业。

在讨论“管理活动的评价标准”的时候我们曾经讲到，每个组织都有自己的目标，在评价管理活动时，我们把“组织是否按照预定目标发展”称为管理活动的“效果”，而不同组织的目标不同、行为方式不同，管理活动所追求的效果自然不尽相同。那么，企业的所有制类型会如何影响企业的目标呢？图 3-3 是 1998—2013 年我国几种主要的企业类型（按照登记注册类型划分）的研发强度（即企业的研发投入与销售额之比）走势图。这个图同样为我们展示了一些“反常识”的结论。

（1）通常被认为代表高新技术和先进生产力的外商独资企业并没有如我们希望的那样成为技术创新的发动机，在中国几乎不做研发，它们常年的研发强度低于 0.7%。

（2）私有企业研发强度的整体水平与外商独资企业不相上下，也是常年处于 0.7%以下。换句话说，在我国，绝大多数私有企业的经营还处于“先生存、后发展”的阶段，“活下去”仍然是它们的首要任务，而自主创新、核心竞争力等“高大上”尚不在它们关心之列。

（3）多年以来，研发投入强度最大的企业往往是国有独资企业：自国企三年脱困的目标完成之后，进入 21 世纪以来的国有企业的研发强度常年处于 1%以上。换句话说，自从解决了生存问题之后，国有独资企业就一直是中国各种工业企业中投资技术研发的主力。而近年来唯一能够在研发强度上与国有独资企业一争高下的就是股份有限公司。

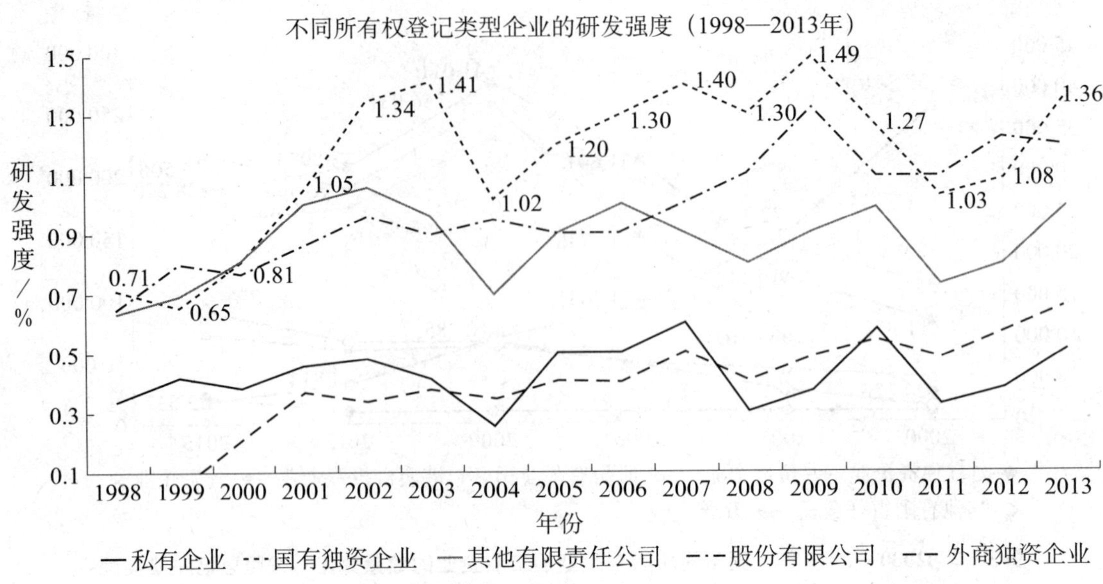

图 3-3　1998—2013 年我国工业企业研发强度走势：按照登记注册类型

由图 3-3 不难看出，所有权性质确实会影响企业的组织目标。虽然有些时候国有企业是出于完成国家任务的目的而不得不进行大量的研发投入，虽然这些投入有可能很难在国企内部转化为实际的生产力，但在其他绝大多数企业研发强度非常有限的情况下，国有企业在研发领域的积极投入无疑对中国工业的整体技术提升有着重要的“补齐”作用；而随着技术人员的流动，相关的技术创新也势必在整个工业体系内扩散。从这个角度来看，未来中国经济转型升级的一个重要环节，恰恰是激励那些研发强度相对较低的私有企业尽快走出“先生存、后发展”的循环。

背景资料

2016 年中国企业研发投入排行榜

欧盟委员会在 2016 年底发布的 2016 年全球企业研发投入排行榜中，位居中国内地企业前二十名的企业分别是：华为、中兴、中国石油、中国铁路总公司、百度、中国中车、联想、中国铁建、上汽集团、腾讯、中国建筑、中国交建、中国石化、美的集团、中国电建、中船重工、招商银行、比亚迪、携程网和奇虎 360。在这 20 家企业中，由国务院国资委直属的“中央军”占到一半；在另一半中，除华为、比亚迪和奇虎 360 之外的另外 7 家企业都是在国内或美国上市的股份有限公司。

二、规模

企业规模是讨论企业时另一个非常重要的标准。但在实际划分企业规模的时候，又存在不止一种划分标准。常见的企业规模划分标准有三种：从业人员、销售额和固定资产。我们根据这三个指标，将企业分为大、中、小（微）等不同规模。

与此同时，不同行业的企业规模标准也不尽相同，这与不同行业的特征有关。

不同行业的要素（资本、劳动、技术）密集度不同。更准确地讲，不同行业的要素组合方式不同，同时还受到国家经济发展水平的影响。对任何企业来说，成功和发展的本质都是在上述三个维度上找到一个恰当的结合点，然后不断提高自己的技术含量。这一成长规律不仅适用于发展中国家的企业，而且适用于发展中国家的整体战略。

管理案例

比亚迪模式：机器＋人＝机器人

1995年，年仅29岁的王传福辞掉北京有色金属研究总院的工作，下海经商。他用借来的250万元在深圳注册成立了比亚迪科技有限公司，领着20多个人在旧车间里就开工了。比亚迪最初选择的产品是电池（王传福在有色金属研究总院常年研究电池），并直接瞄准技术含量最高、利润最丰厚的充电电池核心部件——电芯。当时，电池工业的全球霸主还是三洋、索尼等日本大企业，日本企业生产电池的特点是高度自动化，配备一间全干燥、设备全自动化的锂电池工作室就要十几亿元，属于典型的资本密集型产业，比亚迪根本做不到。王传福的办法是把资本密集度转化成劳动密集度，把自动化生产线变成半自动化生产线，然后再一点一点往高端爬：买不起日本分切机，就用中国裁纸刀配上一块长宽相等的挡板作夹具，保证裁剪尺寸；等条件好一点就用剪板机，再好一点就用自动分切机；做不起无尘车间，靠人将手伸进无尘箱里操作……就靠这种干法，创业仅仅两年，比亚迪的镍镉电池销量即排名世界第四；2003年成为全球第二大充电电池生产商。此后，比亚迪以类似方式进入电动汽车工业，现已成为中国最大的电动汽车制造商之一。

与上述要素密集度相关的另一个重要因素是业务模式差别，用现在流行的说法即商业模式。行业技术特征和产业基础水平都会对此产生影响。钢铁、机械等生产资料行业更倾向于重资产，而流通服务等服务业的资产相对较轻。企业网络的发展水平也是影响商业模式的重要因素：在产业链上下游分工较为成熟的地区，虚拟网络式的轻资产运营的可能性更大，否则很多配套性工作就只能在单一企业的组织内部解决。

表3－2和表3－3分别是我国2003年和2011年的企业规模划分标准。

表3－2　　2003年我国企业规模划分标准

行业名称	指标名称	计算单位	大型	中型	小型
工业企业	从业人员数	人	≥2 000	300～2 000	＜300
	销售额	万元	≥30 000	3000～30 000	＜3 000
	资产总额	万元	≥40 000	4000～40 000	＜4 000
建筑企业	从业人员数	人	≥3 000	600～3 000	＜600
	销售额	万元	≥30 000	3 000～30 000	＜3 000
	资产总额	万元	≥40 000	4 000～40 000	＜4 000
批发企业	从业人员数	人	≥200	100～200	＜100
	销售额	万元	≥30 000	3 000～30 000	＜3 000
零售企业	从业人员数	人	≥500	100～500	＜100
	销售额	万元	≥15 000	1 000～15 000	＜1 000
交通运输业企业	从业人员数	人	≥3 000	500～3 000	＜500
	销售额	万元	≥30 000	3 000～30 000	＜3 000
邮政企业	从业人员数	人	≥1 000	400～1 000	＜400
	销售额	万元	≥30 000	3 000～30 000	＜3 000

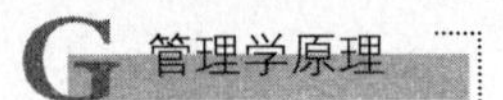

表 3-3　　　　2011 年我国企业规模划分标准

行业名称	指标名称	计量单位	大型	中型	小型	微型
农林牧渔业	营业收入（Y）	万元	$Y\geqslant 20\,000$	$500\leqslant Y<20\,000$	$50\leqslant Y<500$	$Y<50$
工业	从业人员（X）	人	$X\geqslant 1\,000$	$300\leqslant X<1\,000$	$20\leqslant X<300$	$X<20$
	营业收入（Y）	万元	$Y\geqslant 40\,000$	$2\,000\leqslant Y<40\,000$	$300\leqslant Y<2\,000$	$Y<300$
建筑业	营业收入（Y）	万元	$Y\geqslant 80\,000$	$6\,000\leqslant Y<80\,000$	$300\leqslant Y<6\,000$	$Y<300$
	资产总额（Z）	万元	$Z\geqslant 80\,000$	$5\,000\leqslant Z<80\,000$	$300\leqslant Z<5\,000$	$Z<300$
批发业	从业人员（X）	人	$X\geqslant 200$	$20\leqslant X<200$	$5\leqslant X<20$	$X<5$
	营业收入（Y）	万元	$Y\geqslant 40\,000$	$5\,000\leqslant Y<40\,000$	$1\,000\leqslant Y<5\,000$	$Y<1\,000$
零售业	从业人员（X）	人	$X\geqslant 300$	$50\leqslant X<300$	$10\leqslant X<50$	$X<10$
	营业收入（Y）	万元	$Y\geqslant 20\,000$	$500\leqslant Y<20\,000$	$100\leqslant Y<500$	$Y<100$
交通运输业	从业人员（X）	人	$X\geqslant 1\,000$	$300\leqslant X<1\,000$	$20\leqslant X<300$	$X<20$
	营业收入（Y）	万元	$Y\geqslant 30\,000$	$3\,000\leqslant Y<30\,000$	$200\leqslant Y<3\,000$	$Y<200$
仓储业	从业人员（X）	人	$X\geqslant 200$	$100\leqslant X<200$	$20\leqslant X<100$	$X<20$
	营业收入（Y）	万元	$Y\geqslant 30\,000$	$1\,000\leqslant Y<30\,000$	$100\leqslant Y<1\,000$	$Y<100$
邮政业	从业人员（X）	人	$X\geqslant 1\,000$	$300\leqslant X<1\,000$	$20\leqslant X<300$	$X<20$
	营业收入（Y）	万元	$Y\geqslant 30\,000$	$2\,000\leqslant Y<30\,000$	$100\leqslant Y<2\,000$	$Y<100$
住宿业	从业人员（X）	人	$X\geqslant 300$	$100\leqslant X<300$	$10\leqslant X<100$	$X<10$
	营业收入（Y）	万元	$Y\geqslant 10\,000$	$2\,000\leqslant Y<10\,000$	$100\leqslant Y<2\,000$	$Y<100$
餐饮业	从业人员（X）	人	$X\geqslant 300$	$100\leqslant X<300$	$10\leqslant X<100$	$X<10$
	营业收入（Y）	万元	$Y\geqslant 10\,000$	$2\,000\leqslant Y<10\,000$	$100\leqslant Y<2\,000$	$Y<100$
信息传输业	从业人员（X）	人	$X\geqslant 2\,000$	$100\leqslant X<2\,000$	$10\leqslant X<100$	$X<10$
	营业收入（Y）	万元	$Y\geqslant 100\,000$	$1\,000\leqslant Y<100\,000$	$100\leqslant Y<1\,000$	$Y<100$
软件和信息技术服务业	从业人员（X）	人	$X\geqslant 300$	$100\leqslant X<300$	$10\leqslant X<100$	$X<10$
	营业收入（Y）	万元	$Y\geqslant 10\,000$	$1\,000\leqslant Y<10\,000$	$50\leqslant Y<1\,000$	$Y<50$
房地产开发经营	营业收入（Y）	万元	$Y\geqslant 200\,000$	$1\,000\leqslant Y<200\,000$	$100\leqslant Y<1\,000$	$Y<100$
	资产总额（Z）	万元	$Z\geqslant 10\,000$	$5\,000\leqslant Z<10\,000$	$2\,000\leqslant Z<5\,000$	$Z<2\,000$
物业管理	从业人员（X）	人	$X\geqslant 1\,000$	$300\leqslant X<1\,000$	$100\leqslant X<300$	$X<100$
	营业收入（Y）	万元	$Y\geqslant 5\,000$	$1\,000\leqslant Y<5\,000$	$500\leqslant Y<1\,000$	$Y<500$
租赁和商务服务业	从业人员（X）	人	$X\geqslant 300$	$100\leqslant X<300$	$10\leqslant X<100$	$X<10$
	资产总额（Z）	万元	$Z\geqslant 120\,000$	$8\,000\leqslant Z<120\,000$	$100\leqslant Z<8\,000$	$Z<100$
其他未列明行业	从业人员（X）	人	$X\geqslant 300$	$100\leqslant X<300$	$10\leqslant X<100$	$X<10$

这两版标准之间的一些细微差别恰恰反映了我国经济发展的特征和趋势。一方面是在 2011 年的标准中加入了微型企业的标准，反映了我国政府对微型企业发展，尤其是对大众创业的高度重视。另一方面是很多传统行业的从业人员标准降低了，但营业收入标准却提高了：大型工业企业的销售额标准从 3 亿元提高到了 4 亿元，但从业人员数标准却从 2 000 人减少至 1 000 人。这种变化趋势反映了经济效率的提高和经济总量的扩张。这也提醒我们，"企业规模"并不是一个固定不变的、僵死的议题，而一定随着经济发展而不断变化，我们今天所说的中小型企业，在二百多年前工业革命起步的阶段都是当之无愧的大企业，这正是经济发展和技术进步的结果。

第三节 企业外部环境

企业的外部环境可以分为两个层次：那些间接影响企业业绩的外部因素统称为企业的一般环境，而那些能够直接影响企业业绩的外部环境因素则统称为企业的任务环境。伴随着经济全球化进程的深入，以及技术进步、世代更替等多重力量的共同作用，来自企业外部环境的变数越来越多、变化越来越快，这也在无形之间提高了对管理者的要求。

一、企业的一般环境：PEST 分析

一般环境又称为总体环境，是指在任何时期都能对所有组织管理的效率产生影响，但是并非特殊具体的外部环境因素。正是这样的原因，一般环境因素对企业的影响程度往往很难事先预知。通常情况下，我们分析企业的一般环境时都会包括政治法律（Political）、经济（Economic）、社会文化（Societal）和技术（Technological）因素等方面。在西方，取这四个方面英文单词的首字母，将这个一般环境分析框架称为 PEST 分析。PEST 分析的核心目的是理解这些问题：哪些环境因素正在影响企业组织？哪些环境因素的影响比较重要？哪些环境因素正在发生变化？其在未来一段时间内显见的趋势如何？这一趋势将会如何影响企业具体的经营活动？

（一）政治法律环境

政治法律环境是指一个国家或地区的政治制度、体制、方针政策、法律法规等方面。政治法律环境还表现为组织及其分支机构所在国的政治环境和国家的总体稳定性，以及政府官员对各类组织所持的态度。政治法律环境看似虚无，却实实在在地塑造着企业经营的制度框架，且其一旦产生影响，往往就会波及一大批企业（通常是以行业为单位）。在机构较为完整的大型企业中，法务、公关、税务、劳动人事（人力资源）、安全生产等部门的工作都直接受到政治法律因素的影响。近年来，在全国范围内产生较大影响的政治法律环境变化，莫过于 2007 年全国人大修订通过的《劳动合同法》。该法规定凡符合连续工作满十年，或已签订两个固定期限合同的员工（无规定情形的），企业应与员工签订无固定期限劳动合同，这些签署无固定期限劳动合同的员工在被企业解聘时均可获得可观的补偿。该法实施前，LG、华为等大型企业纷纷对大批工作年限较长的老员工采取就地解聘、重新签约的处理措施，规避了《劳动合同法》对企业用工自主权的冲击。

管理案例

被一群“婆婆”“看死”的一瓶叠氮钠

某医药企业 Z 出于内部业务需要，购入 25g（最小包装）化学试剂叠氮钠。这种试剂属于易燃易爆物品，但在医药行业属于辅助试剂，用量很小，每次实验只需 5～50 毫克，因此 Z 企业这次采购足够其十年之需。但正逢当地准备举行大规模国际交流活动，政府对环境保护和公共安全

问题非常重视，要求对易燃易爆物品一律采取“零容忍”，即便是像 Z 企业这样的医药企业也不例外。在 Z 企业按照国家规定上报危化品和易燃易爆物品采购事项之后，当地公安机关和安全生产机关全程“陪护”：锁好保险柜，装好摄像头，各种安全记录一应俱全，同时还提议 Z 企业主动“停产”，学习安全生产知识一周。Z 企业不得不提出主动销毁的请求，但被告知在安全和环保两方面都不允许销毁，而且处理这种物品必须经由具有专业资质的第三方组织完成。但 Z 企业到处找也没有找到这种第三方组织：因为在长年强大的环保压力下，当地已经没有从事危化品处理的专业机构。情急之下，Z 企业的老板甚至请求公安、环保部门上门执法的同志，“我出一万块钱，你们帮我处理了行吗?”

（二）经济环境

经济环境是指社会整体的发展形势和景气状况。宏观经济的发展状况和趋势是组织决策的重要依据，其对组织的影响主要表现为资金来源、人员供给、市场需求等方面，影响着组织的投入产出，从而制约着管理活动的进行。比如近年来我国政府就在下大力气鼓励“大众创业，万众创新”。从政策环境（政治法律环境）上讲，国家推出了一系列政策，希望激励尽可能多的有意愿、有能力的人投入到创业大潮中去，成为整个经济转型升级的新动能。但与此同时，我国的整体经济形势与几年前相比发生了巨大变化：政府不再过多地强调经济发展中的高速度，转而接受中高速增长的“新常态”。但这种经济增长速度回调，又意味着就业压力加大，部分人群生活开支从紧，社会需求的总量和结构较之前会出现一些微调。在这种情况下，某些行业领域的大众创业就有可能面临需求萎缩的问题。

（三）社会文化环境

社会文化环境是指组织所在国家或地区人们的处事态度、价值取向、教育程度、风俗习惯等所构成的环境因素。社会文化环境因素与政治法律环境因素不同，后者一般带有强制性，而前者则带有习惯性，是一种无形中制约着每一个人习惯的因素。很多时候，社会文化环境表现出显著的代际差异：因为随着社会发展、时代变迁，不同年龄、不同时期的人群往往会在价值观、消费观、自我观念和受教育水平上体现出明显差异。因此，与社会文化环境紧密相关，但又稍有区别的一个因素即是人口统计特征，其中包括：人口的性别结构、年龄结构、受教育程度、地理（分布）位置、收入和家庭构成等。在相对稳定的社会条件下，人口统计特征往往呈现刚性发展态势，沿着相对固定的趋势缓慢发展。如今，所有企业的管理者都要花费巨大的精力来理解“90 后”的行为特征，因为它们不仅是重要的消费人群，而且即将成为工作场所的主力。

管理者须知

作为消费者和职场人的“90 后”

中国社会经济的快速发展使得社会文化环境中的人口统计学特征非常明显。“生在新中国、长在红旗下”的“50 后”，作为第一批独生子女、经历了“改革开放富起来”过程的“80 后”和生在信息时代、对资源匮乏缺乏认知的“90 后”，不同人群之间存在巨大差异。

“90 后”在个人消费中往往表现出如下特征：高度偏爱移动购物（Apps）；在消费中最看重的

是“我喜欢”，其次才是价格因素，自我观念强烈，但又十分理性；对新事物、新思潮的接受程度较高；能够接受超前消费，对“是否值得”的理解更加多元。

与此同时，作为职场新人的“90 后”则表现出另一些特征：表达欲望强烈，且风格更加直接；自我认知强烈，不惜为此顶撞上司甚至辞职，不再逆来顺受；追求平等独立，有责任感和正义感；更愿意与众不同，做出自己的特色；生长在知识爆炸的环境中，对真知灼见反而更加敏感和敬佩。

（四）技术环境

技术环境是过去几十年变化最为迅猛的一般环境因素，同时也是各一般环境因素中最容易受到企业（尤其是领头企业）活动影响的。现在，世界各国越来越重视技术进步与创新：技术进步的速度不断加快，核心技术融合与渗透的产业领域不断拓宽，各种产品上集成的不同技术种类越来越多，同一技术跨界应用的情形也与日俱增。这种技术发展趋势，对越来越多的传统产业部门造成了前所未有的影响，但也为勇于尝试的企业创造了更多机会。在这一过程中，企业不仅可以被动地适应技术发展趋势，更可以在看准技术整体走向的情况下放手一搏，成为新技术趋势的引领者和塑造者。

管理案例

iPhone/iPad 的划时代意义：新技术时代的引领者

2007 年，美国苹果公司推出了第一代 iPhone 智能手机；2010 年，苹果又推出了全新的平板电脑 iPad。这两款产品的突出特征是把计算、通信、无线互联网的功能模块结合在一起，并凭借苹果公司早期产品的市场影响力，一举改变了市场格局。此后，市场上新开发的智能手机基本都以同时提供计算、通信和无线互联网功能为产品蓝本，而整个平板电脑行业都是以 iPad 为源头发展起来的。但是，在此之前的二十多年时间中，计算类产品和移动通信类产品一直是彼此隔离的：虽然自 20 世纪 90 年代末开始就出现了融合这两种行业技术的努力（如 PDA 及 iPhone 之前的半智能手机），但高性能低功耗系统芯片和无线通信带宽这两个“死穴”却常年无解。英特尔的 X86 架构虽然计算性能强大，却功耗惊人（所以 PC 机都配有风扇），而早期的 ARM 芯片计算性能又不尽如人意。进入 21 世纪之后，3G 和无线局域网提供的无线通信带宽已经能够满足大多数网络应用。在这种情况下，苹果 iPhone 大胆采用了 ARM4 版本芯片（后续版本升到了 ARM5 双核），这为 ARM 芯片的改进提供了重要机遇。而苹果的示范效应又带动了高通、英伟达等企业加入 ARM 阵营。至此，阻挡早期行业融合的两个技术瓶颈被彻底突破，移动计算时代鸣锣登场。

除了以上四个常被提及的一般环境因素之外，近年来全球化也成为塑造企业活动一般环境的重要动力。在这样一个时代，企业一方面有机会面对全球市场，争取更多国家的潜在用户，面对不同地区本土化的特殊需求；另一方面也不得不在母国面对全球同行的激烈竞争。在这种情况下，不同国家的政治法律、宏观经济、社会文化与人口统计，以及技术因素都受到全球化趋势的深度影响。尤其是对于那些“走出去”的中国企业来说，这往往意味着千奇百怪的经营风险。本书将在第四章进一步讨论国际化经营中的管理风险问题。

二、企业的任务环境：五力模型与利益相关者分析

企业的任务环境是那些能够直接影响企业经营绩效的环境因素。讨论这些直接影响因素的分析工具有很多，我们这里首先介绍在战略管理中分析行业特征（因为企业面对竞争首先是在行业层面发生的）最常用的一种工具：五力模型。这个分析模型是由哈佛商学院的迈克尔·波特在20世纪80年代提出的。

（一）五力模型

波特认为，一个企业的成功首先在于选准行业，而一个行业经营绩效和利润水平受到五种力量的共同作用。这五种力量包括：产业内现有企业之间的竞争、新进入者或潜在进入者的威胁、替代品的威胁、买方的讨价还价能力以及卖方（供应商）的讨价还价能力，如图3-4所示。具体而言：

（1）产业内现有企业之间的竞争往往是五力模型中最具现实影响力的一种，企业只有制定出比对手更具竞争优势的战略，才能获得成功。这种行业内竞争激烈的程度通常取决于：同行对手的实力是否相当、市场增长的快慢（蛋糕是否足够大）、固定成本的高低、产品差异化的程度（即实现差异化的难度）、退出障碍的大小，等等。

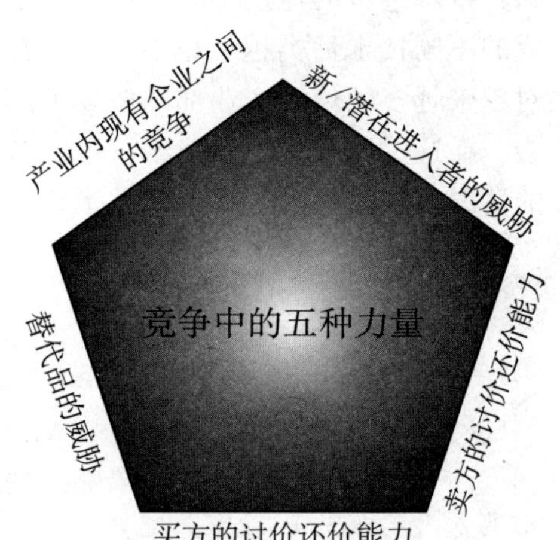

图3-4　五力模型

（2）新进入者可以为行业注入活力，促进市场竞争，但也会给现有企业造成压力，影响原有企业的市场和竞争地位。新进入者所造成的威胁受到两方面因素的影响：①行业特定的进入壁垒；②现有企业可能做出的反应。其中行业进入壁垒往往表现为如下的技术经济特征和行业组织特征：行业的最小规模经济水平、行业最低投资门槛、产品差异化程度，以及上游供应商和下游渠道的多元化程度。

（3）替代品生产者是一个行业中所有企业的竞争对手。这种源于替代品的竞争会以各种形式影响行业中现有企业的竞争战略。而替代品本身所导致的竞争的激烈程度往往取决于替代品的性价比、替代品生产商的经营战略以及用户的转换成本。

（4）卖方（供应商）影响着企业的生产要素投入。其讨价还价能力取决于：企业有无其他供货来源、转向其他供应商的成本、企业自行前向一体化的可能性，以及企业对于供应商的重要性。

（5）买方的讨价还价能力取决于买方的集中程度、买方有无其他供货来源、企业自行后向一体化（自产自销）的可能性，以及企业产品对用户的重要程度。

下面以大家非常熟悉的国内乘用车行业为例，利用波特五力模型进行任务环境分析。

在20世纪90年代中期之前，乘用车行业的竞争还很有限，国家指定包括一汽、东风、上汽在内的六家汽车生产企业，组成一个“三大三小”的垄断格局，只允许这六家企业生产（或合资生产）轿车，禁绝了潜在进入者，从这里我们不难看出政治法律环境的作

用。而当时乘用车的用户几乎只有政府，即老百姓所谓的“官车”。对“官车”来说，几乎没有替代品。正因如此，当时的上海大众才能做到桑塔纳“二十年一贯制”，行业环境之“滋润”可见一斑。而当时中国汽车企业唯一的威胁就是很多关键零部件必须进口——这个问题至今困扰中国汽车工业。

此后，汽车行业开始发生改变。先是有一批“无知者无畏”的企业“闯”进来，其中包括吉利、奇瑞、哈飞等各种所有制企业。而促成这批企业成长的重要原因，是乘用车开始从“官车”向“私家车”转变：中国出现了一批需要远距离上下班的年轻人，而之所以出现这样一个消费群体则是住房体制改革的结果（政治法律环境），而且随着经济增长（宏观经济因素），这个消费群体不断扩张，造成了乘用车长期供不应求的局面。这吸引了更多的企业进入这个行业，除了越来越多的国外品牌通过合资建厂等方式进入中国，还有一批其他行业的“金主”跃跃欲试，在行业最火爆的时候，五粮液险些出于对装备工业的热爱也成为造车大军的一员。但中国车企仍在发动机等关键零部件环节屡遭国外供应商的讹诈。

最近几年，乘用车行业的竞争格局又发生了一些变化。首先是随着技术环境的变化，出现了一批以无人驾驶技术、纯电动技术和共享汽车（分时租赁）为目标的潜在进入者，其中不乏苹果、谷歌和腾讯这种资金充足、技术领先的跨界者。这也刺激了行业内企业的产品线多元化。其次，随着人们环保意识的提高，自行车，尤其是共享单车作为私家车的一种替代品出现了。但在共享单车快速发展中暴露出来的一些社会问题也提醒行业内正在开发共享汽车的厂家，“现在发生在共享单车身上的事情（比如砸车、卸车等各种破坏行为），将来都会发生在共享汽车身上，而且很有可能会更糟糕”。但积极的力量也在发展，中国企业在发动机等关键零部件上的竞争力终于逐渐发展起来。

不难发现，产业内现有企业之间的竞争、新进入者的威胁、替代品的威胁、卖方的讨价还价能力和买方的讨价还价能力，五方面力量共同决定着一个行业可能面对的利润空间；而这五种力量又在不同侧面受到了一般环境因素的影响，从而呈现出极强的动态性。当外部环境动态对行业利润空间构成有利因素时，就意味着进入这个行业是值得的。

（二）外部利益相关者分析

所谓利益相关者，是指在组织环境中受到组织决策与行动影响的任何群体。这些群体与组织存在利益关系，或受到组织行为的严重影响，而它们也会反过来影响组织。显然，这样一个利益相关者的范围相当庞大。除了我们上面所提到的五种力量、在组织内部的员工，以及与组织若即若离的股东之外，还存在若干重要的外部利益相关者（见图3-5)。下面我们对几类重要的利益相关者再做更进一步的讨论。

1. 政府

政府是企业经营过程中非常重要的利益相关者。当我们做出这样的结论时，并不只是强调政府作为环境塑造者影响企业行为的角色。其实，政府与企业之间有着广泛而直接的接触，甚至是利益关系。一方面，政府是企业经营活动中重要的生产要素提供者，或支持者。政府在基础设施建设、教育、科学研究和货币政策等方面的工作直接影响着企业的物流交通条件、劳动力、科学知识和货币等各种生产要素的供给，从而成为决定企业经营运行成本的一支重要力量。与此同时，企业的纳税支持着政府的运行与上述各种投入，这也使得“避税”和“反避税”成为近年来全球跨国公司与各国政府“掰腕子”的重要战场。

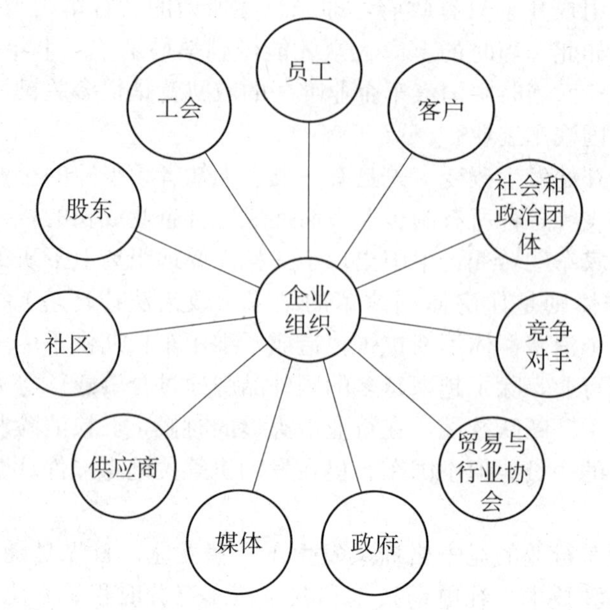

图 3-5　组织的利益相关者

此外，在很多行业，政府还直接决定着一些关键生产要素的分配和定价，典型的如通信行业，政府就以发放牌照的方式控制着通信运营商的频率划分，并收取相应的频率占用费用。

背景资料

避税、国际反避税与转移定价

2016 年 8 月 30 日，作为国际反避税协同创新的重要举措之一，欧盟委员会裁定，苹果公司在爱尔兰非法逃税 145 亿美元。欧盟发表裁决之后，美国财政部发言人表示美国政府认为美国企业正在成为欧盟的目标，并警告称此举可能破坏美国在欧洲的投资，损害“美国和欧盟之间经济伙伴关系的重要精神”。爱尔兰也不喜欢这一裁决，认为此举侵犯了其国家主权。苹果 CEO 蒂姆·库克在一封公开信中回应：“欧盟此举用自以为是的法律莽然取代成员国自身法律，于人于己都恐非善事。”欧盟委员会也应声回击称，爱尔兰出于招商引资目的设计的税收政策，“使苹果有效企业税从 2003 年的 1%降低到 2014 年的 0.005%”。

之所以能够实现这样的税率，就是因为苹果进行了转移定价，并在组织设计上采用了国际避税界大名鼎鼎的“爱尔兰-荷兰三明治”设计。简而言之，就是以苹果公司的知识产权为交易媒介，将销售收入转入在爱尔兰设立的全球销售公司，然后经由荷兰的运营公司将资金汇入注册在百慕大等避税天堂的虚拟总部。在此期间，公司只需缴纳荷兰低廉的交易税和部分爱尔兰低廉的所得税。通过这一通道，苹果将全球营收的 2/3 进行了减税操作。2011 年，苹果设立在爱尔兰的国际销售公司实现了 160 亿欧元利润，爱尔兰子公司分配到的利润不到 5 000 万欧元，而剩余部分均流入了拥有免税资格的虚拟总部。

2. 工会

虽然工会在我国目前还不是非常强有力的利益相关者，但在海外经营过程中，工会的角色绝对不容小觑。无论是在西欧还是在美国，工会都有着极其强大的影响力。在法国，解雇工人时法定经济补偿的最低数额是月薪的10%乘以工作年限，但在一些企业经由工会谈判达成的集体合同中，可以约定比法定数额高得多的解雇赔偿。而在美国，《诺里斯-拉瓜迪亚法》（1932年）和《瓦格纳法案》（1935年）则为跨企业、跨行业工会的组建和更大规模的工会集体行动创造了可能性。这种强势工会都是中国企业在国内经营中从未遇到的情形，因此需要格外关注。

3. 社区

社区是与企业距离“最近”的利益相关者，因为很多企业本身的地理位置就离不开社区，很多与老百姓息息相关的业务也必须在社区进行。尤其对于零售、餐饮、美容美发这类生活服务业来说，很多时候“社区”就是这类企业的经营场所和环境；而社区居民中很多就地就业也依赖于这类生活服务业的发展。因此，很多时候虽然上级政府部门更愿意出于GDP等方面的考虑在社区周边建设大型超市，但社区往往对此并不乐见，因为大型超市对社区菜市场的威胁有可能直接影响到社区居民的就业。此外，随着老百姓对日常生活中环境污染与身体健康的日益关注，社区也直接影响着化工、通信等行业的发展进程，近年来屡见不鲜的拆除通信基站、抵制PX化工厂的案例中，就不乏当地社区代表民意阻挠建设的身影。

4. 股东

从某种意义上说，股东属于企业内部利益相关者，因为董事会恰恰是股东利益的代表；但从另外一方面来看，股东又是一种处于企业外部的角色，因为股东并不需要“懂得”企业的经营活动。尤其是在过去三十多年间，起源于美国的“股东积极主义”大力传播所谓“股东价值最大化”的理念，对企业利润盈余采取竭泽而渔、杀鸡取卵的做法，并极大地推卸了对工人等其他利益相关者的责任担当，这是西方国家近年来贫富收入差距拉大的根本原因之一，也是西方产业竞争力衰退的一大主因。这种“股东价值最大化”思想在一定程度上影响了我国企业，这就尤其需要经理人员能够准确判断企业的发展阶段，妥善处理好股东利益诉求与企业长期发展之间的关系。

三、外部环境中的不确定性：来源与应对

（一）外部环境不确定性：来源与分析

通常情况下，对环境不确定性的理解可以从两个维度展开：一是环境的复杂性，即环境构成要素的类别与数量；二是环境的动态性，即环境的变化速度以及这种变化的可了解和可预见程度。有些时候这两者是同步发展的，但还有些时候它们之间并不是绝对的线性关系。下面对照图3-6给出的分类方式进一步剖解这一问题。

低不确定性（低动态性-低复杂性）：整个环境中的构成要素较少，且这些构成要素在某种程度上相似、变化速度较慢。这为企业构成了一个稳定而可预测的环境。很多中低技术行业（大多数的传统行业）和已经进入生命周期中后期、实现标准化生产的行业，较为典型的如食品加工与饮料行业，都属于这种低不确定性的情形。

较低不确定性（低动态性-高复杂性）：此时，虽然由于业务复杂程度等原因使得环境构成要素增多了，甚至这些因素之间存在较大的差异，但其迭代速度较慢、基本保持不变，从而使得组织外部环境仍然处于稳定而可预测的水平，此时组织需要着力获取与环境构成要素有关的那些复杂知识。有一些业务复杂、专业性较强，但整体技术更迭速度和技

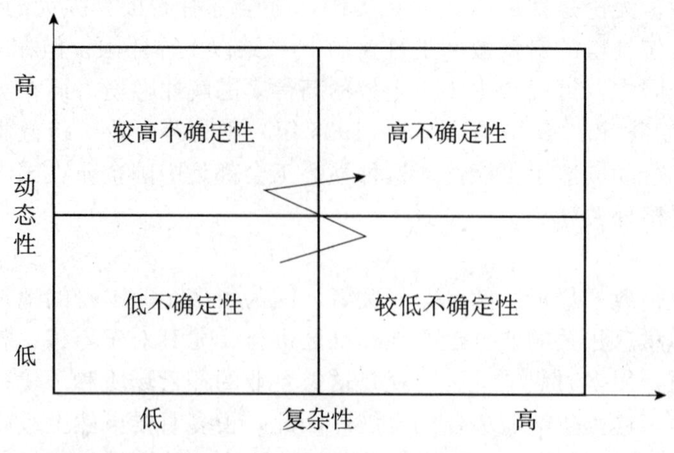

图 3-6 分析环境不确定性

术传播速度比较慢的行业，如医院、大学等均属于此类情形。在这些机构中，虽然医疗技术和科学研究本身的发展速度比较快，但现代医院和现代大学的组织与管理技术维持了高度稳定的状态。另外，一些进入技术周期稳定阶段的中高技术行业，如汽车、机床等，虽然产品技术较为复杂，但在很长时间内其波动性都是可预见的。不过，随着近年来一些新的技术元素进入这些长期稳定的行业，这些行业的环境不确定性开始发生一些变化，如向矩阵的上方转移。

较高不确定性（高动态性-低复杂性）：在这种情况下，虽然环境构成要素并不多，但这些构成要素的动态性很强，不断发生变化，这就使得整个经营环境呈现出动态和不可预测的特征。其中最为典型的是那些与流行相关的行业，比如服装、配饰、流行音乐、艺术等，这些行业的技术基础相对简单，但市场趋势变化极快，这就尤其需要从业者跟上行业浪潮。近年来，受到技术变化趋势影响而呈现出这种较高不确定性的传统行业越来越多：如“食品加工”本身是处于低不确定性的状态，但食品开发环节的不确定性在加大，生物、基因、材料等新兴技术在不断改变食品研发的走向与重点；而零售行业则是近年来被互联网改变程度最大的传统服务行业。对这些行业的企业来说，要尤其准确地判断行业时尚潮流与行业本质特征的有效结合点，不能人云亦云、盲目跟风。

高不确定性（高动态性-高复杂性）：这种行业的环境构成要素多，而且各构成要素差异较大、变化较快，这就需要企业明确有关环境构成要素的各种复杂知识。那些技术变化较快（现有技术尚未达到稳定阶段就出现了新的突破性技术），且技术系统较为复杂的高技术产业，典型的如 ICT 工业（信息与通信技术产业，如集成电路、通信等行业），而近年来最集中的体现即智能手机行业的快速变迁。在这种情况下，短短几年的时间，全球手机产业就发生了结构性巨变：诺基亚、索爱等成名多年的企业一夜之间轰然倒地，而步步高系（vivo 和 OPPO）这类常年布局、伺机杀入的企业则迅速崛起。

（二）应对环境不确定性

如何适应外部环境中的不确定性？答案是：合作与自我革命，二者必居其一。尤其是在环境不确定性较高的情况下，纯粹的市场交易关系和纯粹的内部化/一体化操作都会反映出一些问题：一方面，纯粹的、一拍两散式的市场交易关系容易带来太多的不确定性，交易伙伴的诚信、质量等关键信息往往躲藏在信息不对称的阴影下，这将不可避免地带来道德风险，引发不必要的交易成本；但另一方面，内部化/一体化的操作往往会导致更大的前期沉没成本，而且会提高对企业时间管理和业务协调的要求。在这种情况下，就需要通过更多的合作形式来避免两极化选择带来的剧烈波动，而且合作也不必拘泥于特定形式，可以在合作谱线上的多种形式中进行广泛的选择，包括企业间的合作协议、交叉许可、研发联合体，甚至合资，等等。见图 3-7。

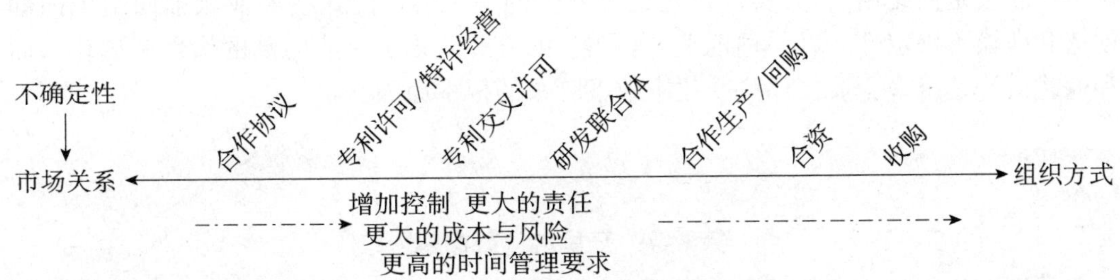

图 3-7 交易与一体化之间的合作谱线：多种选项

但是，合作也有不同形式。简而言之，可以将合作分为两种形式：

(1) 对抗式合作。合作双方“同床异梦”，在“合作”旗号下只考虑自身的利益，而与合作伙伴刻意保持距离，甚至限制、封锁信息，因此合作也多为短期合同。

(2) 协同式合作。彼此看重对方的价值，把自己最有价值的部分和对方最有价值的部分结合到一起，实现“1+1>2”的协同效应，在信息共享和公平交易中实现共赢，从而有利于在双方之间建立长期合作关系。

在企业实践中，合作中的主导方应认真评估风险、勇于担当，努力建立协同式合作，减少和转变对抗式合作。

管理案例

C公司的合作升级

C公司是国内电器行业的佼佼者。虽然国内电器行业竞争激烈，但由于产品定位精准、做工过硬，C公司总体上能够免于价格战的困扰，其主要的竞争对手也主要是在华经营的跨国公司。由于电器行业小型、精密配件多，需求量大，C公司的领导经常会去拜访上游的供应商和合作伙伴，了解他们的需求和顾虑。在一次例行走访中，一位常年合作的供应商向C公司的领导“诉苦”：“跟你们做生意太苦了：你们要货量大、时间又紧，而且技术要求经常调整。但我们的技术达不到，其实我们不愿意投那么多钱为你们进行技术更新的。”了解到这一情况后，C公司对类似的供应商进行了一次深入摸排。后来在其中选择了几家“难兄难弟”，大家坐到一起商量解决办法。C公司提出，“如果大家觉得一时吃不消、负担比较重，我可以帮你们：如果你们想买设备，可以向我们提出要求，只要合理，我就可以帮你们买，但要保证专用；如果你们觉得原材料价格控制不住，也不成问题，我帮你们采购贵金属，然后再委托加工，但要保证质量；如果有一些技术上实在解决不了，那就告诉我们，我们也在家（指在自己厂内）做一些模具方面的工作，大家信息共享，我们一起解决问题，开发难度比较大的零部件。”通过这样一种方式，C公司进一步改善了与合作供应商的关系，从而有力地巩固了自己在行业竞争中的地位。

总之，在应对环境变化的过程中，妥善经营各种合作关系是非常重要的一种手段。但合作并不是应对这一问题的唯一手段，“自我革命”，在外部变化来临之前主动发起变化，同样是应对环境不确定性的重要途径。在这一点上，很多知名企业家都为业界做出了表率。微软联合创始人比尔·盖茨曾经有一句名言，“微软离破产永远只有 18 个月”；华为总裁任正非也经常会提醒员工要小心“华为的冬天”；而苹果公司的联合创始人乔布斯则在 1997 年重返苹果公司时表态，“苹果现在拥有可观的资产，但我相信，如果一不留神，公司……就会走向终结”。其实，正是这种强烈的危机感，使这些商业领袖向组织内部主动创造和灌输不确定性，以一种近乎“折腾”的方式防止了企业内部的惰性和僵化，而惰性和僵化恰恰是很多企业在环境变化中败下阵来的根本原因。

管理案例

李健熙：三星的“革命家”

韩国三星集团前会长李健熙是三星集团创始人李秉哲的三子，正是他将三星从低质量的大规模生产商转变为亚洲最有价值的科技企业的“掌舵人”。

1988 年，李健熙就任三星集团会长的第二年，他就宣布三星启动“二次创业”。作为“二次创业”的重要一步，李健熙在 1993 年提出以质量管理和力求变革为核心，彻底改变当时盛行的“以数量为核心”的思想。也是在这一年，为了显示自己寻求改变的决心，李健熙要求整个三星集团将工作时间提前一个小时，实行早上七点上班、下午四点下班的全新工作制。此后，三星开始了大规模的结构调整和内部重组计划，即“新三星”计划。在他任职期间，三星启动液晶平板项目，并在历经长期亏损之后终于成为全球液晶平板行业的龙头。2008 年，李健熙宣布退休。但当他发现金融危机来势汹汹的时候，又在 2010 年重出江湖、亲掌帅印。此时，年近七旬的李健熙进一步加大工作强度，当他确认三星对手机业务的依赖已经过于严重时，再次提出调整业务结构的战略目标。正是由于李健熙的这种强烈危机感，三星最终平稳度过了艰难时期，迎来了新的增长。

第四节　企业内部环境

企业组织的内部环境是指企业管理的具体工作环境，这些影响管理活动的内部环境包括组织文化、生产技术、各种硬件设施以及组织结构等，其中又以文化因素最为重要。我们将这些内部因素分为三个层次：物理环境、心理环境和文化环境。

一、物理环境、心理环境与文化环境

（一）企业的物理环境

企业组织内部的物理环境，主要是指那些看得见、摸得着的硬件经营条件，以及更广泛的工作地点的空气、光线、照明、声音、色彩等因素。所有这些外在表现，都会对员工的工作安全、工作心理和行为以及工作效率产生极大的影响。下面描述的两种工作环境显然会对员工的工作效率产生完全不同的效果。

办公室A：宽敞明亮，两面见光，大多数工作区域可采用自然光照明，而且在办公室的一侧有休息间，除了颜色温馨的桌椅之外，休息间里还配有咖啡机、冰箱和微波炉；

办公室B：大多数工作区域的照明需要通过电灯，而采光条件较好的办公区域都分给了各级领导，办公区域整体环境比较狭窄封闭，而且通风换气条件不好。

可以看出，尽管办公室B有可能坐落在中央商务区的高档写字楼中，但这种环境所带来的压迫感也是显而易见的。

（二）企业的心理环境

心理环境是指组织内部的精神环境，包括组织内部和睦融洽的人际关系。这种人际关系体现为组织成员的责任心、归属感、合作精神和奉献精神等多方面，它们制约着组织成员的士气和合作程度的高低。一个组织的心理环境建设往往会受到其中的非正式组织的影响：如果组织内部的非正式组织较多，且相互敌视、内斗不断、“站队”风气明显，这个组织就很难凝心聚力、大力协同。随着企业竞争环境日益严酷，单靠一两个人单打独斗已经很难成事，在这种情况下，企业内部的心理环境就会直接影响组织管理的效率和管理目标的达成，而这种心理环境建设很多时候需要投入专门精力。

生活中的管理学

作为心理环境建设者的工会

李雷在一家地方国企工作。与其他企业相比，国企比较重视工会工作。李雷单位的工会主席是一位有近二十年工会工作经验的、非常热心的老同志。在这位老主席的带领下，李雷单位的工会工作做得有声有色，大家也觉得心气足、干得带劲。

（1）设立工会信箱，鼓励广大职工发表自己的意见，表达自己对企业未来发展方向的看法，也可以对领导干部的某些具体做法提出有针对性的批评，工会主席甚至在公开会议上开玩笑，号召大家“有冤的报冤，有仇的报仇”；

（2）在各二级单位之间全面开展各种体育竞赛活动，在公司附近的体育馆内举行羽毛球、乒乓球、篮球等室内比赛，在附近的学校租借场地举行足球赛，还在微信上建了职工驴友群和健步群，每年冬天组织全体职工长跑；

（3）以各分公司为单位，组织职工集体生日会，并为大家订购生日纪念品，在集体生日会上分公司领导和公司工会还会为职工送上祝福，甚至表演一些小节目；

（4）定期组织55岁以上或工龄满30年的老员工赴外地疗养，每年高温假期间工会主席、公司领导亲自带队，率领公司越野爱好者开展自驾游。

（三）企业的文化环境

企业组织的文化环境至少包括两方面内容：一是组织的制度文化，包括组织的工艺操作规程和工作流程、规章制度、考核奖励制度以及健全的组织结构。所有这些能够严格表述出来的制度，都是每一个员工必须在工作中严格遵循、遵守的规则和行为准则；二是组织的精神文化，包括组织的价值观念、信念、经营管理哲学以及组织的精神风貌。

建设企业制度文化的一个难点是详略得当：既要扣紧主要矛盾，将必须解决的问题解决好，避免制度过滥，修改过频；又要注意文风篇幅，在深入人心上下功夫，避免规章制度过长，最终无人关心，形同虚设。在如何有效建设制度文化方面，最经典的例子当属毛泽东在革命战争年代为人民军队起草的“三大纪律八项注意”。

管理案例

三大纪律八项注意：“文贵精，言贵简”的典范

早在秋收起义期间，毛泽东就向起义队伍提出三项纪律，在开赴井冈山途中提出了六项注意，在井冈山期间又补充了两项注意。1947年，毛泽东亲自起草了《中国人民解放军总部关于重行颁布三大纪律八项注意的训令》。从此，通俗易懂、内容统一的“三大纪律八项注意”就以命令形式固定下来，成为全军的统一纪律。

三大纪律：一切行动听指挥；不拿群众一针一线；一切缴获要归公。

八项注意：说话和气；买卖公平；借东西要还；损坏东西要赔偿；不打人骂人；不损坏庄稼；不调戏妇女；不虐待俘虏。

二、企业文化：缘起、结构与表征

无论是构筑长期竞争优势，还是应对外部环境突变，企业文化都是非常重要的工具。企业文化必须适应外部环境和企业战略的需要。如果能够实现这种契合，那些具有高度献身精神的员工就能创造出一个高绩效的、难以被打败的组织。这一节我们就对“企业文化”进行更深入的探讨。

（一）企业文化研究的缘起

企业文化就是一个企业内部所共同具有的一整套共享的价值观、信仰、认识和行为准则。正如上面有关“三大纪律八项注意”的例子所揭示的，文化因素在管理活动中发挥重要作用的现象早已有之，但企业管理研究关注文化问题却是20世纪70年代之后才开始的。最初，企业文化研究的起因竟然是：西方尤其是欧美学者们发现他们所熟悉的管理理论竟然解释不了日本在二战之后短短三十年间的迅速崛起。无论是泰勒制还是系统理论，抑或管理科学，在日本经济奇迹面前都显得苍白无力。为什么日本企业能如此迅速地在全球范围内建立起显著的竞争优势？

最早尝试回答这一问题的是美籍日裔管理学家威廉·大内。他在对比日、美两国的典型企业之后发现，日本企业的经营管理方式一般较美国企业的效率更高，而其中的秘诀就在于日本的企业组织和文化，这种企业文化的核心是重视人的因素。管理者要对员工表示信任，而信任可以激励员工以真诚的态度对待企业和同事，忠心耿耿地为企业工作，甚至可以为企业整体的利益而牺牲自己和部门的利益。大内认为，日本企业的成功，充分证明了亲密的个人感情在工作中的地位及重要性。社会的亲密性一旦瓦解，人们就会失去对企业组织、对社会的信任，就会产生恶性循环，最终导致劳动生产率水平的降低。因此，大内主张以坦白、开放、沟通作为基本原则来实行“民主管理”，在员工之间建立一种亲密和谐的伙伴关系，以此改变美国企业中人与人之间那种冰冷的、仅仅关心完成特定任务的关系氛围。1981年，大内的研究成果以《Z理论》为题（同西方人熟悉的X－Y理论相对比）出版，这也成为讨论企业文化概念的源头。

后来，越来越多的西方学者都从企业文化的角度来理解日本企业的崛起。在他们看来，日本企业中工作压力并不小于美国，但由于种种文化元素的作用，人际关系要比美国企业中好得多。即便工作场所压力爆棚，也有“出气室”为员工释放压力；而企业团队建设却不分上班下班：下班之后，无论是工人还是组长、经理，脱下工装换上便服，就钻进了居酒屋（日本传统的小酒馆），气氛十分融洽。正是这一系列努力，使得日本企业的员工能够保持良好的心理状态，而且逐渐形成了很强的凝聚力。在这样潜移默化的过程中，大家按照企业战略目标的要求，逐渐形成了共同的行为模式和价值观念，即企业文化。在逐渐形成这种企业文化的过程中，管理者承担着引导、提炼、总结、传播、调整的重任；而企业的创始人的世界观和价值观将会构成企业文化重要的初始内核。

管理案例

松下幸之助与松下精神

松下精神并不是从松下电器创办之日起就有的，它的形成经历了一个过程。1932 年，在创业十余年之后，松下幸之助才开始理解到自己的创业使命，并为此召开了第一次创业纪念仪式。在这次仪式上松下电器公司确认了自己的使命与目标，并以此激发职工奋斗的热情与干劲。松下幸之助认为，人在思想意志方面，有容易动摇的弱点。为了使松下人为公司的使命和目标而奋斗的热情与干劲能持续下去，应制定一些戒条，以时时提醒和警诫自己。于是，在次年 5 月制定并颁布了“五条精神”，其后在 1937 年又议定附加了两条，形成了著名的“松下精神”：产业报国的精神、光明正大的精神、团结一致的精神、奋斗向上的精神、礼仪谦让的精神、适应形势的精神、感恩报德的精神。

员工对企业文化的认同可以极大地提高企业管理活动的效率，其具体功能包括：

(1) 导向功能：确立员工的目标、理念，进而引导员工行为；

(2) 凝聚功能：成为凝聚所有成员努力的焦点，确保组织内部的团结；

(3) 调试功能：帮助每个员工调试心理状态，从而更好地适应新的工作环境；

(4) 激励功能：激发员工的积极性和创造精神，使其为实现组织目标而努力，这种认同感使“要我干”转变为“我要干”；

(5) 辐射功能：通过组织员工与外界的交往及其产品输出，将组织的优良作风和精神风貌辐射到社会上，同时起到宣传作用；

(6) 约束功能：约定俗成、潜移默化地影响员工行为，最终形成员工的自觉行为。

（二）企业文化的结构

前面已经提到，企业的文化环境至少包括两方面内容，一方面是可见的制度文化，另一方面是不可见的精神文化。这就使得企业文化从基本结构上表现出两个层次：可见层次与不可见层次。其中，可见层次是那些实在的人为现象，如着装、办公室布局、仪式、口号等，即企业文化的具体表征；而不可见层次的企业文化则包括那些可以表达出来的价值观和不可表达的更深层次的、隐藏的假设与信仰。如图 3－8 所示。

需要说明的是，这两个层次的企业文化并不是静止的，更不是割裂的。可见层次的文化表征——从具体行为到规章制度，直至物质条件，往往是企业价值观这些精神内核的外显；而行为、制度等可见表征经过长期发展之后，有可能进一步沉淀为某种价值取向。总

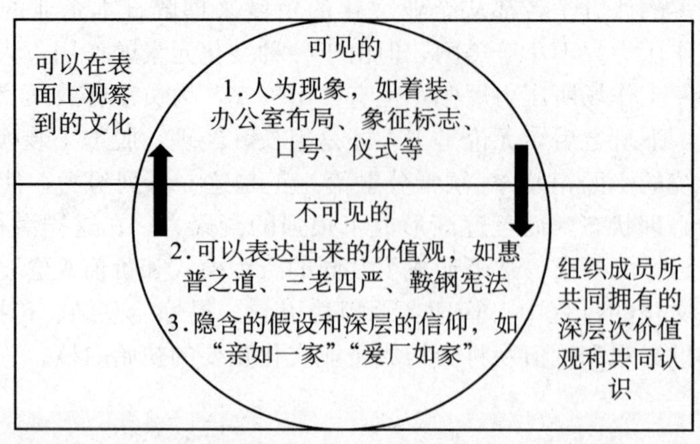

图3-8　企业的文化环境

之，对成功的企业来说，企业文化在可见层次与不可见层次上相互联系、动态发展；而在很多不尽如人意的企业身上，我们往往会看到可见层次与不可见层次脱节的现象，即人们常说的"说一套、做一套"。

但是，这种企业文化分层次结构还不能充分地帮助我们理解企业文化到底体现在哪些方面，包括哪些内容。在威廉·大内之后，另一个对日本和美国企业进行对比研究的经典作品、由理查德·帕斯卡尔和安东尼·阿索斯合作完成的《日本企业的管理艺术》一书对日本企业的企业文化和管理做了进一步解读。他们在大量案例比较的基础上提出了著名的7S模型，即战略（strategy）、结构（structure）、技能（skill）、人员（staff）、共享价值观（shared value）、体制（system，即制度）和作风（style，主要指领导作风，企业高层对集权与分权的立场和处理）七种要素（见图3-9）。帕斯卡尔和阿索斯将7S看作是为企业管理者提供的一种备忘录，是对企业所关心问题的一种记忆提示；而且，在他们看来，日本企业的成功之处恰恰在于他们重视软性的、偏向于文化方面的作风、共享价值观、技能和人员；而西方则将注意力集中在硬性的战略、结构和制度上。

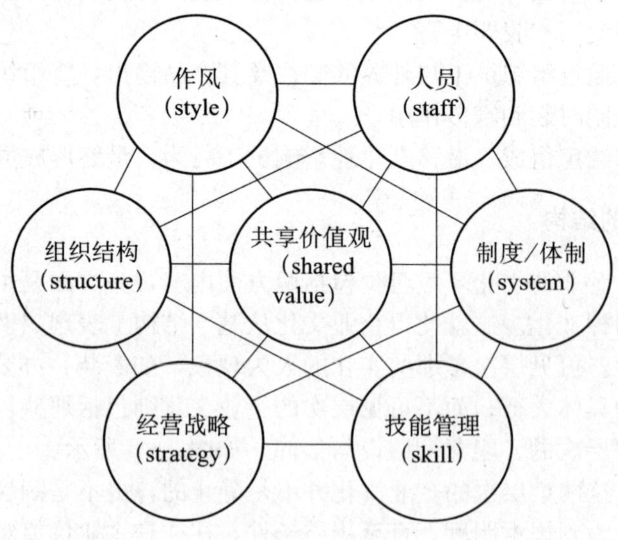

图3-9　7S模型

管理案例

三星的7S文化

在李健熙“除了妻儿，一切都要变”的新经营战略指引下，三星的软硬件条件都发生了巨大变化，企业文化也更加适应于其世界领先企业的战略目标。

经营战略：视“与顾客同在”为共有价值，创造以顾客为中心的产品和服务，构思面向世界、着眼全球市场的发展战略，确保全球一流企业的形象。

共享价值观：三星共享“以人才和技术为基础，创造出最高品质的产品和服务，为人类社会的发展作出贡献”的经营理念，和“心系顾客、着眼全球、创造未来”的精神。

领导作风：遵循“知、行、用、训、评”的五项原则，即着眼长远、率先垂范、善于用人、精于领导、正确评价。

技能管理：视自主研发为终极目标，加强对员工的技术教育，并依托新的经营战略推动技术层面的复合化和协同效应，促进与发达国家优秀企业之间的技术交流，从而加速向技术型企业转型。

人员：注重提高所有员工的生活质量，持续促进职工对良性终身职场的认识。

组织结构：确立分权型自律经营框架，建立起面向未来的创造性和挑战性的产业构造。坚决贯彻能力主义人事制度，将专业性和创意性制度化，打开以质取胜的新思路。

制度/体制：全力加强对信息基础的建设，将全球通信网络与集团综合信息系统对接，建立起以顾客为中心的市场管理和人力资源管理体系。

资料来源：高承禧，等．为什么是三星？［M］．潘晓君，谢兰兰，译．北京：中信出版社，2013.

（三）企业文化的外在表征

一个企业的价值观有哪些特点，可以通过一些外在表征加以了解。这些外在表征包括企业的仪典、英雄人物与故事、商标和广告等企业标识符号，等等。

1. 仪典

仪典是为特殊事件举办的，并且是对参加者有意的、有计划开展的活动，是表彰突出成就，通过分享重要事件团结员工以及祝贺英雄产生的特定场合。它一方面体现了组织对于员工的期望和要求，同时又以生动的形式向员工灌输组织的价值观念和经营理念。

2. 英雄人物与故事

作为组织的杰出代表，英雄人物被赋予超乎常人的经营智慧和能力，成为组织文化的旗帜。组织内的许多故事，都是关于那些符合公司文化标准和价值观的榜样化、偶像式的公司英雄人物的。这往往意味着与英雄人物有关的这些故事和传说都经过了组织有目的的加工与修饰。比如，当人们经常以比尔·盖茨20岁辍学创办微软公司，并一举获得IBM大额订单的故事作为“硅谷精神”的注脚和科技创业创富的绝佳范例的时候，却无视了盖茨的母亲与时任IBM董事长的友好关系。因此，作为企业组织共同知识和共同记忆的英雄人物与故事很多时候都是经过信息过滤与艺术加工的产物。

3. 商标和广告

企业标识系统是企业理念的结晶。其中，以商标、广告为代表的企业视觉识别系统更是企业的“门面”，是企业理念的外在展开与集中展示，它直接影响着社会公众对企业外在形象与内在精神的总体印象和感知。很多知名企业的商标不仅能够充分体现出其所在行业的特点，而且带有强烈的个性化色彩。而随着国际化进程的不断深入，国内企业在商标这类外在形象上投入的精力越来越多，甚至更换标志的事件也屡见不鲜，但换标效果呈现出高度不确定性。2005 年，在国际合同销售超过国内份额、国际化进程已经不可阻挡的情况下，华为将使用了 17 年的公司标志（类似 15 根网线子线）更换为新的花瓣标志，从而为公司标志注入了更多聚焦、创新、稳健、和谐的元素。这是近年来国内企业较为成功的换标案例之一。

■ 本章小结

组织是一个以目标为导向的、在分工合作的基础上构成的人的集合体。无论从目标设定、结构设计，还是沟通协作上看，组织都是一种典型的人为现象。

企业是以营利为目的，运用各种生产要素向市场提供商品或服务，实行自主经营、自负盈亏、独立核算的经济组织。

现代企业制度的基本特征和内涵是产权清晰、权责明确、政企分开、管理科学。

公司是企业的一种，是依法设立的、有独立的法人财产、以营利为目的的企业法人。

有限责任公司与股份有限公司在设立方式、股东人数限制、资本规模、股份转让与流通等方面都有着明显差别。

常见的企业划分标准包括从业人员、销售额和固定资产。

政治法律环境是指一个国家或地区的政治制度、体制、方针政策、法律法规等方面。

经济环境是指社会整体的发展形势和景气状况。

社会文化环境是指组织所在国家或地区人们的处事态度、价值取向、教育程度、风俗习惯等所构成的环境因素。

技术环境包括各个行业和整个社会中普遍的科学与技术进步。

利益相关者，是指在组织环境中受到组织决策与行动影响的任何群体。

企业文化是组织成员共同拥有的一整套主要价值观、信仰认识和行为准则。

环境不确定性包括两方面：一是环境的复杂性，即环境构成要素的类别与数量；二是环境的动态性，即环境的变化速度以及这种变化的可了解和可预见程度。

企业组织的内部环境是指企业管理的具体工作环境，这些影响管理活动的内部环境包括组织文化、生产技术、各种硬件设施以及组织结构等。内部环境可以分为三个层次：物理环境、心理环境和文化环境。

企业文化从基本结构上可以分为可见层次与不可见层次。

7S 模型包括战略、结构、技能、人员、共享价值观、体制和作风七种要素。

■ 复习思考题

1. 为什么说组织是一种人为现象？
2. 何为 PEST 分析？
3. 五力模型包括哪五方面因素？试选择一个行业，用五力模型对其进行分析。
4. 协同式合作的基本特征包括哪些？
5. 企业文化的 7S 模型包括哪些要素？
6. 如何理解不同行业规模划分标准的变化趋势？

第四章 全球化时代的管理工作

管 理 学 原 理

本章要点提示

- 经济全球化的三种基本表现
- 逆向全球化与新的贸易保护主义
- 霍夫斯塔德文化维度
- 汤皮诺文化维度
- 国际经营中的政治风险、经济风险和知识产权风险
- 经济区域化
- 企业社会责任

引 例

Z 公司是业内公认的创新最活跃、技术最先进的国内企业。近年来，随着国内市场逐渐饱和，加之恶性低价竞标之风愈演愈烈，Z 公司积极转型，拓展国际市场业务。中东地区是 Z 公司"走出去"的重要目标市场。为了更好地拉近与中东客户的感情，Z 公司在自己的园区内专门兴建了清真餐厅。餐厅装修充满中东风情，从里到外全套波斯地毯、挂毯；公司还特意从上海高价聘请了一位清真主厨，并从上海定期采购上等牛羊肉。餐厅建成之后，海外用户反应非常好。但随着近期中东局势紧张，Z 公司的中东客户流失严重，公司领导层甚至不得不考虑餐厅的存废问题。

随着中国经济在全球范围内的影响力不断扩大，越来越多的企业像 Z 公司一样选择"走出去"。但"走出去"绝不是一件手到擒来的事情：虽然经济全球化把世界各国紧紧联系在一起，但各国、各地区、各民族之间仍然存在巨大的差异，这种差异表现为国与国之间的政治制度与国家结构差异，不同民族的风俗、习惯、价值观，直至饮食差异。这意味着中国企业要在“走出去”的过程中，甚至“走出去”之前充分准备、做足功课，逐渐适应全球化时代的管理工作。

第一节　经济全球化

我们对经济全球化的议题从贸易、产业与金融三个方面展开。这三方面也分别对应着三个通俗的说法：世界是平的，世界是开放的和世界是弯的。

一、世界是平的：贸易全球化趋势

在过去几十年间，国与国之间壁垒的崩塌、全球贸易自由化的进程日益深远，影响日益广泛，低关税甚至零关税设置、大规模货物流通的范围从过去北大西洋两岸之间的国家扩散到更大范围，其中尤以跨太平洋贸易的增速最为明显，这与日本、韩国、中国等东亚经济体的超常增长奇迹，以及东盟国家的振兴有着直接关系。与此同时，贸易自由化从过去发达资本主义国家的“小圈子”起步，越来越多的发展中国家、南方国家进入了这个“朋友圈”，在世界贸易组织（WTO）成立前后，全球范围内经过了一轮普遍的关税削减（尤其是发展中国家进口关税的大幅削减），国与国之间的绿地投资（由跨国公司在东道国直接投资，新建部分或全数控股子公司的投资形式）也更加方便。总之，全球贸易越来越多地向一体化、全球化的方向推进。

图 4-1 是联合国贸易和发展会议对 2015—2016 年全球贸易数据的统计图示。图中各地区圆形的面积表示该地区贸易量的大小，正如我们所说，北美、欧洲、东亚构成了全球贸易的三极。各地区示意图的颜色反映了其国际贸易总量的变化趋势，其中颜色越深表明国际贸易衰退越严重。而区域间连线的粗细则表示彼此间的贸易额。不难看出，经济转型国家、拉美以及撒哈拉以南非洲地区在此期间经历了大幅度的国际贸易衰退；北美和东亚地区的发展势头则较为稳健，担当起了国际贸易增长火车头的重任；而欧洲的区域内贸易额则是三极中最大的，也就是我们常说的欧洲经济一体化；紧随其后的则是东亚的内部贸易（主要发生在中日韩三国之间）。而从地区间来看，全球范围内数额最大且发展最为稳定的国际贸易关系即前文所说的跨太平洋贸易：东亚与北美之间的进出口贸易，其中美国的进口数额位居全球第一，而中国则是全球出口冠军。此外值得关注的是中东和北非地区：由于历史原因，欧洲与该地区的贸易往来向来频繁；但随着近年来我国政府积极推进“一带一路”倡议，我国企业在这一地区的商务活动越来越多，贸易额渐有与欧洲平起平坐之势。总之，这样一幅图景为我们全方位地展示了全球范围内的地区间贸易。从这幅图上不难看出，虽然贸易自由化的进程持续推进，使得世界看起来是平的；但这种贸易活动在全球范围内的分布并不平均，存在明显的两极分化和经济区域化问题。这种两极分化一方面受到政治、经济等各方面历史轨迹的影响，另一方面与各国的经济总量和经济发展战略有关。

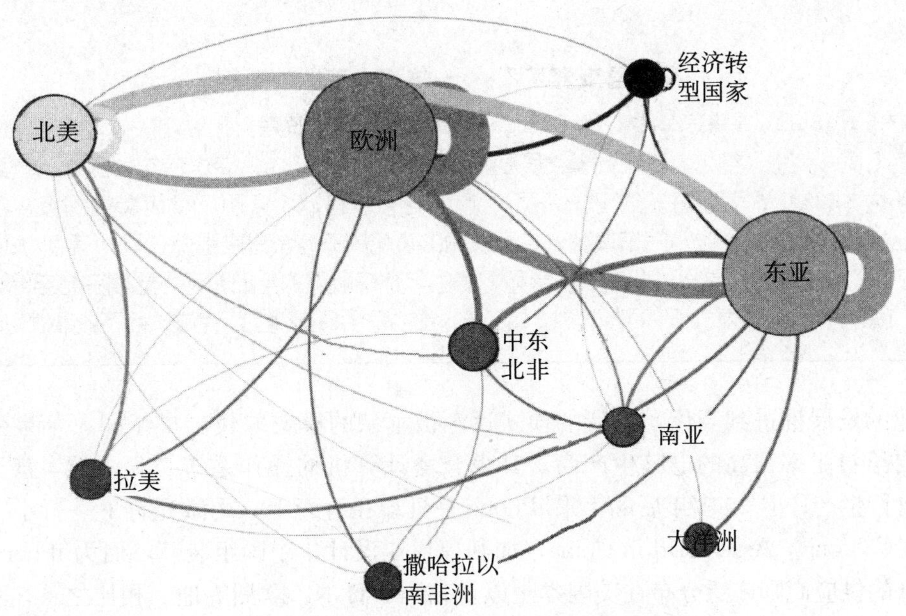

图 4-1 2015—2016 年的全球贸易分布

管理者须知

"一带一路"倡议

2013 年 9 月和 10 月，习近平主席在出访中亚和东南亚国家期间，先后提出共建"丝绸之路经济带"和"21 世纪海上丝绸之路"的重大倡议，两者合称"一带一路"倡议。"一带一路"贯穿亚欧非大陆，一头是活跃的东亚经济圈，一头是发达的欧洲经济圈，中间则是中亚、西亚、波罗的海、东南亚、南亚次大陆等经济发展潜力巨大的腹地国家。"一带一路"是在后金融危机时代，作为世界经济增长火车头的中国，将自身的产能优势、技术与资金优势、经验与模式优势转化为市场与合作优势，实行全方位开放的一大创新。通过"一带一路"建设共同分享中国改革发展红利、中国发展的经验和教训。中国将着力推动沿线国家间实现合作与对话，建立更加平等均衡的新型全球发展伙伴关系，夯实世界经济长期稳定发展的基础。

二、世界是开放的：产业链的全球化

自 20 世纪 80 年代以来的三十多年间，企业经营活动经历的最为重要的变化之一，即是分散与归核化的过程。所谓分散，即过去由一家大型企业包打天下的各种活动，现在已经被越来越多地分散到一个地理分散、产权分散、组织形式分散的全球价值链中；而所谓归核化，则是越来越多的企业在将绝大多数业务活动分散给其他价值链合作伙伴的同时，保留了自身最擅长的一部分业务，即其核心能力所在。分散与归核化是一个过程的两个方面，而这个过程即是此前纵向一体化大型企业向全球价值链的产业组织形式转变的过程，西方发达国家曾经的那些一体化龙头则在这一过程中转变为系统集成商。

管理案例

福特鲁支河工厂：一体化大工业的范例

成立于1918年的福特汽车鲁支河（Rouge River）工厂是传统意义上纵向一体化大工业的典型代表。在这个宽一英里（约1.6千米）半、长度超过一英里的厂区内，传送带总长度达120英里，工序总数多达8 772个，鼎盛时期的工作人员达10万之多。在这个厂区，从焦炭到钢板，到各种零件、冲压板件和发动机，以及汽车玻璃，直至最后的装配成车，都是由福特公司一手包办的。当时，鲁支河工厂的核心理念就是通过拥有、经营和调度生产整车所需的全部资源，达到完全自给自足。简而言之，就是“从种橡胶树、开采矿石到整车下线，都力争由鲁支河工厂完成，而不依靠供应商”。

产业的发展推进到当代，福特的模式逐渐被苹果的模式取代。早年间，苹果公司也曾是一个自给自足率很高的电脑生产商，其麦金塔计算机的操作系统、显示器，甚至鼠标都是由其自行生产；但20多年后的苹果iPhone手机却在背壳上，用激光打下一行小字，“Designed in Califonia，Assembled in China（加利福尼亚设计，中国组装）”，而为iPhone手机提供元器件的供应商则广泛分布在美国本土以及韩国、日本、欧洲等地。相比之下，苹果公司除了负责手机的设计工作之外，更多地承担起市场营销、供应链管理等整体层面的工作。总之，与以往相比，今天苹果公司的组织结构回归到了自己最擅长的业务领域，并在归核的同时将那些不擅长的、非核心领域外包出去。但图4－2有关iPhone手机利润分配结构的展示也提醒我们，苹果的业务外包并没有从根本上撼动它对整个价值链利润分配的掌控力。正因如此，已故的著名创新经济学家基思·帕维特在评论这个日益开放的全球产业组织结构时，曾经一针见血地指出，“发达国家保留了制造业的全部内容，除了制造本身”。

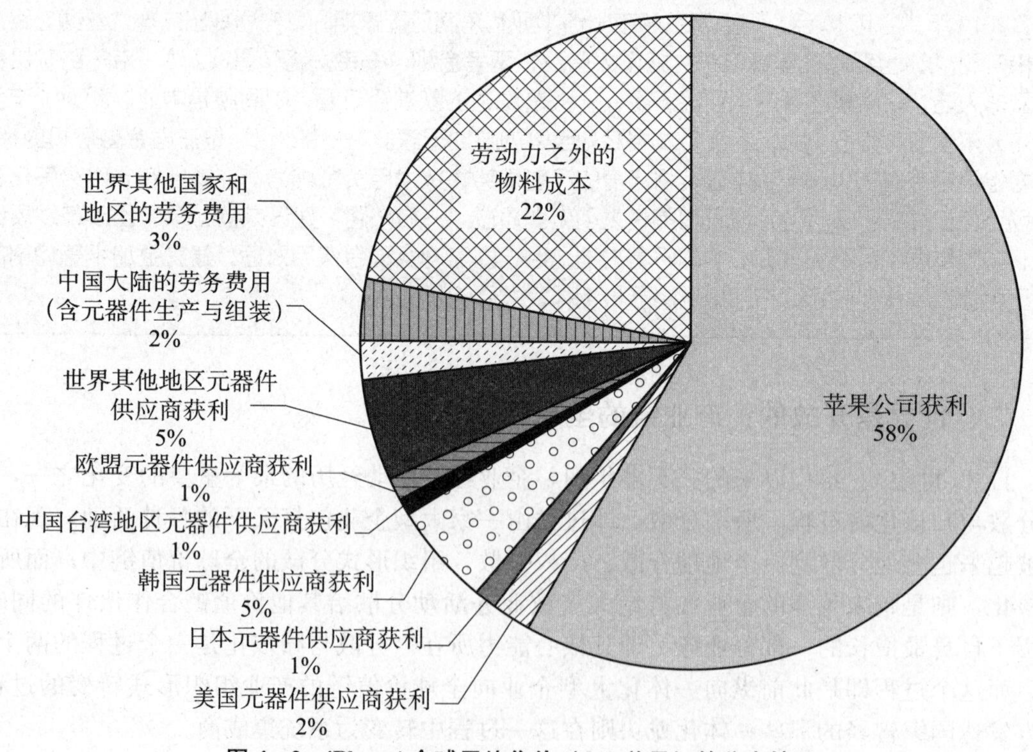

图4－2　iPhone4全球平均售价（549美元）的分布情况

三、世界是弯的：金融全球化

世界不只是平的、是开放的，而且世界还是弯的。所谓“世界是弯的”，是在讨论资本市场的全球化问题。这是由美国著名的金融市场战略家戴维·斯密克提出的一个重要命题。他认为，经济的金融化、证券化导致了一系列问题，投资市场为此付出了巨大代价，而由证券化构建的复杂金融网络已经难以有效控制。在这种时候，资本市场的全球连通性就会使得任何风吹草动都得以在全球范围内蔓延、扩张，甚至放大。虽然起因或许只是星星之火，但却足以引起全球范围内金融系统的剧烈波动。这一过程甚至不会因为资本市场是否开放而有所差异。我们可以看到，自 1998 年亚洲金融危机以来的二十年间，我们一再经历由资本市场全球化带来的上述问题。

因此，从贸易、金融、企业组织形式等各个方面，过去三十多年间，经济全球化进程全方位推进，世界越来越多地变成一个一体化的、无疆界的世界。

第二节 经济全球化中的中国与中国企业

一、经济全球化与中国企业“走出去”

如上节所说，东亚的巨大贸易份额在全球范围内起到了拉动经济与贸易增长火车头的作用。而中国作为东亚的一员，则无疑是其中非常重要的组成部分。图 4－3 分两部分向我们清晰展示了这一事实。

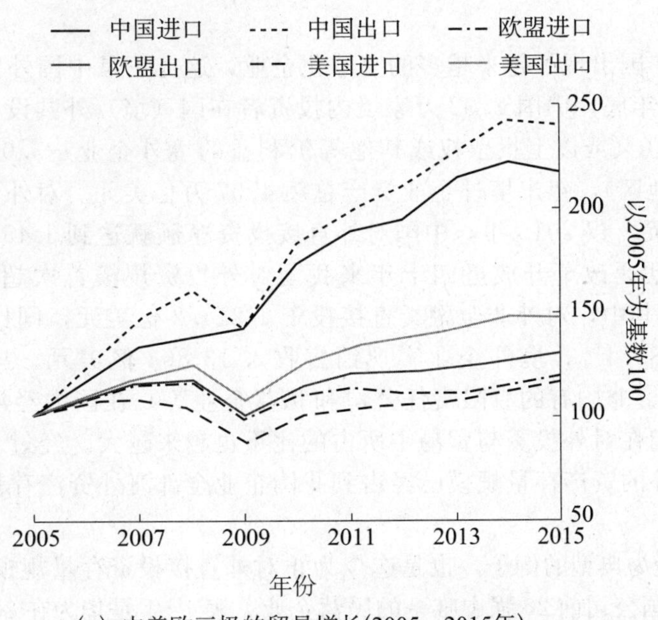

(a) 中美欧三极的贸易增长(2005—2015年)

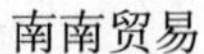

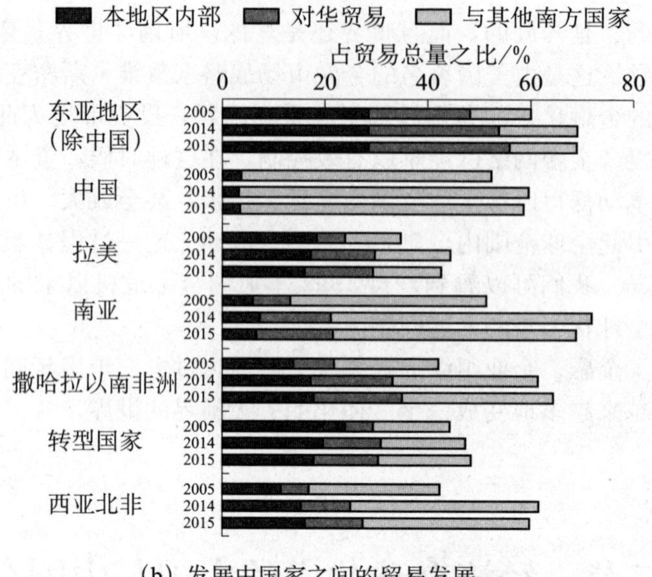

(b) 发展中国家之间的贸易发展

图 4-3　全球贸易自由化中的中国角色

由图 4-3 可知，2005 年之后的十年间，无论是进口还是出口，中国都是世界各主要国家中增长最快的。即便是 2008 年开始的金融危机，对中国进出口贸易的影响也远远小于其他国家。正因如此，今天的中国才成为世界范围内积极推动贸易自由化和公平贸易、反对各种形式的贸易壁垒的重要力量。而从发展中国家之间的贸易来看，在这十年间，对华贸易几乎是所有南南贸易中增长速度最快的一部分；除东亚之外的另外五个发展中国家板块，都在此期间实现了对华贸易占比倍增。中国在全球贸易版图上的扩张速度可想而知。

与此同时，中国出现了越来越多的全球化企业，这也正是中国外贸高速增长的微观基础。截至 2015 年底，中国 2.02 万家境内投资者在国（境）外共设立对外直接投资企业（拥有或控股 10％或以上投票权或其他等价利益的境外企业）3.08 万家，分布在全球 188 个国家（地区），年末境外企业资产总额 4.37 万亿美元。对外直接投资累计净额达10 978.6 亿美元。仅 2015 年，中国对外直接投资净额就达到 1 456.7 亿美元，同比增长 18.3％。这也是改革开放近四十年来我国对外投资规模首次超过吸引外资规模。如图 4-4 所示。其中，对外非金融类直接投资 1 214.2 亿美元，同比增长 13.3％，占当年投资净额的 83.4％；境外企业实现销售收入 13 863 亿美元。与非国有经济成分（如股份有限公司、非国有的有限责任公司和私营企业等）在国内经济中所占比重不断提升相一致，它们在对外投资与贸易中所占的比重也越来越大。经过十余年发展，中国非国有经济在海外的资产存量规模已经占到我国企业全部海外资产存量的半壁江山，如图 4-5 所示。

华为是其中最为典型的例子，也是迄今为止对外直接投资存量规模最大的私营企业，是 2015 年中国跨国公司前 20 强中唯一的民营企业。表 4-1 是华为在 2014 年与 2015 年的分区域收入信息。在 2015 年华为 3 950 亿元的营业收入中，国内市场的贡献仅占 40％强，

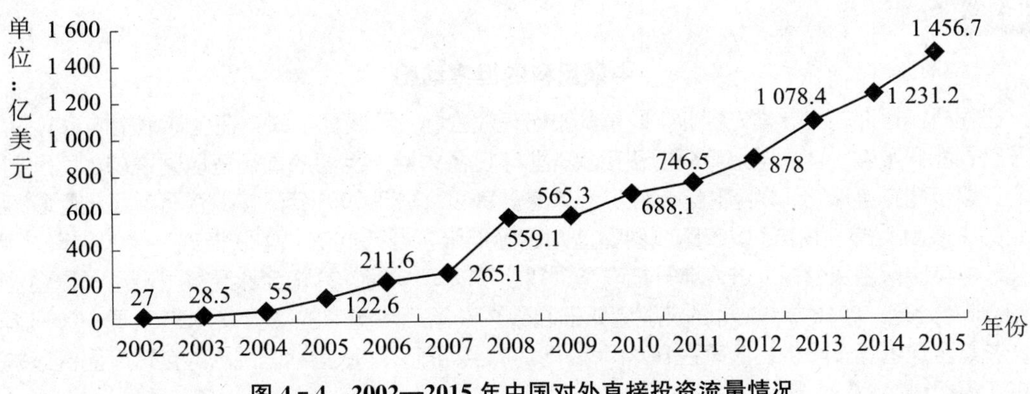

图 4－4 2002—2015 年中国对外直接投资流量情况

图 4－5 2006—2015 年中国国有企业和非国有企业资产存量占比情况

这个比例甚至已经略高于 2014 年的水平，而欧洲、中东、非洲则构成了华为海外业务收入的主要来源。与营业收入国际化同时发生的，必然是组织结构的国际化。华为组织结构的国际化体现在两方面：一是研发系统的国际化；二是经营系统的国际化，其中研发系统的国际化甚至早于经营系统的国际化。迄今为止，华为已在印度、瑞典、美国、英国、芬兰、德国等国设立研发中心，在中国香港、新加坡、印度尼西亚、日本、德国、荷兰、英国等国家和地区设立分公司。2013 年，总部坐落于中国深圳的华为将其全球财务风险控制中心设置在全球金融中心伦敦。华为的国际化发展之路可见一斑。

表 4－1 华为 2014 与 2015 年分区域收入信息

	2015 年收入/百万元	2014 年收入/百万元
中国	167 690	108 674
美洲	38 976	30 844
亚太	50 527	42 409
欧洲、中东、非洲	128 016	100 674
其他	9 800	5 596
合计	395 009	288 197

管理案例

中联重科的世界地图

工程机械行业的世界领先企业中联重科股份有限公司（下简称中联）在全球范围内设立了 19 个子公司和研发中心。这些分支机构遍布欧美亚非拉各大洲。目前公司正在以阿联酋、比利时为中心，逐步建立全球物流网络和零配件供应体系。其实，早在 2001 年，中联就开始了国际收购之路，并在多年实践中形成了以收购成熟企业为国际扩张主要方式的“中联模式”：2001 年 11 月，整体收购英国保路捷公司，进入非开挖设备领域；2008 年 9 月，并购全球混凝土设备领先企业意大利 CIFA 公司；2013 年 12 月，收购全球干混砂浆设备第一品牌的德国 M-TEC 公司；2014 年 8 月，并购全球著名升降机企业荷兰 Raxtar 公司。截至目前，中联重科已经成为全球产品链最为齐备的工程机械企业。

二、开放市场环境下的竞争

在经济全球化的过程中，既会有中国企业走向全球，也会有国外企业进入中国，这也就是我国政府一贯坚持的“引进来与走出去相结合”的战略。但这样的扩张并不会风平浪静地实现，如前文所说的中国企业国际化进程的每一点进步，都是凭借超常的毅力与惊人的付出换来的。正是因为有了一批像任正非（华为创始人、总裁）、詹纯新（中联创始人、总裁）、董明珠（格力董事长兼总裁）、张志刚（济南二机床集团有限公司董事长）这样的优秀企业家，敢于带领企业在国内国外两个市场奋力拼搏，各种政策利好才能真正转变为实实在在的企业成长、经济发展和产业主导权。

图 4-6 就向我们展示了这场国际竞争的长期性与艰巨性。在 2014 年第一季度至 2017 年第一季度的 13 个季度中，以华为为代表的中国企业在全球智能手机市场上占有率（以出货量计算）艰难爬升。在此期间，华为、OPPO 和 vivo 三个中国品牌从 2014 年初合计

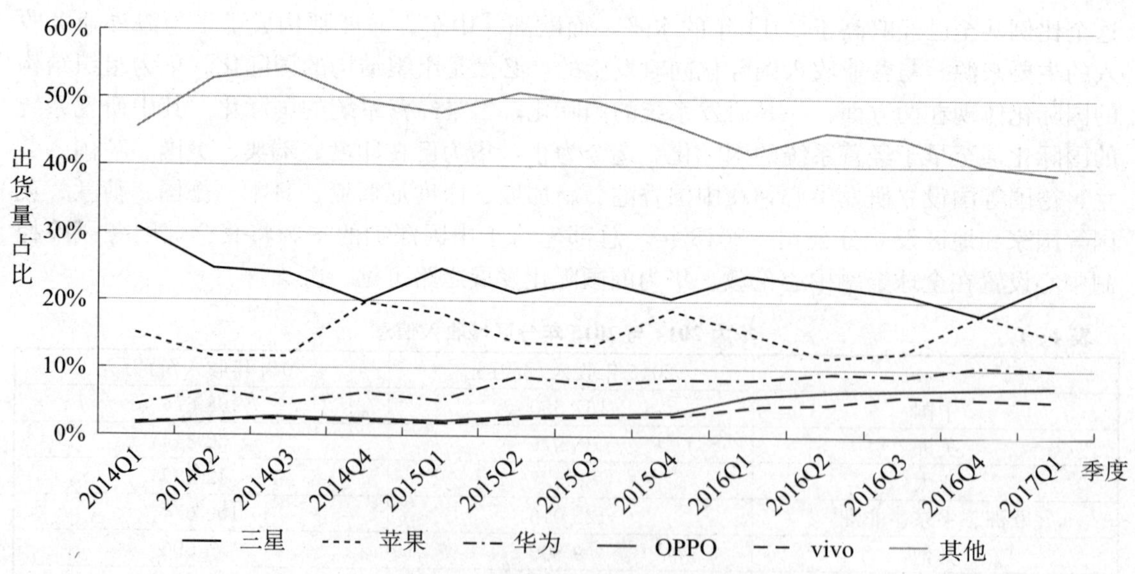

图 4-6　全球前五大智能手机生产商的出货量占比变化

资料来源：IDC Worldwide Quarterly Mobile Phone Tracker.

不足10%的全球市场占有率起步，截至2016年底三家的总和占有率已经达到23.5%，超过了三星和苹果的18%和18.2%，但在2017年第一季度，中国代表企业的市场占有率又轻微下降到23%，而三星的全球市场份额则大幅上涨到23.3%。更值得一提的是，在2016年初IDC全球智能手机前五名榜单中，与华为一同代表中国的企业并不是OPPO和vivo，而是联想和小米，当时三家中国企业的全球市场占有率总和仅为17.5%，而这已经比他们在2014年底14.7%的市场份额前进了一大步。中国企业参与国际市场竞争之难可想而知。

还有很多类似的企业和行业，中国企业从庞大的国内市场起步，逐渐成长到世界级的体量和能力，在进军世界领先行业的过程中一点一点地往前进。其中的典型还包括：以中国中车、中船重工、航天科工和中石油、中石化为代表的“中央军”，虽然这些企业在国内市场的地位不受挑战，但它们在全产业链领域内的技术投入和在国际市场上的扩张仍然使它们成为世界同行中够格的竞争者；而在竞争性产业中，工程机械行业的徐工、三一重工、中联重科和柳工，白色家电行业的格力、美的，机械行业的济南二机床（锻压设备）、青岛软控（橡胶机械），以及像福耀玻璃、京东方这样在产业链上游专注于原材料和配件的领先企业，则代表中国跻身于全球产业竞争的前沿。

但这场开放市场环境下的竞争绝不只是中国企业走向国际，与此同时，众多西方企业也打到了中国企业的家门口。在国内市场上，西方企业凭借其资本、技术、品牌等方面的优势而长驱直入，获得巨大市场收益的情况，不在少数。其中的典型是乘用车工业。图4-7是近年来国内乘用车市场的份额分配情况。其中，以吉利、奇瑞、长城哈弗为代表的自主品牌直到2015年才扭转了国内市场占有率连续八年下滑的严峻局面，但仍然无法改变其在德、日、美各国品牌轿车竞争中的不利局面。与前面说到的那些优势产业相比，这种国内企业在本土市场与西方领先者较量的“阵地战”在中国更加普遍，而在家门口扳回这场“阵地战”则是中国更多企业成长起来、进军国际市场的先决条件。因为无数历史经验证明：只有国内市场“粮仓”稳固，企业进入国际市场的脚步才不会被短暂的市场波动与技术变化打乱。正因如此，世界上所有大型跨国公司，都是以母国市场为基础成长起来的。

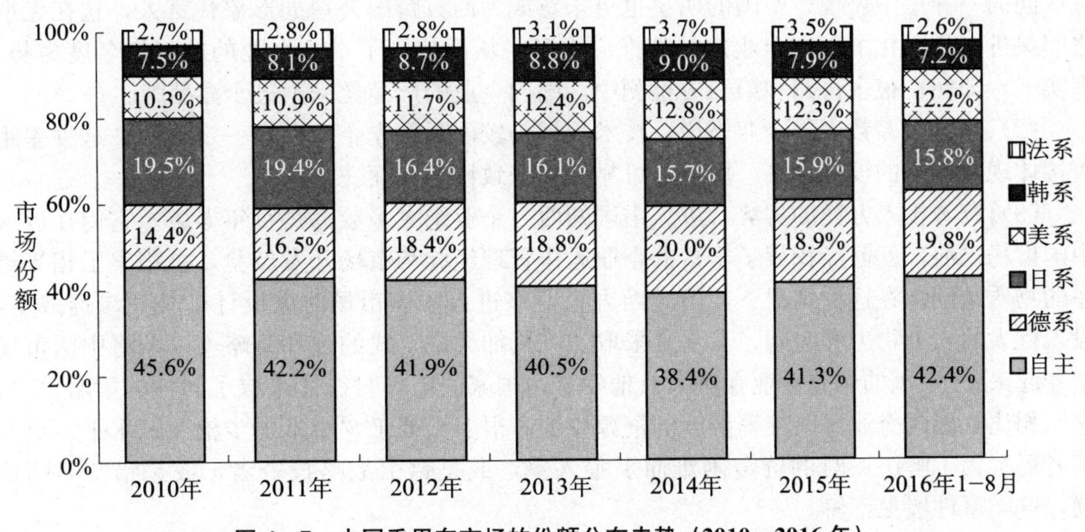

图4-7 中国乘用车市场的份额分布走势（2010—2016年）

那么，在中国市场上的这场阵地战，中国企业的优势与劣势分别体现在哪里呢？

中国企业的优势体现在以下几方面：

(1) 同文同种的先天优势使中国企业与用户的沟通更为顺畅便捷，并因此更加了解本土市场需求。

(2) 依托中国庞大且完整的产业体系和丰富的现代劳动力供给，可以大大降低成本控制的难度，这在产业中低端和低消费人群市场的竞争中尤其重要。这也导致在中国出现了一批“知识力密集型”企业，其中的典范如华为、华大基因等企业。

(3) 由于不存在过多过繁的信息传递通道及其他壁垒障碍，因而信息流更加通畅，无论是企业内部的上传下达，还是对外部情报的收集整理，中国企业的反应速度都远远超过了在华经营的西方企业，这些跨国公司往往由于战略和组织结构层面的原因，以及在历史中形成的复杂的合规设计，其内部信息障碍较为明显。

(4) 政策环境日益公平。在很长一段时间内，西方企业在中国都享受到一定的政策优惠，甚至是超国民待遇，但近年来这类差别性政策被明显弱化，国内企业所处的政策环境得到了较大改善。

(5) 沟通方便、地理邻近、人力充足等一系列条件共同决定了中国企业更容易为用户提供全程贴身的增值服务。尽管有可能在产品设计方面尚不能做到最优，产品的可靠性和稳定性也有提升空间，但服务及时、养护方便、升级维护跟进到位，有的企业甚至可以 7×24 地全天候对接用户需求，用时髦的话说，在提供服务增值的问题上，国内企业的战略、姿态和心态比跨国公司更“接地气”。

中国很多优秀企业几乎都有效利用了以上优势中的一条或几条，长期坚持之后最终取得了成功，甚至在此基础上进入国际市场。

但相对而言，中国企业也有一些短期内难以弥补的劣势，比如：

(1) 品牌知名度相对较低，广大国内消费者往往在心理上更愿意接受西方品牌。究其根本，这种消费行为正是西方文化霸权的一种具体表现，即凭借多年的品牌运作经验与高强度的宣传投入，西方领先企业的品牌形象占领并主导了国内消费者的认知。作为这种品牌认同的一种集中表现，中国的明星也更乐意成为西方跨国公司的形象代言人，这在无形之间又进一步强化了西方企业的品牌推广力度，从而加剧了本土企业的品牌知名度劣势。事实上，即便在很多盲测和第三方检测中，国内企业的产品丝毫不逊于洋品牌。

(2) 对绝大多数中国企业来说，技术积累仍较国际领先企业存在一定差距，这种差距直接体现在产品的设计水平、质量、可靠性和一致性等方面。

(3) 资源投入方面的劣势。进入中国的西方企业绝大多数都是百年老店。它们在进入中国市场之前，就已经积累了丰富的企业运作管理经验和市场开发经验，也积累了相当雄厚的物质基础。在这种情况下，不乏西方企业在进入中国市场时就设计了长期渗透战略，投入巨大的人力物力和时间，几乎是采取“飞机加大炮”式的饱和策略，以期将中国市场培养起来。(中国的领先企业在进入其他发展中国家的市场时往往采取了同样的策略。) 与它们相比，国内企业可以统筹调度的资源较少，很多仍处于“小米加步枪”的水平，更有甚者还会为了解决一时的资金困难而引狼入室，或是错引战略投资者，或是错签对赌协议，这类事件屡见不鲜。

(4) 管理水平和组织结构上存在缺陷，而这又是投资能力缺陷的必然后果。正如华为总裁任正非曾经评价华为的那样，很多中国企业还是“一群从青纱帐里出来的土八路，还习惯于埋个地雷、端个炮楼的工作方法”。相比之下，西方企业的发展历程使它们在管理规范化、现代化、系统化方面做得更好。而且，由于中国企业成长的历史路径的限制，很多企业的组织结构异常繁复、臃肿，且相互割裂，产值上百亿的多产品线企业至今尚未建立成熟的事业部制结构，或者尚处于半事业部制的过渡阶段的，不乏其类。总之，很多经西方企业长期实践、证明其有效性的先进管理思想，往往是我国企业在管理水平和组织结构方面强化“补课”的重要领域。

（5）产业链关键环节上的缺环和断裂，是中国企业在向产业高端转型升级过程中普遍面临的重要瓶颈。虽然中国的工业体系在广度上远远胜于西方国家，即通常所说的门类齐全、体系完整，但是在一些技术交叉特征明显、对精度和可靠性要求较高的关键零部件领域，我国企业的积累尚需时间，这就造成了产业链上重点环节的缺环和断裂。这种情况的出现，使得中国那些希望进入高端细分市场的企业往往不得不求助于西方供应商，并忍痛遭受其讹诈。这样一来，来自国内的那些高端市场潜在进入者就必须在一定程度上牺牲其产品定价权和成本优势。

总之，要想在这场本土市场“阵地战”中取得对西方跨国公司的最终胜利，中国企业就必须下大力气去解决上述问题，克服诸多困难，扬长避短，而这一过程自然也离不开政府的相应努力。

三、贸易保护主义的抬头

我国企业在国际市场上的扩张，以及我国政府近年来积极推动国际贸易自由化，是今天的中国参与全球化进程的两个侧面。但这势必会与这个结构中某些其他力量产生冲突。当很多中国人认为冷战结束之后的经济全球化就是“全球经济美国化”的时候，美国人却越来越倾向于认为“这是世界上其他国家与地区的崛起”，美国反而在这一过程中丢掉了一些原有的份额。在这样的国际背景下，西方发达国家，尤其是美国的保护主义力量开始抬头。而其全面爆发的导火索则是2008年的全球金融危机。

管理者须知

逆向全球化：趋势已来？

2014年4月7日的《时代周刊》刊登了题为《逆向全球化》的文章，文章指出：

“过去两年，全球贸易增速低于全球国内生产总值增速。这是二战以来第一次出现这种情况，标志着全球经济的一个转折点，对国家、企业和消费者具有决定性影响。”

“至少从目前看全球经济一体化在逆转，许多经济学家和贸易专家开始谈论一个各国都转向国内的去全球化新时期。然而去全球化不一定完全是坏事。正如美国贸易代表迈克尔·弗罗曼最近在华盛顿的一个经济峰会上所说，去全球化还‘意味着企业重新审视其扩展的价值链、供应链，然后决定是否需要把部分生产迁回母国’。美国已经出现这种情况。过去三十年的全球化，其标志之一就是宽松的信贷环境。正如美联储主席珍妮特·耶伦在最近的记者会上所说，这个时代即将终结。在新的经济时期，市场将开始沿着国界和行业界限分离开来。世界经济格局就像政治格局一样，会变得更加易变、更加不可预测。”

此后两年多的时间，世界政治经济格局就出现了一系列重大变化，先是英国公投决定脱欧，而后坚持美国优先主义和贸易保护主义立场的特朗普当选美国总统，看起来“逆向全球化”已经不可避免。

2017 年 1 月，特朗普在其就职演说中就释放了非常明确的保护主义信号。他在就职演说中明确表示，美国要下大力气去建设自己的公路、机场、桥梁等一系列基础设施，要让美国人民重新回到工作岗位中去。而实现这两个目标的基本原则就是："买美国货，雇美国人。" 2017 年 8 月，美国总统特朗普签署行政备忘录，授权美国贸易代表罗伯特·莱特希泽就中国是否涉嫌窃取美国知识产权一事进行研究，并决定是否开展调查。而此项调查依据的"301 条款"堪称美国贸易保护的"核武器"：美国政府曾经在 20 世纪 80 年代和 90 年代先后两次对日本启动"301 条款"，并直接封堵了日本的出口通道，成为此后美日在全球产业竞争舞台上攻守易形的关键转折。但是，"301 条款"对中国真的有用吗？"301 条款"真的能让特朗普如愿以偿地"雇美国人"吗？答案显然是否定的。

首先，这并不是美国第一次对中国使用"301 条款"，即便是依据"301 条款"对中国对美出口采取查抄措施也早在 1991 年就已付诸实施，但其结果从来没有达到美国的预期。相反，中国的进出口商品构成、贸易收支、全球市场份额在此期间都发生了革命性变化。中国经济及其在国际经济体系中的"江湖地位"早已脱胎换骨。

背景资料

国际经济体系中的中国

据统计，在美国对中国首次依据"特别 301 条款"发起查抄行动的 1991 年，中国现价 GDP 为 4 156 亿美元，美国为 61 741 亿美元，美国是中国的 14.86 倍。而到了 2016 年，这个比值仅为 1.63 倍；如果按购买力平价计算，美国的 GDP 仅相当于中国的 87%。

而从贸易角度看，1991 年到 2016 年的 25 年间，中国的出口总额增长了 450%，其中 2016 年的对美出口为 3 851 亿美元。在 1989 年（美国首次对中国动用"301 条款"）之前，中国在进出口商品构成上还体现出浓厚的农业国色彩，即初级产品出口多于进口，工业制成品进口多于出口。1990 年，中国工业制成品出口额（462 亿美元）首次超过进口额（435 亿美元）；1995 年，中国初级产品进口额（244 亿美元）首次超过出口额（215 亿美元）。由此，中国迅速成长为全世界最大工业制成品出口国、最大初级产品进口国，进出口贸易商品构成转为彻底的工业国特征。截至 2015 年，中国在全球货物贸易出口市场所占份额从 1948 年的 0.9% 提升至 14.2%，比市场份额排名第二的美国（9.1%）高出一半还多，基本上接近二战后、20 世纪 50 年代初美国实力鼎盛时期所能占有的最高份额。

资料来源：梅新育．301 大棒？谁在乎？．http：//china.chinadaily.com.cn/2017－08/09/content_30389204.htm.

那么为什么会出现这种变化？为什么在日本身上发生的出口封堵没有同样发生在中国身上？根本原因在于出口商品结构。在 20 世纪 80 年代之后，日本的产品线与美国高度重合，并形成直接竞争关系。但在今天的中美之间，美国向中国出口芯片和大飞机等高技术产品，而中国向美国出口组装好的智能手机、电脑及其配件、玩具、服装和通信设备等，这些领域要么是美国企业当年主动撤出的（如苹果等电子企业将产品组装环节外包给富士康等亚洲企业），要么是美国在上一轮全球产业竞争中的"失地"，美国本土早已没有从事这类活动的企业（如通信设备）。在这种情况下对中国实施贸易制裁、加大中国产的高性价比刚需产品进入美国市场的难度，显然是不合逻辑的。而且历史也一再证明，即便中国产品真的退出美国市场，也不可能为美国带来多少新的就业。图 4－8 向我们非常清晰地展现了这一点。

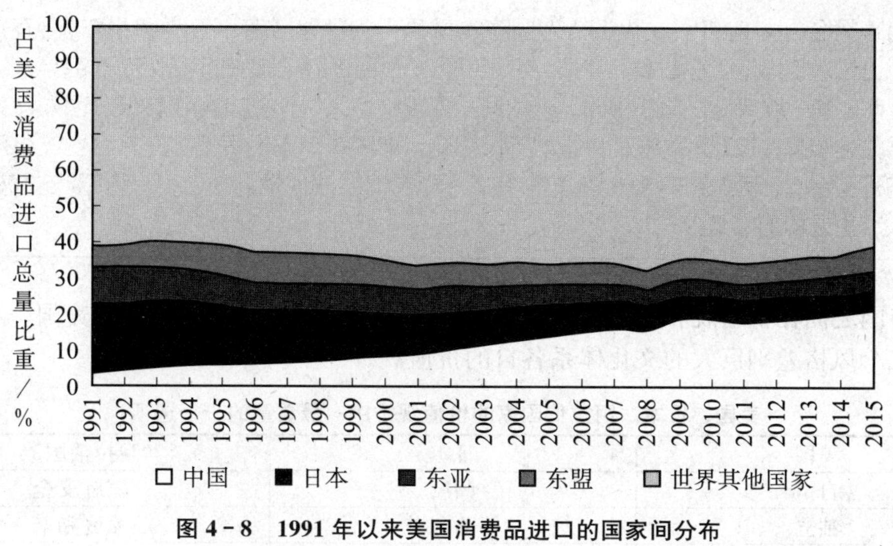

图 4-8 1991 年以来美国消费品进口的国家间分布

由图 4-8 可知：随着日本遭受美国贸易制裁，日本产品逐渐退出美国市场，在图示的 25 年间，中国与日本占美国进口商品总量的比重从 1991 年的 22%微弱上升到 2015 年的 26%左右，而包括中国、日本在内的整个东亚地区在美国进口商品中所占的比重几乎没有发生实质性变化，始终处于 30%～32%。唯一的差别是：中国在美国进口商品中的比重从 1991 年的 3%发展到 2015 年接近 20%的水平，而日本的情况则恰恰相反。换句话说，在这 25 年中，中国主要在蚕食日本的对美出口份额（但并不是结构上的）。其根本原因恰恰在于我们在上面指出的问题：即便美国将日本产品赶出其本土市场，或日本“自愿”限制对美出口，美国也没有相应的产业基础“接住”这些就业，而同样的道理同样适用于今天美国的贸易保护主义势力对中国所做的“301 条款”调查：一旦中国商品退出美国市场，一定会出现另一个第三方国家替代中国的位置，而绝不是美国自己，但这个第三方的性价比优于中国的概率却微乎其微。

第三节 跨文化管理：全球化经营的落脚点

在全球化时代，企业经营管理工作的一项中心任务就是适应不同国家和地区、不同民族和宗教的文化特点，从而在不同情境中都能够实现有效管理、有效取悦用户。因此，跨文化管理就成为全球化经营最为重要的落脚点，而了解不同文明之间的文化差异就成为全球化管理者的“必修课”。但这也正是近年来最为“知易行难”的管理领域。

管理案例

跨文化管理的难度

“甲之蜜糖，乙之砒霜”，用这句话来形容跨文化管理的难度再恰当不过。因为不同国家和民族往往有着风格迥异的文化，所以在某些国家能够采用的管理措施，在其他国家未必有效。比如很多人都见过沃尔玛员工在迎宾、咨询、结账等各个服务环节招牌式的“微笑”，甚至连沃尔玛的购物袋上都印有一张笑脸。但在德国，沃尔玛却要求销售人员停止向顾客微笑。因为在德国的文化中，男性的微笑会被理解为一种挑逗。不仅如此，德国沃尔玛还取消了在其企业文化建设中非常重要的开工合唱，因为在德国人的思维中，一群成年人一大早高呼口号、合唱歌曲这种事情，总会让人产生诡异的感觉。

国与国之间在价值观和文化传统上的差别非常大。表 4-2 就展示了美国、日本、阿拉伯这三个风格差别巨大的文化体系各自的价值观。

表 4-2　美国、日本、阿拉伯国家的价值观排序：最看重的十个选项

美国	日本	阿拉伯国家
自由	归属	家庭安全
独立	团队和谐	家庭和谐
自力更生	集体主义	父母知情
平等	年薪/资历	年龄
个人主义	团结一致	权威
竞争	合作	妥协
效率	质量	奉献
时间	耐心	耐心
直接	间接	间接
坦诚	两者之间	热情

从这个对比中我们不难看出，美国社会中更看重的是那些以“个人”为中心的元素，如独立、平等、竞争，这同美国那种相对原子化的社会有着直接关系。相比之下，阿拉伯社会中更看重的是家庭，家庭氛围、长幼有序之类的价值观的地位要远远高于美国。居于其间的是日本，不同于美国的个人主义和阿拉伯的家庭情结，日本文化最关注的元素是团队，团队的和谐与秩序、基于集体主义的合作，以及归属感，都是日本企业文化中极其看重的元素。与此同时，人际交往风格也存在明显差别：美国文化中坦诚相待的元素较多，甚至可以说，美国人身上多数都带着一份天真；而阿拉伯国家则是热情奔放，这就使得良好的个人关系和个人印象在同阿拉伯人的交往中极为重要。

既然不同国家的文化存在如此巨大的差异，那么我们可以通过哪些不同的视角来理解不同的文化？在不同的国家经营，有哪些价值维度差异值得管理者多加考虑？下面就介绍有关这一主题的三项著名研究。

一、霍夫斯塔德对文化与价值维度的研究

霍夫斯塔德（Hofstede）的研究是跨文化管理主题中最为经典的，也是最具开创性的研究之一。这一研究的起点，是对 IBM 全球范围内数十个分支机构 11.6 万名员工的一场大规模调研，旨在说明一个组织内部的各个分支在受到不同文化影响的时候会表现出何种差异。在这项研究中，霍夫斯塔德提出了不同文化中的四个价值维度标准，分别是权力距离、不确定性规避、个人主义/集体主义倾向与刚毅化/女性化。在此后的另一项对 23 个国家的研究中，霍夫斯塔德又在此基础上增加了第五个维度：长期/短期导向性。霍夫斯

塔德的这些研究后来集中体现在他的代表作《文化与组织》一书中。

(一) 权力距离

在霍夫斯塔德的定义中，所谓“权力距离”（power distance），就是弱势者对权力不公平分配的接受程度，即体系（组织或国家）中处于底层的人接受现状的程度。因为在工作场合权力的不均匀分配是一种自然现象，这是由层级制组织内部职权的本质决定的。但是，员工能够接受的权力差异水平却是由社会文化情境决定的。权力距离越大的国家，弱势者对这种权力不公平分配的接受程度越大，其中的典型如地中海国家、东亚国家，而传统意义上的西方国家中法国的权力距离较大，在这些国家更容易形成集权结构，甚至出现所谓的“辱虐管理”。相对而言，在美国、英国等国，人们更追求平等，权力距离较小，因而员工与管理者之间更多的是合作关系。不同国家的权力距离见图 4-9。

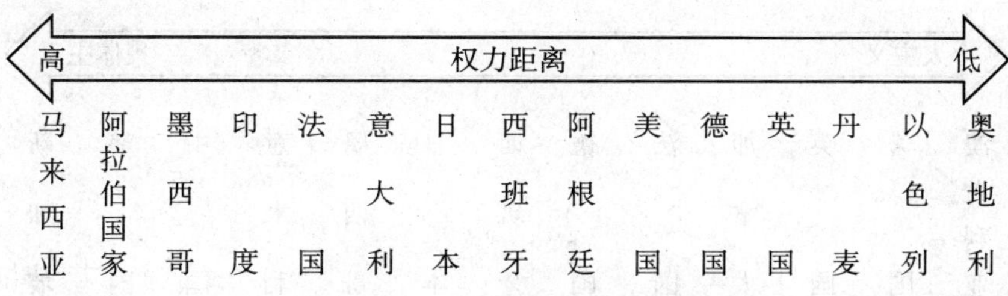

图 4-9 不同国家的权力距离

(二) 不确定性规避

所谓不确定性规避，就是对模糊情况下威胁的感知，并且创造出信仰与制度来对抗这种模糊性。人们是否接受不确定性？是否愿意承担因此带来的风险？面对这种情况，是更倾向于认为“闹心”，还是更倾向于认为“刺激”？不同国家在这一问题上的表现也有着显著的差别。风险规避程度高的国家，如中国、日本这类典型的东方国家，更倾向于制定严格的法律程序，在商业活动中制定规范的准则以提供更多的保障与更高的工作稳定性，管理者的决策也倾向于低风险。而在欧美文化中，以及受盎格鲁-撒克逊传统影响较深的（前）英联邦地区，国家主义弱化，人们更愿意接受不确定性，去自主地发动一些变化，企业行为的结构化与正规化程度也相对较低，管理者更偏好于冒险的决策。不同国家的不确定性规避见图 4-10。

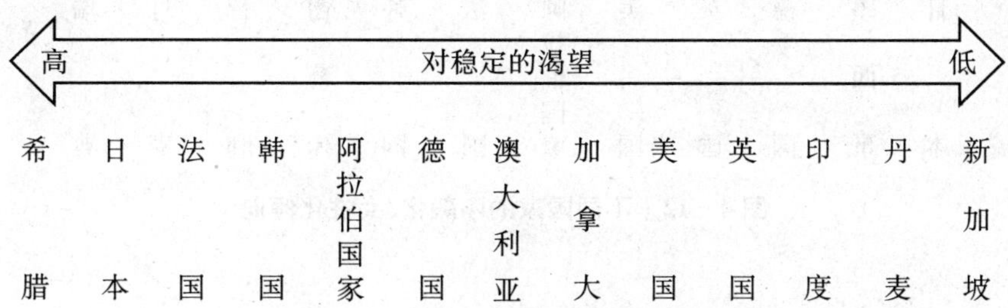

图 4-10 不同国家的不确定性规避

（三）个人主义/集体主义倾向

在霍夫斯塔德的定义中，个人主义/集体主义倾向指人们考虑个人、小团体利益，与社会广泛利益的相关关系。个人主义与集体主义的最终区别就是是否只看重自己和家庭，或小圈子的利益。在主张个人主义的国家，如美国、英国、澳大利亚，个人成功获得高度认可，个人与组织的关系在情感方面是相互独立的。而在集体主义倾向较高的国家，社会框架牢固，对“组织”的情感依托较强，更倾向于实行集体决策。还有研究发现，在个人主义倾向较高的国家，社会中的偷懒行为更为普遍，即人们在团队中工作比自己单独工作的表现要差，“搭便车”的心理较为普遍；相对而言，中国这种集体主义氛围较强的国家，团队工作中的偷懒程度要低于美国人，这种结果可归因于中国文化中“个人利益服从于集体利益”的价值观。不同国家的个人主义/集体主义倾向见图 4－11。

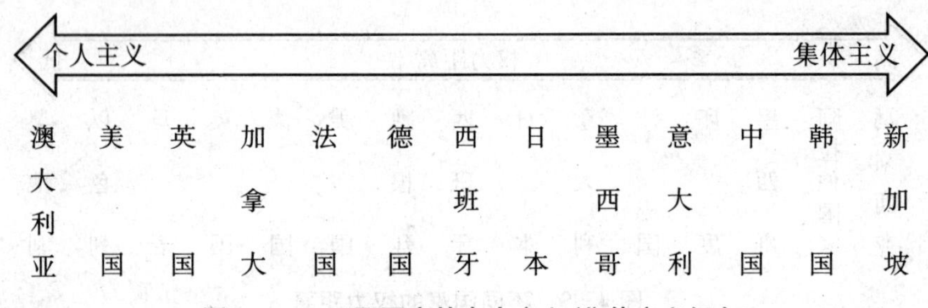

图 4－11　不同国家的个人主义/集体主义倾向

（四）刚毅化/女性化

另外一个维度非常有意思，刚毅化还是女性化？所谓一个民族具有“刚毅性”的特征，是指这个民族更看重那些强有力的东西，并因而表现出一种坚定的倾向而更加自信，更看重成功、金钱与挑战。相比之下，“女性化”的价值观则更看重对他人的关注、关系的维持以及生活的质量，并表现为合作、保障、减轻工作压力、塑造和谐的氛围。在高度刚毅性的国家，社会组织中的工作压力与组织利益通常会侵害到个人利益，在低度刚毅性的国家存在较少的工作压力，高层次职位中有更多的女性员工。不同国家的刚毅化/女性化倾向见图 4－12。

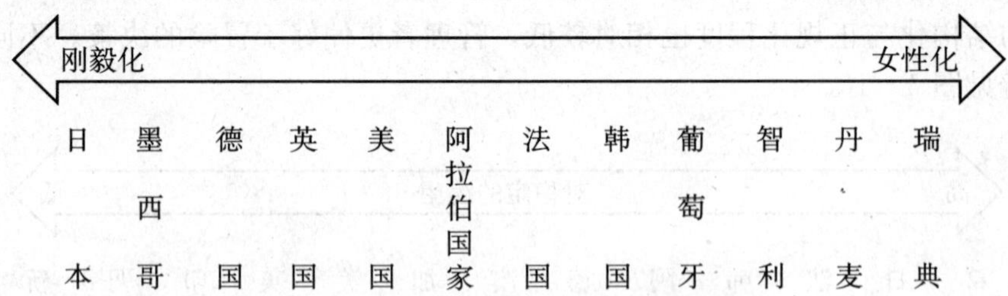

图 4－12　不同国家的刚毅化/女性化倾向

（五）长期/短期导向性

对长期/短期导向性的研究同中国有关，霍夫斯塔德最早将“长期导向性”称为“儒家行为方式”，意为“社会成员为实现总体的长期目标，能够推迟其个人的物质、社会、情感需求的程度”。总体而言，受儒家文化影响较深的亚洲国家，更注重长期导向与目标，更愿意牺牲短期利益，进行“长线”投资；而英国、加拿大、美国等盎格鲁-撒克逊国家则更注重短期目标，并以此评价员工。不同国家和地区的长期/短期导向性见图 4-13。

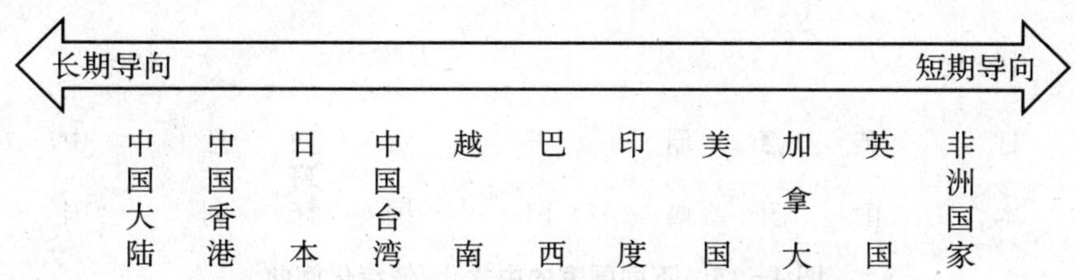

图 4-13 不同国家和地区的长期/短期导向性

二、汤皮诺的文化研究

另外一项在文化多样性领域的经典研究来自汤皮诺（Trompenaars）。他的研究内容历时十年，涉及 28 个国家、47 种地区文化的 15 000 名管理人员。在汤皮诺对文化差异与价值维度的讨论中，个人主义/集体主义、长期/短期导向等维度与霍夫斯塔德的讨论类似，我们这里不再赘述。除此之外，汤皮诺还关注到不同文化中在另外几个价值维度上的差异，其中包括：普世主义与特殊主义的差异、中立化与情绪化的差异、特定文化与扩散文化的差异、成就感与归属感的差异，以及在时间观念上的连续/同步倾向。

（一）普世主义与特殊主义

所谓普世主义文化，就是以特定的客观规则作为解决问题的办法，此时不需要因地、因时、因人制宜，只要某个规则（方法）在此处行得通，则在彼处必然行得通，用中国的古话讲，就是“放之四海而皆准”。美国文化在很大程度上体现出这种普世主义的成分。相对而言，特殊主义则倾向于将首要责任建立在关系基础上，充分考虑问题情境中的特殊性与主观性，在这种情况下，对各种问题的解决更倾向于具体问题具体分析，为特定情境下的特定问题设计特定的方案。东亚国家和西班牙都是特殊主义者。不同国家的普世主义/特殊主义倾向见图 4-14。

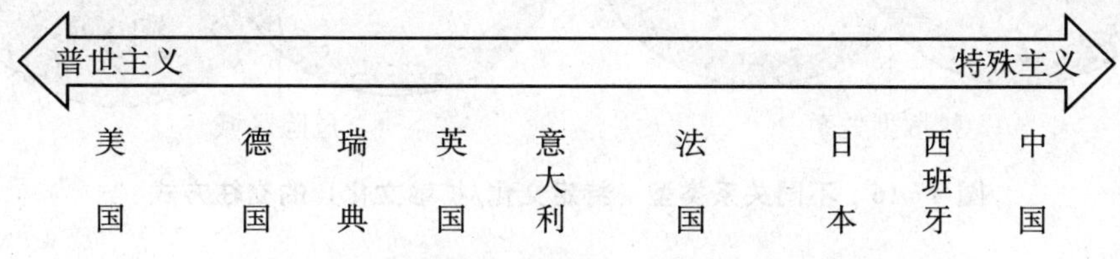

图 4-14 不同国家的普世主义/特殊主义倾向

（二）中立化与情绪化

又称情感的中立性维度，反映的是情感导向对关系的影响。有的民族更习惯于在商业活动中自然而开放地表达自己的情感，甚至热情奔放，并因此表现出健谈的特征。这种做法在那些更加“中立化”的民族文化看来，则显得“不可理喻”，或是“不够专业”，他们认为处事应当冷静、不露山水。中国、意大利、西班牙以及深受西班牙影响的拉美国家的人们往往表现出典型的情绪化特征，而日本、英国的中立化特征则较为明显。不同国家的中立化/情绪化倾向见图 4 - 15。

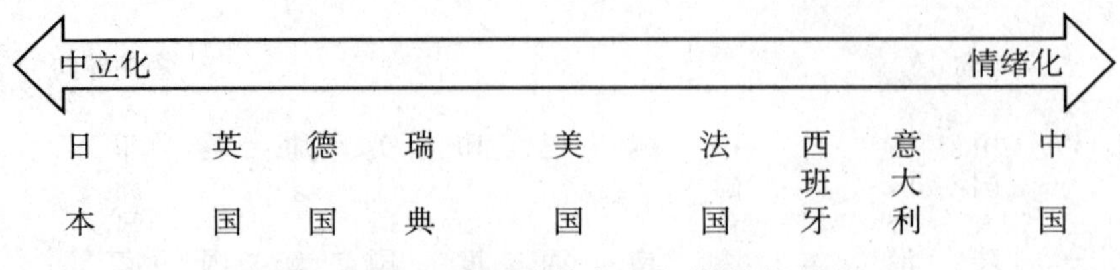

图 4 - 15 不同国家的中立化/情绪化倾向

（三）特定文化与扩散文化

对特定文化与扩散文化的讨论是汤皮诺文化价值维度讨论中极具特色的内容。特定文化的基本特征就是个人空间与公共空间之间泾渭分明。在这种文化中，人们很清楚私事与公事的边界，很少在公共空间中讨论私事，也多数不希望公共空间中的同事、朋友、业务伙伴，主动挑起私事的话题。相反，在扩散文化中人们则习惯于将工作同个人事务融合在一起。对这一文化价值维度的识别有着重要的意义。对于两个来自特定文化的人来说，他们共事可以非常轻松，就是简单的“公对公”，大家彼此不过问私人生活；而对两个来自扩散文化的人来说，融洽相处也并非难事，大家可以就彼此感兴趣的各种问题交换意见、袒露心扉。但是，当来自特定文化的人与来自扩散文化的人共事时，就有可能带来一些危险后果：后者总是希望在公事之间掺杂着私事拉近感情，而前者却对此抱有极高的警惕性，这种矛盾极易导致工作过程中的不悦。不同关系类型的交往方式见图 4 - 16。

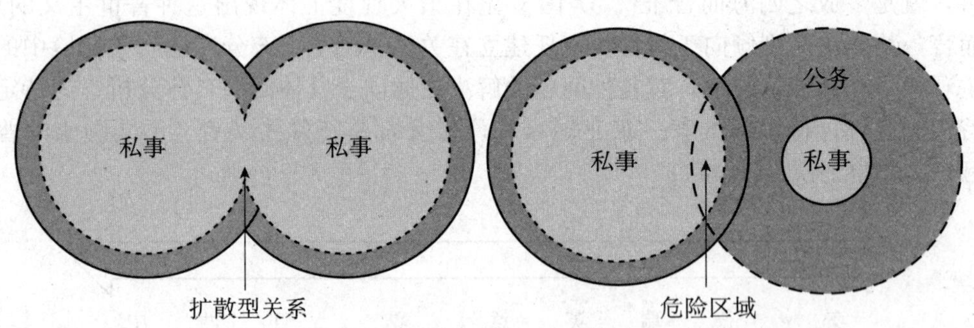

图 4 - 16 不同关系类型（特定文化/扩散文化）的交往方式

总体而言，欧美文化的特定关系特征更加明显，同事之间的讨论就公事与私事分得很清晰。而亚非拉各国的文化则更倾向于扩散文化。图 4 - 17 是一项有关特定文化/扩散文化的测试结果，显示了在不同国家在同事和业务伙伴中招募人手粉刷私宅的难度差异。其中，不同国家对应条形图的数值表示在该国提出这一请求后遭到拒绝的概率。可见，瑞典的比例在所有参试国中最高，几近于拒绝率最低的中国的三倍。

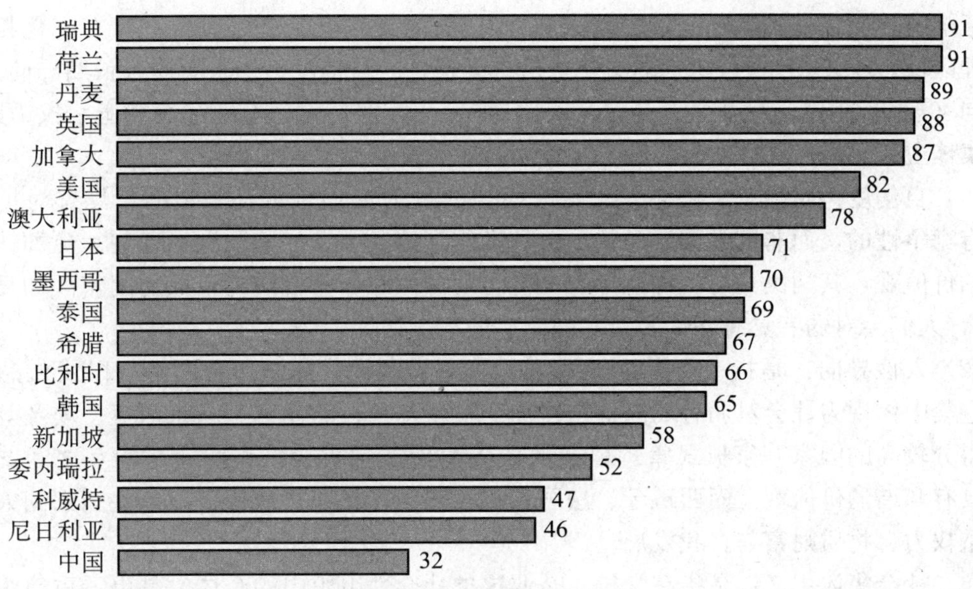

图 4－17 "谁能帮我刷房子"招募试验在各国的失败率：特定文化的表现

（四）成就感与归属感

这一维度所关注的核心问题是："社会中权力与身份的基础是什么？"在成就导向型社会中，身份与权力建立在个人成就的基础上，生活于其中的人们也更关心"我能做什么（what I do）"的问题。在这种情况下，女性、少数民族、年轻人通常有平等的机会通过其成就获得相应的位置。相对应的，在更加看重归属感的社会中，人们更关心的问题变成了"我是谁（who I am）"，人们的身份也更多地建立在阶层、年龄、性别等基础上。由于受到儒家传统文化中伦常观念和集体主义精神的影响，东方文化往往更强调归属感；而英、美、德、法等西方国家的文化则更强调成就感。

（五）连续/同步倾向

除了霍夫斯塔德强调的长期/短期倾向之外，汤皮诺对时间维度的讨论提出了另一个非常重要的问题：时间观念的差别，并基于此将不同社会文化区分为"单一时间体系"和"多重时间体系"。在单一时间体系中，时间是线性概念，含有过去、现在、未来的区别，甚至被认为是一种可以消耗、节省、利用或浪费的实物，合理地分配与规划时间可以服务于生产生活。此时，人们在同一时间只处理一项工作，且各项工作的进度与衔接都严格按照时间表进行。相比之下，多重时间体系则更强调多人参与以及多个事件同时发生的可能性，此时人们的注意力经常被分散，计划也经常因为优先级和关系的变化而发生变化。其中，美国是单一时间体系文化的典型，而法国则是多重时间体系的代表。

三、有关文化差异的 GLOBE 项目

GLOBE（Global Leadership and Organizational Behavior Effectiveness，全球领导力与组织行为有效性）项目，是由 170 名研究者共同完成的。这个项目共研究了 62 个国家的 951 个组织，对其中 17 000 多名经理人进行了长期跟踪研究。该项目最终不仅识别了文

化价值维度，而且在此基础上首次勾勒了全球范围内的文化族群，即那些存在文化相似性的地理区域。GLOBE 项目识别的文化价值维度包括：自信度、未来导向（长期导向）、绩效导向（短期导向）、人道主义导向（人性导向）、性别差异、不确定性规避、权力距离、社会集体主义和群体集体主义。我们下面对其中几个新维度稍作解释。

（1）自信度：是指一个社会中人们被期望的行为模式是否是坚毅的、具有对抗精神的、有竞争性的，而非谦虚和温和的。自信度较高的社会（如德国和奥地利）更加认可竞争性的价值观，其国民具有一种能干的处世态度。而在那些自信度较低的国家（如日本和瑞典），人们会对弱者具有同情心，并强调忠诚与团结。

（2）人性导向：是指一个社会鼓励人们公正、利他、慷慨、有同情心以及仁慈的程度，它集中体现为社会对弱者的同情与帮助。在爱尔兰、菲律宾、马来西亚、埃及等人性导向得分较高的国家，家长式管理以及监护人身份非常重要，人们通常相互之间友好宽容，具有和谐的价值观。而西班牙、法国、德国等国在此项得分较低，这些国家的人们更加注重权力、物质财富与自我发展。

（3）社会集体主义：是指在学校、企业这类社会性组织中的个体，是更看重组织的整体利益，还是将其个人利益放在第一位。社会集体主义的价值观往往选择前者。

（4）群体集体主义：又叫个人集体主义，是指个人对于家庭生活和朋友的看重程度，即个人作为一名家庭成员，具有紧密联系的朋友、团队或组织成员的自豪程度。

（5）性别差异：指社会夸大性别差异的程度。在性别差异小的国家，妇女通常具有较高的社会地位，并且在决策上具有更强的作用；在性别差异大的国家，男性在社会、政治、经济等方面具有更高的地位。

值得一提的是，GLOBE 项目认为中国的性别差异较大，中国女性的权益得不到有效保障。我们在此就这一问题做进一步讨论。中国的性别差异很大程度上是由历史原因造成的，即中国古代传统价值观中“男尊女卑”“三从四德”的封建糟粕。但是，新中国成立以来，中国的性别差异明显缩小。尤其是毛泽东、周恩来等开国元勋，对男女平权问题高度重视，不仅提出过“妇女能顶半边天”的宣言，而且身体力行，推动社会改造和移风易俗，在提高妇女受教育水平、创造妇女就业岗位、改善妇女医疗卫生条件等方面投注了巨大精力。20 世纪 80 年代之后的独生子女政策和应试教育体制也强化了男女机会公平。这种长期努力的结果就是：在 21 世纪的今天，中国男性的就业参与率与世界各主要国家相近，但中国女性的就业参与率却以近 70%的高水平傲视全球，甚至远远高于多数发达国家的男性就业参与率（见图 4－18）；而同样是人口大国的印度，女性就业参与率尚不足 30%，这使得印度的总人口数虽然接近中国的 90%，但其劳动力人口仅为中国的 60%。从这个角度来看，新中国的男女平权即便不是当今世界最好的，也是人类历史上发展最快、成效最大的。

GLOBE 项目的另一个重要贡献就是发现了存在文化相似性的地理区域。其研究结果包含十大类主要的文化族群：南亚族群、盎格鲁族群、阿拉伯族群、欧洲大陆日耳曼族群、欧洲拉丁族群、东欧族群、亚洲儒家族群、拉美族群、撒哈拉以南非洲族群和北欧日耳曼族群（见表 4－3）。这一族群分类对管理者有着突出的重要性和启示意义，因为跨国公司会发现在相似的文化族群环境中拓展业务，比在差异很大的文化族群环境中拓展业务风险要小得多，获得收益的可能性更高。

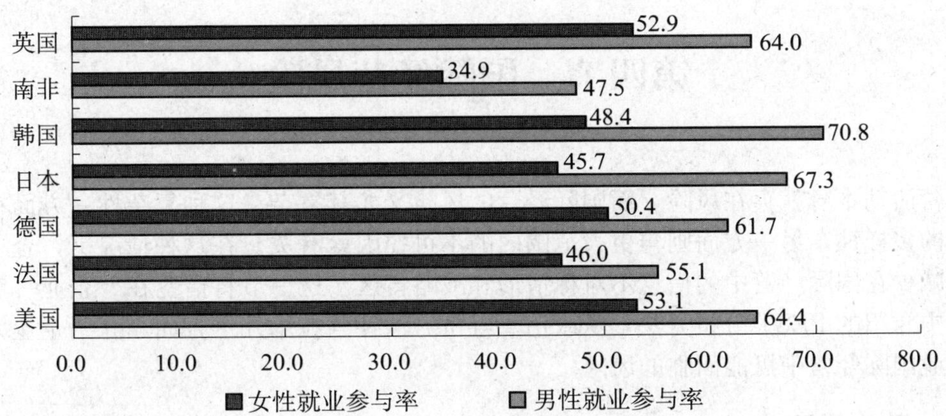

图 4-18　世界各主要国家分性别就业参与率（2012 年）

资料来源：美国劳工部劳工统计局.

表 4-3　各文化族群主要国家

亚洲儒家族群	中国，日本，新加坡，韩国
盎格鲁族群	美国，澳大利亚，加拿大，英格兰，爱尔兰，新西兰，南非
拉美族群	阿根廷，玻利维亚，巴西，哥伦比亚，哥斯达黎加
欧洲拉丁族群	法国，以色列，意大利，葡萄牙，西班牙，瑞士（法语区）
东欧族群	阿尔巴尼亚，格鲁吉亚，希腊，匈牙利
欧洲大陆日耳曼族群	奥地利，德国，荷兰，瑞士（德语区）
北欧日耳曼族群	丹麦，芬兰，瑞典
撒哈拉以南非洲族群	尼日利亚，赞比亚，马拉维，南非，纳米比亚，津巴布韦（黑人区）
阿拉伯族群	埃及，科威特，摩洛哥，卡塔尔，土耳其
南亚族群	印度，印度尼西亚，伊朗，菲律宾，马来西亚，泰国

深入理解不同国家和地区的文化差异，对于中国企业的国际化经营有着重要的意义。长期以来，中国大一统的政治与文化传统容易使中国企业在国际化经营过程中忽视经营当地化与管理多样性的重要性，而这些又恰恰是在地区文化特点的基础上发展起来并与之直接对应的。具体来看，由文化差异决定的经营当地化与管理多样性集中体现在：

（1）关注本地化、差异化的需求，并基于当地文化了解这些需求的细微变化与走向，在必要的时候建立多样化、本地化的产业标准；

（2）在当地化经营过程中要尤其照顾到消费者的本地情结，适当树立企业品牌在所在国的本地形象；

（3）依据不同国家和地区的文化价值取向，设计子公司的权限、结构及其同母公司的业务边界、授权关系。

此外，长期利益与短期利益的协调，个人回报与团队回报的协调，低风险经营与高风险创新的协调，组织正式程序建设与非正式程序、非正式组织发展的协调，都要适当体现当地文化的要求。

第四节　国际经营风险

经营活动本身就存在风险，而国际经营的风险又尤其复杂。这种复杂性一方面在于风险来源的多样性，另一方面则与更大范围内的不可控因素有关。在这种情况下，企业就要下力气减少在国际经营中的信息不对称情形和战略盲区。这一节将借鉴在“企业一般环境分析”中介绍的PEST分析方法，从政治、经济、法律与技术几个方面，介绍企业尤其是中国企业国际经营中可能面临的风险。

一、政治风险

企业进入国际环境，它们必须与不熟悉的政治体制打交道，并且要与众多政府监管部门来往，服从于当地的各种法规；而东道国官员和一般民众又会把外国公司看做外来者，甚至是侵入者。在这种情况下，国际经营必然产生相应的政治风险。通常情况下，我们习惯于把政治风险定义为所在国政府基于政治理由而采取的行动或措施，使公司失去资产、丧失赢利能力或管理控制权的风险。但是，随着国际政治经济形势的变化以及中国企业“走出去”的目标国的特殊性，我们认为上述基于发达国家企业国际经营所定义的政治风险，已经不适用于当前中国企业在海外经营中所面对的情形。

具体而言，企业，尤其是中国企业国际经营的政治风险主要来自以下三个方面。

第一，以恐怖主义和区域战争为代表的政治不稳定。这种风险往往根源于某些全球性问题，至少是超越一国范围的国家间冲突（西方社会习惯于将其粉饰为“文明冲突”），而其一旦爆发即属于不可抗力。近年来，中东地区由于种种原因动乱频繁，而西方推动的“颜色革命”也在很多转型国家和中间地带造成了新的动荡和不确定性。

管理案例

中国企业在利比亚的遭遇：富贵险中求?

在风险偏好上，中国的古人给我们留下了不尽相同的原则：虽然有“富贵险中求”的俗语，但也有“千金之子，坐不垂堂”的古训。而2011年中国企业在利比亚内战期间的遭遇似乎验证了后者的正确性。

动乱发生之前，利比亚国内正掀起一轮建设高潮。2005年之后，利比亚开始大量招募外国公司在其国内投标建设，一大批中国企业尤其是央企相继前往利比亚投资。中国企业的这轮投资高潮发生在2007年之后：2007—2011年，先后有75家中国企业（包括13家央企）在利比亚承建了50个工程承包项目，总金额达到180多亿美元。这些投资集中在房屋建设、配套市政、铁路建设、石油、电信等这些领域。

2011年春天，利比亚内乱爆发；当年秋天，统治利比亚长达42年的卡扎菲政权倒台。但此时，新的利比亚政府对卡扎菲时期的这些投资合同采取了不闻不问的态度，最后只能是中国政府组织相关企业撤出（即著名的利比亚撤侨）。更有甚者，利比亚还对涉事企业落井下石：2012年3月，利比亚撒哈拉银行对中国葛洲坝集团、中国水利水电建设集团、宏福建工等企业发放“预付款保函索赔函"，对每家企业的索赔额度高达数亿元，并要求中方企业必须在五天之内予以答复。除了这些恶意索赔之外，此次中国企业在利比亚遭遇的意外还导致了其他方面的损失，如固定资产投入、未收回的应收账款、回国人员安置、三角债，等等。而几乎与此同时的埃及动乱也使不少中国企业蒙受了类似的损失。

第二，东道国针对外国企业的种种特殊政策设计，即通常所说的国别性问题。其中既有某些突发性的政策转向，也有长期存在的针对外国资本与企业的歧视性政策与限制性政策。那些突发性政策转向往往存在某些导火索或外部压力，其爆发未必不可察觉；而只要稍加留意，也不难发现那些既有的歧视性政策。其中较为典型的几类政策包括：

（1）国有化政策。不同国家在国有化政策上会有所差别，其中，部分发展中国家会在财政恶化或政党轮替的情况下倾向于推出国有化政策，对某些外资企业采取赎买、收购甚至没收的政策，或对外资企业的收益回流施加限制。推行国有化政策的典型案例是查韦斯时期委内瑞拉政府对西方石油公司在委内瑞拉分支机构的征收行为。值得注意的是，由于国有化政策通常是由国家合法政权制定的，所以其本身并不能称作"非法"活动。

（2）包括非关税性贸易壁垒在内的各种限制性与歧视性政策。相比之下，这类政策的制定出台往往需要东道国政府具有相当深厚的产业经验和背景知识，因此，这往往是发达国家限制外国品牌与外国企业的重要手段。特别是对于中国企业来说，极易受到这类政策冲击。其原因有二：一是中国社会主义国家的身份，往往容易招致西方发达国家的警惕心理甚至敌对情绪，这是中国企业在发达国家备受"关照"的根本原因；二是中国自身的社会主义市场经济与法制建设尚未全面到位，某些西方较为看重的国际规则中国目前还没有，或者执法实施力度要远远宽松于欧美各国，导致国内企业的风险控制和合规管理较为滞后，这也是中国企业在同西方打交道的时候要格外留意的问题。

管理案例

中兴通讯被美国政府开出 8.92 亿美元罚单

2017 年 3 月初，中国第二大电信设备商中兴通讯与美国政府就美国政府出口管制调查案件达成和解，中兴通讯为此付出 8.92 亿美元罚款。这是中国公司收到来自美国政府金额最高的一张罚单。

此次危机的起源可以追溯到一年前。2016 年 3 月 7 日，美国商务部网站公开发文称，中兴通讯因违反美国对伊朗的出口管制法律，将被列入"实体清单"，采取限制出口措施。美国政府认为，2012 年，中兴通过签订合同的方式，将一批搭载了美国科技公司软硬件的产品出售给伊朗最大的电信运营商伊朗电信（TCI）。

所谓出口管制，即被制裁的公司将无法在美国市场上购买其所需的芯片、光器件、软件许可等基础产品，短期内也很难从其他国家市场上买到。对于智能手机芯片、电信设备多个重要软硬件均来自美国供应商的中兴来说，这样的制裁无异于釜底抽薪。

而这一事件背后还有很多疑点，其中的关键在于，美国政府是如何获得中兴与伊朗之间合同原件的。对这一问题社会各界一直充满猜测，流言不断。

第三，东道国的国家治理能力严重落后，导致具体的企业营商环境恶化。虽然这种微观上的营商环境恶化看起来只是小事，却直接影响企业在当地的活动，也侵蚀着企业当地收益的独占性。这是中国企业“走出去”的时候尤其要留意的问题。毕竟与绝大多数发展中国家相比，中国的国家治理能力有以下三个基本特征：一是中国的中央与地方关系相对简单明了，中央政府的权威地位较为巩固；二是中国大部分地方政府的服务意识已经达到了较高水平，这在那些有条件“走出去”的大企业身上体现得较为明显；三是随着近年来反腐败工作的推进，“苍蝇老虎一起打”，“街头官僚”“小官巨贪”的现象得到了有效遏制。

但中国这种情形在第三世界中并不普遍，多数发展中国家的国家治理能力仍属低下。因此，无论是有意“走出去”的企业，还是鼓励企业“走出去”的政府，千万不要想当然地把国内的情境和思维方式随便套用到其他发展中国家，否则，企业一定会在海外经营的过程中遭遇营商环境方面的问题。因为：①很多发展中国家的中央政府并不是一个真正意义上的“全国政府”，更不是因具备足够的财政汲取能力和转移支付能力而成为的强势政府，相反，很多发展中国家中央政府与地方各邦、各省、各州政府之间的关系非常微妙，地方政权的维系与更迭也更多地受到地方政治力量的影响，而非中央政府的威权，在这种情况下，仅是拿着中央政府之间签署的合作文件作为“尚方宝剑”不足以保证海外业务落地与收益独占，还必须对地方上的各种政治力量有清晰的观察与理解，并且能够与之建立良好的合作关系；②与上述问题直接相关，当中央政府并不居于绝对优势地位的时候，企业的微观营商环境中的不确定性因素就会更多，区域之间的政策差别会更大，尤其是近年来随着全球经济发展态势晦暗不明，各国的失业率普遍呈上升态势，社会治安隐患亦显著增多，这也给跨国经营带来了相当大的难度。而地方政府中的一线工作人员、“街头官僚”的腐败问题在众多发展中国家也是这类问题的集中表现。所有这些微观细节，都需要企业在“走出去”之前做好充分的思想准备，以免在“人生地不熟”的环境中处处被动。这是非常重要的问题。

管理案例

某中资企业海外（Y 国）项目执行实录

海关：在 Y 国，由于入境中国人较多（因 Y 国不少旅游景点在中国极负盛名），向中国人收取贿赂是公开的秘密。而对于中国海外工程项目而言，出关是比入关更棘手的难题。由于 Y 国对工作签证有数量限制，有项目的外国公司则需考虑人员成本，大多数工作人员办理的都是商务签证，这就使签证超期成了家常便饭。通过代理公司找海关工作人员“带人出关”成了一项热门业务，以一人两条来收费（“条”是当地敲竹杠叫价时使用的“黑话”，一条约合人民币 500 元）。付清人头费后，便会有海关工作人员与过关人接头，绕过海关柜台，进入一个“小黑屋”办理过关手续。而不经此途径、妄图通过在护照中夹带“贿赂”出关成功的人少之又少，并且都支付了 20～35 条不等的“学费”。

移民局：Y 国的移民局在每个省都有，主要是检查在 Y 国有项目的外国公司工作人员是否具备工作资格（工作签证）。由于海外大型工程建设需要大量工人，而工作签证数量有限、办理要求高、费用高、周期长、手续复杂，为所有工人办理工作签证几乎不可能。正因如此，移民局获得了巨额保护费（本项目保护费一直交到 S 省移民局），此项费用按月支付，每逢年节以及移民局领导有喜事时也会奉上额外费用用于关系维护（Y 国政府官员流动率极高，不同的官员开口的金额数目也不同，也需代理协商）。但在项目收尾阶段，P 省移民局突然发难，进入项目现场突击检查，并声称以往交付 S 省的保护费与其无关。为达目的，P 省移民局强制带走多名项目人员作为“人质”，以致项目公司向其缴纳 500 条保护费了事。不料，仅一个月后，P 省移民局又杀了一个“回马枪”，最终中方不得不再支付其 200 条保护费，“破财消灾”。

警察局：由于中国企业在Y国的项目选址都较偏僻，盗窃、抢劫事件频发，此时正常情况下的第一反应就是报警。早在项目进入Y国之初，中方就非常“识趣”地为当地警察局安装了空调等电器。但Y国基层政府部门管理十分落后，报警案件往往都是不了了之。更有甚者，在某次接警后警察局不仅没有查案，反而向中方收取了高达4条的报警费。即便如此，中方向警局的保护费仍然一分不少。

二、经济风险

企业国际经营所面对的东道国经济环境涉及很多因素，包括经济发展水平、资源和产品市场、汇率、通货膨胀等很多方面，而相应的经济风险也就蕴含其中。

基础设施是指一个国家用来支持其经济活动的物质设施，如机场、公路、公用设施和通信设施等。基础设施发展水平直接影响着一个国家和地区的投资环境。因此，在有关跨国公司的投资诱发要素组合理论中，基础设施水平是重要的间接诱发要素。在过去二十多年间，中国之所以能够成为全世界数一数二的外商投资目的国，基础设施条件的改善是一个重要原因。与之类似，我国政府近年来在推动“一带一路”倡议的过程中，把改善沿线各国交通基础设施作为一项重要工作，并受到各沿线国家的广泛欢迎，其根本原因也在于此。但即便如此，中国企业“走出去”的过程中仍然不可对此掉以轻心。

管理者须知

国际投资的投资诱发要素组合理论

这一理论认为，任何形式的对外直接投资都是在投资直接诱发要素和间接诱发要素的组合作用下而发生的。其中，直接诱发要素即为各类生产要素，包括劳动力、资本、资源、管理及信息知识等，它们既可存在于投资国，也可存在于东道国。间接诱发要素主要是指：①投资国和东道国诱发和影响对外直接投资的那些制度性因素，如鼓励性投资政策和法规、母国与东道国的协议和合作关系、东道国政局稳定、引资优惠政策及基础设施水平、涉外法规健全等；②全球性诱发和影响对外直接投资的因素，如经济生活国际化以及经济一体化、区域化、集团化的发展，科技革命的发展及影响，国际金融市场利率和波动等。

正如上述投资诱发要素组合理论所说，各国有关对外投资（ODI）或外商投资（FDI）的鼓励性政策和法规同样是国际经营中的重要作用力。而外商投资政策变化同样是经济风险的一个重要来源，比如优惠政策的突然取消，甚至在外资政策中突然加强了有关限制性或歧视性措施。这些变化既有可能源自政权更迭或政党轮替，也有可能源自对国际形势强弱格局的判断发生了变化。

背景资料

美国外资投资委员会

作为世界上号称最大的自由市场经济国家，美国政府并不会任由外国企业随便进入美国成为“自由”经济的一分子。在这一过程中，中国企业受到的“关照”尤其到位。而其中最重要的“操盘手”之一，就是著名的美国外资投资委员会（CFIUS）。

美国外资投资委员会是一个联邦政府委员会，由 9 个政府机构的代表人员组成，美国财政部长担任委员会主席。CFIUS 的代表们来自国防部、国务部以及国土安全部等，对可能影响美国国家安全的外商投资交易进行审查。在中国企业进入美国市场的历史上，无论是华为并购 3Com 未遂、其后被禁止进入美国市场，还是三一重工的风车项目被总统令勒令停止，这些大案背后都少不了 CFIUS 的身影。

另外，财政与货币政策的变化往往受到整体经济形势的影响，比如在经济紧张时期紧缩银根，或突然调整货币政策方向。这些变化有时甚至会反映或影响全球经济走势，比如 2017 年夏天，美国总统特朗普宣布了对美国企业境外投资收益的减税计划。这个计划一推出，就招致了各国政府的激烈反应，因为这意味着那些经营活动遍及全球的美国企业极有可能因为美国的税收政策优惠而加大收益汇回力度，甚至直接回到美国投资。在这种情况下，摆在世界其他国家面前的路只有两条：要么跟随美国政府的举措减税，这意味着全球范围内的减税战有可能一触即发，而且最终难免陷入“杀敌一千、自损八百”的僵局；要么反其道而行之，在美资撤回美国之前对其课以重税，作为此前税收优惠政策的补偿性措施，从而在存量盘子中把利益留足，又不会影响增量收益。面对类似问题的时候，企业都要仔细摸清当地政府的价值取向与政策走向，以便早作准备。

此外，当一家公司在另外一个国家开展经营活动时，它的管理层必须评估那个国家对其产品的需求情况。如果市场需求旺盛，那么可以选择向那个国家出口货物；如果要在那个国家建立工厂，就必须具备提供所需原材料的资源市场以及劳动力市场。如果当地的资源市场或更广阔的价值链上游地带发育并不充分，那么企业就需要考虑散件组装，甚至偕同上游供应商“组团出海”等其他方案。汇率是另一件让跨国公司经理们头痛的事情，国际企业每天要完成数以百万计的本外币汇兑，因此汇率变化会对它们的盈利产生重大影响。下面有关巴西格力在 2002 年逆势扩张的案例，就为我们很好地展现了国际经营中这几种普遍的经济风险。

管理案例

格力空调：逆势出击决胜巴西市场

2002 年，巴西大选年，工党领袖卢拉最终成为巴西第 40 届总统。由于西方资本摸不清楚卢拉未来的政策走向，于是它们在大选结束前就纷纷撤资。严重依赖外资的巴西市场，卷入了南美金融风暴旋涡的中心。而此前一年，对巴西进行长期市场考察的格力电器刚刚在巴西玛瑙斯市兴建了两条生产线，年产能在 20 万台左右。这是格力在海外开设的第一个生产基地，也是格力品牌“走出去”的关键一步。

巴西的法律规定，格力进入巴西市场必须与当地企业联营。联营初期，作为海外经营“新手”的格力，因为对新环境的陌生和市场信息不对称，给格力在巴西的联营伙伴，也是巴西格力的代理商，创造了暗箱违规操作的机会。在不到一年的时间中，这种不对等合作就致使巴西销售网络屡屡出现重大财务问题，甚至成为格力立足巴西市场、谋求长期发展的瓶颈。无奈之下，格力电器总部不得不撤换了巴西格力的中方经理。

中方经理被辞退后，格力在巴西的合作伙伴更是一手遮天，财务窟窿越捅越大。但是，此时的格力还相当依赖这位当地代理商，几乎没有讨价还价的余地；而这位代理商对下游经销商又不负责任，对格力品牌的维护也不尽如人意。更严重的是，他还抢先在巴西注册了格力商标，甚至以此为要挟，向格力索要更高的价码。面对这样的情况，格力电器决策层下定决心，即便交一些“学费”，也要抛开这个代理商，以维护格力自己和更多经销商的利益。最终，经过紧张谈判，巴西格力以 200 多万美元的代价把商标夺了回来，经销商们开始直接从格力公司接收货物，格力也终于拥有了属于自己的销售网络。

但此时格力在巴西的销售模式还是赊销，即先消费后付款，经销商可以在 120～150 天后结款。大选导致的突如其来的金融风暴，使这种赊销模式变得异常脆弱：从大选前的半年开始，巴币持续贬值，美元对巴币的汇率从 2002 年 4 月的 1∶2 一路上扬，到 8 月份的 1∶3.5，在 9—10 月份，一度逼近 1∶3.9。这意味着，从当年 4 月零部件进口清关，到 9 月份回收货款，在此期间因为汇率产生的一切损失，都只能由企业自己承担。

在这种情况下，整个巴西空调市场几大品牌基本上都停止了销售。对巴西格力来说，继续生产销售意味着亏损；停产撤资则会让几年努力付诸东流。为了更准确地作出决定，公司仔细计算了汇率收益。结果发现，当美元与巴币的汇率达到 1∶4 时，巴西格力能够保持盈亏平衡。结合这一情况，珠海总部决定，巴西分公司继续生产销售，但当汇率跌破 1∶4 时，必须停产。

有这个决策“兜底”，巴西格力坚持走到了 10 月 28 日，巴西总统大选结束的日子。这一天，资本市场的悲观情绪达到顶峰，汇率跌破了格力的盈亏警戒线。如果按照事前计划，停产撤资，几千万美元的成本将无法回收，刚刚获得的市场份额和品牌知名度将化为乌有；一旦汇率回升，一切只能重来。面对这样的情况，巴西格力与珠海总部反复沟通、密集磋商，最终确定了 3 000 万美元的亏损额度。董明珠同意：巴西格力在经营亏损的情况下继续扩大市场占有率，等待汇率回升。对这一决策，董明珠的思路非常清晰：“虽然在巴西投资的几千万可能会化为乌有，但是这几千万在我统筹的整个市场里面，是我能够承担的风险，我就应该去做。”

最终，在大选结束后的两个月时间，巴西格力出货近 6 000 套，其中更有大客户一次性订购了 2 000 套格力空调。格力这次逆势而上的战略扩张，不仅吸引了不少新的经销商投奔格力旗下，更有效地利用了短暂的市场真空，迅速扩大市场份额。最终，格力的经销商由 50 多家增加到 300 多家。2002 年底，国际资本对巴西大选的结果日趋认同，巴币兑美元的汇率逐步回升到正常水平。汇率回升后，格力不仅没有像预估的那样严重亏损，反而获得了盈利，2002—2004 年，格力空调行销巴西全国，并形成了以巴西为中心、覆盖南美洲十余个国家和地区的庞大销售网络，2006 年，格力仅在巴西年出货已达 15 万套。

资料来源：中央电视台《跨国风云》节目组．跨国风云——中国企业海外远征记［M］．北京：中信出版社，2007.

三、法制与技术风险

国际经营中的法制风险是指那些由于各国法制体系上的关键差异所导致的跨国公司经营过程中所面临的风险。而国际经营中的技术风险则与跨越国界的技术活动中知识产权保护难度的增加有关。由于这两者存在一定的关联，所以我们将它们合并讨论。

不同法制体系之间的关键差异从根本上源自法律基础的差异。几乎所有国家的法制体系，都是由判例法、成文法和伊斯兰法三类基础演化而来，并反映了一国的文化、宗教与传统。其中，我国的法制体系属于成文法。成文法是建立在详细的法典基础上的一种法律体系，对法律的解释基于法典与所处情形，大约 70 个国家使用成文法，此种法流行于欧洲大陆各国，在日本也是如此。判例法在美国和 26 个起源于英国或受英国影响的国家中使用，法庭的既有判例可以作为对法律的解释。而在阿拉伯世界（27个国家和联邦），主流法律是伊斯兰法，建立在宗教基础上，此法规范人们生活的方方面面。

在此基础之上，不同法制体系在很多细节上存在差异。而对商业活动最重要的法律就是合同法。合同法是用来规范商业事务的执行与办理的。由于国际商务活动涉及不同国家的不同法律体系，因此复杂性较高，特别是某些国家的国际商务活动，通常有政府等“第三方”的参与。判例法与成文法都包含并支持合同法，但它们处理细节的措施有所不同。成文法认为合同建立本身就反映了契约关系，因此无须描述细节。而判例法认为，任何细节都应写入合同文本，以便商业活动的每一个环节都能有法可依。跨国公司经营者必须意识到，在东道国起草合同不同于其母国，应预先咨询相关的国际法专家。

而在进入操作环节之后，哪些因素会影响合同的正常履行也是必须关心的问题。因为不同国家的法制健全水平有着明显差别，而社会文化因素在法律体系中的体现程度也不尽相同，因此要明确区分两种合同保障方式，即以人际关系为保障的合同实施和以确实的法律条文为保障的合同实施。尤其是在苏联、东欧转轨经济体中，法制建设尚处于“软法律约束”的阶段，有些国家即便进行了相应的立法活动，也缺乏必要的执法能力。在这种情况下，合同双方相关个体间的个人关系往往会变成合同“落地”不可或缺的保障。

此外，不同国家的法制体系存在较大的差别，这就导致在不同国家经商的成本会有很大的差别。表4-4就反映了美国、日本和欧洲二十多个国家的经商成本差异。

表4-4　美国、日本、欧洲的营商成本差异

	创业成本（占人均收入之比）	资产登记成本	雇佣难度（1～100）	解雇难度（1～100）	履约成本（占债务比）
美国	0.5	0.5	0	10	7.5
日本	10.7	4.1	17	0	8.6
西欧					
一奥地利	5.7	4.5	11	40	9.8
一比利时	11.1	12.8	11	10	6.2
一丹麦	0.0	0.6	11	10	5.3
一芬兰	1.2	4.0	44	40	6.5
一法国	1.2	6.5	78	40	11.7
一德国	4.7	4.1	44	40	10.5
一希腊	24.6	13.7	78	40	12.7
一冰岛	2.9	2.4	33	0	9.3
一爱尔兰	5.3	10.3	28	30	21.1
一意大利	15.7	0.9	61	30	17.6
一荷兰	13.0	6.2	28	60	17.0
一挪威	2.7	2.5	44	30	4.2
一葡萄牙	13.4	7.4	33	60	17.5
一西班牙	16.5	7.2	67	50	14.1
一瑞典	0.7	3.0	28	40	5.9
一瑞士	8.7	0.4	0	10	5.2
一英国	0.7	4.1	11	10	17.2
东欧					
一阿尔巴尼亚	31.1	3.6	44	20	28.6
一波斯尼亚和黑塞哥维那（波黑）	40.9	6.0	56	30	19.6

续前表

	创业成本（占人均收入之比）	资产登记成本	雇佣难度（1～100）	解雇难度（1～100）	履约成本（占债务比）
一保加利亚	9.6	2.3	61	10	14.0
一克罗地亚	13.4	5.0	61	50	10.0
一捷克	9.5	3.0	33	20	9.1
一匈牙利	22.4	11.0	11	20	8.1
一摩尔多瓦	17.1	1.5	33	70	16.2
一波兰	22.2	1.6	11	40	8.7
一罗马尼亚	5.3	2.0	67	50	12.4
一斯洛伐克	5.1	0.1	17	40	15.0
一斯洛文尼亚	10.1	2.0	61	50	15.2

技术风险在很大程度上与知识产权保护的力度有关，因此在一定程度上成为法制风险在技术领域的一种具体表现，但又同特定的技术问题有着直接关联。这些具体问题包括：人员与技术流动的限制、无边界组织和信息技术的应用对知识产权工作的挑战等。

随着经济发展和社会心态的变化，高人员流动率已经成为当今企业的常态。这种情况不仅发生在中国企业“走出去”的过程中，也发生在中国企业的本土经营过程中，这是由中国企业在技术方面日益强烈的需求决定的。同行间的相互挖墙脚，使得知识产权保护的难度不断加大。这就需要我们的企业尽快转变思维方式，以便适应这种变化。其中很重要的做法是在人员招聘（入口）环节开始就要启动全流程的知识产权保护工作，如在员工的入职合同中加入保密协议和竞业禁止条款等内容。西方国家的政府和企业在这一问题上投入了巨大的精力，这与国内企业普遍存在的保护不到位形成了鲜明对比。现在有很多企业会到国外进行技术收购，但中国企业在技术收购之前一定要确认一些关键问题，以免巨额投入打了水漂。其中的核心问题是，收购对象所在国是否存在限制知识产权流动、扩散的法律，或是签署了类似的多边协议，能否向我国转移任何形式（包括图纸资料）的尖端技术。

管理案例

沈阳机床收购德国希思：种瓜得豆

2004年10月，国内机床行业的“老大”——沈阳机床全资收购了德国百年机床企业希思公司。收购后，沈阳机床在德国建立了技术研发中心，希望成为自己的一个技术来源。但后来发现这个想法太天真，因为德国的法律规定，在德国本土产生的知识只属于德国，不得转移。而且作为《瓦森纳协议》的缔约方和欧盟成员国，德国本身就承担着维持西方产业竞争力、限制先进技术对华出口的责任。就沈阳机床涉及的机床技术而言，凡是加工精度在6个μm（微米）以内的产品和四轴（及以上）的技术（包括软硬件、加工技术等全套技术）严格对中国禁运。这就使沈阳机床这次海外收购的效力大打折扣。无奈之下，沈阳机床高层决定，将德国希思作为技术人员培训的基地，每年选派优秀的青年工程师前往德国学习先进的机床设计理念和开发技术。

造成知识产权保护难度的另一个重要原因是无边界组织和信息技术的应用。在全球信息化时代，信息与通信技术的飞速发展推动了全球化进程；同时，全球化进程也促进了信息技术的扩散。在这样的背景下，如何管理全球研发体系和全球化生产网络，又如何在借助外脑的过程中确保技术秘密、保证自己的独占权和优先权，以及如何趋利避害地利用和管理电子商务工具，这是中国企业进入国际经营的时候需要补课的问题。

管理案例

IBM在20世纪80年代开发个人电脑的历史教训

在20世纪70年代后期，个人电脑事实上主要有两种标准，CP/M和苹果Ⅱ。其中CP/M操作系统多采用英特尔808芯片或类似的Zilog Z80芯片，而苹果的系统则相对封闭。当IBM决定进入这个市场时，它通过与竞争企业联合的途径进入该市场：与微软在操作系统方面联合，与英特尔在微处理器方面联合。这使IBM PC成为比CP/M和苹果Ⅱ更先进的机型。更重要的是，IBM PC是IBM长期打造的产品，而绝非应急之作，IBM甚至为此不惜成立单独的开发团队，在远离公司总部的环境中独立开发，决策层决心之大可想而知。作为后进入者，为了通过迅速占领市场以及首先制定开放的规则来换取未来的竞争力，IBM公开了PC机的结构。这使得一大批其他企业进入PC机生产领域。但是IBM选择开放的系统结构时，它肯定没有想到，互补的PC元件制造商会使竞争变得更加激烈。IBM、英特尔和微软，分别代表了计算机、微处理器和操作系统三个领域的领先制造商，技术领先者的分散，降低了IBM领导PC技术变化方向的能力。而在开放系统结构时，IBM也未能与英特尔和微软提前签订新一代技术的优先权协议。这把IBM放到了与惠普、DEC等其他PC制造商等同的位置上，而英特尔和微软反而成为实际的行业领导者，并攫取了此后PC行业的大部分利润。

资料来源：大卫·莫厄里，理查德·纳尔逊．领先之源——七个行业的分析［M］．胡汉辉，等，译校．北京：人民邮电出版社，2003.

此外，在技术与知识产权问题上，与中国企业直接相关的另一重要问题就是国外企业的知识产权陷阱。现行国际政治经济体系的一个重要特征，就是（一定程度地）过分保护知识产权持有人的权益，过分保护技术先行者的权益。在这种情况下，当中国产业长期处于技术追赶阶段，或由于种种原因尚未对自主知识产权建立严密防护时，就容易在“走出去”的过程中招致专利诉讼。而在很多西方企业的商业策略中，赢得判决并不是其发起专利诉讼的首要目的，其首要目的在于限制竞争对手进一步开展业务的范围和时间、阻止其将技术创新变现回收，从而把弱势的竞争对手拖瘦、拖垮、拖死。

背景资料

2017年8月16日《检察日报》：中国高铁知识产权保护不力的主要原因

一是高铁技术的专利申请与保护不力。有关高铁技术的论文等公开形式发表的研究成果虽多，但专利申请量少，技术易流失。这些都意味着国有产权、资金乃至资本的流失。国内企业、大学等科研场所研究出来的成果，缺乏像国外高新技术产业那样对专利申请战略的敏感度，没有形成一条龙式的专利申请服务平台，往往是等到成果被外国企业据为己有、申请专利最后依托专利法倒打一耙之后才知道，蒙受了巨大损失。而且，如果只对研究成果申请中国专利，那么它在别的国家则不受法律的保护，别国可无偿使用。我国的海外专利申请战略处于十分落后的阶段，国外高铁巨头在发达国家的专利数量远超中国企业。

二是高铁技术中的商业秘密保护不到位。商业秘密须具有秘密性、价值性，以及必须采取保密措施。中国高铁技术在不断发展升级的过程中，并未完整规划哪些技术申请专利，哪些技术作为商业秘密予以保护。我们的大部分科研人员只管完成课题研究和论文，通过成果鉴定便万事大吉，至于下一步科研成果的保护和市场运作则与自己无关，许多科研成果都是通过发表论文、成果鉴定、学术研讨、公开使用等方式公开，既未申请专利，也未作为商业秘密给予保护，结果造成了科研成果的大量流失。

三是知识产权保护的前期工作未能有效开展。知识产权保护的前期工作主要有两个方面：一是在整个项目的运作前，是否做好了整个项目的知识产权保护规划，如新技术、新成果问世前，是作为商业秘密保护，还是作为专利申请？商业秘密保护如何操作，如何保护技术不外流？专利申请如何进行有效规避，何时申请？以此观察整个高铁核心技术研发，就会发现缺乏系统的知识产权保护规划，以至于让国外对手抢占了先机。二是我们是否在新技术、新成果面世前及时作好准备，以抢占潜在市场国甚至竞争国的专利高地。这就需要高铁项目的决策者明确高铁“走出去”的大体方向。如果在当时能够深入研究各国的专利法规以及同类技术的专利申请状况，我们就能抓住机遇见缝插针，使我们的关键技术获得各国的专利保护。

资料来源：http://guancha.gmw.cn/2017-08/16/content_25657801.htm.

第五节 全球治理与企业社会责任

无论是中国企业“走出去”，还是国外企业“引进来”，塑造它们生存与竞争大框架的各种环境因素，一方面是那些具体国家的具体因素，即前面讨论的国际经营环境（包括政治、经济、文化、法制等）；另一方面则是一些在更大范围内发挥作用的力量，那些不受国家政权和地理边界限制的超国家力量，即全球治理机制。而今天我们讨论的很多企业社会责任的主题，都是在一组宏观的全球治理机制框架下界定的。

一、全球治理机制

全球治理机制包含各种多边机制，这些多边机制能够制定具有约束力的国际规制，以此解决生态、人权、移民、毒品、走私、传染病等各类全球性问题，以维持正常的国际政治经济秩序。这听起来是一个宏观概念，但它在很大程度上真实而全面地塑造着企业经营活动，影响着企业决策。

从宏观上看，全球治理机制主要体现在一些多边机制上，如我们最熟悉的世界贸易组织（WTO）、国际货币基金组织（IMF）、环境机构（如根据《京都议定书》建立的应对气候变化机制）。这些超国家多边机制获得了相关国家的主权让渡，从而拥有类似于国家政府的权力：它们可以像主权国家一样颁布规则，并对遵循或触犯规则的后果给予明确规定，同时声明自己拥有这种权威；但它们又不像国家政府一样在永久专属的领土内合法垄断暴力，而且它们的设计和主要行为也需要获得各参与国的一致同意。

我们在讨论国际经营的法制与技术风险时曾经提到，目前在知识产权保护方面的全球治理机制过分保护知识产权持有人的权益，过分保护技术先行者的权益。这种政策倾向集中反映在 WTO 框架下有关知识产权的协定中，即 TRIPs（与贸易有关的知识产权协定，Agreement on Trade-Related Aspects of Intellectual Property Rights）。与以往的同类规制相比，TRIPs具有以下特点：覆盖八大领域、内容涉及面广，几乎涉及各种类型的知识产权；保护水平高，在多方面超过已有国际公约（如《伯尔尼公约》等）对知识产权的保护水平；强化了知识产权执法程序和保护措施；强化了协议的执行措施和争端解决机制，把履行协议、保护产权与贸易制裁紧密结合在一起。早在TRIPs生效之前（TRIPs于1995年正式生效），国际上就有反对TRIPs的声音，认为它过于倾向美国、日本和欧盟的利益，多年来对TRIPs的类似批评不绝于耳。国际著名创新经济学家乔瓦尼·多西（Giovanni Dosi）就曾经评论TRIPs，“发达国家希望通过TRIPs，让全世界都建立一套以美国和欧盟为模板的知识产权法”，但这样发展中国家企业的专利构成“就有可能转向美国与欧洲的模式，而美国与欧洲无疑会利用其专利优势从发展中国家消费者身上获利，甚至取消这些国家本土企业的自主学习与生产活动”。

其实，TRIPs正是一面镜子，它反映了当今全球治理机制所存在的根本缺陷，即无法反映广大发展中国家对全球经济治理决策的诉求，而过分关注于发达国家的权益，从而在有意无意间破坏了全球经济均衡发展。从某种意义上讲，当前的全球治理机制存在强行“嫁接”发达国家法律规制的嫌疑，但这些发达国家的现行法制往往是其经济发展活动在特定时期的某种成果，而对发展中国家的强行“嫁接”恰恰忽略了这种阶段性。存在类似问题的全球治理机制还有很多，我们下面仅以环境保护问题为例作为补充。

近年来，由于环境污染高发，环境保护开始成为备受社会各界瞩目的问题。环保领域的全球治理机制集中在两个方面：一是碳排放（二氧化碳排放）；二是可吸入颗粒物排放（汽车尾气排放）。碳排放领域的全球治理是在《联合国气候变化框架公约》这类正式的、超国家框架下实现的。其中，2005年2月生效的《京都议定书》约定，在2008至2012年，把全球温室气体排放量平均比1990年削减超过5.2%。作为实现这一目标的重要手段，《京都议定书》设计了以“碳交易”为核心的清洁发展机制。该机制允许发达国家在发展中国家开展减排项目来获取减排信用，这样既可以降低发达国家减排的成本，又可以使发展中国家通过项目合作获得相应的资金与技术支持。这样一种治理机制设计的本质，不过是“把发达国家的环境优势转化为发展中国家的要素成本”。在可吸入颗粒物排放方面，虽然不再是联合国框架下的统一行动，变成了欧、美、日等发达经济体的“分进合击”，但全球治理机制的这一功能却体现得更加明显。图4-19是进入21世纪以来各发达经济体在汽车尾气排放标准方面历次升级的技术路线图。从图中不难看出，进入21世纪以来的历次尾气标准升级，最终使得可吸入颗粒物的浓度标准压缩了一个数量级。但这种政策推进的直接后果就是：在那些不具备相应技术水平和产业基础的国家，采用这种激进环保政策只能使它们不得不依赖于发达国家的技术支持，即其内燃机工业必须高度依赖于来自美国（德尔福派克电气，从通用汽车分离出来的零部件生产商）、欧洲（德国博世，全球汽车电子工业领军企业）、日本（电装，从丰田汽车分离出来的零部件供应商）等国家和地区的关键零部件技术和产品设计技术。

从某种意义上讲，冷战结束之后的全球治理机制是以美国为首的西方发达国家对第二次世界大战后东亚国家成功经验的一次全面的反攻倒算，其重要的表现形式就是“国家向市场的权力转移”，并因此“导致了跨国公司政治角色的形成”（上述一系列全球治理机制变化的背后都是发达国家跨国公司积极游说的结果），而这种做法的直接后果就是此前日本、韩国等国曾经使用过的发展方式被全面封堵和彻底禁止。但这种做法严重挤压了广大发展中国家的生存空间。正因如此，在2008年金融危机之后，全球治理机制开始出现一些调

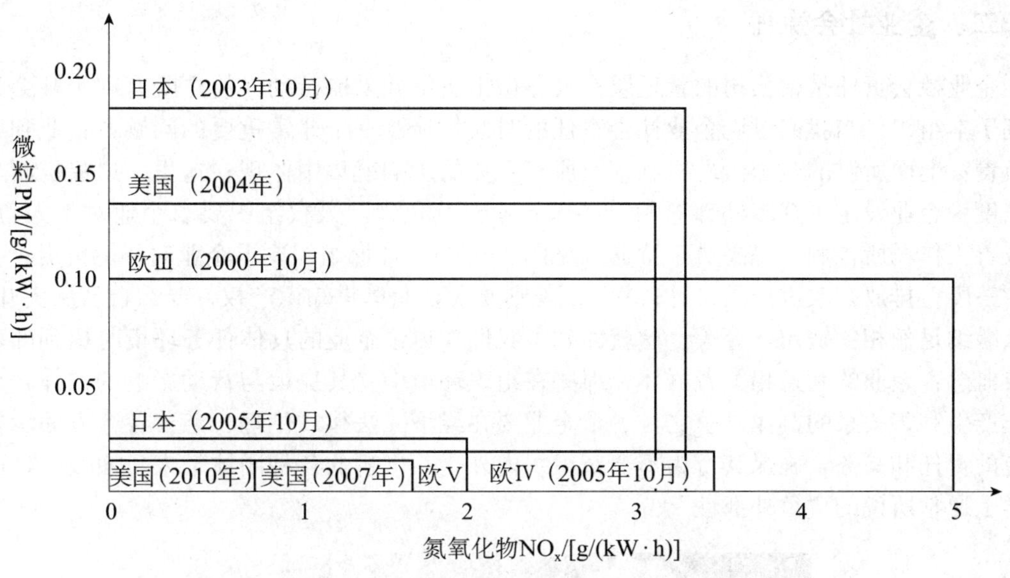

图4-19 汽车尾气排放标准升级路线图

整，比如，以吸纳了更多发展中国家的二十国集团（G20）代替了此前的八国集团（G8），作为联合国框架之外国际经济合作的主平台。也是由于同样的原因，各种区域性或跨区域性的多边机制——如欧盟、东盟、“金砖国家”合作机制及“一带一路”倡议——从来没有因为经济全球化和全球治理机制的推进而减少，反而在追求多边共同利益、应对西方化尤其是美国化的全球治理机制方面发挥着越来越重要的作用。

背景资料

逆向全球化：德国的进击

2017年，美国总统特朗普屡屡对德国提出批评，时而批评德国总理默克尔的难民政策，时而声称“欧盟只是德国的工具”。2017年5月，在慕尼黑的一次集会上，德国总理默克尔对特朗普予以有力回应，声称在特朗普上台以及英国公投脱欧之后，完全依赖美国的日子已经结束了，“就近几日的经历看，我们可以完全相信，信赖别人的日子已经结束了。因此，我只能说，我们欧洲人必须把命运掌握在自己的手中”。

默克尔再次强调，欧洲人应该为自己的未来和命运战斗，“当然，保持同美国和英国的友谊以及保持同俄罗斯及其他国家的睦邻友好关系是必要的。但我们必须知道，作为欧洲人我们要自己为自己的未来和命运战斗。这也是我想和你们大家一起完成的事”。

资料来源：http：//china. cnr. cn/xwwgf/20170529/t20170529 _ 523777756. shtml.

总体而言，今天中国企业成长与国际化所面临的国际政治经济环境、全球治理机制导向等方面，与当年日本、韩国企业起步时的条件相比，已经发生了巨大变化。中国企业面对的环境更严峻了，取得进步的难度更高，（受到西方压制）提升的空间更小，通过自主的学习与生产活动能够获得的期望经济收益也被严重挤压。在这种情况下，中国企业必须知己知彼，在摸透各种全球治理机制对自身所在行业的影响的前提下，以加倍的努力、更大的代价和更强的战略定力，翻越竞争门槛、提升管理水平、创新驱动发展。

二、企业社会责任

企业社会责任是指公司的管理层有义务做出决策并采取行动，使之既有利于社会，也有利于本组织。当我们讨论企业社会责任的时候，涉及一个非常重要的问题：企业到底对谁负责？上面所讲的全球治理机制，对所有企业的影响就集中体现在这里：这些机制从各种角度为企业设定了众多外部对象，要求企业对其负责。人权组织要求企业对工人负责，要改善工作场所福利、提高员工待遇（见图4-20）；环保组织要求企业对环境负责，要减少“三废”排放，改进产品设计；WTO规则要求企业尊重知识产权，要么自己从头开发，要么缴纳足额相关费用，等等。这就回到了我们在讨论企业的具体任务环境时提到的那个重要概念：企业的利益相关者群体，那些在组织环境中受其决策与行动影响的群体，与其工作产生利害关系的群体。总之，一个企业要在经济、法律、伦理、慈善各个方面承担起相应的责任和义务，确保其行为不会对组织内外受其影响的各种团体带来负面效应，即经济学上通常所说的“负外部性”。

图4-20 富士康13连跳期间香港街头的抗议活动

正如上面所说，一个企业要对谁负责，是由一系列因素决定的：上至全球治理机制，下至企业与周边社区、工会组织达成的各种承诺。这就意味着承担社会责任，会全面影响企业活动，同时改变企业业务的不同侧面和不同环节。具体而言，一个企业所承担的社会责任可以表现为以下几个层面。

（一）企业应对其活动给环境、社会带来的负面影响负责

无论是钻井平台漏油，还是核泄漏，企业都必须负责消灭相应的污染；因工作对员工身心所造成的伤害，企业也应承担相应的救助和弥补责任。这是企业社会责任的底线。

（二）企业要成为一个什么企业（或者管理者要做一个什么人）的道德选择

是选择由法律法规（治理机制）划定的那条底线，还是希望对社会、社区、工人以及国家能够产生正面的贡献和推动作用？比如，济南二机床的管理层就非常关心如何提升职工获得感，他们在这一问题上的道德选择就是习近平总书记所说的，“人民对美好生活的向往，就是我们奋斗的目标。”再如，格力电器早在2003年就着力强调工业精神，因为朱江洪、董明珠和他们的团队相信，做企业必须有强烈的挑战精神、担当意识和吃亏精神，

在他们看来，这正是制造业的精神体现。

（三）主动将社会责任纳入企业战略体现了更高层次的追求

换句话说，如果选择恰当的企业战略，对社会责任的主动承担和企业的盈利目标之间未必势成水火、截然对立。下面简要介绍两种与社会责任高度相容的企业战略：金字塔底层战略和可持续性战略。

1. 金字塔底层战略

“金字塔底层”的说法来自西方，即英文 Bottom of Pyramid（BOP），指代人口基数庞大的低收入群体，以便同发达国家企业曾经长期关注的金字塔顶层的高收入群体相对。换言之，深耕金字塔底层的企业战略，就是如何做好穷人的企业家和创新者的问题，就是如何通过创新性的产品与设计改进低收入人群生活质量的问题。如果能够达到这一目标，企业显然在经济效益与社会效益两方面都获得了成功。已故的战略管理大师 C. K. Prahalad 对这一概念的提出和发展做出了突出贡献。Prahalad 对企业的 BOP 市场战略提出了很多富有启发意义的建议，如：①重点关注（突破）价格表现；②杂交解决方案，将新老技术混合于一体；③对于不适合的产品要从根本上进行重新设计，对现有西方社会的产品只做边边角角的改动显然不适应金字塔底层市场的需求；④加强去技术化（服务）工作（即开发傻瓜功能）；⑤教育（半文盲）顾客如何使用产品；⑥开发高性能产品，确保其在不良环境下也能正常工作，等等。

生活中的管理学

成功运用 BOP 市场战略，改变每一个人的生活

如果在超市中稍加留意，我们就会发现进口商品区与我们日常选购的国产商品区有着截然不同的画风。比如，进口牛奶多数都是 1 升装甚至更多，而国产牛奶的包装却越做越小，从当年最早的 250 毫升变成 220 毫升，近年还有企业生产更小包装的产品。之所以发生这种变化，一个重要原因就是国内企业希望通过这种方式把更多过去“不舍得”喝牛奶的人变成自己的消费者。同样的原因，我们会在国内市场发现发达国家市场几乎绝迹的小包装洗衣粉。

近年来，中国有很多行业坚持服务于国内的 BOP 市场，最终成长起来，获得了国际级的竞争力。其中最典型的例子就是深圳的电子工业和山东、江苏等地的太阳能热水器行业。深圳电子工业服务于 BOP 市场的两个拳头产品分别是山寨手机和白牌机（山寨平板电脑），虽然听起来很低端，但实实在在地改变了很多人的日常生活，深圳也因此成为全世界手机工业的重镇和白牌机出口中心。而中国的太阳能热水器企业则是从西方国家从未关注（也没有）的市场——农村家用起步，逐渐发展成熟起来的。

2. 可持续性战略

对于环保和绿化的考虑同样可以进入公司战略。可持续性发展问题是一个需要全社会所有行业、所有企业长期关注的问题。其中包括：

企业的新产品能否降低能耗、符合环保标准，以利于解决现实的环境问题？

从近期来看，能否在增加产品价值或降低成本的同时减少产品对环境的冲击？

而从长期来看，企业的长远规划又是否朝着有利于社会及环境问题的解决方法前进，甚至能够促进新的技术、市场、产品和工艺的发展？

这些都是非常紧迫的问题。而对这些问题的回答，应该有助于企业界定和规划与消费者、供应商、其他企业、政策制定者以及所有股东的关系，并最终同时产生巨大的社会效益和经济效益。

无论是改善环境还是改善穷人的生活质量，这些目标的市场容量都堪称巨大。而能够选择这样的目标，往往需要企业家寻找一种正确的思维方式，从而兼顾社会责任和经济效益。但这里就出现了一个有趣的问题：我们应当如何理解全社会关心、讨论企业社会责任这一时代背景？要回答这个问题，就要回到我们前面提出的问题：企业到底对谁负责？

在20世纪80年代之前，发达国家的企业其实并不会刻意强调“社会责任”这种议题。因为对当时的企业来说，企业的很多工作对应于一种天然的义务感，比如：要保障员工就业，缩小收入差距，追求收入平等，以组织的发展实现每个员工的发展，与社区、环境实现共赢。这显然是企业社会责任的一种表现。但是，在1980年之后，美国企业的价值观开始出现一些变化：由于一系列制度环境因素的调整，股东的利益被优先放到第一位，这才有了后来美国企业界非常著名的那句话，“股东价值最大化”。“股东优先”的趋势在冷战之后向全世界蔓延、扩散，日本和德国的企业也开始逐渐接受“股东价值最大化”的理念。在这种情况下，员工、社会、社区、环境都居于次要位置。此时，社会上开始出现反制力量，认为企业不能只对股东负责：不能为了高分工和高股价，在盈利状态下裁员，在盈利状态下把高成本、高污染、高能耗、劳动密集的环节转移到发展中国家，然后不闻不问。这就使得“企业社会责任”的话题成为应对这一趋势的有力武器。换句话说，企业社会责任其实是对“股东价值最大化”价值观的一种纠偏和一种反动。正因如此，在过去三十年间，“企业社会责任”和“股东价值最大化”同时成为企业管理中的热门议题。

■ 本章小结

经济全球化是一个全面深入的过程，它表现在贸易、生产（产业链）和金融（资本市场）等多方面。

中国已经成为当今世界推动贸易自由化和经济全球化最重要的力量。加入世界贸易组织以来的十余年时间，中国在全球经济和贸易中所占的份额大幅提升。而伴随着国内非公经济的发展，非国有企业在海外的投资活动也越来越活跃。

在一个开放的全球市场中，中国企业要在家门口面对各国领先企业的竞争，这就使中国企业在国内市场面临一场长期的阵地战。在此过程中，中国企业的优势体现在：①同文同种的先天优势使之更加了解本土市场需求；②依托中国庞大且完整的产业体系和丰富的现代劳动力供给，可以大大降低成本控制的难度；③信息流更加通畅；④政策环境日益公平；⑤更容易为用户提供全程贴身的增值服务。但其劣势也非常明显：①品牌知名度相对较低；②技术积累仍较国际领先企业存在一定差距；③资源投入方面的劣势；④管理水平和组织结构上存在缺陷；⑤产业链关键环节上的缺环和断裂，是中国企业在向产业高端转型升级过程中普遍面临的重要瓶颈。

权力距离是组织中的弱势一方对权力不公平分配的接受程度。

不确定性规避就是对模糊情况下威胁的感知，并且创造出信仰与制度来对抗这种模糊性。

个人主义指人们希望生活在一个比较松散的社会框架内，这种社会里的每个人都关心自己。

集体主义指人们希望社会联系比较紧密，每个人都相互关心，组织负责保护每个成员的利益。

刚毅化指那种追求成就英雄主义，果敢，以工作为中心，以及物质上成功的文化倾向。

女性化指只注重关系、合作、集体决策和高质量生活的文化倾向。

除霍夫斯塔德文化价值维度中所关心的若干要素之外，汤皮诺对文化价值维度的讨论中还包括了普世主义与特殊主义、中立化与情绪化、特定文化与扩展文化、成就感与归属感、时间的连续同步倾向等多个要素。

社会集体主义：在学校、企业这类社会性组织中的个体，是更看重组织的整体利益，还是将其个人利益放在第一位，社会集体主义的价值观往往选择前者。

群体集体主义：又叫个人集体主义，是指个人对于家庭生活和朋友的看重程度，即个人作为一名家庭成员，具有紧密联系的朋友、团队或组织成员的自豪程度。

企业国际经营中的政治风险主要来自：①以恐怖主义和区域战争为代表的政治不稳定；②东道国针对外国企业的种种特殊政策设计，即通常所说的国别性问题；③东道国的国家治理能力严重落后，导致具体的企业营商环境恶化。

企业国际经营所面对的东道国经济环境涉及很多因素，包括经济发展水平、资源和产品市场、汇率、通货膨胀、财政与货币政策等很多方面，而相应的经济风险也就蕴含其中。

基础设施是指一个国家用来支持其经济活动的物质设施，如机场、公路、公用设施和通信等。基础设施发展水平直接影响着一个国家和地区的投资环境。

几乎所有国家的法制体系，都是由判例法、成文法和伊斯兰法三类基础演化而来，并反映了一国的文化、宗教与传统。

全球治理机制包含各种多边机制，这些多边机制能够制定具有约束力的国际规制，以此解决生态、人权、移民、毒品、走私、传染病等各类全球性问题，以维持正常的国际政治经济秩序。当今全球治理机制所存在的根本缺陷是：无法反映广大发展中国家对全球经济治理决策的诉求，而过分关注于发达国家的权益，从而在有意无意间破坏了全球经济均衡发展。

企业社会责任是指公司的管理层有义务做出决策并采取行动，使之既有利于社会，也有利于本组织。

企业所承担的社会责任可以表现为以下三个层面：①企业应对其活动给环境、社会带来的负面影响负责，这是企业社会责任的底线；②企业要成为一个什么企业（或者管理者要做一个什么人）的道德选择；③主动将社会责任纳入企业战略体现了更高层次的追求。

复习思考题

1. 如何理解经济全球化过程？

2. 为什么说中国企业在国内本土市场的竞争是一场长期的阵地战？中国企业的优势和劣势分别体现在哪些方面？

3. 霍夫斯塔德对不同文化的分析包括哪些价值维度？内涵分别是什么？

4. 在汤皮诺对文化价值维度的分析中，各种文化对时间的不同态度是如何体现的？

5. 中国企业“走出去”的过程将会面临何种政治风险？

6. 不同国家、不同的法制体系，对合同的理解有何不同？

7. 什么是全球治理机制？当今全球治理机制有哪些特征？对中国企业提出哪些要求？

8. 企业社会责任包括哪几个层次？

第五章 计 划

本章要点提示

- 计划的定义与作用
- 战略意图与战略性思维
- 战略管理过程及其中的分析工具
- 三大基本战略类型
- 计划工作的程序及其中的“假设条件”
- 决策：定义、分类与方法
- 行政管理决策与有限理性
- 目标管理的定义、假设、过程与局限

引 例

C公司是一家乘用车生产商。创业至今十几年，C公司发展迅速，已经在国内市场崭露头角。为了更好地推动企业全面发展，董事会决定加大人才引进力度，多聘请几名“海归”加入高管团队。“海归”的到来给企业带来了很多变化：管理层开始强调制订战略计划和发展目标的重要性；但也有很多意外，新管理团队开始越来越多地以国外大企业为模板，改变C公司自己的行为，连产品开发风格也越来越像美国企业。这时在执行层出现了一些反对的声音，认为C公司之所以能够快速发展，就是靠走“野路子”上来的，如果这个时候企业的长期规划处处模仿“正规军”，公司迟早被几个“海归”玩儿死。

在现实中很多企业都遭遇过与C公司类似的情况，很多企业在经历了这样的战略计划之后就销声匿迹。还有一些企业，所谓的“战略计划”中只能看到“计划”，却看不出什么“战略性”。那么企业到底应该如何做计划？尤其是长期战略规划，其制订和实施有哪些要求？我们在讲兵家管理思想的时候曾经强调在决策阶段要“集千古之智”，如何通过“广开言路”来实现“大开脑洞”？又如何避免工作积极性的庸俗化？这一章我们将对这些问题进行深入讨论。

第一节 计划概述：定义与作用

要理解计划，必须首先理解“目标”。目标就是一个组织希望达成的未来状态，而组织正是为了某个特定目标而存在的。换句话说，组织存在的一个重要目的，就是实现相应的目标。而**计划就是实现目标的蓝图，并且依据这一蓝图对必要的资源分配、工作进度、任务分解和其他工作作出进一步的具体规定。**从这个定义不难看出，我们常说的“计划”有两层含义：一方面，作为名词，计划就是为实现目标而所做的规划草案，是指各种明确的、书面化的使命和目标说明以及战略、政策、预算书，等等；另一方面，作为动词，计划则是为了实现蓝图而做出筹划规定，其中包括对组织目标的分析、制定和调整，以及设计实现目标的各种可行方案。总之，目标确定了组织未来将要达到的结果，而计划则规定了组织今天需要采取的措施、手段。

一、计划的层次性

当一个组织在整体上明确了希望达成的未来状态（找到目标）之后，一项非常重要的工作就是将这一期望状态进行分解，将其逐条、逐级分解并转化为组织内部不同部门、不同层次成员所需完成的任务，从而使得组织目标在层级、职能和时间段等维度上全面具体化。这就导致了目标和计划的一种重要性质，即层次性。

图5-1反映了目标/计划的不同层次。从图中不难发现，组织目标/计划的反映形式与内容，在不同层级之间存在巨大的差异。对组织的战略决策者而言，他们需要集中精力回答的问题是：组织将向何处去？组织希望成为一个什么样的组织？组织应当如何定义其独特性才能实现其存在的价值？对上述问题的回答，规定了组织的基本目的，我们称之为组织的使命。很多时候，组织的使命、宗旨在很大程度上受到创始人的影响，甚至是由创始人亲自参与明确的。比如我们在讨论儒家管理思想的时候曾经提到，中国共产党的政治宗旨“全心全意为人民服务”，就是由中国共产党的创始人之一毛泽东亲自阐发、推广的。再如，互联网巨头Facebook（脸书）的创始人扎克伯格在公司创立之初确立的企业使命是“让这个世界以更好的方式连接”，而在Facebook全球月活跃用户达到20亿之际，扎克伯格又适时宣布了新的公司使命，“赋能于人营造社区，致力世界紧密融合”，标志着企业转型的开始。正是由于组织创始人在确立使命宗旨过程中扮演的积极角色，因此创始人的世界观和价值观会在很大程度上塑造组织在长期发展中创造和获取什么知识、从什么视角出发来应用和连接知识，从而从根本上决定着一个组织解决问题的思维方式和知识结

构，我们把这种从组织原点就被注入其中的知识称为组织的元知识。

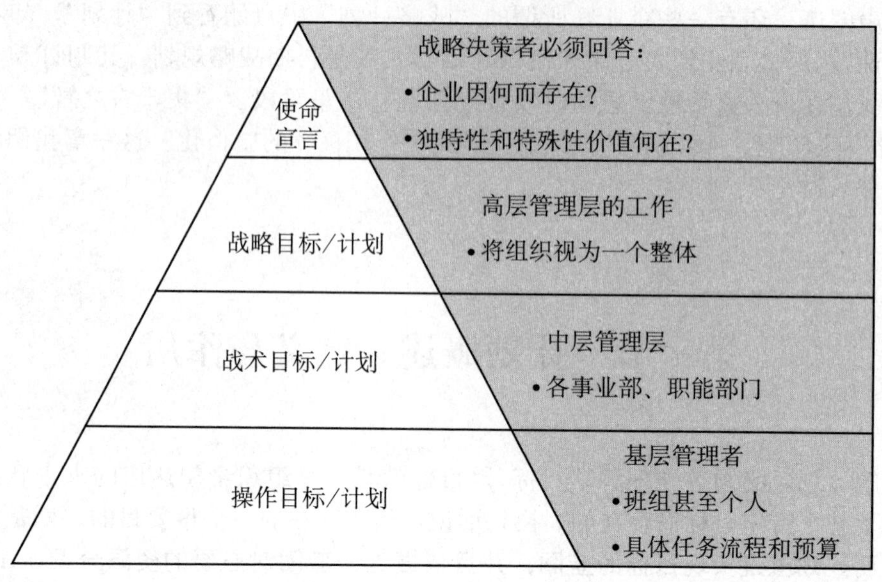

图 5-1　目标/计划的层次性

只有首先明确了组织的使命宗旨，高层管理者才能在此指引下制定相应的战略目标和计划，中层管理者的工作则是把这些战略目标和计划分解为战术目标和计划，分解到各个事业部和职能部门。直至基层管理者把这些战术目标和计划进一步分解为操作层面的目标和计划。如果说使命宗旨解决了“过什么河、向何处去”的问题，那么战略计划就是在回答“在多长时间之内建什么桥、造什么船”的问题，而战术计划则聚焦于“采用何种技术、如何建桥与造船”的现实问题，基层管理者在操作层面则更多地关心“在建桥与造船的过程中，何人分配什么任务、配备多少预算、限期几日完工”的具体问题。不难想象，在这个层级结构中所有解决问题的知识的结构、边界、价值取向，都是由最初的使命与宗旨决定的，这也正是我们称之为“元知识”的根本原因。

二、计划的分解

从上面的讨论可以看出，目标/计划的层次性与管理工作的层次性直接对应。因为目标、计划工作普遍存在，所以管理工作普遍存在。其中，计划管理的一项重要工作，就是对相关的目标进行有效分解，而这种分解又是从时间和内容两个维度上全面展开且相互匹配的。需要强调的是，很多时候，我们在实践中往往会忽视“时间”维度在计划工作中的重要性，但不同层级的计划/目标在时间维度上的差异真实存在：使命宗旨通常反映为一个长期愿景，它往往是组织或其创始人终其一生努力追求的某种价值，或毕生恪守的某种信条；而越往下层分解，组织目标那些具体表现的时间跨度就越短。

生活中的管理学

农夫山泉：从“大自然的搬运工”到“肖帅的一天”

2016 年，国内领先的饮用水生产商农夫山泉股份有限公司推出了一则新的电视广告，题为

"一百二十里：肖帅的一天"。农夫山泉一直以其广告"我们不生产水，我们只是大自然的搬运工"闻名于市场。但这样一个宏观的、二十年历史的企业宗旨如何反映在每一个职工的日常工作中？"肖帅的一天"就很好地回答了这个问题。在片中，26 岁的肖帅在农夫山泉负责水质检测工作，他的工作是以天和周为单位进行的。他每周两次进入武陵山区 30 多公里，到达六龙山区域，在经过一段 25 分钟的爬坡之后，抵达大山深处的七股水采集水样，随后送回公司检测。这也是片名中"一百二十里"的由来。

在这里需要格外注意：计划/目标的分解一定首先是一个自上而下的过程。其中可以有自下而上的成分（第五节介绍目标管理即是如此），但成功企业的首要标志应当是以组织整体的计划/目标定义各部门、各员工的计划/目标。这必须是一个瀑布式的递归过程，向下分解、层层控制，向上集成、层层加总，而绝不可能是一个完全自下而上推动的自发转变过程，后者的本质只能是企业的战略决策者推卸其管理责任，并直至层层推卸的恶性连锁反应。我们在前面曾经提到中国各类企事业单位的组织建设存在诸多能力与制度短板，这种推卸责任、转嫁分包就是其中常见的一种。

三、计划工作的重要性（目的）

确立目标、制订计划的目的是什么？

首先，陈述组织使命，建立先向下分解、后向上集成的递归过程与目标层级，从而建立起组织的合法正当性。一个企业的使命宗旨向外界宣称了这个组织因何而存在，而在组织内部的使命宗旨宣传和更进一步的目标分解则在组织内部所有成员之间建立起合法正当性，建立起组织认同感。用通俗的话讲，这个过程使得员工确认，"在这个组织中工作是有奔头的。"当华润紫竹不仅在组织内部宣传"成为中国生殖健康（甚至女性健康）领域的引领者"的企业宗旨，而且其内部每一个部门的工作安排、每一个员工的任务设定都是这一企业宗旨的派生，那么就更容易使所有员工在日常工作中而不只是公司集会时更加相信自己的确为中国的生殖健康事业做出了贡献。

其次，减少组织内部的不确定性，提高行为可预见性，激发组织成员的工作动力和责任感。当组织建立起必要的合法性和认同感，这就形成了组织内部的一种共同知识、思维方式和价值取向。这种共同价值观和共同知识在组织内部扮演着重要的"文化"角色。在这种文化力量的作用下，组织成员能够根据组织计划/目标的需要来塑造和规范自己的行为方式，以组织所期望的方式展开工作。这样一来，就减少了每一个人身上的行为不确定性，而且好的使命宗旨能够激发起组织成员的动力和责任感。相反，如果组织中目标不清、计划不明，各组织成员既不知道向何处去，也不知道如何去、铺什么路，大家就很难明确自己的工作，其积极性和责任感也势必受到影响。

再次，以计划为依据，为每个员工的工作分配资源，提供指导和协调。我们一再强调，自上而下的计划分解过程只是管理工作的一个方向，但只有把分解下去的工作集成到一处，才能够真正实现组织目标。这就决定了计划工作的一个重要功能：为指挥和协调工作提供依据，其中包括根据计划而向不同岗位配置相应的资源支持。

最后，目标和计划是后期绩效考核的控制标准。一个组织确定计划之后，执行计划得出相应的结果，要对结果和计划进行比较（见图 5－2）。如果最终产出与计划相吻合，或即便二者有偏差，但偏差尚可接受的话，即可启动新一轮计划。但是，如果计划的执行结果不理想，所得偏差超过预期，就有必要采取相应的纠正措施，重新进入执行阶段，考察新方案的可行性，也有可能直接进入新一轮计划工作，对相关工作进度进行新的安排。这意味着，目标和计划的制订是后期目标考核非常重要的一个控制标准。

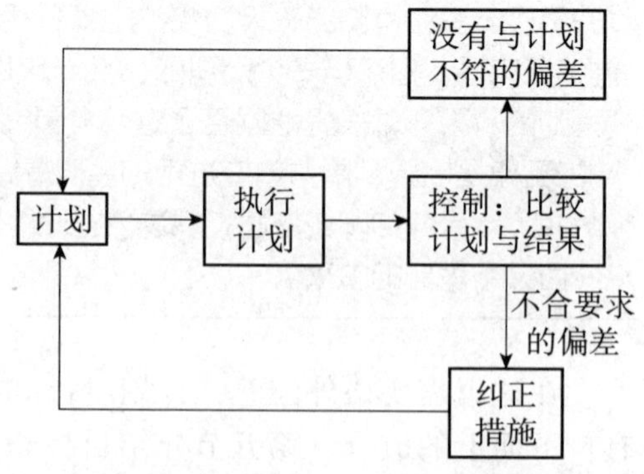

图 5－2　计划作为控制的标准

既然计划工作有这么多好处，为什么还会有这么多企业和组织忽视计划工作呢？甚至有人会认为计划工作是可有可无的。之所以出现这样的思想，还是因为当前计划工作面临的困局。其中最突出的困局莫过于：外部（竞争）环境变化太快，很有可能导致“计划赶不上变化”的情况。正因如此，中国的兵家才一直强调，“将在外，君命有所不受”，一线指挥官有临机决断的权力。对计划工作的另一种顾虑是无法接受由此造成的约束：毕竟认真执行计划，往往意味着离开个人或组织的“舒适区”，接受一种强制性节奏，甚至有时任务都是强加的，并最终实现某种改变。但市场竞争的不确定性决定了，只要有一个竞争参与者选择离开“舒适区”，发起新一轮变化，其他竞争参与者就不可能停留在以往的均衡之中，而必须随之变革。在这种情况下，越是高层计划、战略性决策，就越是需要进行有目的的设计，提前进行大量的准备工作、做好预案设计。即便“计划赶不上变化”，事先准备的预案也可以在稍加调整之后成为应付新形势的“弹药”，而毫无准备才是最为危险的行为。

第二节　战略性思维与战略管理过程

战略管理，是指为了实现组织的目标，使组织与其所处的环境之间保持高度的协调性，在制定和实施战略的过程中所采取的一整套决策和行动。而战略则是对资源如何分配、如何应对环境变化制订具体的行动计划，从而获得竞争优势，完成组织目标。这一节我们将从战略性思维的问题切入对战略管理的讨论，然后介绍完整的战略管理过程。

一、革命性战略与战略意图

前面在讨论“计划的分解”时曾经特别强调，计划的分解是在时间和内容两个维度上进行分解，但我们在实践中又往往会忽视时间维度在这一过程中的角色。

管理案例

看一位老企业家如何回击中国企业中那些流行的宿命论

1941 年出生的唐春潮是常熟开关制造有限公司（以下简称“常开”）终身荣誉董事长。在他领导常开的 20 年间（1991—2011 年），常开从一个名不见经传的小厂迅速成长为足以比肩施耐德、富士等国际顶尖品牌的低压电器生产商，也是国内产品技术含量最高的开关生产企业。正因如此，唐春潮本人曾荣获“全国五一劳动奖章”等一系列荣誉称号。2015 年秋，我们在常开总部会议室先后与唐春潮进行了四次深度访谈，其间曾经谈到一个非常重要但又非常敏感的话题，至今读来，仍会让人深有感触。这是一个七十多岁的老人在饱经商海沉浮之后说出的肺腑之言。

唐：“我们这个企业过去啥都干不了，但是现在，我们基本达到了世界一流水平，我们能够和国际上最顶尖的企业几乎同步推出新产品。”

我：“您是经历过那种天不怕、地不怕、与天斗、与地斗的年代，但是其实后来有人开始把西方人当成神，认为中国不管怎么努力都做不到那一步；要么就是认为在一代人的时间内没有希望，所以也不用想那么多……”

唐：“两千年以前我们说嫦娥奔月，那不也就是个传说？真要把人送到月亮上去，以前没有人敢想，但现在不已经登月了吗？”（见图 5-3）

我：“那当年您是怎么做到的？怎么就带着这个厂子活下来了？”

唐：“就是一个人被别人逼到墙角的时候，他要生存他必须反抗。这个时候他不能以他自己的高矮胖瘦来做决定。他要去生产，只能拼死去干，当时我们没有这个产品出来，我们的企业就完蛋了。”

图 5-3　1969 年阿姆斯特朗登月足印

上面唐春潮的例子就揭示了一个非常重要的道理：目标必须与时间成正比，但只要能够为宏伟的目标配备足够的时间，目标就终究可以达到。我们可以通过下面的图 5-4 进一步说明。其中第一幅图是“大跃进”时期一副题为“刻舟称瓜”的宣传画，这显然反映了当时老百姓“人有多大胆，地有多大产”的美好愿望。虽然这样的愿望不可能在三五年内达成，但这并不等于它永远不可能实现。在五十年之后，2008 年的北京农产品交易会上，“南瓜王”的记录已经被刷新到 300 千克。据悉，2012 年，在德国举办的一场南瓜竞赛中，最终胜出的南瓜重达 503 千克。

（a）1958 年“大跃进”时期“刻舟称瓜”的宣传画

（b）2008 年北京农交会上 300 千克的“南瓜王”

图 5-4　时间在目标设定中的作用

上面的讨论为我们理解很多企业的失败提供了另一种视角：不少雄心勃勃的企业，在行业内昙花一现，然后就因为种种原因倒掉了。倒掉的原因有很多，其中之一便是：它们并没有为自己的野心留下足够的时间，从基础做起、一点一滴、扎扎实实地往前走。这种

"急心病"在中国企业的成长过程中尤为常见。这也就应了西方企业界常说的那句话，很多企业不是死于饥饿，而是死于消化不良。只有充分认识时间的重要性，我们才能够去讨论战略性思维的本质问题，否则任何对战略性思维的讨论都只能变成妄想。

那么，战略性思维究竟意味着什么？下面我们先从案例和相关理论出发来逐步理解这一问题，然后再做进一步的总结和阐述。

管理案例

完美风暴：格力如何掌握核心科技

2010年，董明珠执意消灭全能王空调关机时在导风板与面板间的缝隙。起初，技术团队对这个要求很不理解。因为在行业历史上，导风板与面板之间的最小缝隙是1.1mm，此次全能王产品升级已经把这条缝隙缩小到0.8mm，而"无缝"，或者说"看不出缝隙"，意味着要把这个缝隙缩小到0.3mm之内。更重要的是，这样一个调整"牵一发而动全身"，工装设计、加工零件的精度都要跟进提高。但董明珠一再强调，当格力已经成为全球空调行业的领导者、没有参照物的时候，格力应该创造"完美"的空调。在董明珠的严格要求下，新的产品设计历时数月终于完成。但当新的样机摆到董明珠面前的时候，新的要求又来了：取消导风板中间的支撑连杆，因为它给人一种"粗笨"的感觉。这时，技术团队再也承受不住巨大的压力，提出了自己的质疑：他们认为这种想法不切实际。但董明珠立即予以了否定，她告诉技术人员：飞机的机翼十几米长、能在空中飞行；而我们在一个墙面上1.5米宽的距离都不能实现的话，那么一定是没有认真地研究和创新。世界上没有什么东西是不可能的。不得已，研发部门再次返工：为了解决变形问题，机体材质升级为铝合金；然后再用3个月解决了铝合金出风口的凝露问题；用4个月时间解决了出风口极寒条件下的稳定性问题。在此期间，模具部门全程配合，部门负责人还多次与研发部门负责人一起找董明珠"论理"（讨论无缝的难点）。在设计和模具问题解决之后，导风板加工问题就摆在设备部面前：使用外购机床，需要"六台日本机床干三分钟"，后来设备部自主开发金属导风板铣削机，加工速度提升到单台设备15秒/件。以"无缝"为核心的"完美风暴"集中体现了格力从产品创新到制造升级一体化战略的优势，而市场对此的回报是：在格力的影响下，"无缝"已经成为中国家用空调高端产品的标配。

很显然，董明珠在完美风暴的决策过程中就体现出很强的战略性思维特征。在我们正式讨论战略性思维的概念之前，先介绍另外两个相关概念。

（一）革命性思维

战略的本质是一种革命，而战略性思维也就在很大程度上反映为革命性的思维方式。这是战略管理领域的大师加瑞·哈默尔（Gary Hamel）提出的一种重要观点。在这项研究中，哈默尔将一个行业中的企业分为三类：规则制定者，他们是那些定义了行业现状甚至创造了行业的在位企业；规则接受者（或规则执行者），他们在规则制定者画好的行业路线上循例前行，并以这种方式表达他们对前者的敬畏之情；规则突破者，他们把在位的规则制定者划定的框架打破，转而从自己的优势出发将变革引入这个行业，从而最终导致了颠覆性变化。此时，"战略"作为一种"革命"发生并影响了整个行业。这种革命性思维的形成过程，被哈默尔总结为四个步骤：①识别出那些牢不可破的理念；②搜索间断点、寻找突破口；③明确自身的核心能力；④推动形成革命性的创意。经过以上四个步骤所形成的颠覆行业原有格局的革命性思维往往具有一种“反方向思维”的特质，这意味着它不是“沿着”原有格局的惯性方向自然地向前推进，而是以一种意想不到的方式和视角重新理解问题，也只有这样，才能撼动直至击垮行业在位者的那些基本理念。正是出于这样的原因，哈默尔一再强调用新的眼光观察、理解问题的重要性。

管理案例

乔布斯的革命性思维与苹果 iPhone 的诞生

2007 年，苹果推出 iPhone 手机，当时乔布斯就曾经断言，“iPhone 比任何其他产品领先了五年。”之所以敢这样说，是因为乔布斯为成功开发这款产品所注入的长期专注与非凡洞见。早在 20 世纪 90 年代初，乔布斯就一针见血地指出了当时 IT 行业的思维惯性：“我们的问题是，比硬件，没有哪家公司的产品能比别人好太多，做这行的人太多了。能稍微好点就不错了，而只需六个月，这种优势就会荡然无存。”

掉在地板上

打破了地板

掉在地板上

打破了屏幕

图 5－5　手机中的思维方式差异：按照传统评价标准

不难发现，无论是苹果起家的个人电脑行业，还是乔布斯重返苹果后进入的便携音乐设备行业（典型如日本消费电子企业的随身听产品），都存在这样的问题。在 iPhone 之前的很长一段时间，手机行业的思维模式也是这种基于硬件的价格战：所有主流厂商都在比拼屏幕、音效、电池容量、信号强度、物理键盘设计乃至坚固耐用（见图 5－5）。

从对主流模式的这种强烈抵触出发，乔布斯在 1999 年首先启动了一个“用手指就能直接输入的多点触控屏幕”开发计划（基于软件技术）。经过六个月的紧张开发，在 2000 年初，iPad 的雏形面世。随后，乔布斯又请界面设计师对此进行改进，并得到了增加惯性滚动功能等软件功能方面的建议。这激发了乔布斯做一部手机的灵感。在经过了漫长的开发等待和一轮又一轮的改进之后，iPhone 终于在 2007 年诞生。

后来，乔布斯回忆苹果公司的发展历程时曾经指出，“多年前，我们决定不涉足任何自己不具备核心技术的领域，否则容易输得血本无归。这是我们最重要的前瞻之一。我们意识到，对于绝大多数——也许是全部——的未来消费性电子产品而言，软件都将是核心技术，而软件恰恰是我们的强项。”而像 iPhone 这样的革命性产品，恰恰是在其他竞争产品所体现的硬件设计、工艺设计之外，极大地利用了苹果的软件能力，包括系统编写能力、应用软件编辑能力，并将软硬件“天衣无缝”地集成到一起。

资料来源：史蒂夫·乔布斯，乔治·比姆. 乔布斯产品圣经 [M]. 南京：江苏文艺出版社，2012.

（二）战略意图

“战略意图”的概念与上述“革命性思维”的思想异曲同工。这一概念是由普拉哈拉德和哈默尔两位战略管理理论大家于 1989 年提出的。时值日本企业在全球市场横行之际，这两位学者希望通过日本这面镜子理解一个重要问题：发展中国家那些在全球市场取得成功的企业的秘诀是什么？又是什么原因使发展中国家的绝大多数企业无法获得这样的发展？他们的回答是：战略意图。所谓战略意图，是落后企业对自己在行业竞争中未来地位的宏伟梦想，这是一种与其现有资源和能力并不相称的远大抱负，通常表现为“赢取行业第一”或“取得竞争胜利”，它是企业成长的动力之源。抱有这种野心的企业会更倾向于采用创造性的方式参与到行业竞争中来，从而设定目标、迎接各种挑战。这些创造性的竞争方式往往来自他们对竞争对手活动的洞察与批判，从而在其中找出薄弱环节，然后立足于自身的优势条件，发展出新的行业内容，最终成功地改变行业竞争条件。在此过程中，由于企业现状与设定目标差距太大，这种组织上上下下"对胜利的执着"，往往会在企业内部造成一种类似于"知耻而后勇"的"拉伸"，达到"使劲跳，才能够得到"的效果。相比之下，那些在追逐行业领先地位过程中最终落败的落后企业，往往没有以创造性方式参与竞争，而是对领先者一味模仿。但正是这种一味模仿，使得这样的追随者只能成为规则执行者和现状接受者，因为它们的一切工作都是领先者曾经经历的，它们所做的一切努力，对领先者而言都是透明的，这使它们在竞争中毫无优势可言。

管理案例

佳能："异想"才能"天开"的复印机行业搅局者

曾几何时，创立于1906年的施乐是复印机行业的全球霸主，它击退了IBM、柯达等大企业的进攻，强势捍卫自己在行业内的地位，甚至其英文品牌（Xerox）都成为"复印"的代名词。这种情况直到佳能决定进入这个行业之前。

佳能对自己的战略定位是"打败施乐"，但"打败施乐"并不容易。在传统的复印机行业中，施乐已经把产品和商业模式做到了极限。施乐所定义的复印机行业是这样的：产品大型化且技术复杂（采用图形转印装置），因此定价高昂，这就决定了其商业模式是租赁为主，而且施乐为此准备了庞大的直销队伍和全国性服务网络，以便取得那些大型公司复印部门主管的信任，而为了适应不同企业的不同需求，施乐的产品线复杂多样、型号众多。总之，施乐的整个战略和商业模式高度一致，想以同样的方式掀翻施乐在复印机行业的地位，无疑需要挑战者付出巨大的精力，并承担极大的风险。

面对这样的情况，佳能把想象力集中于在施乐的模式中从来不会出现的某种可能性：家用、小型，最好能够放在桌面上，而不必专门设立复印室；廉价，最好1000美元甚至更低；目标客户不是大型企业的复印部门主管，而是希望拥有独立复印能力的秘书或部门经理；因为产品便宜、适用人群更广、市场容量更大，所以要在机器和元件的标准化上下功夫，以降低产品成本、提高产品可靠性；商业模式也不再是租赁，而是通过办公产品经销商进行销售，而且只卖不租，这样还不用承担融资负担。在这个过程中，佳能公司的工程师几乎在技术上重新发明了复印机，他们用一次性墨盒代替了施乐的图形转印装置，从而从根本上提高产品性价比，极大地降低了产品维护难度。

总之，在产品技术和商业模式的每一个组成部分，佳能都巧妙地避开了施乐所设置的所有进入壁垒，以一种创造性的方式进入了被施乐统治半个多世纪的复印机行业。

二、战略性思维的本质

前面对革命性战略与战略意图的介绍为我们理解战略管理和战略性思维提供了非常重要的启示。进行战略设计和战略管理的根本目的是获得竞争优势，而根据战略管理领域著名学者迈克尔·波特的定义，竞争优势的本质正是一个组织和其他组织相比不同的独到之处，即独特性。这种独特性能够在满足顾客需求的过程中提供特殊的能力。因此，战略性思维的核心问题与本质就是寻求和定义组织的独特性，跳出领先者界定的窠臼，即"跳出圈外"。尤其是对中国这种发展中国家的企业来说，寻求和定义组织独特性的一项重要任务就是跳出对西方领先企业的迷信和盲从——“敢想”。只有敢想，才能使组织有别于竞争对手而独树一帜。结合此前我们对时间因素的强调和相关理论的回顾，我们将战略性思维总结为**“以我为主，放眼长远，立足优势，着眼于赢”。**

以上四点从不同侧面反映了战略性思维“敢想”的本质特征。其中，“以我为主”意味着不要被竞争对手牵着鼻子走，更不能出于自卑、迷信等各种心态而一味模仿竞争对手，要敢于跳出领先者划定的框架。“放眼长远”意味着要敢于为自己的战略路线图设定足够的时间，要有战略定力，而不能急于一时、忽视基础薄弱等问题，正如我们一再强调的，能够带来持续竞争优势的战略资产存量只能是在一段时期内遵循一组连贯政策的累积性结果。“立足优势”与“以我为主”紧密相关，即扬长避短，从自己的条件出发重新定义行业竞争条件和思维方式。“着眼于赢”则是讨论战略性思维的根本目的，这看起来是常识，但很多企业恰恰是在“先生存、后发展”的自我麻痹中逐渐忘记了“发展”和“赢”，也就不可能确立战略性思维，更不可能具备战略定力，最终难以从自己的优势方向上独树一帜、杀出一条血路。

这种战略性思维在中国思想史上源远流长，并在历代战争史中得到充分体现。对这种战略性思维较早的表述来自《史记》。司马迁在记录汉武帝对匈奴作战思路转变的时候曾经写道：“寇可为，我复亦为；寇可往，我复亦往。”汉武帝摆脱了被动挨打的传统思路（自刘邦立汉之后延续六十多年）的束缚，放弃了单纯的战略防御，转而采取“我复亦往”的主动出击：既然匈奴可以进入汉地劫掠，那么汉军也可以杀入匈奴。正是这一决策思想的转变，才有后来霍去病长驱直入匈奴腹地两千里，直捣匈奴王廷的重大胜利。毛泽东在长期军事斗争实践中形成的战略性思维与汉武帝的思想有着惊人的相似：从第二次国内革命战争时期游击战“十六字诀”（敌进我退、敌驻我扰、敌疲我打、敌退我追）到解放战争时期的“你打你的，我打我的”，直至朝鲜战争决策过程中“打得一拳开，免得百拳来”的重要思想，其本质都是这种战略性思维的具体体现和不断升华。

而在全球产业竞争实践中，这种战略性思维的重要性更是在全球工业领导权的反复更迭中被体现得淋漓尽致。

（1）美国与德国在化工行业的统治。化工行业堪称进入门槛最高的行业。正因如此，化工行业的产业结构非常稳定。20 世纪 20 年代以来，进入全球化工行业和制药行业前 50 名的新建企业少之又少。直到今天，一百多年前的两位领先者——美国和德国，仍然是世界化工行业的霸主。但这两个国家化工业的发展路径大不相同。早在 19 世纪，美国化工行业起步于无机化工，典型产品如化肥、炸药等产品，这与美国巨大的农业需求有着直接关系。而德国化工行业则是以有机合成发家，其核心产品是数以千计的染料产品，这得益于当时欧洲发达的棉纺织业。到了 19 世纪末、20 世纪初，美国的无机化工产品已经做到了极限，新产品开发的难度越来越大，这就把“向何处去”的问题摆到了美国化工企业面前。如果效仿德国去做有机合成染料，德国拥有的先行者优势将使美国企业难以获利。就在此时，美国西海岸发现了大油田，这让美国化工行业如获至宝。他们立即决定把石油精炼（如汽油、柴油）和石油分离物加工合成（如乙烯）作为转型的重点突破方向，绕开了德国的优势领域另辟战场。而随着染料工业的逐渐成熟，德国也开始面临转型升级的问题。德国的选择是继续发挥自己在“合成”方面的优势，转型从事化学制药工业，尽可能绕开美国在石油精炼方面的优势。

（2）汽车。1910 年以来，福特、通用、克莱斯勒相继崛起，使美国成为世界汽车工业大国。第二次世界大战之后，日本丰田意欲进入乘用车领域，便派遣丰田英二前往美国福特考察。丰田英二没有被福特的上百条冲压线吓住，反而认为福特的做法在日本行不通。因为日本市场容不下这种大批量流水线和数以十万计的同款车，而且也没有这么多资本进行如此大规模的投入。基于这样的自身条件，丰田英二提出多品种、小批量的生产方式，同时努力实现在同一条生产线上快速转产不同车型。此后，丰田对此不断进行改进，最终打造出著名的丰田生产方式，不仅实现了美国汽车企业难以企及的工作效率和质量水准，还超过各国同行，成为世界上第一个年产量过千万辆的汽车生产企业。

（3）消费电子。从二战前开始，美国的消费电子工业就称霸全球。这种格局一直维持到20世纪六七十年代。进入70年代之后，日本消费电子工业开始崛起，考虑到日本国内市场的特点和企业自身的条件，日本消费电子决定绕开由美国统治的大型化道路，转而从微型化方面另辟蹊径。正因如此，80年代之后在全球范围内获得巨大成功的日本消费电子产品几乎都带有这种小型化的影子，其中最典型的就是当年索尼的Walkman随身听。日本借助微电子技术把消费电子产品越做越小，导致了80年代之后美国消费电子工业的覆灭。此后的十几年间，美国消费电子工业几乎全盘消失。直到90年代后期，美国消费电子工业在一群软件企业（以苹果公司为代表）手中“复活”，这群企业没有跟随日本企业走上硬件微型化的道路，转而开辟了智能化产品的方向，从而打通了计算、娱乐、通信等多个产业领域，成功地从日本企业手中夺回了部分市场份额。

我们以相当大的篇幅讨论战略性思维及其相关概念，理解战略性思维的本质特征，目的在于更好地理解战略决策的思维方式，即解决如何确定“向何处去”的问题。只有解决好这一问题，对战略管理过程的讨论才是从根本上有效的，否则只能流于技术。而对中国的企业管理而言，战略性思维议题有着特殊的重要性：只有确立起正确的战略性思维方式，中国企业才有可能彻底打破先行者、发达国家划定的窠臼，“跳出圈外”，敢想敢干，从而做到真正意义上的解放思想。

三、如何实现战略目标：战略管理过程

战略管理过程是一个非常复杂的系统工程。这个过程始于评估，终于一系列具体的战略落地措施。详见图5-6。

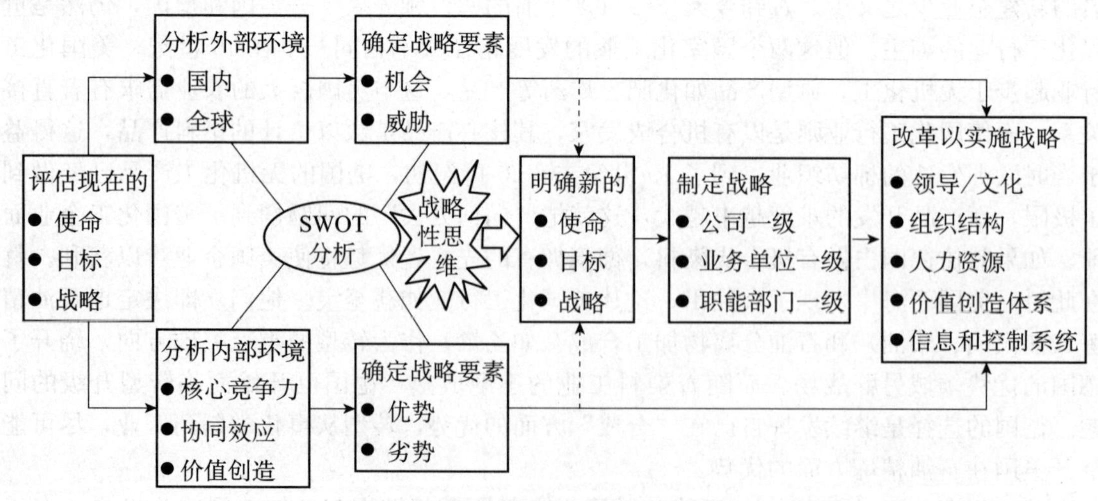

图5-6 战略管理过程

（一）评估与分析

战略管理过程中，评估的首要对象就是企业现有的使命、目标和战略。正如我们前面曾经提到Facebook的例子：在初创起步阶段，将“连接”作为企业使命的中心词或许是合适的，但当Facebook在全球范围内拥有20亿月活跃用户的时候，“连接”是否还是对企业未来发展方向的最恰当表达，就成为一个问题。在对企业现有的使命宗旨、战略目标做出恰当评估之后，就要进一步“以我为主”地分析企业的现状。这个分析被称为SWOT分析，即分析企业自身的优势（strength）、劣势（weakness），以及外部环境中的机会（opportunity）和威胁（threat）。其中，内部环境分析的目的是明确“以我为主”“立足优势”的落脚点在何处，而分析的焦点则是企业的以下几个方面。

（1）核心竞争力：区别于其他企业的那些有价值的独特性是什么；

（2）资源条件：包括组织现有结构和产品线，在组织内部创造资源的条件和从外部引入资源的条件；

（3）利用各种资源的能力：包括不同业务部门各自的效率及不同业务之间的协同效应，即组织作为一个整体的价值创造能力。

这就涉及资源的概念与类型。广义来讲，一个企业的资源包括其资产、技术和能力。其中，资产可以分为有形资产和无形资产两类，而能力则是资产、人员、组织投入产出过程的复杂结合。换句话说，我们所说的“利用资源的能力”也属于广义资源的一部分。当我们讨论资源对于企业形成公司战略、参与市场竞争的重要性时，意味着资源是有价值的。除此之外，人们还会讨论资源的稀缺性和不可模仿性。所谓稀缺性就是资源是否处于短缺供应状态；而不可模仿性则限制了竞争，也势必成为价值创造的核心。但是，不可模仿性更多时候是一个程度问题，突破“不可模仿”的关键在于时间和难度。因此，我们可以对不可模仿性进行一个基本的层次分级。

不可模仿的资源：无法复制，也无法通过学习获得，这往往同对稀缺资源的垄断有着直接关系。最典型的如专利、生产区位（如仁怀地区的独特自然环境就是茅台酒的专属资产）、独特资产（如云南白药的秘方），以及那些复杂的组织能力和惯例。

不易模仿的资源：难以模仿，但可以通过巨大的时间和人力物力投入加以解决，只是这种投入的门槛很高。典型的如商誉与品牌忠诚（如陈李济、同仁堂等有着数百年历史的国药品牌号召力）、员工满意度，以及一些不合乎行业惯常做法的重资产活动（如在家电行业集体依赖大型渠道商、展开价格战的时候，格力自主建起一套销售网络）。

可模仿的资源：只要能够保证资金投入，就可以获得的资源，而且大家对这种资源的重要性往往已经达成共识。典型的如规模经济性（如钢铁企业的规模扩张）、某种使用优先权（企业间达成松散的合作关系，约定买方在一定时间内对某种关键技术或部件的优先权，但超过这一时间段则不再具有排他性）。

易于模仿的资源：现金可以购买的商品，且毫无排他性，均属此类。

在对企业外部环境的分析中，则是利用在第三章“理解企业”中曾经讨论的外部一般环境分析（PEST分析）和任务环境分析（五力模型以及其他利益相关者分析），包括对全球化环境的分析。在分析基础上确认企业内部条件可以在多大程度上发挥作用，“放眼长远”的时间界限如何把握（比如机会窗口在何时关闭）。在对S（内部优势）、W（内部劣势）、O（外部机会）、T（外部威胁）四方面因素进行综合的基础上，准确地回答企业未来“向何处去”以及“如何去”的大致思路，即明确新的使命宗旨和战略目标，见表5-1。

表5-1　组织内部优势、劣势情况细目一览

管理和组织	管理质量，工作班子质量，集中化程度，组织结构图，计划、信息和控制系统
营销	分销渠道，市场份额，广告效果，顾客满意度，产品质量，服务声誉，销售人员流失率
人力资源	员工的经验和教育程度，工会组织情况，流失率和缺勤率，工作满意度，意见和不满
财务	边际利润，债务-资产比，库存率，投资回报率，信用等级
生产	工厂的选址位置，机器老旧程度，采购系统，质量控制，生产效率
研发	基础研究与应用研究，实验室能力，开发项目，新产品创新，技术创新

资料来源：理查德·达夫特．管理学（第9版）[M]．北京：清华大学出版社，2012.

（二）从公司层战略向下展开

在明确了整个企业在新时期、新条件下的使命、目标和战略之后，就要将这些目标和计划在时间和内容上进行分解，这种分解集中体现为战略的层次性，即从公司层战略向下展开，在各职能部门和业务单位（如产品线事业部）分别形成各自更加具体化的战略。

作为企业使命宗旨的直接反映，公司层战略要回答的核心问题是：这个企业将要从事何种任务？为此我们需要进入或退出什么行业？在明确回答这些问题之后，公司层战略的中心工作就是在不同业务单位之间取得平衡配置。此时就涉及若干种基本的公司层战略：组合战略、多元化战略和防御性战略。其中：

组合战略是将一些业务单位和产品类型合乎逻辑地组合在一起，从而达到为公司提供协同效应和竞争优势的目的。最常用的组合战略就是纵向一体化战略：沿着价值链的方向，向上游（供应商方向）或（和）下游（用户方向）进行扩张，从而将这些上下游活动变成企业的内部活动。

多元化战略则体现为向不同业务领域的展开，其中又以新业务同现有业务的关联性为标准，分为相关多元化与非相关多元化。相对而言，欧美企业的多元化战略并不突出，即便在20世纪70年代非相关多元化战略逐渐热门之后，绝大多数欧美企业的多元化程度也很有限。但日本和韩国企业则不同：在一个株式会社或集团公司的框架下，发展出包罗万象的多元化产品线，这是日韩成功企业的典型特征。

防御性战略则是以剥离和收缩为主要目的的公司层战略，往往适用于一些市场份额低、业务增长速度慢的问题类业务。

相比之下，业务层战略，即各业务单位内部的战略，则聚焦于如何参与竞争、如何做好现有业务的问题。比如对那些以特定产品为主营业务的事业部来说，业务层战略的中心工作就是解决如何把产品做好卖好的问题，以获得相应的市场占有率和利润率。各业务单元会在确定所在行业的基本环境（五力模型）之后，对进入行业、参与竞争的方式做出选择。通常而言，业务层战略会在以下三种基本战略类型中形成：

（1）成本领先战略：寻找高效生产设施，努力降低成本，以及使用严格的成本控制方法获得更低的成本水平。但“成本领先”与单纯追求“低价格”不同：后者有可能以损害企业各利益相关者为代价，甚至在工人福利、环保责任等方面进入一个“竞次”通道，而这是很多所谓的低成本企业的利润来源。

（2）差异化战略：力图使自己的产品和服务与同行竞争者形成明显差异、与众不同。

（3）聚焦战略：上面两种战略类型属于面向整个市场的广谱型战略，而聚焦战略则是将战略重点放在一特定市场或者特定顾客群体上。此时企业也有可能会在成本或差异化方面做出努力，但其目标市场高度锁定。在产业链上游的装备环节，很多企业都采用聚焦战略来参与市场竞争，比如，有的企业数十年如一日只为某一个行业提供装备设备。

最后，公司层战略还会在职能部门一层展开，服务于总部的职能部门需要协助总部完成相应的业务结构调整，包括在绩效评价、财务分析、媒体公关等方面做好相应工作；而服务于业务单元的职能部门则聚焦于将业务单位的基本战略选择具体化为特定职能领域的工作内容，如通过研发投入或（和）渠道建设来支持成本领先或差异化，等等。

（三）追求协同效应：战略设计与实施的关键

战略方向确定之后，企业决策者需要面对的核心问题是取舍和协调。因为未来发展的主干方向一经确定，就要将很多旁枝末节砍掉，与此同时在保留的各项任务之间建立起相互支持、相互强化的关系，将企业内部的各项活动有机整合起来，从而实现“1＋1＞2”的效果。而要将期望的协同效应真正变成现实，最重要的工作就是将各类资源引入到整个企业的价值创造体系之中。

其实，协同是所有企业获得发展的要害，而协同工作本身的要害则是让参与其中的每一个人不仅能够明确自己的职责所在，而且能够对所接收的信息做出准确的理解与反应。而决定这种理解与反应的质量的关键因素，正是战略决策者有意识地将企业作为一个整体并发展其价值创造体系的程度。

价值创造体系是在企业使命宗旨的推动下，其内部各个部门、各种资源要素相辅相成、相互支撑、环环相扣地连接而成的协调一致的整合系统。它在细节上往往十分复杂，并且从根本上决定了企业的独特性。只有搭建起这样的整合系统，企业作为一个整体才能创造价值。图 5－7 就是一个价值创造体系的典型构成。

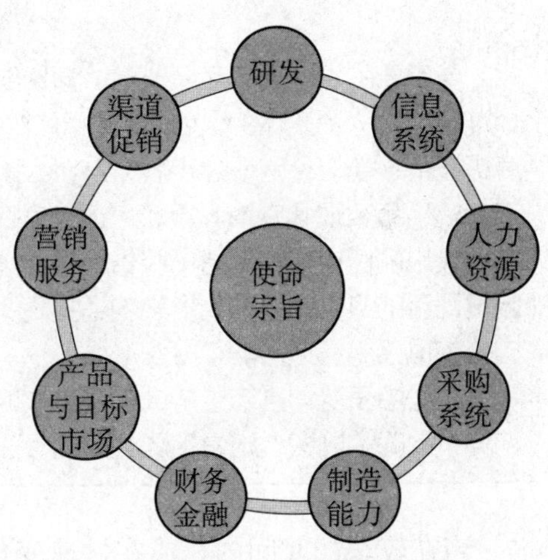

图 5－7　企业价值创造体系的基本要素

显然，在搭建这个价值创造体系的过程中，战略性思维发挥了决定性的作用：因为它不仅决定了这个体系中各个部分之间的连接方式，而且决定了资源在组织内部的分配流向。只有在这两方面都实现了“以我为主”，战略性思维的落地才变成现实。

管理案例

宜家：贯穿整个价值创造体系的成本领先战略

瑞典家具家居用品生产商宜家，是一家成立于 1943 年的老牌企业。成立之后不久，在遭遇了一场知识产权风波之后，宜家就确立了自己独立简约的设计风格。此后，随着实践经验的不断积累，这种简约的组合式家具设计风格与大批量低成本制造、卖场内部的有限服务和用户自选自助，共同构成了宜家成本领先战略的基石。图 5－8 就是这一战略在整个价值创造体系中各个要素领域的体现。

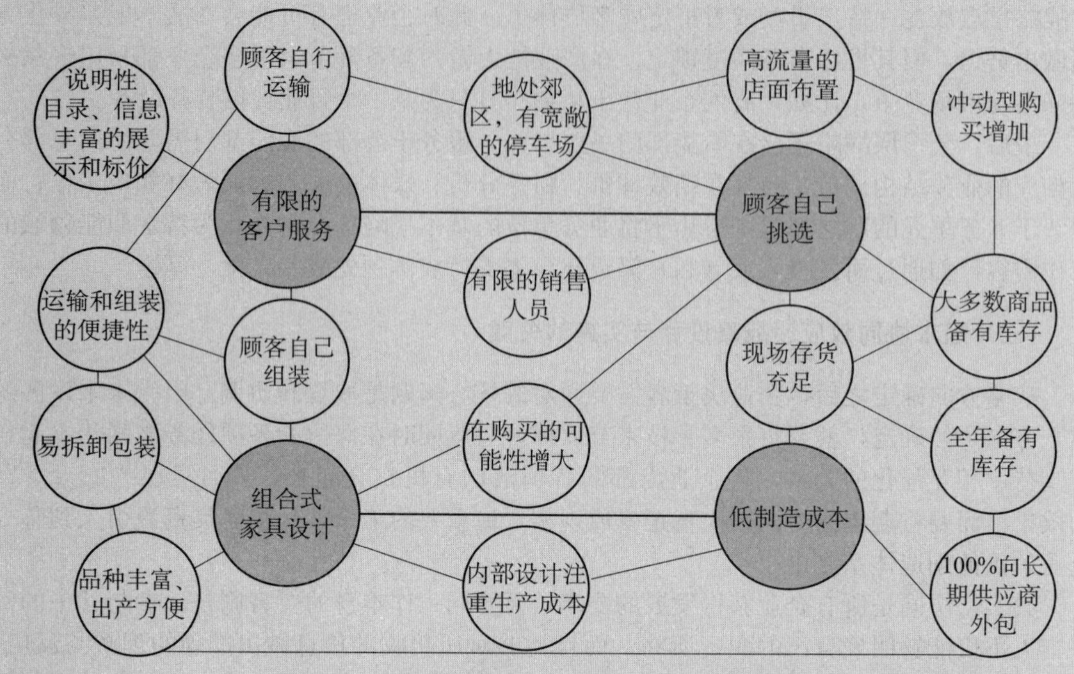

图 5－8　宜家家居价值创造体系各要素之间的联系

资料来源：迈克尔·波特．什么是战略［J］．哈佛商业评论（中文版），2004（1）．

更重要的是，宜家产品设计、营销服务、制造能力等各方面要素是通过内部一系列精细的设计连接成为一个整体的。比如说，围绕着组合式产品设计这一要素而言，因为各种产品采用了高度标准化、模块化的设计手段，所以极大地提高了在零部件层次的规模经济性，从而有利于在生产制造环节实现低成本。同时，这种模块化的产品设计和包装极大地降低了用户自行组装产品的难度，也就使得有限的客户服务成为可能；甚至由于有相当一部分人并不反感这种模块化设计和自己动手的 DIY 体验，无形之中还提高了顾客再次购买的可能性，而这种再次购买需求又与自助自选的风格相得益彰。

正是由于这种全方位的成本领先战略，才使得宜家在过去六十多年中获得了飞速发展。而这种竞争战略的内核，则是与顾客结盟、让顾客成为主角和支配者的重要理念。

当在较长的时间内，或在快速变化的环境中“久经风霜”的时候，企业所面临的最大挑战就是适时调整自己的使命宗旨，并在此基础上适时调整自己的价值创造体系，从而在不同历史时期都能找到自己的战略竞争力。这是一个追求长期协同效应的高难度过程。

管理案例

格力：从“好空调，格力造”到“让世界爱上中国造”

作为全球范围内市场占有率最高的空调品牌，格力自 1989 年创立以来就凭借这样单一的产品经营了二十多年，直到千亿产值。这可以说是世界家电工业史上空前绝后的一道风景。而之所以能够成就这样的行业奇迹，与格力电器不断调整自己的使命宗旨、不断调整价值创造体系的努力分不开。图 5-9 反映了格力过去二十年价值创造体系演进的轨迹。

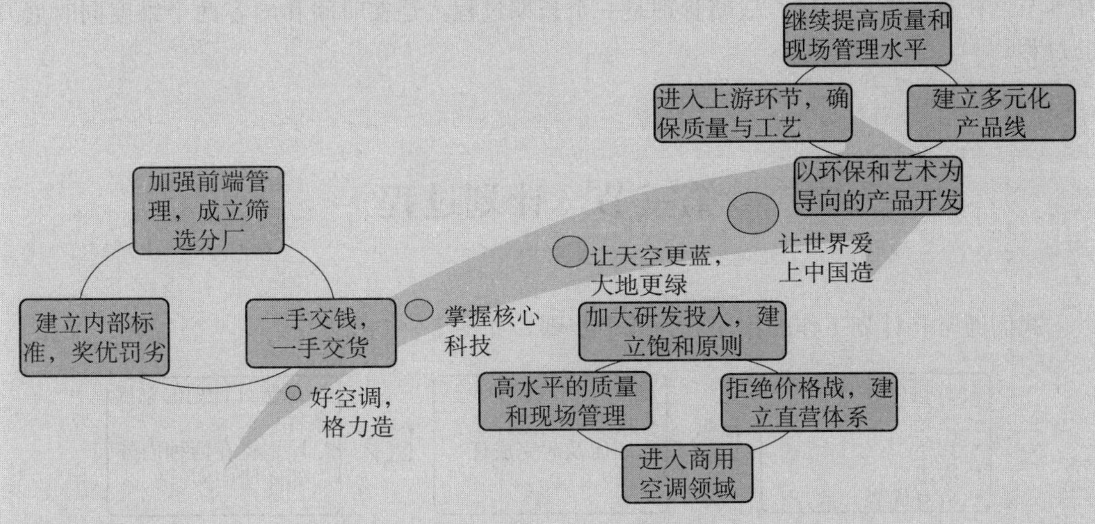

图 5-9 格力电器价值创造体系的演进过程

虽然“好空调，格力造”的广告是在 2005 年面世的，但为了实现这个目标，格力努力了十年。在产品质量问题最突出的 20 世纪 90 年代初，格力的管理层决定进行全面质量整顿。一方面朱江洪亲自负责制度建设工作、明确奖惩，对最容易出问题的生产操作环节做出严格规定；另一方面则任命董明珠负责推进“零缺陷工程”，“零缺陷工程”的一个重要举措就是在 1995 年成立了空调行业至今独一无二的筛选分厂：对进厂的每一个零部件进行质检，即便是最小的电容也不放过。紧随其后，格力又设立成本管理办公室以防采购环节的内外勾结，建立“落地返冲”制度，将零部件质量与货款结算挂钩；而在市场方面则加强控制，采取“一手交钱、一手交货”，保证了质量管理过程的现金流。正是由于在这一阶段采取的一系列质量控制措施，才有了 2005 年的那句“好空调，格力造”。

“掌握核心科技”则是在 21 世纪之后成为格力的战略目标。在一次预期成功的技术引进落空之后，格力决策层决定加大研发投入，并在这一过程中建立了“上不封顶”的饱和投入原则。与此同时，作为“好空调，格力造”的一种延续，格力车间的质量管理与现场管理水平进一步提高。而为了实现更高的利润率来支持高水平的研发和创新，格力的产品线策略也随之调整，加大了在利润率更高的商用空调领域的投入；而在渠道领域更是顶着巨大的压力拒绝了当时风头正盛的品牌渠道商，坚决建立自有直营体系，从而在压低全行业利润率的价格战之中幸免于难。近十年的高强度技术投入使格力逐渐形成了一个基于掌握核心科技的自主创新工程体系。而全方位自主创新的结果，则是不断提升的产品技术含量和逐年提升的市场占有率和利润率。

2012 年之后，随着格力在全球行业地位的巩固，格力对企业使命的理解也开始发生了更加深刻的变化。先是频发的雾霾和各种环境污染问题，而后是在国际交往中意识到中国品牌的国际知名度和美誉度仍然不高。在这种情况下，格力相继提出“让天空更蓝，大地更绿”和“让世界爱上中国造”这两个新时期的战略方向。而为了实现这些目标，格力产品线的技术定位和艺术定位都有了新的提高，与此同时，为了解决高精度制造环节的设备短缺问题，格力也在这一时期进行了一体化战略布局，向上游设备装备环节推进，并在 2015 年成立了独立的模具事业部和装备事业部。

从上面的例子不难看出，一个企业在不同历史时期，面对不同的市场环境，会形成具有时代特点的使命宗旨，并围绕这一使命宗旨逐渐调整其价值创造体系。这也体现了我们在本节之初就强调的问题，战略管理是一个长期过程，是在时间和内容两个维度同时展开的过程。

第三节　计划过程

我们通常将计划工作的程序分为八个步骤，如图 5－10 所示。

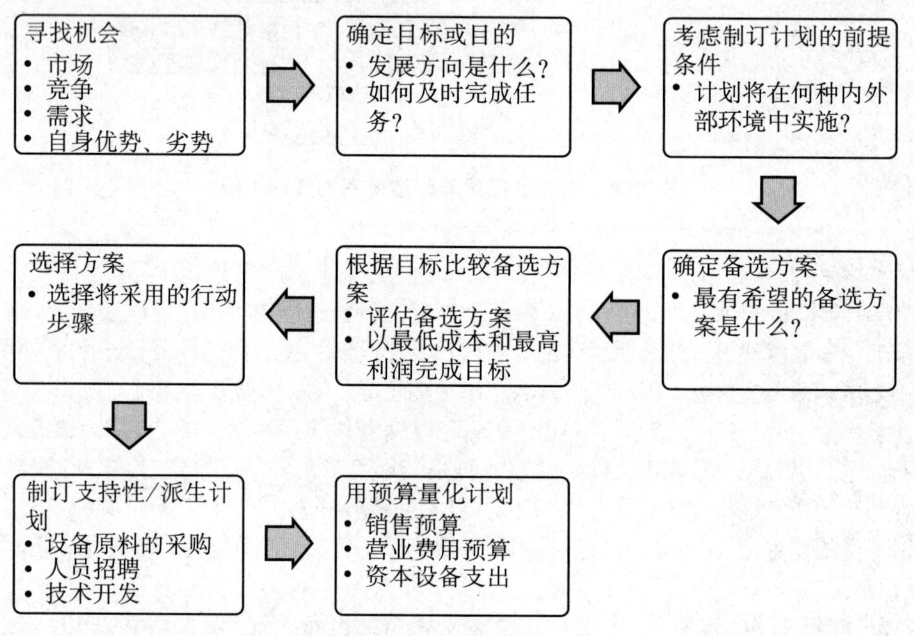

图 5－10　计划工作的程序

资料来源：哈罗德·孔茨，海因茨·韦里克．管理学：国际化与领导力的视角［M］．北京：中国人民大学出版社，2014.

一、寻找机会

通过对市场需求、行业竞争和自身条件等各方面形势的判断，寻找一个可能的行动机会，并且能够确知这些机会中所蕴含的风险。典型的机会，如市场上出现某种新需求，我国很多民营企业的进入决策都与这种机会有关；再如行业发展过程中出现了融合外部技术（技术跨界）的可能性，如我们曾经提到的通信、计算与娱乐技术的融合；还有些机会是在自身资源条件发生变化的情况下出现的，比如有的企业在经历股改、合资、引资等过程之后，进行大规模投资的能力得到了明显改善，则有可能进入某些重资产领域；当然从内部资源条件出发的“寻找机会”也有可能是对现存“问题”的纠偏与拨乱反正。不只是在产业竞争过程中，在其他类型的计划工作，包括战争准备中，寻找机会都是至关重要的起点，它为组织明确了“解决什么问题”和“因何针对于此”的问题。

二、确定目标或目的

这一环节的中心任务是明确组织未来的发展方向，以及完成这一任务的时间和方式，即回答“向何处去”的问题，并明确“如何去”的基本原则和框架。这就涉及我们前面提到的时间维度的重要性，这些目标包括长期目标和短期目标。与此同时，战略决策所具有的宏观性和框架性，也带来了定量目标与定性目标的差别。但无论确定何种形式、何种层级的目标，都应遵循一些基本原则。

管理者须知

目标应当如何确定？

“好”的目标应该具备哪些特征？一般而言，所谓“好”目标一定具有以下特征。

(1) 明确的：从结果而非行动的角度予以阐述，即明确指出“组织需要得到什么、需要你做什么”，而且这种明确也为所有必要的组织成员进行沟通创造了条件；

(2) 可测度的：很多时候是定量目标，即便是定性目标也能够进行比较评价；

(3) 可接受的：在上下级之间经过必要的沟通，具体的执行者能够接受这一设定；

(4) 可及的：虽然具有一定的挑战性，但又是可实现的；

(5) 设定时限的：具有清晰明确的时间范围。

上述五个特征，我们称之为目标设定的 SMART 原则，即明确性（specific）、可度量性（measurable）、可接受性（acceptable）、可及性（reachable）和时限性（timed）。此外，作为以上五点原则的共同基础，书面化是目标设定工作的基本要求：任何目标都应以书面方式传达，而非上级领导信口开河。

相比之下，我们在战略管理一节中强调的“战略性思维”“革命性战略”与“战略意图”等概念，其挑战性就远远超过一般情形下的目标设定，以至于它们看起来都是不切实际的目标。而这种目标也确实会让人感到压力巨大，甚至会让员工担心失败所带来的负面后果。这不仅有可能使员工失去动力，甚至会导致不道德行为。但即便如此，那些最终取得成功的宏大战略，在实践过程中的展开也反映了 SMART 原则。表 5－2 即是小松制作所（工程机械企业）在提出“包抄卡特彼勒”的战略意图之后，在二十年间这一挑战性目标逐步展开的过程。

三、考虑制订计划的前提条件

即考虑整个计划实施过程中所有的内外部环境的前提条件，其中既包括己方对环境因素的理解和分析，也包括对方对环境因素的理解和分析。决策者要试图理解对方的心理和基本假设。对于前提条件的认识，直接决定着备选方案的范围和质量。在某种意义上，这种基本假设就是我们前面提到的“基本信念”。当然，有些前提条件和基本信念是显而易见的，比如技术投入（研发与非研发）是推出新产品、开发新市场的必要条件，这种前提条件是绝大多数竞争参与者都会认可的。但还有一些前提条件，则与每一个人，甚至一个群体的固有经验、思维定式有关。这种前提条件往往会伪装成“常识”而不易被人发觉。

表 5-2　　小松“包抄卡特彼勒”战略意图的逐步展开与明确

<table>
<tr><td>公司挑战</td><td>阻止卡特彼勒进入小松公司的国内市场</td><td>在保证质量的同时降低成本</td><td>使小松公司成为一家国际性企业，开拓出口市场</td><td>回应威胁市场的外部冲击</td><td>创造新的产品和市场</td></tr>
<tr><td rowspan="7">计划</td><td rowspan="2">20 世纪 60 年代：与康明斯引擎、万国收割机公司等企业签订许可协议，以获得技术并树立赶超的标杆</td><td rowspan="3">1965 年：启动“降低成本”计划</td><td>20 世纪 60 年代初：开发东欧国家市场</td><td rowspan="2">1975 年：启动“V-10”项目，在保持质量的同时，把成本降低 10%，把零件数减少 20%，优化生产系统</td><td rowspan="2">20 世纪 70 年代末：加快产品开发，扩张产品线</td></tr>
<tr><td>1967 年：设立小松欧洲营销分公司</td></tr>
<tr><td rowspan="3">1961 年：启动“A 项目”，提高小松公司中小型推土机的产品质量，超越卡特彼勒</td><td>1970 年：设立小松美洲公司</td><td rowspan="2">1977 年：启动“180”项目，虽然当时日元与美元汇率是 240：1，但小松按 180：1 的汇率制定了整个公司的预算</td><td rowspan="2">1979 年：启动“未来与前沿计划”，在社会需求和公司技术诀窍的基础上发掘新业务</td></tr>
<tr><td rowspan="4">1966 年：启动“全面降低成本”计划</td><td>1972 年：启动“B 项目”，提高产品耐用性和可靠性，降低大型推土机的成本</td></tr>
<tr><td>1972 年：启动“C 项目”，改进挖掘机</td><td rowspan="3">1979 年：为应对石油危机而启动“E 项目”，组建团队，并投入加倍资源来提高产品性价比</td><td rowspan="3">1981 年：启动“EPOCHS 计划”，协调产品种类繁多和生产效率的矛盾</td></tr>
<tr><td rowspan="2">1962 年：在公司范围内推广“质量圈”项目，从而对全体员工进行培训</td><td>1972 年：启动“D 项目”，改进液压挖土机</td></tr>
<tr><td>1974 年：建立售前和售后服务部，帮助刚刚开始工业化的国家开展建设</td></tr>
</table>

比如在中国的产业环境中，很多企业相信技术投入在新产品开发中的重要性，与此同时，这些企业中的绝大多数也相信，只要去做技术投入就一定可以找到一个模仿对象。因为这是过去很长一段时间内中国产业发展的“常识”。但是，一旦中国企业进入世界顶尖水平的时候，如华为、济南二机床、格力、京东方等，它们就会发现过去的“常识”失效了。正是在这样的背景下，任正非才会在 2016 年全国科技创新大会上发言指出，华为正在逐步攻入无人区，“处在无人领航、无既定规则、无人跟随的困境”，甚至“感到前途茫茫，找不到方向”。这正是以往“常识”失效之后的一种典型反应。当追随者变成创新者，意识到自己的经验和常识已经失效的时候，还不是最危险的情况；最危险的情况是追随者仍然按照以往的经验和常识进行决策，却丝毫未能察觉，创新已经把计划工作的前提条件彻底颠覆。

管理案例

TCL 收购汤姆逊电子：未来已来，视野未到

成立于 1985 年的 TCL，在 20 世纪 90 年代初进入了当时正急速增长的彩电市场。在中国企业

的产品还更多地停留在21寸小屏幕产品的时候，TCL独辟蹊径，首先以一款25寸大屏幕彩电切入市场，让消费者眼前一亮。“王牌”彩电一炮打响，TCL在当时国产彩电中迅速蹿红，三年后TCL跃居中国彩电三强，并在21世纪成为中国彩电市场领头羊。

但国内市场早已不能满足TCL的雄心，1999年，TCL在越南建立了第一家海外工厂和海外销售公司，在经历了18个月的连续亏损之后，顺利拿下越南战役，自此之后，2001—2004年，TCL的海外业务平均增长速度超过100%，远远超过国内市场。总之，这一时期TCL国际化的成绩单可谓非常漂亮。

2004年，TCL在半年之内一口气在法国完成了两起重大收购，两个并购对象分别是通信行业的阿尔卡特和家电行业的汤姆逊。其中，汤姆逊的业务规格远远大于阿尔卡特，TCL从汤姆逊手中接过全球4个工厂、4个研发中心、20多亿美元的业务和17个法人实体。这起并购将为TCL提供进入北美和欧洲市场的通道，从而实现真正意义上的全球经营：其中欧洲市场总量大概接近4 000万台，而北美是3 200万台。正是看中了这样巨大的市场潜力，TCL才敢接手年亏损额1.3亿欧元的汤姆逊，并且立下雄心壮志，要重演18个月扭亏的神话，从而成为全球彩电业名副其实的霸主。

但在新公司挂牌不到三个月，一个巨大的转折最终引爆了这场并购埋下的“炸弹”。2004年底，欧洲引领全球彩电市场迅速从显像管电视转向平板电视，尚未整合好的TCL欧洲公司反应缓慢，TCL各地工厂仍大量生产显像管电视，并购时让TCL看好的汤姆逊公司3.4万多件彩电专利也没帮上多大的忙，因为它们基本属于传统显像管彩电。更要命的是，平板电视的发展势头之猛远远超过了TCL的想象。快速的技术替代意味着，谁手上的显像管电视存货多，谁的负担就大。而且，由于显像管电视的技术和价格已经基本稳定，所以汤姆逊只需要按照惯例每年跟上游供应商进行两次价格协商就够了。但平板电视的技术发展和价格波动周期都很快，那就把TCL-汤姆逊公司的步子全打乱了。

整个2005年，汤姆逊彩电方面，向TCL传递的信息只有一个，“亏损”！到当年年底，欧洲彩电亏损高达8 000多万美元，创下历史最高纪录。而2006年上半年，欧洲彩电业务更是巨亏7.58亿港元。但TCL最担心的事情此时才刚刚发生：国内市场“后院起火”了。2005年之后，国内的平板电视市场也迅速引爆，市场占有率从2004年的1.4%迅速上涨到2006年的20.5%和2007年的37%，与此同时，外资企业也借势技术革命卷土重来，以至于业内惊呼：“中国曾经花了几乎二十年的时间使彩电工业价值链的95%在本土生成，但由于CRT被平板显示器所替代并不得不依靠外国厂商来获得液晶平板显示器，中国彩电工业价值链的80%又再度转移到国外。”

资料来源：中央电视台《跨国风云》节目组．跨国风云——中国企业海外远征记［M］．北京：中信出版社，2007；路风．光变——一个企业及其工业史［M］．北京：当代中国出版社，2016.

不难理解，在并购汤姆逊电子时，TCL这一计划的前提条件就是：液晶平板的技术革命能为他们留下18个月的空窗期，从而实现扭亏为盈，甚至有可能获得更大的经济回报。其实，在当时的背景下，与TCL抱有类似想法的企业和政府官员并不在少数。当时，几乎所有的国内电视机生产企业和电视机零部件企业都假设：显像管电视不会在短期内被替代掉，因此所有企业都在拼命并购，美其名曰“承接国际产业转移”。这就是我们前面行业基本信念和思维定势的作用。

除此之外，理解竞争对手的基本信念和计划前提条件也是非常重要的工作。如在汉武帝第一次对匈奴作战，即马邑之围期间，汉武帝对匈奴方面的一个基本假设就是：敌人不会发现汉军的计划，即便发现汉军的计划也会投入正面战场，进行阵地战。但结果是匈奴军队在发现问题之后迅速撤退，没有与汉军在正面阵地展开战斗，最终使得一次调动30

万人的大型军事行动无果而终。

四、确定备选方案

寻求和检查可供选择的行动步骤。在这一过程中，根据不同的前提条件组合、定义几种未来可能发生的情形，然后据此制定相应的备选方案，或完成应对特定情境条件的“剧本”，是一种重要的手段。这种通过假设未来情形、形成最有希望的备选方案方法被称为“情景规划法”，通过这种方法形成应对不同情况的备选方案，往往会大幅提高计划工作的弹性和有效性。

生活中的管理学

情景规划：没有白下的功夫

李雷在北京读博士的时候很少回家乡济南。某一年，国庆节与中秋节重合，难得八天假期，李雷也很想念家中的亲人，于是计划买票回家。他的计划是：如果能够买到直达票最好不过；如果买不到直达票，他就坐城际列车先到天津，然后在天津转车，选一趟从东北开进山海关的火车回家。万幸的是，从北京到济南的直达票很容易就买到了。但令人沮丧的是，返程票更难买。李雷索性把刚才的思路反过来，试着先定从济南到天津的车票，果然，济南前往沈阳等地的车次还有余票，于是李雷制定了返程在天津转车的方案。

背景资料

情景规划法

情景规划（scenario planning）要求公司先设计几种未来可能发生的情形，接着再去想象会有哪些出人意料的事发生。这一方法最早作为一种军事规划方法出现，当时美国空军试图想象其竞争对手可能会采取哪些措施，然后准备相应的战略。20 世纪 60 年代之后，这种方法在经过提炼改良之后开始向企业界扩散。作为管理工具，情景规划法由于壳牌石油运用它成功地预测到 1973 年石油危机而名声大噪。当时，壳牌的情景规划小组设计了一个名为“能源危机”的情景。他们想象，一旦西方石油公司失去对世界石油供给的控制，将会发生什么，以及怎样应对。在 1973 年至 1974 年冬季 OPEC（石油输出国组织）宣布石油禁运政策时，壳牌有良好的准备，成为唯一一家能够抵挡这次危机的大石油公司。从此，壳牌公司从西方石油工业“七姊妹”中“最小最丑的一个”，一跃成为世界第二大石油公司。1986 年，壳牌再次成功利用这一方法预见了石油价格崩落，并准确决策，在油价崩落之后花 35 亿美金购买了大量油田，从而一举锁定了 20 余年的价格优势。

五、根据目标比较备选方案

根据前提条件和目标，对方案进行评估，评估实现这些方案所需要投入的成本以及这些方案最终可能实现的目标。此时，计划者的风险偏好会发挥重要作用：更倾向于规避不确定性的决策者，宁可选择低回报方案，也要确保稳健和万无一失；而更加接纳不确定性的决策者则有可能承受高风险方案，甚至不惜“杀敌一千、自损八百”。确定备选的各个“剧本”是一个做“加法”的过程，而评估比较备选方案则是在做“减法”，而且往往难度很大，会涉及多目标决策过程中的权衡与选择，这又受到决策者价值取向（目的）的影响。看重一城一地得失的决策者与以“歼灭敌人有生力量”为目标的决策者，对不同选项的评分标准和看重程度有着巨大差别。

六、选择方案

目标不一样，对方案的评估得分就不一样，最终做出的选择也不一样。选择方案就是做出最终决策，就是选定将要采用的行动步骤。

七、制订支持性/派生性计划

在选定方案、确定基本行动步骤之后，要在一系列职能方向和关联部门展开必要的支持性计划。要实现某个市场占有率和利润率目标，原材料采购、技术开发、车间管理、人员配备等各方面的工作都要有所跟进，甚至有些工作作为大多数工作的前置环节和必要条件，其工作推进还会更早，这也就是中国人常说的“兵马未动，粮草先行”。

八、用预算量化计划

把计划数字化和预算化。为各个部门、各项工作编制预算，一方面是为了计划指标体系更加明确，另一方面是使企业更易于在计划执行环节进行严格的监督控制。

第四节 决策：定义、分类与方法

一、决策的定义

对决策的讨论分为狭义和广义两个层次：狭义的决策就是计划八步骤程序中的“选择方案”，在若干备选方案中选择一个具体方案来落实；广义的决策过程甚至比“计划”的覆盖面更广，是从寻找问题和机会开始，直至解决问题并对解决方案提出评估反馈的全过程。图 5－11 即反映了广义决策过程的基本步骤。

（1）认识决策需求：确认需要解决什么问题，或面临什么机会；

（2）原因诊断分析：利用必要的概念技能，对这一问题/机会进行分析判断，不仅要“知其然”，更要“知其所以然”；

（3）制定备选方案：如果是确定性决策制定备选方案相对容易，即形成特定的标准化方案即可，如果是不确定性决策，则需要在这一环节发挥创造力和想象力，而且要最大程度地动员各方面的智慧；

（4）选择所希望的方案；对于各备选方案，进行评估之后得出的确切方案；

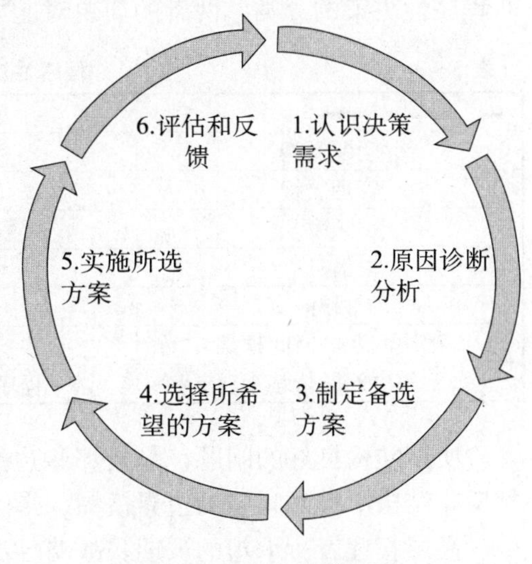

图 5－11 广义决策过程

(5) 实施所选方案：方案从纸面走进现实的“落地”环节至关重要，要确保各方面支持政策到位，还要确保全体参与人员可以清晰地理解相关指令和目标；

(6) 评估和反馈：在决策实施之后的“后评估”，能够有效地推动决策方案的不断修改和完善，以适应不断变化的形势。同时长期决策中的连续性活动涉及多阶段跨期控制，同样需要定期掌握、分析相关动态。这种“后评估”也是决策者理解环境和管理对象行为方式的一种重要手段。

管理案例

“三拍干部”的决策

很多时候，我们上面介绍的决策过程只是一种理想情形。在现实中，还有另外一种“决策”模式，“拍脑门上马，拍胸脯保证，拍屁股走人”。这种决策模式曾经频频出现在很多城市建设工程的决策过程中。主要领导干部灵光乍现，说干就干；遇到质疑的时候则满怀信心地保证；一旦出问题却溜之大吉。这是在权责结构不对称、治理机制不健全的特定历史时期出现的阶段性现象。2014 年新华社《瞭望新闻周刊》曾以《力避“塔西陀陷阱”》为题，撰文批评这类不负责任的领导干部。

二、决策的分类

对决策进行分类的标准有很多种，以下先简要介绍几种较为常见的分类。

(1) 以决策所影响的时间跨度为标准，分为长期决策和短期决策。其中，长期决策往往事关组织今后长远发展方向和全局利益，而短期决策则往往针对重复多发问题。

(2) 从决策主体的角度看，分为集体决策和个人决策。其中，集体决策的优势在于信息完备，并因此能够起到开阔思路、便利沟通的效果，而个人决策的效率优势明显。

(3) 以决策起点为标准，分为初始决策和跟踪决策。其中，初始决策之际，有关活动尚未与环境产生互动，而此后的跟踪决策则往往反映了组织对环境的理解愈发深入。

除了以上这些基本分类标准之外，在决策领域最重要的一种分类是有关程序性决策与非程序性决策的分类。两者的简单对比如表 5-3 所示，下面对此稍加说明。

表 5-3　　程序性决策与非程序性决策

	程序性决策	非程序性决策
问题类型	结构良好的	结构不良的
管理层级	较低层次的	较高层次的
频率	反复性的、常规的	新型的、例外的
信息	易于获得的	模糊和不全面的
目标	清晰具体	含混
解决问题的时间框架	短期	相对长期
解决问题依赖于	程序、规则和政策	主观判断、创造力

所谓结构良好的问题，是指那些边界清晰、目的明确，因此其答案也很明确的问题。相反，结构不良的问题的边界模糊、指向不明，这加大了找出针对性答案的难度。

高层管理者所承担的长期、战略性决策，往往更多地直面外部世界中各种不确定性，各种新出现的例外情形，并因此很难获知问题的全貌。决策过程的信息输入往往是复杂多变而模糊不全的。这样的决策条件形成了一个典型的、结构不良的决策问题。而面对这样的不确定性和结构不良的问题，一定要依靠一定的主观判断能力做出相应决策。

相对而言，基层管理者所面临的决策问题都是反复出现的、常规性的短期问题。这意味着决策目标清晰具体。解决这类结构良好的问题，当然可以采用更加可重复的、标准化的方法来处理，即诉诸稳定的程序、规则和政策，这正是程序性决策的基本特征。

自现代大型企业出现以来，这种程序性决策与非程序性决策的分化就出现了，这是由企业扩张过程的内在动力决定的。而现代企业发展过程中的一个重要任务，就是以一种恰当的组织结构同时高效地兼容上述两种决策活动而并行不悖。因此，有关这一问题将在第六章“组织”中的 M 型组织结构再做深入讨论。

另外一种决策分类则是根据决策模式，将其划分为古典（理性）决策模式、行政性决策模式和政治决策模式三类，如表 5 - 4 所示。除前面分类中所涉及的问题目标性质、信息条件等因素外，这一分类还与环境条件、决策群体的内部治理等因素相关。

表 5 - 4　　根据决策模式进行的决策分类

古典（理性）决策模式	行政性决策模式	政治决策模式
问题和目标清楚明确	问题和目标模糊不清	多元的、相互冲突的目标
环境具有确定性	环境具有不确定性	环境具有不确定性/模糊性
有关备选方案及其后果的信息充分、完全	有关备选方案及其后果的信息很有限	观点不一致、模糊的信息
为了获得最佳结果，由个人根据理性做出决策	为解决问题运用直觉进行适度满意的选择	通过各个同盟讨价还价做出决策

其中，古典（理性）决策模式所针对的问题清晰明确，环境稳定因而不会引入新的变数，这使得决策相关信息也充分完全。此时决策者能够凭借完整的信息结构，准确选择最佳反应时机和最佳处理方式，从而获得最佳结果。在这里，所谓“最佳”，一方面反映了决策目标简单明确（通常是唯一的）的特点，另一方面也反映了个人理性即效用最大化原则的作用。正因如此，这类决策才被称为古典（理性）决策，因为它恰当地反映了传统的经济管理研究“理性人”的基本假设。从某种意义上讲，古典（理性）决策与程序性决策有很大的重合。

生活中的管理学

哪些是古典（理性）决策，为什么？

1. 办公室规则：当打印机中的纸少于 20 张时，应补齐纸张，并一次性补足到 150 张。
2. 炒金大妈规则：当国际市场金价上涨到每盎司 1 700 美元的时候，抛出所有黄金。

相比之下，另外两种决策模式——行政性决策模式和政治决策模式——就很难找到这种“最佳”的效果。在这两种情形中，无论是问题边界，还是决策目标都不再简单明确，环境变化也变得更加不可控，不仅具有不确定性，甚至还带有一定的模糊性；此时，已经不可能获得充分而明确的信息。在所有上述条件的共同作用下，决策也不可能是在“理性”状态下形成的。这两种模式的根本区别根源于决策组织的内部环境。行政性决策模式更多地将决策群体看作一个理想的行政组织（即韦伯式组织），组织本身就是有着独立利益诉求的行为主体，并集中表现为统一领导和共同目标，虽然目标本身并不清晰，但其代表着组织内部的共同价值观和信念，而决策标准则从“最大化”转变为“适度满意”，或称为满意原则（下面会对这一概念给出进一步阐述）。相对而言，政治决策模式则不是以理想的行政组织作为背景。它更大程度地还原了组织内部的多元化特征，甚至其本就适用于那些利益诉求彼此冲突的松散联盟和群体。在这种情况下，决策并不是从一个有自身独立利益诉求的组织行为主体出发，而必须考虑人群之间的利益差异和利益冲突，决策过程也就因此更多地变成一个讨价还价过程，甚至变成通过结盟，一部分人团结起来抗衡另一部分人，争取或迫使其让步的过程。而通过这一过程所形成的决策，既不是“最大化”的，也不求让所有人适度“满意”，但它却可以让大家都能够接受，虽然各有让步，但也各有所得，从而维持了一定的均势。这也正是在多元利益格局中政治决策模式的意义所在。

三、行政性决策模式：不确定环境下的满意原则

行政性决策模式是一种非常重要的决策类型。诺贝尔经济学奖获得者、美国管理学家赫尔伯特·西蒙是这一理论的重要贡献者。在这套决策理论中，西蒙首先指出了古典决策模式成立的条件，即纯理性人在决策时，所有措施和方案都是已知的，而且每一方案所能取得的成果也是可以确定的，从而进行择优选择。但不论是从个人日常生活经验中，还是从各类组织进行决策的实践中，寻找可供选择的方案都是有条件的，不是漫无限制的。因此，西蒙的决策理论以“令人满意的”准则代替了传统决策理论的“最优化”原则。下面对这一理论中若干要点做进一步阐释。

首先，需要解释“不确定性”的概念。这一概念在前文中一再出现，何谓“环境中具有不确定性”？要理解“不确定性”，就必须将其与“风险”进行对比。有“风险”的决策，意味着决策有着明确的目标，也能获得充分的信息，甚至可以确知每一种可能后果的概率，但此时决策者并不能确认他所选择的方案会将局势引向何方。在这种情况下，决策者要做的是对各种可能方案的收益和概率进行分析，从而设计出一个期望损失最小和（或）期望收益最大的解决方案。相比之下，在不确定性决策中，决策者能且仅能确认期望的目标，即“向何处去”，但由于信息不对称和决策对象动态发展等多方面原因，决策者无从获知有关备选方案的信息以及未来可能发生的情况，因此无法确认各种可能情形发生的概率（即便可以确认在各种情形下的收益）。在经济理论中，人们将“风险”定义为“可测度的不确定性”，而“不确定性”则被定义为“不可测度的风险”。

生活中的管理学

源于信息不对称和事件动态发展的不确定性

李雷是一个标准的理工男，在哄女孩子开心方面很不擅长。在刚刚认识韩梅梅的那段时间，他并不能完全理解对方有些话到底是什么意思。有一次两个人去逛街，逛了很久还没吃东西，李雷就问韩梅梅想吃什么，韩梅梅脱口而出说了一句“随便”。李雷就懵了，毫无主意的他只能先拉着韩梅梅继续逛街，一直逛到两个人实在走不动了，才就近找了一家小馆子随便吃了点东西。谁知这家小馆子的食品卫生有问题，把两人吃得上吐下泻。

试分析以上一段故事中，分别在哪些环节体现了不同性质的不确定性。

行政性决策模式所面对的决策环境不可测度、充满各种不确定性，这就决定了在这种决策模式中的三个关键词：信息不充分、有限理性和满意原则（见图 5-12）。

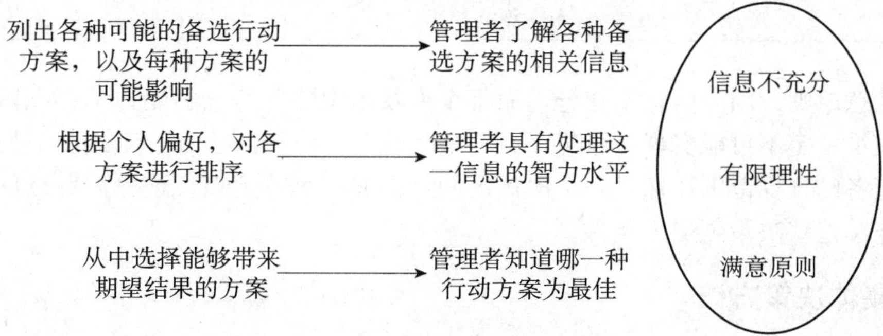

图 5-12　行政性决策模式的要素

（1）信息不充分：正如前面所说，信息不充分的重要原因在于信息不对称和情势的动态发展，即前面所说的不确定性。无论是个人还是组织，很多时候都无法确认现实环境多么复杂，未来环境如何变化。

（2）有限理性：这一概念与“经济人”假设中“完全理性”概念相对，意在指明人类行为中能力的边界。在高度不确定的环境条件下，我们很难根据个人偏好对各种决策方案给出正确排序，因为一方面我们不具备处理如此复杂的信息的智力水平，另一方面我们的经验会限制我们更多地采用熟悉的方式去处理有关信息。因此，每个人、每个组织的思维方式决定着他们解释世界的方式，这也就导致了世界上的“歧义”现象，而“歧义”的存在又成为信息不对称的一种重要源头。如图 5-13 所示，环保主义者就更有可能一眼看到树干上的鸟巢和还巢喂食的“家长”，而血气方刚的小伙子则更有可能一眼看出一位柳叶弯眉的美女。

图 5-13　有限理性：歧义图

管理案例

用熟悉的方式解释世界：大企业的灾难

很多时候，企业组织也是习惯于用自己熟悉的方式解释世界，它们尽可能地把环境变化解释为自己在历史中经历过并成功解决的那些问题。正是由于这样的思维方式，众多经历过极度辉煌的伟大企业最终难逃落寞。面对市场变化，柯达就只看到自己希望看到的东西：胶片的市场成长仍然旺盛，因此胶片相机还有巨大的市场，在这种情况下，作为数码相机的最早发明者，柯达反而错过了数码相机市场。计算机行业也是如此：当年最老牌的企业 IBM 只看到自己熟悉的大型机市场的发展，却对苹果的乔布斯和沃兹尼亚克开创的微机时代等闲视之，甚至将其视为玩具，最终被大型机绑架了思维方式的 IBM 在应对微机市场大爆炸的时候非常被动。近年来最典型的例子是诺基亚：早在十多年前，诺基亚就拥有了一整套完整的智能手机技术，但是诺基亚的高层仍然相信功能机市场会持续不断地发展下去。这种在历史中形成的有限理性严重束缚了诺基亚内部的交流氛围，甚至造成中高层管理人员内部普遍流行一种恐惧感，他们“不敢”去想“智能手机”这码事。最终，苹果以 iPhone 打破了这个僵局，短短几年，诺基亚兵败如山倒。

（3）满意原则：因为信息不充分，而且个人及组织处理信息的能力又存在限制，这种情形中的决策一定不可能实现“最优”或“最大化”，而只能是“满意”或“过得去”。这意味着决策者的选择范围往往是一个次优区间，而非一个特定点，这也为后续的决策评价与反馈、连续追踪决策创造了条件。

四、集体决策方法

组织同样是有限理性的。在这种情况下，就尤其需要一系列的集体决策方法，帮助组织及其中的个人削弱有限理性的束缚，进一步扩大其理解问题的视野和思维方式。

（一）头脑风暴法

我们可以把头脑风暴法的基本原则概括为“面对面的相互启发，但互不评价”。在这一过程中，参与讨论的所有人围坐在一起，针对一个特定问题或大家感兴趣的领域给出自己的解决方案。在给出方案的过程中，可以借鉴此前参与者提出的创意，也可以自由发挥，但不能对此前的观点给出负面评价。这种集体决策方式的目的在于尽可能地打破框架约束，在短时间内产生新观念、激发创新设想，从而找到可能的突破口。在这一过程中，“正面评价”和“相互启发”至关重要，但其分寸把握也有一定难度：一方面这种正面反馈可以激发起参与者贡献新创意的积极性，但另一方面过分突出某些观点，也有可能使讨论过程向某一个或某几个方向聚焦、助推群体思维，从而将整个讨论和碰撞过早地引向结论，极有可能“耽误”甚至扼杀了更好的想法。

生活中的管理学

沙书记应该第几个发言?

在电视剧《人民的名义》第九集中，中共汉东省委召开紧急常委会，冻结了上百名干部的任命决议，与此同时，省委书记沙瑞金单刀直入挑起侯亮平的任命话题，直指侯亮平是最高检派来的，带有重要使命前来汉东，所以他特批侯亮平先到岗上任，再走任职审批程序。沙瑞金提出这一任命之后，让常委会各位干部投票表决，得到了大家的一致同意。但沙瑞金书记的这一做法违反了“主要领导末位发言制”的原则。按照“主要领导末位发言制”的设计，在某一部门党委（党组）成员的决策会议上，发言被分解为不同顺序：首先由需讨论研究事项的分管党委（党组）成员提出相关意见和建议；其次分别由其他党委（党组）成员发言；“一把手”则在最后，即末位，综合归纳集中与会成员的意见。如果“一把手”先发表意见，往往其他成员会“顺着说”，或“论证主要领导意见的正确”。

为了克服这种群体思维，我们可以对头脑风暴法稍加改造，如变“面对面的相互启发”为“背靠背的方案征集”，从而给每一个讨论参与者以更加自由的“大开脑洞”的环境，而不至于在其他人的推动下被卷入群体思维。还有一种叫电子头脑风暴法：大家在虚拟空间中、开放平等的氛围内共同讨论问题，近年来QQ、微信等即时通信工具的发展为电子头脑风暴法创造了有利的条件。

此外，头脑风暴法的组织者也应格外注意：某些性格特征的人并不适合参与头脑风暴，这就要求组织者对参会人员进行适当的遴选。比如，那些总想做明星的人和独裁者往往只顾着自己出风头、做老大，而听不进不同意见，这种人的存在往往会形成助推群体思维的压力；还有一些人是天生的想法杀手，或是蓄意阻挠达成共识，他们往往会违背“互不评价”的原则；极度内向的人往往是头脑风暴的扫兴者；而那些游手好闲的社会闲散人员，则往往会把讨论引入跑题状态，同样不利于得出结论。

（二）辩论

思维方式和立场的差别是从分工开始之日起就存在的必然现象。正因如此，无论是一个组织内部，还是在更宏观的社会层面，不同部门、不同人群之间的思维差异和利益冲突在所难免。而辩论正是将这些差异和冲突摊在阳光下，从而获得折中的或更好的解决方案的集体决策手段。不同观点之间展开建设性的冲突，具有多方面的好处：①能够使问题的重点更加突出；②使人们的思维更加清楚；③能够鼓励创造性的解决方法；④对于问题及其解决方法达成更加广泛的认同，从而提高决策的质量。在这一过程中，要注意确保讨论者的多样性，有时甚至可以为此专门安排唱反调的人，从而站在所有人的对立面上提出挑战性的观点，迫使大家重新考虑。而这样做的重要意义恰恰在于我们在前面一再强调的要害问题：使决策者对整个过程的前提条件进行深入理解和分析，不断挑战固有思维和僵化“常识”。

管理案例

产品总集成师的角色

Z工是一家机床企业的产品总集成师，这个头衔就是为他量身定制的，“集成”的意思就是“机电一体化”。但集成并不容易。在设计产品整体架构和确定关键功能点的时候，Z工都会谨慎地组织各个模块的负责人进行充分“友好”的“讨论”。因为他清楚，这个项目从一开始设计架构的时候就是拆分开的，每个人都只做相应的细分的一小块，所以每个人都会站在自己那一块的角度上相互“打仗”。有些东西虽然他也不全懂，但是听着听着就能听出点苗头，知道每个人出发点是什么。有些时候如果没有“听透”，他甚至还会从旁撺掇，让各部门继续“吵”。通过这种方法找到对每一块最有利的，然后再集成在一起。当然，在这个过程中，Z工非常注意分寸，他总是在这些辩论中一再告诫自己，一定要管住自己的嘴，尽量让别人先说。尽管不同意发言者的观点，但他还不能一棒子把对方打死。

（三）德尔菲法

与头脑风暴法相比，德尔菲法的基本原则可以概括为“背靠背的专家函询，但相互参考”。德尔菲法的实施过程包括以下基本步骤：

（1）确定决策问题和主题，并据此组成专家小组，专家小组一般不超过20人；

（2）向所有专家提出要解决的问题及相关需求，并附上所有背景资料，给其相应的信息，然后由专家给出书面答复，即函询；

（3）各个专家在接到这个任务之后，根据自己的经验，并结合材料，给出预测意见，说明相应的理由，或是根据要求对未来情景给出排序；

（4）第一次函询后对专家意见进行汇总集中，汇总后得到一个打包的方案集合（即第一轮专家结论的加总），然后将这一方案集合再次发放给专家，从而使他们能够相互参考，并在此基础上修改自己的意见和判断，包括经启发后提出更具解释力和说服力的意见；

（5）第二轮函询之后再次收集汇总有关意见，再次分发给专家，并邀其再次修改。通过这种“分发→收集→汇总→评估→再分发”的循环，最终对所有专家意见进行综合处理，得出相应的结论。

第五节 目标管理

在我们以上对计划问题的讨论中，都是在严格意义上的科层制背景下讨论的，即彻底的、自上而下的计划决策过程。但随着社会发展，底层的活力不断蓄积，这就对自下而上的组织行为提出了要求。而在计划领域，目标管理是这种自下而上力量的典型代表。

一、目标管理的定义

目标管理（Management by Objectives，MBO）是现代企业管理中常用的一种计划管理手段。这一思想由德鲁克在《管理的实践》一书中率先提出。在德鲁克看来，随着美国产业不断发展，社会不断进步，企业内部发生了一些非常重要的变化。

一方面，受过高等教育的专业人才进入企业工作的比例大幅增加，在这种情况下，企业的专业技能水平自然得到了保障，专业化水平得到了提高，但这也会导致过度专业化的倾向。正如我们在日常工作中经常见到的情况，每个专业人士都有可能在进入工作岗位之后，过度狭隘地认为自己的工作最重要。

管理者须知

谨防过度专业化的危害

近年来，我国政府开始大力宣传“工匠精神”，希望通过鼓励基层作业环节的专业精神来扭转和解决我们在车间现场遇到的一些具体问题。但是，日本却在过度放纵“工匠精神”、专业化过度上吃了大亏。曾在日立工作 16 年、现任京都大学和日本东北大学教师的汤之上隆认为，日本制造业的一个重要教训，就是过度依赖工匠精神与手工艺者的技艺，而忽视了产品的标准化与通用化，严重缺乏低成本量产能力；过于苛求于性能与指标的极致，而忽视了市场实际需求水平，投入不必要的成本，致使市场出现变化的时候在研发上不能及时调整产品。这也成为日本企业产品成本居高不下的一个根源。

另一方面，产品技术越来越复杂、多学科特征越来越强，这要求专业人才之间实现更加紧密的合作，并要求管理者，包括那些最低层次的管理者都要把企业和自己负责的工作看作一个整体，明确组织的目标以及组织对自身工作的要求。

上述二者之间的矛盾要求必须及时调整管理方式：要激励每位管理者在正确的方向上投入最大的心力，既要鼓励他们把高超的专业技能发挥到最高水准，又要让“各路好汉”的“十八般武艺”充分地服从和服务于企业的整体绩效目标，而不只是沉浸于追求高超的专业技能水平本身。在此过程中，就要让这些专业技能人才从企业的立场出发去设定自己的工作目标。

正是从这样的背景出发，为了实现新的管理方式，德鲁克提出了“目标管理”的基本理念。这套管理方式的基本原则就是让管理者和员工为每个部门、每个项目以及员工自己设立目标，并且用这些目标来监督随后的业绩表现，通过引入“自上而下”与“自下而上”两条目标设定的链条，有效地调和“紧密合作”与“高度专业”之间的潜在矛盾。实现这种调和，就要求目标管理必须体现以下两个基本原则。

（1）以目标为中心：其中既包括组织整体的、总和的目标，也包括将这一整体目标分解转换之后得到的每个部门、每个员工的分目标。大家共同为组织目标负责，每一个员工为自己的分目标负责。

（2）以人为中心：强调企业中每一个人的主动管理，也相信员工能够进行自我管理，为自己主动设定的业绩目标去努力。这在一定程度上呼应了德鲁克所说的“受过高等教育的专业人才”的特点。这些专业人士更多地出于专业精神去从事工作，是为了享受工作过程带来的乐趣和收获，而不是为了工作而工作，更不只是单纯地以赚钱为目的。这也为他们进行自我负责、主动承担管理控制责任创造了条件。从这里也不难看出，德鲁克在提倡目标管理这套方法的过程中，他对人性的假设是美好的：他相信人们会为承诺的目标服务，也会实现自我管理与控制。换句话说，在这里，德鲁克是从 Y 理论的视角去理解那些“受过高等教育的专业人才”。

二、目标管理的过程

目标管理过程可以大致分为四个步骤（见图 5-14），它们共同体现了上述以目标为中心和以人为中心的基本原则。

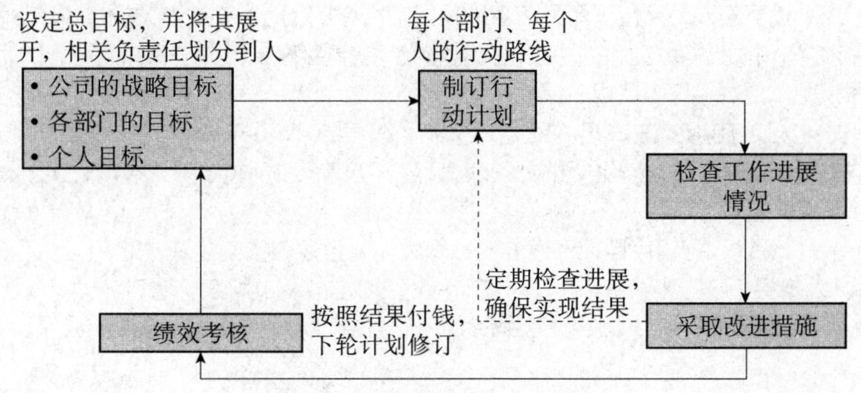

图 5-14　目标管理的过程

第一步，设定总目标，并将其展开，相关责任划分到人。在这一过程中，需要首先确定组织整体的战略与目标，然后交由各部门去讨论：为了实现公司战略目标，各部门分别需要做出哪些努力，应该如何部署本部门的工作重点。在此基础上，部门经理及其下属管理者共同参与具体目标的设定；每一个人在与经理人员协商讨论后，根据各自职责领域对应的具体目标提出自己的目标。对于团队来说，所有的团队成员都应当参与目标的设定。总之，相关责任划分到人的过程是一个“自上而下”与“自下而上”相结合的过程，只有这样才能保证达成目标的责任感。

第二步，每个部门、每个人要制定出相对应的行动方案，形成具体的工作路线图，这一过程也是由管理者和员工共同商定、一致通过的。

第三步，检查工作进展情况。实施方案期间要定期评估为实现目标所取得的进展，并提供反馈。这些检查工作可以让管理者和员工了解工作的具体进展情况，以及是否需要采取改进措施。如果检查发现偏差，或者阶段性目标的实现存在困难，就需要采取相应的改进措施，以确保目标按期实现。目标管理的要害就是实现目标，无论是整体目标还是个人目标，任何时候只要目标可能无法实现，就必须修改行动计划。

第四步，评估总体绩效。在确定结果之后，按照结果付钱，按照产出付钱，奖勤罚懒、奖优罚劣，同时启动下一轮计划的修订工作。高水平的绩效评估可以为新一轮目标设定提供过硬的输入信息，从而实现组织整体发展的良性循环。

管理案例

中国式目标管理的典范：海尔“人单合一”模式

2007年起，海尔集团推行人单合一自主经营体模式，所有业务分解成2 000多个自主经营体，将决策权下放到基层，变传统的“正三角”组织结构为“倒三角”。自主经营体分为三个层次：第一层是一线经理组成的经营体，他们直接面向市场，为客户创造价值，追求速度；第二层是内部资源平台经营体，为一线提供资源服务，如供应链管理等；第三层是企业高管及幕僚人员组成的经营体，为企业提供战略管理政策，并为下级协调配置资源。面向一线的自主经营体是海尔最小的经营单元，其负责人及团队直接面对客户，了解客户需求，并据此自行提出本经营单元的发展计划，他们不仅对产品和成本负责，还需对利润负责。在这种模式下，每个经营单元提出的计划由于来自一线，其可行性更强，而且目标的实现能带来超高的经济收入和成就感。而在金融危机的背景下，这种运营方式还产生了意外的效果：具有极强的倒逼能力。得益于这种倒逼，海尔在“家电下乡”中占有很高的份额，因为在城市销售的产品直接拿到农村去会有问题，比如农村的电压不稳，于是海尔提供了停电还可以保证两天不化冻的电冰箱；有些地方没有自来水，海尔就提供没有自来水也可以使用的洗衣机。正如海尔集团首席执行官张瑞敏所说，因为“人单合一”，“以前领导指挥员工，现在变成领导和员工一起听客户指令；以前员工只是被动听命于领导，现在变为主动创造用户需求”。

“人单合一”保留了德鲁克目标管理的很多思想，但也对德鲁克的设想进行了大手笔的改造。与此同时，“人单合一”的实施有赖于一些基本假设的成立。对此你怎么看？

资料来源：张瑞敏．让每个人成为自己的CEO——打造“人单合一”的双赢文化［J］．中外管理，2009（12）．

三、目标管理的局限

正如我们一再强调的，德鲁克提出“目标管理”的理念，从根本上是出于对“受过高等教育的专业人才”的人性的信任，即Y理论的观点。但专业人才一定擅长自我管理吗？

专业人才一定能够保证个人目标服务于组织整体绩效目标吗？对这些问题的回答显然是否定的。因为越是专业领域，工作目标就越难设定：我们可以限定流水线上的组装工人按照生产节奏每天工作八小时、产品合格率超过99.99%，但我们无法保证研发人员的每一次实验都能取得成功，也很难确定销售经理的每一次走访都能带来客户。因此，目标管理的这些基本假设决定了其内在无法克服和避免的一些问题。

这些问题的核心在于：以“分析”“拆解”的方法将组织整体战略目标转变为若干“小”专业目标的简单加总或流程序列，这有可能伤害整体战略目标中某些不可分的成分的重要性，甚至将其消解。正是这一根本问题，才导致了对目标管理诸多批评中最核心的两条：容易忽视非数量性目标，短期化趋向明显。之所以会忽视非数量性目标，是因为上级要尽可能设定对专业性工作的监督标准；之所以设定短期化目标，是因为计划工作的层次性早已决定，越是组织底层的工作，其时间跨度越短。而在这两种力量的共同作用下，受伤害最严重的恰恰是那些无法数量化但又高度专业的长期战略性目标。从这个角度来看，以目标管理为发端的数量化管理手段是发达国家工业竞争力衰退的一个重要原因。

管理案例

通用汽车：绩效至死

曾在美国汽车界有着47年从业经历的“产品大帝”鲍勃·卢茨，在卸任通用汽车副总裁之后著书，回忆总结通用汽车几十年的历史教训。这本中文题为《绩效致死——通用汽车的破产启示》（见图5-15）的回忆录在2011年荣膺《金融时报》年度最佳商业图书。在这本书中，卢茨对那些因为目标管理等绩效管理手段造成的业务碎片化、管理数字化、避重就轻和工业精神衰退予以强烈抨击。

图5-15 《绩效致死》封面

在一次冗长的汽车战略委员会会议中，屏幕上展示了一个巨大的方格图，其中列出了每一个现有的业务优先事项，这些事项包括“提高市场份额”“减少单车组装工时”“加速投放市场”“实现多样化目标”“减少高管数目”等，在这个巨大的表格中某个并不突出的小格子里，掩藏着“实现产品卓越”的字样。卢茨认为，这正是通用汽车问题的核心症结所在：“产品卓越”只不过是这一堆公司应该追求的目标之一。而卢茨的建议是：应该把这个巨大表格换成大向日葵的形状，中间是巨大的“产品卓越”字样，周围则是一片漂亮的黄色花瓣，表示有助于实现中间大目标的其他小目标。

在这个巨大表格落地的过程中，不可避免地产生了类似的问题。在卢茨看来，把总目标划分为近乎机器人一般的产品规划流程之后，整个产品研发体系变得太过“民主”，太多的“厨子”提出太多的意见，还必须遵守太多的可疑“标准”或准则。这种流程化管理、数量化管理的优势仅仅在于它能以可重复可预测的方式生成有用的数据，但是它永远无法独自推动产品组合。

卢茨强烈批评在专业领域的过度量化和短期化，他认为这种做法的结果只能是无法成就卓越。他甚至为此批评商学院教育，认为大学培养出大批聪明的年轻主管，他们在摆弄数字和商务术语方面都非常有技巧，擅长分析，却不能接受那些显而易见的、简单的事实以及常识，也很难用“智慧”和“创造力”来形容他们，因为他们无法用右脑感知、无法跳过无数表格分析而直接看到解决方案，而这恰恰是战略性能力缺失的表现。

除此之外，还应注意到目标管理的其他缺陷或操作难点，如：

(1) 在环境快速变化的背景下，存在目标修正不够灵活的问题。目标管理中的目标是经过上下级反复沟通协商之后确定的，这就赋予目标体系以较强的合法性，而且每个局部目标的设定都与其他很多部分紧密关联，牵一发而动全身，从而使其表现出惯性特征。在快速变化的市场环境中，尤其是在那些遭遇结构性变革（如发生技术革命）的行业中，目标管理的这种惯性特征往往会成为阻碍企业应对威胁、转型求变的羁绊。

(2) 如果上下级关系欠佳，也会影响目标管理的效果。因为“双向互动”是目标管理的重要内容，是将整体目标分解、责任到人的关键环节，如果上下级之间关系龃龉，这个“双向互动”的对话将很难展开。

■ 本章小结

计划就是实现目标的蓝图，并且依据这一蓝图对必要的资源分配、工作进度、任务分解和其他工作作出进一步的具体规定。

组织目标/计划的反映形式与内容，在不同层级之间存在巨大的差异，而且目标/计划的时间跨度也随之发生变化：层级越低，计划跨度越短。

制订计划的目的包括：陈述组织使命，建立起组织的合法正当性；减少组织内部的不确定性，提高行为可预见性，激发组织成员的工作动力和责任感；以计划为依据，为每个员工的工作分配资源，提供指导和协调；为后期绩效考核提供控制标准。

革命性思维的形成过程，分为四个步骤：①识别出那些牢不可破的理念；②搜索间断点、寻找突破口；③明确自身的核心能力；④推动形成革命性的创意。由此形成的颠覆行业原有格局的革命性思维往往具有一种“反方向思维”的特质。

战略意图是落后企业对自己在行业竞争中未来地位的宏伟梦想，这是一种与其现有资源和能力并不相称的远大抱负，通常表现为“赢取行业第一”或“取得竞争胜利”，它是企业成长的动力之源。

竞争优势的本质是一个组织和其他组织相比不同的独到之处，即独特性。这种独特性能够在满足顾客需求的过程中提供特殊的能力。战略性思维的核心问题与本质就是寻求和定义组织的独特性，跳出领先者界定的窠臼，即“跳出圈外”。我们将战略性思维总结为“以我为主，放眼长远，立足优势，着眼于赢”。

战略管理过程包括三个基本环节：评估与分析，从公司层战略向下展开和追求协同效应，其中追求协同效应是战略实施的重要内容。

SWOT 分析，即分析企业自身的优势（strength）、劣势（weakness），以及外部环境中的机会（opportunity）和威胁（threat）。

一个企业的资源包括其资产、技术和能力。其中，资产可以分为有形资产和无形资产两类，而能力则是资产、人员、组织投入产出过程的复杂结合。

业务层战略包括三种基本类型：成本领先、差异化和聚焦战略。

价值创造体系是在企业使命宗旨的推动下，其内部各个部门、各种资源要素相辅相成、相互支撑、环环相扣地连接而成的协调一致的整合系统。

计划工作的程序包括八个步骤：寻找机会，确定目标或目的，考虑制订计划的前提条件，确定备选方案，根据目标比较备选方案，选择方案，制订支持性和派生性计划，用预算量化计划。

目标设定的SMART原则，即明确性（specific）、可度量性（measurable）、可接受性（acceptable）、可及性（reachable）和时限性（timed）。

狭义的决策就是在若干备选方案中选择一个具体方案来落实；广义的决策过程是从寻找问题和机会开始，直至解决问题并对解决方案提出评估反馈的全过程。

程序性决策和非程序性决策在问题类型、时间跨度、决策层级、决策方法、决策频率、信息条件和决策目标等方面存在显著差异。

根据决策模式、环境条件和决策群体内部治理等因素的差异，决策可以分为古典（理性）决策模式、行政性决策模式和政治决策模式三类。

在经济理论中，人们将“风险”定义为“可测度的不确定性”，而“不确定性”则被定义为“不可测度的风险”。

行政性决策模式包括三个基本要素：信息不充分、有限理性和满意原则。其中，信息不充分的重要原因在于信息不对称和情势的动态发展；“有限理性”概念则与“经济人”假设中“完全理性”概念相对，意在指明人类行为中能力的边界；而“满意原则”意味着决策一定不可能实现“最优”或“最大化”，而只能是“满意”或“过得去”。

集体决策方法包括头脑风暴法、德尔菲法和辩论。

为了实现新的管理方式，德鲁克提出了“目标管理”的基本理念。这套管理方式的基本原则就是让管理者和员工为每个部门、每个项目以及员工自己设立目标，并且用这些目标来监督随后的业绩表现，通过引入“自上而下”与“自下而上”两条目标设定的链条，从而有效地调和“紧密合作”与“高度专业”之间的潜在矛盾。

目标管理过程可以大致分为四个步骤：设定总目标，并将其展开，相关责任划分到人；每个部门、每个人要制定出相对应的行动方案；检查工作进展情况；评估总体绩效。

目标管理方法的根本缺陷在于以“分析”“拆解”的方法将组织整体战略目标转变为若干“小”专业目标的简单加总或流程序列，这有可能伤害整体战略目标中某些不可分的成分的重要性，甚至将其消解。

■ 复习思考题

1. 计划工作包括哪些功能？
2. 什么是五力模型？
3. 计划工作的基本程序步骤包括哪些环节？
4. 对比程序性决策和非程序性决策。
5. 行政性决策模式包括哪些特征？
6. 试述目标管理的大致流程。
7. 试述目标管理的缺陷与不足。

管 理 学 原 理

第六章 Ⅵ 组 织

本章要点提示

· 组织的定义与过程
· 组织设计的关联性维度与结构性维度
· 管理层次与管理幅度
· M 型组织结构的历史、特征与优势
· 各种有机式组织结构的特点、优劣与关键影响因素
· 战略人力资源管理过程

引 例

S 公司是一家地处东北的老牌集团公司，历史悠久、根基深厚。但近年来行业发展变化太快，S 公司疲于奔命，希望在本地开展一些核心技术攻关，但一来感觉当地人才条件不太理想，二来集团公司内部原来几个分公司之间的关系没有理顺。最终，集团公司总部决定在东部沿海地区成立一家分支机构。但这也有问题：因为 S 公司从来没有涉足过核心技术领域，对于这个新的分支机构招聘、选人用人方面的工作还没有太大的把握，而且如何处理这个外地分支机构与总部以及其他业务部门之间的关系，也是未知之数。一大堆头疼的问题摆在 S 公司集团领导的办公桌上……

很多企业在发展、扩张、转型的过程中都会面临 S 公司这样的状况：组织结构如何适应组织战略、采用不同组织结构会带来什么优势与劣势，以及在建立组织结构之后如何进行人力资源管理工作，等等。这些非常具体的工作直接影响着企业组织的运行。这一章我

们就来集中讨论与“组织”有关的问题。

第一节 组织概述：定义与过程

在第三章“理解企业”，我们曾经对作为名词的“组织”给出定义：“组织是一个以目标为导向的、在分工合作的基础上构成的人的集合体。”在给出这一定义时，我们特别强调，组织是一种典型的人为现象，这种人为特征充分体现在组织的目标设定、结构设计和沟通协作等各个方面。而建立这样一个人为“组织”的过程，即我们所说的“组织”职能：作为一个动词，它是管理过程中的一个基本职能，与计划、领导、控制相并列。这一职能的根本任务就是配备一切所需，达到管理目标的过程。具体而言，是根据实现组织目标的需要，决定如何对组织的活动和资源进行组合，如何将不同的工作分工相互连接，如何在不同部门、不同活动中投入和运用不同的资源。

在上述一系列工作中，组织结构的设计和变革、组织内部相互关系的确定和维护是组织工作的两大要点。这两项工作也构成了整个组织过程的主线，它们的相互结合就构成了特定的组织模式。图 6－1 反映了特定组织模式的形成与发展过程。

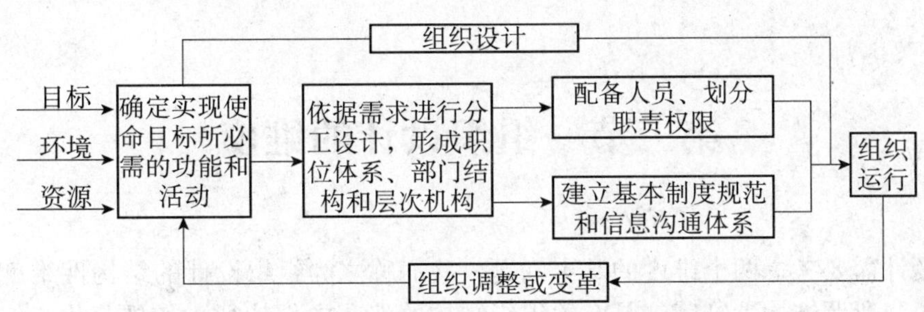

图 6－1 组织模式的发展过程：基本工作与环节

组织结构的设计，首先根源于组织的使命目标或战略导向，我们将这一基本的逻辑关系称为“战略引导结构”；而战略的形成及其各项功能、活动的展开，又有赖于各种资源的输入与环境因素的影响。

在战略目标指引下确立必需的功能和活动之后，按照特定的原则对这些活动进行归类分组（分工），从而形成相应的职位体系，其中既包括横向上的专业部门差别，如人、财、技、产、供、销等不同职能和价值链环节，也包括纵向上高、中、基层管理者的层级差别。这一过程的重要成果是形成了明确的组织结构图，这张图能够表明组织中的部门设置情况和层次结构，直观地反映组织内部的分工和各部门上下隶属关系。

使这样一个立体化的职位体系运行起来，需要将合适的资源投入到合适的位置。在组织环节，这一工作集中体现为人员配备。人员配备环节的一个基本原则是因事设职、以岗定人，这在一定程度上反映了理想的行政组织“基于职权”和“按照技术资格”选拔的特征。当然，在现实生活中很难完全避免“因人设岗”的局面，这种现象很多时候根源于外部竞争环境的快速变化与正式组织的稳定性之间的矛盾，而缓和这一矛盾始终是各种形式的组织创新的一个重要着眼点。在人员配备到岗的同时，各个岗位之间的权责边界需要得到彻底的确认与澄清，否则就会引来“灰色地带”的推诿扯皮。因此，需要在前一环节形成的组织结构图的基础上进一步细化完成岗位结构图和岗位职责说明书。其中，岗位结构图表明组织中各种岗位及岗位之间的权力关系，而岗位职责说明书（Job Description，一般简记为 JD）一般包括岗位名称、上下级关系、岗位本职、岗位素质要求等内容。

与此同时，需要建立基本的制度规范和信息沟通体系。这一环节需要解决的关键问题有：各个部门之间的协作规则（如处理不同问题时的部门间地位差异），组织等级链在实际运行中发挥强制作用的方式，权责划分的例外原则（如简单的应急规则）的启动条件和启动方式，等级链上以及法约尔“跳板”上的信息传递（不）可以采用哪些方式，以及不同方式的优先级与权威性差异。

上述一系列环节统称为“组织设计”，即进行专业分工和建立部门间、层级间良性互动、有机匹配的完整系统的过程。

组织运行过程中可能会发生一些调整与变革，或是由于组织使命和目标的调整，或是由于组织的快速扩张导致职位体系紧绷、超负荷工作，也有可能是受到外部环境突变的被动反应。而一个固化甚至僵化的组织要进行某种程度的变革，这一过程既少不了自上而下的推动，也少不了自下而上的配合。这一过程还涉及一些典型的应对技巧与策略。但无论如何，随着越来越多的行业开始出现超级竞争的市场环境，组织变革与转型的压力将会持续下去，甚至逐步升级。

第二节　组织设计的维度

组织设计需要考虑两个维度的基本问题，我们称之为组织设计的结构性维度和关联性维度。其中，所谓结构性维度就是有关组织结构的那些内部特征，如规范化、专业化、标准化、集权化等一系列方面，它们为衡量和比较组织提供了基础；而组织设计的关联性因素则是那些影响和改变组织结构的力量，或者称之为影响组织结构的权变因素。这种影响组织结构的权变因素反映了整个组织的特征，既包括组织所处的环境，也包括组织本身的若干其他方面的特征，如战略、组织文化及其所采用的技术，等等。

一、组织设计的关联性维度：影响组织结构的权变因素

影响组织结构的内外部因素有很多，表 6－1 是对其中几项的简要介绍。当然，除此之外，组织文化、价值观等其他方面的特征也会对组织结构产生影响。

表 6－1　　影响组织结构的权变因素

战略	决定组织区别于其他组织的目的和竞争性技巧，决定着组织的经营范围以及雇员、客户和竞争者之间的关系
技术	生产子系统的属性，包括用以改变组织从投入到产出的技术
外部环境	所有组织边界之外的因素，其中影响最大的环境因素往往是其他组织
规模	以组织中的人数来反映的组织的大小
生命周期	往往直接反映为组织的复杂程度和适应能力，从而要求有与之相应的组织结构形态

（一）战略

如果考虑到惯性因素的影响，组织结构会对战略实施产生约束，但从积极主动的角度来看，战略引导结构，结构服从战略。具体而言，不同类型的基本战略对企业的组织结构特征提出了不同的要求。比如，差异化战略要求组织结构应鼓励灵活宽松的行为，以便实现强有力的横向协调，应具备强大的研发能力和密切联系顾客的价值观和行动机制；成本领先战略要求组织结构应体现较强的集权特征，如严格的成本控制，频繁详细的控制报告，应建立标准化的操作程序和高效率的采购和分销系统。

（二）技术

通常情况下，企业组织运用的技术越复杂多样，越有可能遭遇高难度的意外状况，此时尤其需要大量的非程序化决策来解决各种突发问题。当然，并不是所有的组织都采用高度复杂的技术，因此技术对组织结构的影响就存在一个基本的分类与程度问题。

当我们讨论这个分类与程度问题时，不可能绕过英国工业社会学家琼·伍德沃德对制造技术与组织结构特征关系的研究。伍德沃德围绕着制造业不同部门中技术复杂性的差异来讨论这一问题。在她的定义中，技术复杂性是指制造过程机械化的程度。技术复杂性越高，意味着大多数工作都是依靠机器完成的；反之则需要工人在其中发挥重要作用。伍德沃德对制造技术复杂性的分类分为 9 个基本类型（此外还有 2 个混合模式），并将其归为 3 类，如表 6－2 所示。

表 6－2　　伍德沃德对制造技术复杂性的分类：由低到高

<table>
<tr><td rowspan="4">第一组
单件小批量生产</td><td>1. 按照顾客订单进行的单件生产</td></tr>
<tr><td>2. 每件产品使用不同复杂技术的单件生产</td></tr>
<tr><td>3. 分阶段进行的大型设备装配</td></tr>
<tr><td>4. 按照顾客订单进行的小批量生产</td></tr>
<tr><td rowspan="3">第二组
大批量/大规模生产</td><td>5. 大批量生产</td></tr>
<tr><td>6. 采用装配线进行的大批生产</td></tr>
<tr><td>7. 大规模生产</td></tr>
<tr><td rowspan="2">第三组
连续生产</td><td>8. 化工产品的批量连续生产</td></tr>
<tr><td>9. 液态、气态和晶体产品的流动性连续生产</td></tr>
</table>

资料来源：Joan Woodward. Industrial organization：theory and practice（2nd edi.）. Oxford：Oxford University Press，1980：39.

其中单件小批量生产倾向于以顾客特定需要为标准进行小批量订单的加工和装配。这种生产模式主要依靠操作工人，因此机械化程度不高。大批量生产是以标准化零配件的长时间生产为特征的一种制造过程。而连续生产的整个流程都是机械化的，生产过程连续不断，周而复始，其机械化程度和标准化程度比装配线生产还要高，很多流程性工业（材料工业）都表现出这样的生产特征。这样依据技术复杂性对基本制造技术类型的划分，能够帮助我们理解技术与组织结构特征之间的关系。如表 6－3 所示。

伍德沃德对技术与组织结构关系的讨论已经过去半个多世纪，虽然在此期间出现了很多新的生产制造技术，尤其是信息与通信技术的发展极大地改变了生产组织环节的面貌，计算机辅助制造（CAM）、计算机集成制造系统（CIMS），及至近年来日益火热的制造执行系统（MES）和工业互联网（IoI）、智能制造技术的发展与渗透，似乎在一定程度上模糊了行业间的边界。尤其是智能制造技术的发展，甚至使得很多传统的大规模制造行业也开始迎合“一单一品”的潮流，直至为此调整甚至颠覆自己传统的组织结构，努力向小型化、有机化和灵活性的特征靠拢。但这种做法有很多问题值得深入思考。

表 6-3　技术复杂性与结构特征之间的关系

结构特征	技术		
	单件小批量生产	大批量/大规模生产	连续生产
管理层次数目	3	4	6
主管人员的管理幅度	23	48	15
直接工人与间接工人的比例	9：1	4：1	1：1
管理人员占全体员工的比率	低	中	高
工人的技术熟练程度	高	低	高
工作流程的规范化程度	低	高	低
集权程度	低	高	低
口头沟通的数量	多	少	多
书面沟通的数量	少	多	少
总体的结构形态	有机式	机械式	有机式

管理案例

消费品工业：一定要向单件小批技术转移吗？

智能制造的热潮让很多的消费品制造厂商头脑发晕：到底应不应该向着单件小批的方向前进？过去二十多年，无论是学术界还是产业界，都在过度夸大“大规模定制”的好处，却忽略了这一选项对管理幅度、人员素质和组织结构的高要求。更有甚者，现在出现了一种以“大规模生产”为耻的错误思想；殊不知现代工业的发展不可能绕过“大规模生产”这个坎儿。而且，大规模生产对技术开发与成熟、产业升级与转型的意义被严重低估。其实很多时候，历史能够记住的经典产品，恰恰是那些在技术上引领了时代的标准化产品，苹果的 iPhone、索尼的特丽珑电视机都是大规模生产线的产物。不要让“大规模定制”变成企业逃避主流市场竞争、攻克核心技术壁垒的借口。

信息技术对现代企业组织结构的另一个重要影响，体现在组织边界和工作时间的拓展上。因为越来越多的工作从实体的生产现场转移到计算机终端，而云存储技术又为方便灵活的工作选址创造了条件，这就使得很多人的工作时间延长到八小时之外。与此同时，作为一种团队建设、工作监督和信息交流的工具，QQ、微信等即时通信软件中的群组功能也让工作在 7×24 的范围渗透。而这种新生现象背后的工作伦理和劳动保护问题，则是值得产业界和学术界共同关心的现实问题。

生活中的管理学

无孔不入的工作群

韩梅梅的微信已经被各种工作群霸占了：她和本部门的同事有一个部门群；她还被拉进了公司的部门经理群（虽然她只是本部门的二把手）；有两个她亲自跟进的项目也建了进度沟通群，她在这两个群里扮演监工，经常通过发红包的方式“查岗”；另外，她还在几个全国同行群里面常年潜水，那里面经常发布很多行业会议和相关政策的信息。这些群经常让她爱恨交加：爱的是总能获得一些有价值的信息，也能从工作中获得满足感；恨的是“淘洗”出有用信息花的时间太多，而且还要经常“自愿加班”。她给这些群都设置了静音模式，但又担心偶尔被静音耽误事。韩梅梅不知道怎么办才好。

（三）外部环境

市场的天生不确定性决定了企业所面临的环境不仅是不确定的，而且在很大程度上是不可控的。这也会直接影响到企业的效率。为了适应环境的变化，企业需要不断地调整组织结构。环境不确定性越高，对组织结构调整的要求就越高，组织结构调整就越快。此时，不同程度的环境动态就导致了组织结构上的分化：其中，机械式结构适合于更加稳定的环境，而有机式结构往往是企业应对不稳定环境的选择。如表 6－4 所示。

表 6－4　　机械式结构与有机式结构

机械式结构	有机式结构
任务被细分为各个专业化的部分	员工为部门的共同任务作出贡献
任务是刻板的	任务会在员工团队工作中得到修正和重新确定
存在严格的职权及控制层级链，且有许多规章制度	职权及控制层级少，规章制度也很少
任务的知识和控制集中于组织高层	任务的知识和控制分布在组织的所有地方
纵向的沟通	横向的沟通

资料来源：理查德·达夫特．组织理论与设计［M］．12 版．北京：清华大学出版社，2016.

此外，同一组织的不同部分受环境因素的影响也是不同的。通常而言，人事、法务等职能部门所受外部影响更多地来自政府政策规制的变化，而生产部门和研发部门则直接受到市场竞争的作用，这就要求其弹性更强、更加有机。

与此同时，竞争的市场环境本身也会激发企业比较、借鉴和学习的积极性，这因此成为高效组织结构快速扩散的重要条件：两个处于竞争中的企业，处于相对劣势地位的企业往往更有动机去参照对方或更先进企业的结构特征。特别是对于中国企业而言，快速变化的外部环境不仅会成为企业结构调整的动力源头，还是其选择结构调整方案的灵感来源。而中国更为特别之处在于，中国政府曾经在很长时间里不仅负责出台有关推进市场经济进程的政策法规，还扮演着为企业出谋划策、指点迷津的角色。而那些较早进入中国市场的国际合作者，也是中国企业不断学习的对象，长期以来，中国本土优秀企业的成长离不开对各国同行先进经验的消化吸收和取长补短。

（四）规模

讨论组织规模的时候，人们往往持有两种截然相反的价值观：一部分人认为规模越大越好，因为大型组织的可调度资源更充裕，能够更好地应对环境变化；另一部分人则反大型企业的过度标准、复杂甚至僵硬的组织结构，转而信奉“小而美”，推崇其灵活那么，规模到底如何影响企业的组织结构，进而影响企业组织的适应能力？

首先，组织规模对组织结构的影响并不是呈简单的线性相关。这是因为，在组织规逐渐扩张的过程中，组织活动会变得更加复杂，甚至出现一些过去没有的新工作内容，就需要设定相应的岗位来承担相关职责。但与此同时，组织规模扩张所导致的活动复杂又受到一系列内部因素的反制：对业务监控与部门间协调的要求会随着规模扩张而提这就形成了组织内部规范化、分权化和专业化的压力，从而成为抑制复杂性直线上升的要力量。这三种有助于组织变得清晰条理的工作的具体含义如下。

规范化：以规章、程序和书面文件来规定各部门和岗位权利与义务，并依据组织规实现工作的标准化和对各部门、岗位的规范协调与控制的程度；

分权化：组织中各种问题的决策由下级组织做出的程度；

专业化：由专业人员来履行专门职责的程度，尤其是对于技术性行业来说，客观存的专业化要求会简化很多管理工作，也会压缩因人设事的空间。

其次，在讨论规模与结构问题的时候，“规模”更多代表着相对规模，而非绝对规这意味着，不同行业、不同的市场容量下，相同规模的企业却很有可能采取完全不同的组结构；相反，如果对企业强求其达到某种规模水平，则有可能导致违反行业一般规律的或利于企业长期发展的组织结构。简单而言，我们可以很容易地在全世界范围内找出一批员工十万、产值过千亿、采用多事业部结构的电子企业、汽车企业，但我们找不到一家这样的机企业和设计公司。换言之，跨行业、跨情境的照搬照抄组织结构或是简单化的经验移植是一非常冒险的举动，但这又往往是以官僚主义的思维方式去管理企业时经常面临的问题。

（五）生命周期

处于不同发展阶段的组织必然有着与之对应的优劣势，这也决定了组织从一个阶段入下一个阶段必然要在组织结构上做出适当的调整。

作为企业仿生学的一个重要主题，有关企业生命周期的研究有很多。其中较为著名是美国学者伊查克·爱迪斯的理论。爱迪斯将企业生命周期分为成长（包括孕育期、婴期和学步期）、再生与成熟（包括青春期和盛年期）和老化（包括稳定期、贵族期、官化早期、官僚期直至死亡）三个基本阶段。爱迪斯也对不同时期的企业组织结构进行了比，比如：企业在成长阶段更多地以利润和增加值为目标，这种战略目标决定了企业中具权威的部门往往是营销和销售部门，业务部门的权力超过了职能部门，管理人员左右企业，领导风格的改变可以导致企业行为的改变；而当企业进入老化期的时候，权力派的重要性超过了创造利润，此时，会计、财务和法务部门变得更有权威，行政职能部门权力超过了具体业务部门，管理人员变成了企业的“俘虏”，这决定了改变企业的行为能依靠制度的变化，而不是个人英雄。

生活中的管理学

你所在的组织处于生命周期的什么阶段？

有一次，韩梅梅和一位同事聊天，说起公司的现状。同事开玩笑地说：“咱们公司现在就跟更年期似的。”韩梅梅不解，请对方解惑。这位同事接着说道：“你看现在公司的状态，前两年行业变化这么快，咱们没跟上，转型不及时，就差了那一口气儿，现在咱们是看着哪儿都碍眼。这两年靠原来的家底还能撑撑门面，但也已经累得内分泌失调了，你看这两年，不管新人还是老人，个个都被折腾得死去活来的；要是再不调理调理咱们公司这新陈代谢，再过几年，哎……”

在另外一项对企业生命周期的研究中，企业的发展历程被分为四个阶段，即创业阶段、聚合阶段、正规化阶段和精耕细作阶段。企业能否沿着这条轨迹从初创走到成熟，关键在于能否发扬不同时期的组织优势并克服不同阶段的危机。如图 6-2 所示。

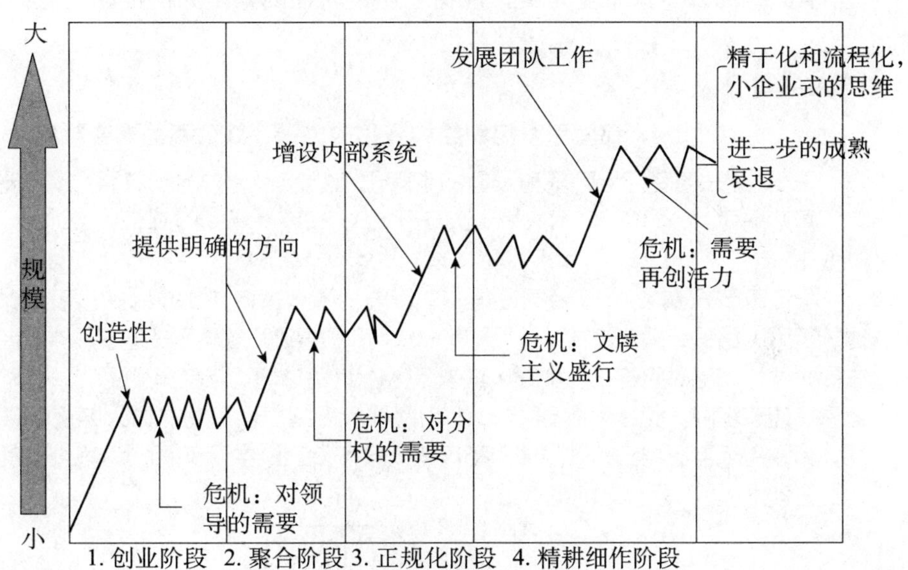

图 6-2 企业生命周期

资料来源：理查德·达夫特．组织理论与设计［M］．12 版．北京：清华大学出版社，2016.

1. 创业阶段

这是企业内部创造力最为旺盛的时期，企业创始人强烈的企业家精神灌输到生产和营销的全部活动中。此时，企业并不具备行政性机构的特征，往往依靠创始人的亲力亲为和亲自监督来实施控制。也是在这种情况下，随着企业的成长壮大，日益增多的员工会带来许多问题。一旦出现这种领导危机，创始人要么调整组织结构以适应企业成长需要，要么引入能够更适合新阶段管理工作要求的职业经理人。

2. 聚合阶段

领导危机的克服为企业提供了一个明确的发展方向，此时企业迅速发展起来，组织内部的分工越来越细，等级链也随之建立起来。此时，面对着日益复杂的组织结构，如果管理层不能及时分权，让中层与基层管理人员发挥积极性与创造性，就有可能导致失控的问题。此时组织需要通过增设内部系统的方法来协调和控制各个部门的活动，而又不需要高层管理者进行直接监督。

3. 正规化阶段

增设内部系统，并为此建立必要的规则、程序和控制系统，基于结构和制度而非高层管理者个人能力的管理控制，推动企业走过了“梁山好汉”的阶段，逐渐成为一个韦伯式的行政组织。作为基础制度的“四梁八柱”建立起来，具体业务中的合作效率越来越高，高层有可能集中精力去思考战略问题，但也有可能被淹没在大量的文件工作中。这种文牍主义同时干扰着中层管理者的状态。

4. 精耕细作阶段

企业必须通过培育一种新的意识来促进内部协作，开发员工面对和解决问题及协同工作的能力，而不是单纯地依赖于行政式机构。此时虽有可能克服文牍主义带来的负面影响，但是，发家产品的市场潜力也有可能达到了极限。这就需要企业引入新的企业家精神和变革，从而使企业重新获得增长的活力。

下面我们以一家企业为例，说明上述关联性因素是如何推动企业结构转变的。

管理案例

那些引发组织结构变化的力量：J公司的演变脉络

J公司是一家专门生产重型设备的老牌国有机床企业，自创立至今有着半个多世纪的历史，其主营产品可以分为A、B两大类。改革开放以来近40年的时间，J公司的组织结构发生了一系列变化。

早在改革开放之初，J公司还是一个传统的国有企业，准确地说，它当时的名字是J厂。当时，工厂的组织结构非常简单（见图6-3)：厂领导班子领导下的直线职能制结构，其中直线部分主要是两种产品对应的三个车间（其中产品A有两个车间，产品B另有一个车间）和它们共同的上序、铸造车间。铸造车间同时为A、B两种产品的三个车间提供大吨位铸件。而在每个车间内部，分别生产自己相应的零部件，在这种情况下，三个生产车间之间有大量的同类工作。这就是J厂在20世纪70年代末的基本组织结构。

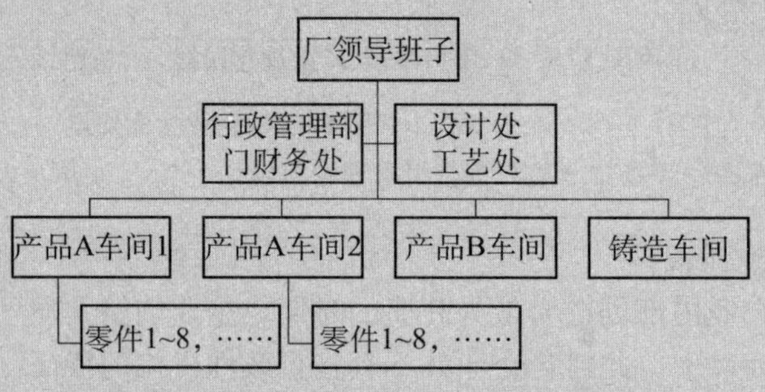

图6-3　70年代末的J厂组织结构

进入80年代之后，J厂的情况发生了变化（其组织结构见图6-4)。首先是在生产组织方面从苏联引入了一种“成组技术”。简单而言，就是对各种不同产品型号中的通用和兼用零部件进行“合并同类项”，从而最大限度地提炼出制造过程中的共性、成熟环节，减少工艺调整，实现规模经济。其实J厂对成组技术的研究早在1979年就已经起步，但因为落实成组技术要对企业内部的利益格局进行巨大调整，所以在此之前在工艺方案研究、生产技术准备、车间设计等方面进行了大量前期准备工作。最终，J厂在1982年5月和1989年5月先后组建了两个成组技术加工车间，把此前由各产品车间分头负责的2万多种零部件、占全厂机加工工时64%的制造工作量集中起来，从而大幅度提高了劳动生产率、设备利用率和单位面积产出水平，工艺编制效率的提升更是在十倍之上。得益于成组技术带来的成本降低，J厂在80年代市场化进程启动之际就获得了宝贵的成本优势，这也使它在竞争中逐渐找准了自己的发展方向，以一种健康的姿态迈入了机床行业风雨飘摇的90年代。

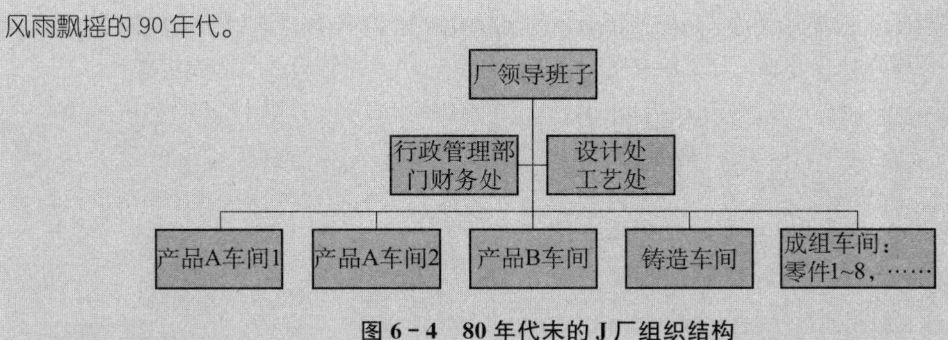

图6-4 80年代末的J厂组织结构

面对全行业乃至更大范围内整个国有经济的艰难形势，J厂对组织结构进行了新的调整。为了应对市场环境发生的变化，在日益艰难的市场大环境中混口饱饭，这个老国企决定设置一些新的职能部门来反映这种紧迫的要求。正在此时，国家也为国企脱困的问题大伤脑筋。1996年，“模拟市场、成本否决”的“邯钢经验”成为新的国企改革国家样板，J厂决定向邯钢学习，进一步引入市场机制，通过建立新的激励约束机制来增强员工增收节支，提高效益的主动性和紧迫感。恰在此时，J厂也和其他国企一道经历了公司制改革。公司制改革为组织结构的调整创造了机会：为了更快建立符合市场竞争要求的企业管理体制和经营机制，协调内部管理关系，J公司在各职能处室和生产厂之上设立了三个高半格的管理中心：快速反应指挥中心、质量监督中心和成本控制中心，以此作为全厂管理协调的总负责机构（见图6-5)。显然，这是一种典型的战时应急结构，绝不是长远之计。只要熬过最艰难的时期，J公司就会采用更加强有力且正规化的方式来取代这三个“高半格”的“前敌指挥部”。

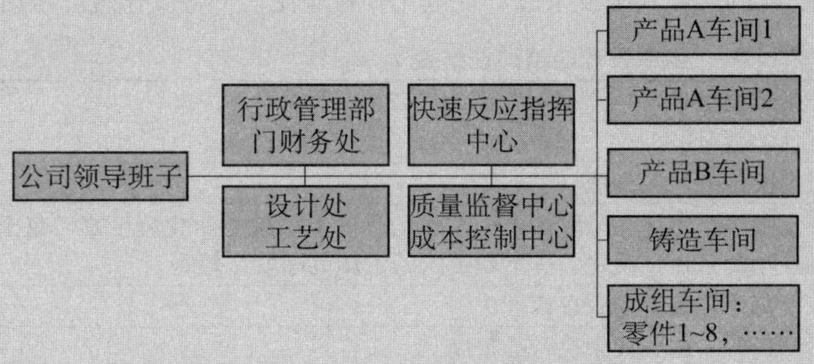

图6-5 90年代末的J公司组织结构

进入21世纪，J公司经历了90年代的蛰伏，解决了“掐脖子”的关键技术难题，迎来了新的快速增长时期。也是在这一时期，J公司的战略方向变得更加清晰：把拳头产品A做强，做到世界顶尖水平；与此同时，要让产品B重返国内市场龙头位置。既然是拳头产品，就要让“拳头攥起来打人”才更有力。但长期以来，不同规格的产品A都是在两个车间分开生产，而且过去那些权宜之计、战时体制让高层领导忙得喘不过气来。必须采用一种新的组织结构实现这一系列目标：实现组织结构的系统化、整合化，避免“分权危机”，支持长期发展；与此同时，既然要做到世界顶尖水平，就必须强化国际市场开发的工作。出于这一系列考虑，J公司进行了二十多年来的第三次结构调整（见图6-6)。把产品A的两个车间整合为一个子公司，产品B独立成立一个子公司，从而在事实上建立起事业部制的结构；与此同时，集团公司一层除了相应的行政管理工作之外，设立集团公司研发中心，负责整个产品A、产品B两条产品线上的基础研究和前沿技术储备；同时成立专门的国际销售公司，服务于开拓国际市场的目标。20 世纪 70 年代末以来 30 多年的时间，J 公司历经三次重大结构调整。在此过程中，技术、战略、环境、规模各方面因素都在发生作用。

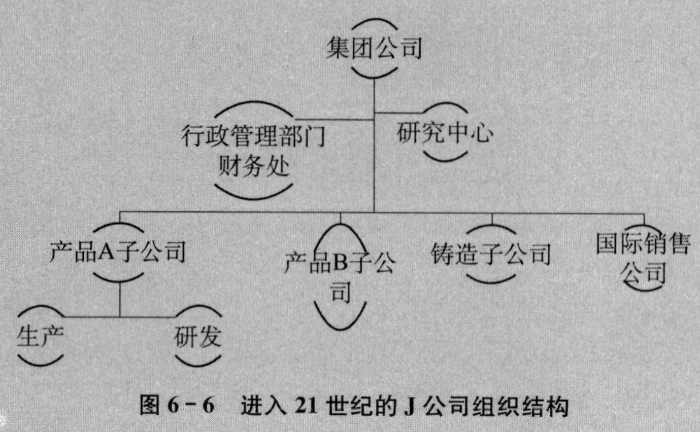

图 6－6　进入 21 世纪的 J 公司组织结构

二、组织设计的结构性维度

结构性维度是有关组织结构的那些内部特征，其中包括规范化、专业化、权力层级、复杂性、标准化、职业化、人员比率等一系列维度（见表 6－5）。其中有些结构性特征，如人员比率、标准化等，其含义一目了然，我们在此不再赘述；而权力层级和集权化的问题将会在下一节专门讨论，因此下面我们仅就其中复杂性、规范化和专业化三个维度作进一步讨论。

表 6－5　组织设计的结构性维度

维度	含义
复杂性	组织活动或子系统的数量
规范化	组织中书面文件的数量
集权化	组织中有权做出决策的层级高低
专业化	即劳动分工，反映了组织任务分解为单个工作的程度。如果专业化程度高，每个员工就只执行范围狭小的工作；反之，员工职责内的工作范围就比较宽
权力层级	谁向谁报告以及每个管理者的管理幅度
标准化	类似的工作活动以统一的方式来执行的程度
职业化	雇员的培训和受正规教育的程度，具有巨大的行业间差异
人员比率	组织人员在不同部门及功能间的配置。包括管理人员比率、事务人员比率、专业职能人员比率以及间接与直接劳动人员的比率

（一）复杂性

组织结构中的复杂性是指一个组织中的差异性，其中包括横向差异性、纵向差异性和空间分布差异性三个方面。横向差异性与专业化的劳动分工有关，但在组织中最集中的表现就是部门化。部门化是指通过归并将同类人员放在一个部门，统一指挥以利于协作。部门化的标准有很多，并且存在着巨大的行业差异。

（1）按职能划分部门：如实际工作中最熟悉的财务部门、法务部门、人事部门等；

（2）按产品或服务划分部门：如家电企业内部划分电视机事业部、电冰箱事业部、洗衣机事业部等，装饰装修企业内部划分幕墙事业部、设计事业部、部件事业部、涂料事业、建筑施工事业部等；

（3）按地区划分部门：销售部门的内部分工尤其如此，如北京分公司、上海分公司、东分公司、华南片区、澳大利亚新西兰片区分公司等；

（4）按顾客划分部门：很多同时具有 B2B 和 B2C 业务甚至客户群体更为复杂的企业往会在一定程度上采用这种结构，如 PC 企业会把业务分为大企业、中小企业、政府机、院校事业单位等不同客户部门；

（5）按流程划分部门：这在流程性特征明显的材料工业中尤其典型，如半导体显示企通常会划分阵列、成盒、模组三大流程板块，而钢铁企业则会划分炼铁、炼钢、连铸、轧、冷轧等生产单元。

纵向差异则体现为各管理层级之间的差异，其中既包括权力层级与集权化的问题，也括不同层级人员的工作内容、权责待遇的差别等。

空间分布差异性反映的是不同部门地区分布上的差异程度，并直接影响到跨区域甚至国界的信息沟通与工作协同。较高的空间分布差异性是大型机构的普遍特征。

活中的管理学

空间分布差异性：三则笑话

1. 2000 年 6 月 12 日，原吉林大学与吉林工业大学、白求恩医科大学、长春科技大学、长春邮电学院合并组建成新的吉林大学。合并后的吉林大学规模庞大，散布在长春各处，于是有了中国高校中最著名的一句话："美丽的长春市坐落在吉林大学的怀抱里。"

2. 与吉林大学几乎同时，新的山东大学在原山东大学、山东工业大学和山东医科大学的基础上组建成立。后来，山东大学又建设了青岛校区。至此，新的山东大学形成了三地八校区的格局，即济南中心校区、洪家楼校区、趵突泉校区、千佛山校区、软件园校区、兴隆山校区及青岛校区、威海校区。于是，在山东流传着一个美丽的传说，一个大家族中的八个子弟在一两年间先后考上了山东大学，然后，"他们过上了天各一方的生活。"

3. 在中国科学院面前，吉林大学和山东大学都太渺小了。与共和国同龄的中国科学院，目前下设北京、沈阳、长春、上海、新疆、成都等 12 个分院，其 114 个研究单位北至哈尔滨，南至南海，东起青岛，西至乌鲁木齐、西双版纳。如果说吉林大学怀抱里是长春市，那么中科院的怀抱里就是伟大的中华人民共和国了。

（二）规范化

规范化是指组织中书面文件的数量。这个定义显然体现了韦伯对行政组织的定义。这书面文件的一个重要作用，就是作为确切可见且含义清晰唯一的规则程序来引导员工行。因为规范化与确定性是紧密相连的，所以不同层级工作的规范化程度也存在天然的差：越是一线操作者，越是有着大量重复劳动的环节，其规范化要求就越高，因为要通过种方式来保证质量和产品的一致性和可靠性；相反，越是高层管理者，越是依循"例外则"，其面临的问题多是一次性突发事件，而解决这些问题多需要高度复杂的概念技能，范化程度自然较低。

出于同样的原因，对组织中不同人员的规范方式也有较大差别。因为越是基层的、重性较强的工作，规范性要求越具有强制性，因此，规范的实现更多地依靠明确的典章规范，规范的指向和权重往往同时兼顾过程与结果两方面。相反，对于技术人员、中高层管理者，外在的规范化手段要少得多，而且相关规范更多地指向过程，即合规。

(三) 专业化

专业化的本质即是在管理思想史中屡屡提及的“劳动分工”。因此，其基本内涵在此不再赘述，但需说明的是，将一项工作分解、拆分为一系列专门化的操作环节和构成部分，能够提高工作效率，但这并不等于所有的分工都是越细越好。一方面，分工越细，专业化水平越高，上级进行管理协调的难度就越大，相应的管理成本就越高（直接对应于管理岗位的增加）。因为“分工”本身毕竟只是一种提高效率的工具，而非目的，目的是将所有分工整合集成到一处，从而实现产品或服务的价值。用马克思的话来说，就是“局部工人不生产商品”。另一方面，随着技术的进步，尤其是信息技术、软件技术的迅速发展，一体化集成设计和基于程序控制的集成化作业愈发普遍，这些新的技术趋势为多分工环节的再次整合创造了条件，并构成了未来工业竞争的一个重要方向。这也为我们今天重新理解分工与专业化提供了新的视角和契机。

第三节　组织权力分配：纵向差异

对组织中的权力分配，我们从纵向和横向两个角度分别讨论。这一节我们首先来看权力分配的纵向差异，即前述集权化与权力层级的问题。我们首先简单介绍集权与分权各自的利弊，然后具体讨论由此导致的两种组织结构，最后说明纵向分权的基本方式。

一、集权与分权

如前所述，集权化的基本内涵即是组织中有权做出决策的层级高低。其中，决策层级越高表明集权程度越高，决策层级越低表明分权程度越高。显然，集权与分权各有利弊，图 6－7 就集中展示了二者各自的优势。

从图 6－7 不难看出，集权模式的优势集中体现在：政策统一，这也符合了传统组织理论对“统一领导”的强调，避免了组织内部各部门之间由于竞争性目标导致的内耗，“政出一门”也方便了部门之间的协调和资源的统一调配，从而有利于形成合力，“集中力量办大事”，包括对核心业务、拳头产品的全力推动更有可能实现规模经济性。这种集权也大大降低了具体业务失控的风险，从而能够更好地成为落实企业整体战略的基础与柱石。而且，由于集权结构将工作负荷更加饱满地集中于高层管理人员身上，这虽然提高了对高层经理人员的素质要求，却相对降低了数量要求，也在某种意义上降低了寻求或挖掘合格经理人员的难度。

相对而言，有效的分权能够减轻高管的负担，而且为了确保分权的顺利进行，建立跨部门绩效评价标准就成为前期的一项必要工作。在建立起相应的部门级（如事业部、职能部门等）业务评价标准之后，部门负责人和更多的中层甚至基层经理人员的“手脚”就被解放了，这种标准也在客观上起到了鼓励做出决策与承担责任的作用，并助推了下级工作

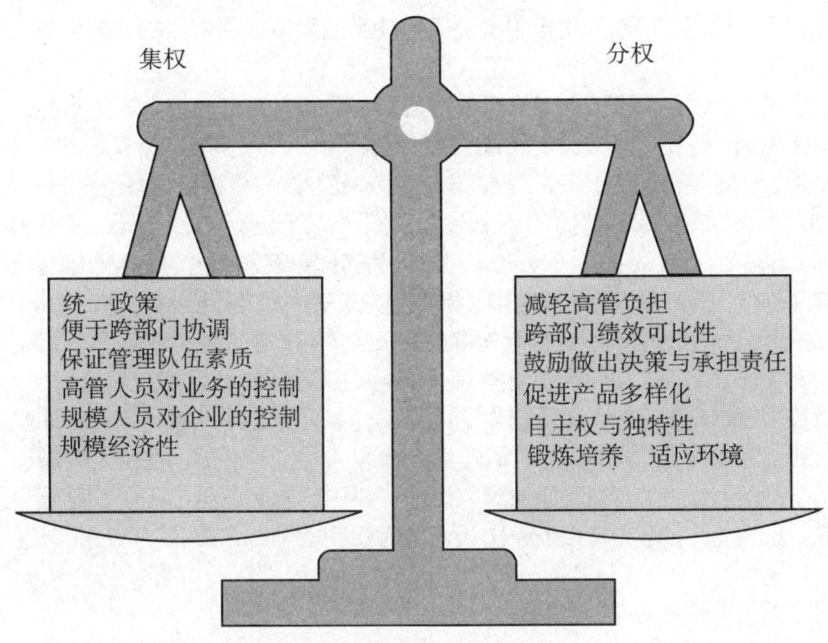

图 6-7 权衡：集权与分权

人员的自主权和独立性，使他们得到了更好的锻炼与培养。与此同时，部门层甚至更基层工作积极性的释放也为产品与服务的多元化注入动力，这也成为企业应对环境剧烈变化的重要保障之一。

今天，讨论集权与分权问题的场景发生了一个重要变化，那就是信息技术的发展、互联网的渗透在某种意义上消灭了距离，也似乎消灭了信息不对称。这些变化使得“用户”角色在产业发展中的分量大幅提升，用户对产品创新和行业走向的发言权开始凸显，这也正是华为总裁任正非那句“让听得到炮声的人做决策”的时代背景。平台型分权组织的发展应运而生，并成为新时期的重要现象，甚至开始出现“平台（分权）”颠覆“层级制（集权）”的声音。这一系列源于西方产业场景的变化和理论呼声极大地影响着中国企业的发展实践，但其在中国情境下的适用性还有待评判。

管理案例

船小好调头，还是人多好办事？

随着近年来经济形势的变化，市场需求日益多元化，消费人群日益复杂，越来越多的大型企业集团开始转变成平台式企业，把庞大的研发力量分散到几百上千个甚至更多的小型研发团队，从而形成了一种非常活跃的众创与分权的氛围。这种平台化模式广受好评，被认为是大型企业克服“大企业病”、重新找回“船小好调头”的适应能力的关键一步。但在此期间也出现一些不同的声音，比如有人认为这种把大规模资源分散化的做法极大地削弱了企业“啃硬骨头”、攻关行业核心技术的能力，还有人认为这种平台式创新固然贡献了很多创新产品，但其中不少产品都是针对市场容量极小的利基市场，甚至有的根本就是无效创新。

在现实中，我们还会看到另外一种更加“集权”的典型。这些“集中力量办大事”的企业，默默实践着钱德勒“三重投资”的理念。它们大手笔地集中优势兵力，对大规模生产设施、销售系统和管理组织进行持续投资，这使它们成为代表中国处于全球产业竞争顶尖水平的“领头羊”，如华为、济南二机床、格力等。

华为：虽然华为提出了“让听得到炮声的人做决策”的口号，但华为在核心技术攻关方面一直保持着高度集中、集权的风格，这就是华为历史上著名的“压强原则”，只要最高决策层选定一个方向，就会集中优势资源，坚定不移地投下去，“只对准一个城墙口冲锋”，直至成为世界第一。

济南二机床：与华为的“压强原则”神似，济二在研发上采取了“饱和投入”的战略，即便是在20世纪90年代全行业困难时期，济二也能够保证每年6%以上的销售收入（企业最困难的时候研发投入甚至占到了销售收入的20%）投入到研发之中，集中全力攻关大型冲压机和龙门刨铣两个产品的多项核心技术。在重要产品开发项目中，企业老总甚至会亲自参与一些关键技术细节的讨论。凭借这一“饱和投入”原则，济二的数控大型冲压设备已经与德国舒勒并列全球行业双雄的位置。

格力：当一大批同行转型去做众创平台、由用户驱动创新的时候，格力却“极不入流”地坚持着一个与“压强原则”和“饱和投入”异曲同工的研发投入标准，“上不封顶”。在确定关键项目之后，只要认定了期望的开发目标，就不设置研发投入上限，并由研发副总亲自带队，甚至董明珠会亲自提出细节要求。正因如此，格力才接连拿出让消费者感到惊艳的“爆款”产品，并在行业核心技术上走到了世界前列。

对这一问题的理解见仁见智，你怎么看？

二、管理跨度与管理层次

管理层次与管理跨度是组织理论中的重要概念。**管理跨度，又称管理跨度，是指向同一位领导人请示汇报工作的下级员工人数，即一名管理者直接有效地指挥的下级员工数量。**这里尤其需要注意的是“请示汇报”这种“直接”工作隶属关系：这意味着处于上级的管理者不仅对下属的工作负有监督职责，而且往往要在不同下属的工作之间进行统筹协调，从而使之成为一个真正意义上的“团队工作”。

正是由于同时肩负监督和协调两方面工作，所以每个管理者的管理跨度都是有限的。在传统的组织设计和技术背景下，每一名经理人员可以直接有效管理的下属为3～10人，通常不超过7个，而且信息沟通与统筹协调的工作量越大，管理跨度越小。艾森豪威尔在第二次世界大战期间指挥盟军在北非和欧洲的战事时，其直属下级仅有3人，而这3名下属中没有一个人的下属多于4人。20世纪20年代初，美国通用汽车公司极度动荡，由数十个事业部经理组成的执行委员会让通用汽车的总裁杜兰特疲于应付，当时还只是中层经理的斯隆就建议“将直接向总裁汇报的人数降低到5个”；1923年，斯隆成为通用汽车总裁之后对决策结构进行调整，到1925年公司基本稳定的时候，向他直接汇报的副总裁只有5个，分别负责相应的业务委员会，而斯隆还有2名助理协助他的工作；到了1975年，通用汽车的总经理有2名执行副总经理和一个由13名副总经理组成的小组向他直接汇报工作。

近年来，技术发展尤其是信息技术的不断升级，对管理者的监督与协调工作产生了双方面的影响。一方面，越来越多的工作在经过信息技术的改造后，标准化程度和可视化程度有所提升，这在一定程度上降低了工作监督的难度；另一方面，组织内部的信息沟通与传递速度加快，即时通信技术的发展减少了信息等待时间和无效沟通，这为管理者的统筹协调打下了良好的基础，也为群策群力创造了条件。在这两方面力量的共同作用下，某些企业的管理跨度越来越大。其中的典型如IT行业：因为IT行业的从业人员素质相对较，他们不仅有较强的自我管理意识和专业精神，而且由于种种原因，他们有着更强烈的机（比如"码农吃的是青春饭"的普遍看法）去承担一定的管理责任，且其对信息工具应用熟练程度更非其他行业人员可比，而每个员工的具体工作内容往往就是各自负责的能模块，边界清晰，考核指标明确。

相比之下，扩大管理跨度的尝试可以有效地缩短从最底层到最高层之间的等级链长，提高信息流通效率，还可以减少上级管理人员对下级工作的干预，这两方面都能够有地起到降低管理费用的作用。但其本身也不是没有问题的：比如容易使上级人员负担过，变成决策"瓶颈"，且对管理人员的能力素养提出了更高的要求。

表 6－6 对影响管理跨度的因素进行了总结。

表 6－6　　管理跨度：影响因素

与窄幅度相关的因素	与宽幅度相关的因素
员工没有或者很少进行培训	对下属进行全面培训
非重复性工作，相对复杂	重复性工作，相对简单
计划不明晰，不易监督考核	计划详尽，易于监督考核
内外部环境变化较快，组织处于生死存亡的关头	内外部环境变化缓慢，组织运行基本稳定
沟通方式不力，包括指示模糊不清	沟通方式恰当，如书面与口头沟通相匹配
上下级之间互动乏力，需要额外而刻意的沟通	上下级之间有效互动，沟通方式多样化
下属不愿承担责任和适度的风险	下属愿意承担责任和适度风险
管理人员本身能力不足	有能力的经过培训的管理人员

显然，当组织中的具体业务工作量和一线作业人员数量固定时，管理跨度越大，则组内从最高层领导者到基层员工之间的管理层次越少，组织等级链越短。这就导致了由管理跨度决定的一个重要现象，即扁平型组织与高耸型组织的差别。而这种差别的一个直观果就是管理层次的变化以及相应人员数量的巨大差异，图 6－8 集中反映了这一问题。中不难看出，虽然一线具体工作人员的数量相同（4 096 人），但管理跨度较大的组织与跨度较小的组织相比，管理层次减少了三层，而管理人员则大幅度削减 80%。

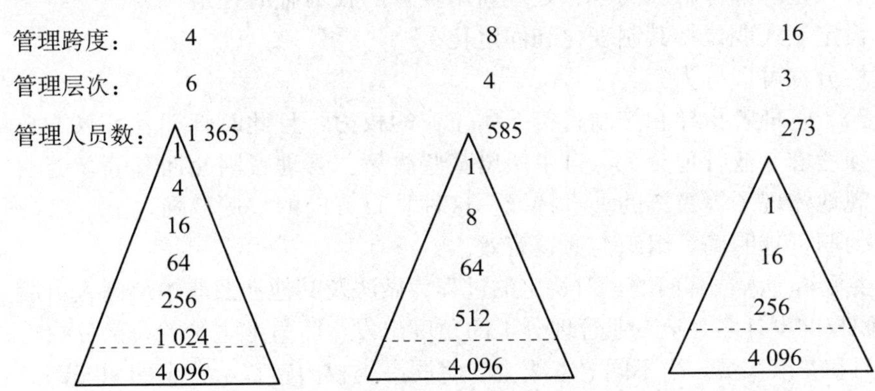

图 6－8　管理跨度导致的组织差异

当然，组织结构扁平化并不会自然而然、无条件地发生，更不是放诸四海而皆准。如前所述，加大管理跨度、实现扁平化，意味着在监督、沟通、协调等各方面都具备了基本条件，比如在办公信息系统和作业标准化方面已经建立了较扎实的基础，考核指标也较为简单明确。相反，如果并不具备这些基础条件，却要一意孤行地推行扁平化，上级管理部门就很有可能面对下级工作失控，甚至身陷信息严重不对称而不自知的风险。此外，组织结构扁平化很有可能将管理人员置于信息过载的不利境地，淹没在众多下属的海量信息之中，信息反馈不及时反而会成为常态，而一旦丢失重要信息，其后果更为严重。总之，组织设计的一个重要工作就是从组织自身的条件出发（包括行业特征），审慎地设计管理跨度，从而在高耸型组织和扁平型组织的各方面优缺点中谋求平衡与综合。表 6－7 对这两类组织结构的优劣势做了简单的对比。

表 6－7　高耸型组织结构与扁平型组织结构的对比

	扁平型组织结构	高耸型组织结构
优点	上级被迫放权，因此必须制定清晰的政策，必须慎重地选择下属	便于监督，便于控制；上下级之间沟通迅速
缺点	对经理人的素质要求高；上级超负荷工作成为决策瓶颈，且面临着下级失控的危险	上级倾向于过多干预下级的工作；管理成本较高；命令链过长，信息传递面临的过滤风险较大

三、职权与授权

在讲古典管理理论时，我们讲到马克斯·韦伯对权力的分类。他将权力分为三类：与血统、世袭相关的传统权力；与个人魅力相关的魅力型权力；与职位相关的职权。其中，职权被认为是理想的行政组织有效运行的基础。我们将**职权定义为管理职位所固有的发布命令和希望命令得到执行的权力。**与之相应，我们将与管理职位相对应的另一概念——职责定义为**由管理职位决定的完成任务的义务与期待。**显然，“职责”与“职权”是同时根源于管理职位的一对孪生兄弟，在一个正常的组织中，权责必须对等统一。

权力在组织中自上而下逐级分解，就形成了统一指挥的等级链与职权线。在此过程中，权力下放分解，即分权的过程遵循两种最基本的方式：一种是制度性分权，即通过设立正式的管理职位来分权，在权力下放的同时形成了由特定管理职位定义的、明确的职权与职责，并将权责设计制度化；另一种是授权，即授予权利，授权的过程没有产生正式的管理职位，上级管理者只是将部分解决问题、处理新增业务的权力临时性地“委任”给某个或某些下属，而非设定正式职位将其制度化和固定化。

具体而言，制度性分权可以分为三类。

（1）直线职权：给予管理者指导和控制直接下属工作的权力，且此时管理者可以不必征求他人意见，也无须考虑专业管理分工，自主做出某些决策。管理者因此拥有等级链上的绝对权威，并最直观地体现了等级链的垂直特征。这种垂直方向的权威越强，上下级命令关系越明确，决策的职责越明确，组织沟通越有效。

（2）职能职权：委派给个人或部门的，对特定的过程、做法及其他涉及非本部门人员活动行使的权力。职能职权的设计多是从专业管理分工的角度出发，将直线主管的一部分权力转移给特定的参谋部门和参谋人员。当不同的直线主管将同一类权力转移给特定的职能部门时，意味着管理分工专业化就此完成，业务管理人员（直线管理人员）与辅助工作管理人员的分工也在这一过程中完成。这些辅助工作包括人事、法务合规、财会、质量管理等。

（3）参谋职权：是职能职权的一种软化，此时职能部门不再承担具体的辅助工作管理，转而为业务管理人员提供专业知识范围内的劝告、建议和咨询，并因此具有顾问性质。此时，参谋职权更像是一种沟通关系，参谋专家基于自己的专业经验，并结合现场调查研究为管理者提供特定技术领域的建议，或给出相应的解决方案。这种顾问性质决定了辅助性的参谋职权并不是一种主动权力，而只是一种被动权力，是一种“你（直线职权）不顾、我（参谋职权）不问”的角色。如果不能遵循这一基本原则，认清自己的角色定位，就有可能造成参谋职权的越俎代庖，甚至会对直线职权造成侵害。

图 6－9 调兵虎符

相比之下，授权是领导者就特定问题（往往是突发问题）向下属移交相应的权力与责任而建立的一种临时性的、特定性的责任机制。建立这种临时性责任机制，一方面是为了更好地利用专门人才的知识和技能，另一方面也是为了减轻上级的工作负担。因为获得授权的下级是被临时指定去解决问题，因此，授权与制度分权的一个重要区别在于：在授权过程中，问题解决即完成履责之后，还面临着有关权力如何处理的问题。一般来说，当需要解决的问题是临时突发且不可重复的问题时，权力会重新移交到上级手中。中国古代军队驻扎与调动制度中常用的“虎符制”（见图 6－9）即是如此：驻军将军虽然掌握着日常军事训练的直线职权，但调兵作战的权力却集中于君主，而虎符则是君主向将军授权作战的信用标志。当需要解决的问题是由于各种结构性因素的变化而成为“新常态”时，临时性的授权往往会变成设定正式管理职位的前奏，从而以更加制度化和固定化的方式与新问题打“持久战”。

但很多时候人们会发现授权工作难以开展：如果经理人员不会授权，他们就有可能破坏下属的作用，下级也无法更加有效地开展自己的工作。因此，有效授权就变成了一个重要问题。要确保有效，授权需要具备以下四点要素。

（1）信息透明：与突发性、临时性问题有关的信息应在上下级之间实现充分共享，问题各方面基本情况应交代清楚。

（2）知人善用：确保下级具备解决问题所需的知识和技能，同时确保下级具备承担责任的积极性与冒险精神，而不能让毫无准备的下属暴露在各种挑战与风险中。

（3）权责统一：管理者必须让下属承担相应的责任，但是不能让责任超出他的决策范围；除了要承担完成任务的责任外，在如何更好地完成任务方面，必须让下属有决策权。

（4）奖励及时：建立健全薪酬系统来激励那些为组织承担临时性任务的下属，不能让为组织“挡枪眼”的人寒心。

第四节 组织结构的设计

纵向的权力分配完成之后，还需考虑横向上的权力分配。横向权力分配的一个重要内容就是部门划分，即对相关工作进行分类。这种分类的原则有很多，我们在讨论组织内部

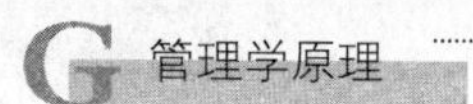

的横向差异性时曾经做过简单的介绍。纵向上各种制度性分权方式与横向上部门分工的
合，共同决定了一个组织的结构。下面将介绍几种典型的组织结构。

一、简单的组织结构

首先介绍三种最简单的组织结构：直线制结构、职能制结构和直线职能制结构。前
所讲的直线权力和职能权力的区分就在这三种结构中得到了充分的体现。

直线制结构是以直线权力为基础建立起来的组织结构，又被称为军队式结构。在这
组织结构中，不设专门的职能机构，自上而下的垂直系统是唯一的信息传递通道，这就
证了整个组织内部的统一指挥。这种组织形式结构简单，权责分明，指挥与命令统一，
作效率高，但没有专业管理分工，要求生产行政管理者具有多方面的管理业务知识和
能。在管理业务工作繁重的情况下，领导者容易陷入日常行政事务中，不利于集中精力
考与研究企业重大问题。直线制是工业生产发展早期的一种组织形式，一般适用于生产
单、规模小的企业。图 6－10 就是典型的直线制结构：处于组织权力体系顶端的厂长可
直接联系各生产单位的车间主任，而车间主任则直接指挥班组长的工作。

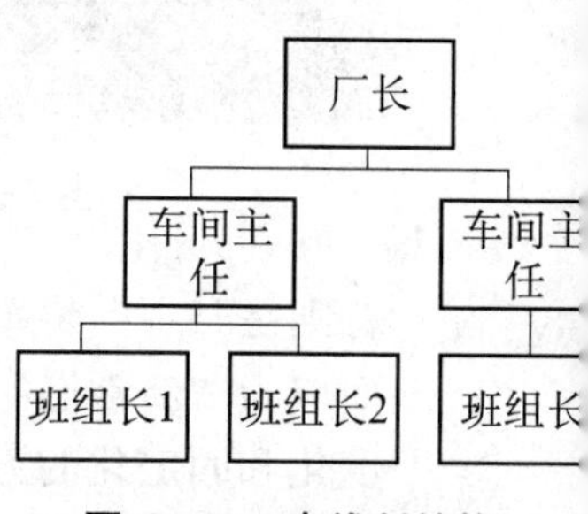

图 6－10　直线制结构

职能制是以职能权力为基本骨架建立起来的组织结构。在这种组织结构中，在各级直线领导者之下，按专业分工设置管理职能部门，各部门在其业务范围内有权向下级发布命令和下达指示，下级领导者和执行者既服从上级领导者的指挥，也听从上级各职能部门的指挥。起初，这种组织形式是泰勒制的一种产物：泰勒在米德瓦尔钢铁公司建立的职能工长制就是职能制结构的起源。这种形式适应了企业生产技术发展和经营管理复杂化的要求，能够发挥职能机构的专业管理作用，并利用专业管理人员的专长，但它妨碍了企业生产经营活动的集中统一指挥，
成了多头领导命令不统一，不利于责任制的建立，有碍于工作效率的提高。图 6－11 就
一个职能制结构的示例：厂长及其下设的几个职能科室共同指导车间主任的工作，而车
主任则在职能组的配合下指挥班组长的工作。

相比之下，直线职能制则是在直线制的基础上，辅以职能部门的配合。在各级管理
之下设置相应的职能部门，分别从事专业管理，作为该级领导者的参谋部，是企业管理
构的基本组织形式。职能部门拟定的计划
案以及有关指令，由生产行政领导者批准
达，职能部门对下级领导者和下属职能部
无权直接下达命令或进行指挥，只起业务
导作用。这种组织形式对直线制和职能制
自的优缺点进行了扬弃，既保持了直线制
中统一指挥的优点，又吸取了职能制发挥
业管理职能作用的长处，提高了工作效率
为发挥生产行政指挥系统作用提供了组织
证。图 6－12 即是一个直线职能制结构的
例：在这里，厂长以直线权力指挥生产
门，即铸锻、机加、装配三个车间，而计

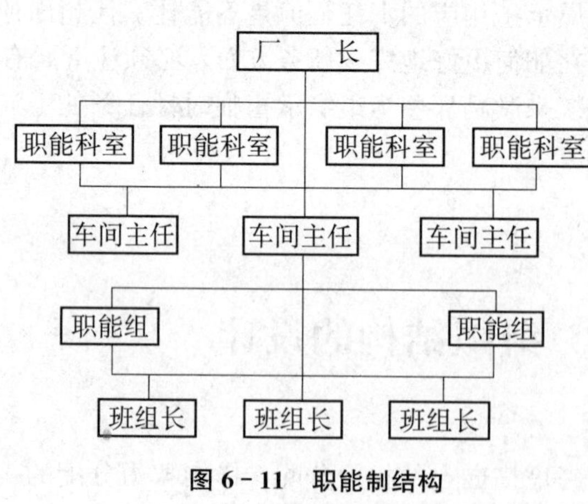

图 6－11　职能制结构

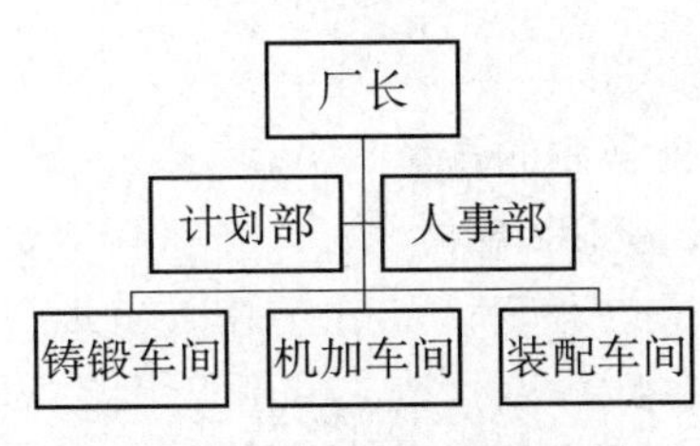

图 6－12 直线职能制结构

和人事两个职能部门则作为参谋提供必要的支持。

虽然直线职能制克服了前述两种简单结构的缺点，但由于在这种结构中各专业分工的职能部门之间横向联系较差，容易产生脱节和矛盾，因此严重限制了其适用性。通常情况下，这种结构更适合于环境较稳定、业务例行性较强、没有大的技术变化的常规性工作，尤其适合于那些单一产品企业或产品线较简单的企业。此时，业务部门之间的相互依赖性不高，需要跨部门协调的内容相对有限，从而更利于强调特定的职能目标，鼓励基于职能部门的规模经济，提高职能部门的专业化水平，甚至可以视情况加大对职能部门专业化水平的投资。但是，当外部环境出现剧烈变化（技术变革、市场转向或政策突变）时，这种结构的部门间脱节与沟通不良的弊端就暴露出来，这些结构性问题会限制企业的快速反应能力，对企业的决策效率产生严重的负面影响。正是由于这种原因，在当前日益激烈的竞争环境中，采取简单组织结构的企业越来越少。

二、M 型组织结构

M 型组织结构（multi-divisional organizations），又称（多）事业部制结构，是在公司统一领导下，按照产品或地区或市场（顾客）划分若干半独立经营单位（事业部或分公司，战略管理中称为“战略经营单元”），并以“集中政策、分散经营”为原则，在总部与事业部之间进行权限划分的管理组织形式。由于各事业部实行半独立经营，所以组织中每一个事业部通常都具有自己完整的职能部门，这也决定了在 M 型组织结构中存在一定程度的资源重复配置问题。但即便如此，M 型组织结构仍然是第二次工业革命以来现代世界工业发展历程中最为普遍的一种组织形式。这种组织结构最先出现于美国和德国极个别的领先企业中，但随着市场竞争日益激烈，这种组织结构体现出了充分的优越性，从而在越来越多的企业和行业中得到了广泛的扩散和普及。正因如此，我们将对这种组织结构进行深入剖析。

（一）M 型组织结构的产生

正如我们前面曾经提到的，以直线职能制为代表的简单组织结构的一个重要缺陷是它无法适应市场竞争导致的产品线扩张压力。而事业部制正是在这种历史背景下应运而生的，它充分满足了企业规模扩大、产品品种增加、经营多样化、管理层次和部门增多的组织与管理需求。在 M 型组织结构发展的历史上，美国通用汽车公司和杜邦化学公司是其重要的源头。时任美国通用汽车公司副总经理的小阿尔弗雷德·斯隆研究和设计的“斯隆模型”是最早的 M 型组织结构。斯隆按照政策制定与行政管理分开的原则，把公司的任务分为决策任务和执行任务。领导部门担负决策任务，直线指挥部门指挥各级的业务经营活动。董事会是决策机构，在它下面设立财务委员会和执行委员会，前者对公司的财务及其财务工作人员实行全面控制，后者对公司的业务经营活动实行全面控制。直线指挥部门分成公司总管理处（或总公司）、各事业部（或分公司）以及工厂三级，各事业部是公司内部的独立经营单位，也是利润中心，根据公司的方针政策和统一制度，全权指挥所辖各单位的生产经营活动，并对完成总公司赋予的任务负全面责任。

管理案例

杜邦公司：从职能制向事业部制的转型

杜邦公司是美国化工行业中的元老级企业，其第一个拳头产品是炸药，而炸药的需求主要来自西进运动中的拓荒和矿山业务。进入 20 世纪之后，炸药的市场相对稳定，杜邦也在此基础上建立起一套完整的产品线，包括人造革、染料、化工品、人造纤维等多种产品，目的在于最大限度地利用其研发、销售、管理、生产设施等现成组织资源。但产品线快速扩张给杜邦带来一些问题：第一次世界大战结束之际，很多产品线的增长和利润水平远远低于预期。杜邦公司为此成立了专门的委员会进行调查。调查的结论是：增长速度和利润水平不理想，并不是销售的原因，而是组织的原因——过去的组织结构是以职能部门为单位进行组织，虽然每一条产品线在每一个职能部门上都有人管，却找不到一个人来为特定的产品线负总责，也没有人保证一条完整的产品线能够盈利（见图 6－13）。

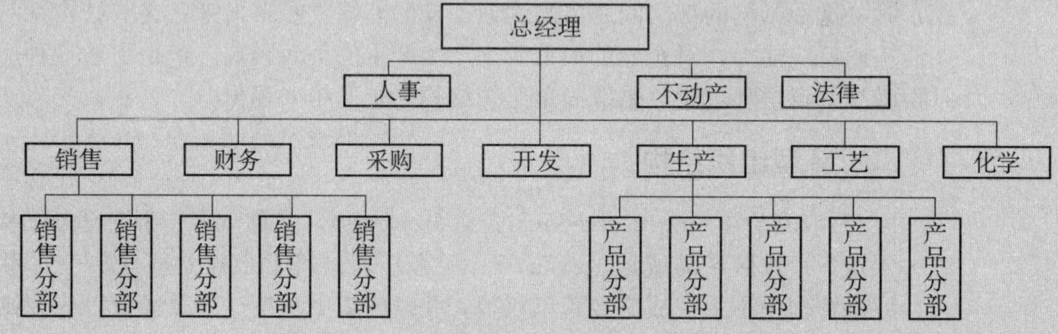

图 6－13　杜邦公司 1919—1921 年的组织结构

面对这种局面，负责调查的专门委员会提出建议：把以职能为基础的组织结构转变为以产品为基础的组织结构。这个建议出台之后，遭遇了一段冷落，但 1921 年年中财报的公布改变了事件的走向。年中报显示，整个杜邦公司除了炸药，其他的产品线都在亏损。此时，公司决定立即进行改革，以产品为基础建立新的组织结构。1921 年 9 月，新的组织结构（见图 6－14）开始正式运行，其中包括五个事业部和一个行政总部。公司高层经理和大股东组成执行委员会，负责公司的整体战略设计，评估各事业部的业务情况。与此同时，各职能部门的专业人员协助执行委员会提供专业协助（参谋职权）。而各事业部则拥有日常经营的自主权，并依靠自己的职能部门支撑事业部层级上行政工作的运行。事业部经理对事业部负责，根据资产回报率考核其业绩。自这种组织结构建立之后，杜邦公司的业绩水平就高度稳定，即便在大萧条时期，企业盈利水平也得到了保障。

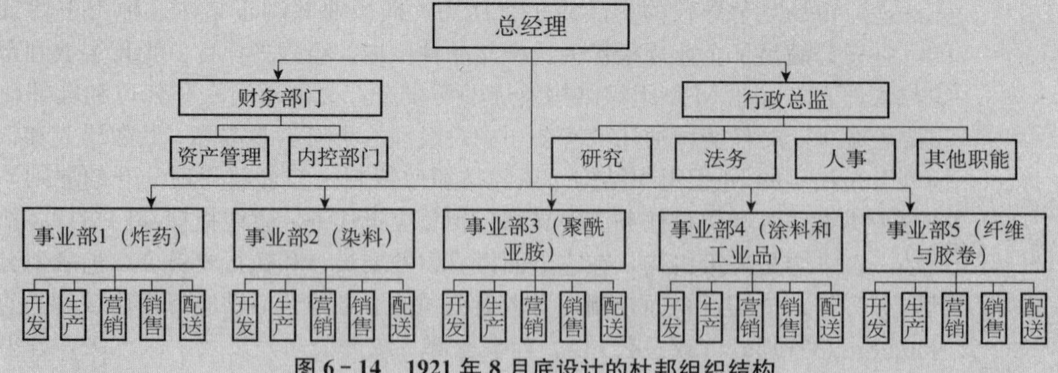

图 6－14　1921 年 8 月底设计的杜邦组织结构

资料来源：小艾尔弗雷德・钱德勒．战略与结构——美国工商企业成长的若干篇章［M］．孟昕，译．昆明：云南人民出版社，2002．

在美国和日本分别占据世界工业竞争力龙头位置的年代，事业部制结构都是美、日企业首选的组织结构。这种现象的出现，意味着M型结构必然具备某些合理性。

（二）M型组织结构的合理性

为什么M型组织结构能够取得如此巨大的成功，并在更大范围内获得了有效扩散？根本原因在于这种组织结构有效地解决了大型企业迅速扩张过程中普遍遭遇的关键问题：传统的简单组织结构已经无法体现并适应大型企业中不同类型决策活动的分化。这种决策分化集中体现为“战略决策”与“战术决策”的差异，以及“非程序性决策”与“程序性决策”的差异。

大型企业的管理工作分为两个层次：一个是关系企业长期增长和发展的战略决策；一个是那些日常活动的战术决策，能够保证这个企业组织平稳高效地运转。M型组织结构、事业部制的组织结构最大的优势就在于它通过总部和事业部这两个层次的分工，把这两种管理职能分开了，把对整个企业命运负责的高层经理人员从那些日常事务中解放出来，使他们有时间、有信息甚至有心理上的义务感去做长期的计划和评估（非程序性决策）。与此同时，日常管理工作、维持公司正常运行的战术决策（程序性决策）交到了事业部经理的手中。事业部经理对自己事业部当中的日常决策负总责。这也就是第五章第四节“决策”表5－3在现实世界中的原型：关乎企业长期运行发展的战略决策往往信息模糊、结构不良，且其时间框架更长，正因如此，这种决策需要高层管理人员在总部职能部门的协助下群策群力地完成；与此相反，事业部日常经营的战术决策有很多惯例与规章可循，这种工作的中心任务就是执行和落地，所以必须指定专门人员负责，且有责必究。

更重要的是，当日常性的战术决策和长期性的战略决策分开之后，总部的集权（“集中政策”）就具备了生产性功能，即创造价值的功能：它将通过战略决策决定企业进入何种产品领域和哪些地理市场，而这些决策最终都会转变为投资战略与行为。其中，进入新的产品领域的决策往往意味着总部同时扮演着孵化器的角色。在实现战略扩张的过程中，所制定的战略目标越是远大，就越需要总部具备高水平的统筹协调能力，在各事业部之间统一规划，而不至于因为一时一地的得失影响全局的战略性投资（即第四章第四节格力巴西分公司的案例所体现的）。在这种情况下，能够协调全局的管理结构就变得非常重要。因为只有这种结构才能够去协调多样化的、复杂化的生产过程，从而证明大规模投资、集中性投资的合理性。也是这样一种结构，减轻了高层的日常性负担，从而使其能够做出更多高质量的战略性决策。

我们并不否认事业部制组织结构存在一定的缺陷，这些缺陷尤其体现为各事业部的本位主义。由于允许事业部之间的竞争，造成各事业部之间人员互换的困难，也影响了先进技术和科学管理方法的交流，甚至有时还会引发同一公司各事业部之间恶性竞争的商业伦理问题。但是，作为两百余年世界工业史上出现过的最重要且最主流的大型企业组织形式之一，事业部制的基本思想仍然值得中国的企业管理者认真理解。改革开放四十年来，中国的工业体系发生了很多变化，其中最主要的变化之一就是在计划经济时期一大批单一产品工厂的基础上出现了多产品线、跨地理区域的大型企业组织。其中的很多企业受到宏观的企业发展环境以及企业自身历史问题的影响，在扩张初期没有走上M型组织结构的道路，但当它们进入持续扩张阶段的时候，又不约而同且程度不等地借鉴了M型组织结构的思想。从某种意义上讲，中国企业对M型组织结构的学习仍然正当其时，而中国企业在M型组织结构上的实践和修正才刚刚起步，这也正是我们着力阐述M型组织结构的特点、历史与功能的根本原因。

三、有机的组织结构

由于种种原因，第二次世界大战结束之后，大型企业的组织调整变得越来越普遍。以往那些机械的、刚性的组织结构逐渐被弹性越来越强、适应能力越来越强、更加有机的组织结构所取代，以帮助企业更好地适应来自技术、市场和其他环境因素的挑战。早在 20 世纪 60 年代，伯恩斯（T. Burns）和斯托克（M. Stalker）就对这两种结构进行了详尽对比（见表 6-8）。

表 6-8　　机械式组织与有机式组织的对比

机械式组织	有机式组织
组织任务被分解为专业的、职能不同的职务，而个体任务的分工比较抽象，与组织整体任务存在差异	组织共同任务需要全体成员的努力，并且根据个体之间的互动，随时调整和界定任务
根据角色，对权利、义务和技术方法进行精确定义，并将其转换为岗位职责，形成等级制度	对组织的承诺超越了技术范围，控制权力与交流是一种网络结构，且交流方向是扁平的而非垂直的
整个组织的知识仅被等级制度的上层所掌握	知识存在于组织网络的各个地方
组织成员之间的交流倾向于垂直交流，即上下级之间的交流	在企业之外，在产业、技术、商业环境中有价值的关系和专业知识同样具有地位和重要性

（一）从矩阵式结构到多维组织

矩阵式结构，又称规划-目标结构，起初是由美国的大型军火商，如洛克希德、休斯等飞机生产企业于 20 世纪 50 年代末引入到工业实践中的。它借用了数学上的概念，在组织内部某个部分同时采用两种部门制进行组织——其中既有可能是各事业部与职能部门之间的结合，也可能是不同事业部划分方式（如按照产品划分和按照地理区域划分）之间的结合，从而组成一个矩阵，使同一名工作人员同时处于两种部门制的结点上，与两个方向同时保持联系，并同时满足两个方向的工作要求。

这种组织结构的优点是，打破了传统的一个工作人员只受一个部门领导的管理原则，使企业管理中的纵向联系和横向联系有效地结合在一起，从而加强了各职能部门之间的配合，及时互通情况、共同决策。这就加强了各项专业管理工作的协调配合，确保了任务完成的灵活性，提高了工作效率；把不同部门的专业人员组织在一起，有助于激发人们的积极性和创造性，培养和发挥专业人员的工作能力，提高技术水平和管理业务水平；将完成某项任务所需要的各种专业知识和经验集中起来，有利于加速开发新技术和试制新产品；而且这种组织结构具有较好的适应性和稳定性，每一个小组所承担的产品和项目，可以随着地理、产品各方面的调整进行实时的调整。图 6-15 就是 20 世纪 90 年代 ABB 公司将地区和产品两种部门制结合起来建立的矩阵式结构，当时 ABB 将其 8 个业务部门、65 个业务领域结合到这样一个矩阵之中。

但是，矩阵式结构的问题也一目了然，两个部门制方向上并存的双重指令线违背了法约尔提出的统一指挥原则。虽然这是出于加强信息沟通的目的而有意识的违背，但这条双重指令线也成为矩阵式组织中爆发冲突、机构臃肿、管理复杂甚至（下属）无所适从的重要根源。这无疑加大了企业驾驭矩阵式组织的难度。也正是由于这样的原因，ABB 在 2003 年之后重新走上了基于产品事业部扩张的发展道路。

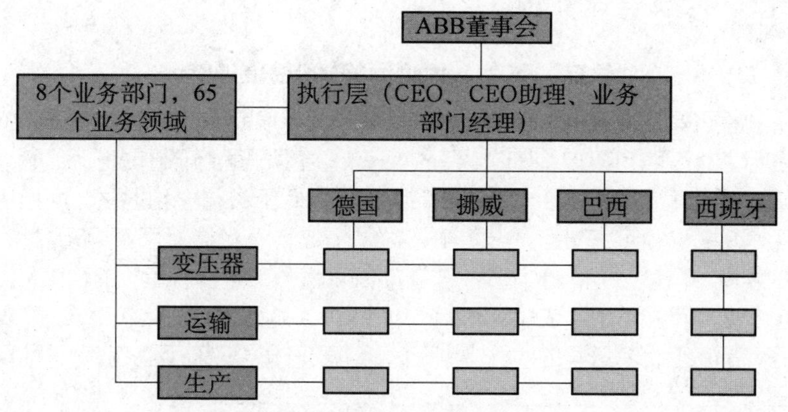

图 6-15 ABB 的全球矩阵结构

矩阵式组织解决好双重指令线的关键有两点：一是确保双上司员工的能力，那些人际关系技能更强的员工往往能够更好地协调向两个上司请示汇报的难题，并解决好双重指令线上的命令冲突；二是设计和控制矩阵式结构的最高领导者的能力，最高领导者必须对两条线上的经理人员都施以适当的控制，以时刻保持两条线上的权力平衡和沟通顺畅。如果没有一个优秀的两线平衡的最高领导者，再优秀的双上司员工也无力回天。

到了 1967 年，美国康宁公司对矩阵式结构进行了创造性发挥，引入了一种更为复杂的立体组织结构。这种组织结构由三方面管理系统组成：①按产品划分的事业部，是产品利润中心；②按职能划分的专业参谋机构，是专业成本中心；③按地区划分的管理机构，是地区利润中心。在这种组织形式下，事业部经理不能单独作出决定，而是由产品事业部经理、专业参谋部门和地区部门的代表三方共同组成产品事业委员会，共同决策产品经营战略。这就把产品事业经理和地区经理以利润为中心的管理与专业参谋部门以成本为中心的管理结合起来，协调各产品事业部之间地区部门之间的矛盾。

（二）虚拟网络式组织

虚拟网络式组织把协作与合作的概念扩展到了组织边界之外，将以往垂直一体化的产业组织形式转变为更加市场化的企业间的松散联合体。换句话说，虚拟网络式组织将过去在产业链上从头到尾包打天下的“系统卖家”，变成了由聚焦于自身优势业务的外包商和集成商组成的企业网络。一般的，这个虚拟网络的中心企业会把力量集中在自己最有优势的，同时也是进入壁垒最高的一个领域，而把其他业务活动外包给其他组织，从而以合同为基础，对制造、分销、营销及其他关键业务进行组织。图 6-16 就是一个典型的虚拟网络式组织的企业间分工。

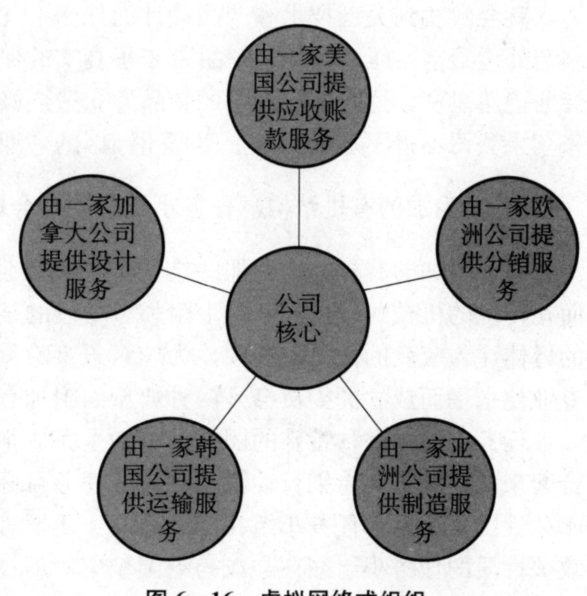

图 6-16 虚拟网络式组织

生活中的管理学

"候鸟"耐克：虚拟网络式组织的典范

服装鞋帽、儿童玩具这类既包含设计成分，又需要大规模制造，且制造过程中的很多环节还高度依赖人工的行业，在西方是典型的"候鸟"行业：植根于西方母国的总公司负责产品设计、品牌维护和市场营销等活动，而大规模生产环节则外包给低工资国家和地区，而且这个外包网络还会随着各国工资的变化而"变形"。十年前，绝大多数耐克产品上面都打着"Made in China（中国制造）"的字样。但今天，随着中国劳动力成本的上升，"中国制造"的耐克产品往往都是中高端产品，更多的耐克产品上更换成"Made in Vietnam（越南制造）"的字样。类似的移动轨迹发生在日本电子产品身上，从最早的"台湾制造"，到后来的"马来西亚制造"，而现在"菲律宾制造"则成为日本电子产品的主流来源。

虚拟网络式组织有非常明显的特点：

（1）核心企业风险外部化，从而获得了较好的适应能力：核心企业的业务聚焦于自己专长的系统集成，而通过引入市场机制（这种战略联盟并非普通的市场交易关系），从外部获得各种生产资源、职能服务，甚至设计支持，极大地减少了核心企业在上下游配套环节的前期投入，使之更加灵活地应对技术升级与转换所带来的锁定风险。苹果公司将生产环节外包给富士康，是核心企业此类情形中的典型。

（2）专业化程度的提高改善了整个经济系统的效率：核心企业和外包商都凭借自己的核心能力开展业务，而众多核心企业的同类业务分包又导致了特定外包环节的需求聚合与市场容量扩大，此时这些分包业务又更倾向于向特定的外包商聚集，从而造成了各外包环节的规模经济性和专业化提升，提高了经济效率。例如，西方大企业将部分会计与审计业务外包，导致了四大会计师事务所（业内简称"四大"）的崛起以及"四大"内部的分工进一步细化。

当然，业务外包也决定了虚拟网络式组织的一个核心风险：一旦对外包组织控制不力，就会威胁到关键技术和产品设计的保密。比如前面提到苹果将 iPhone 和 iPad 的生产制造外包给富士康，这就给苹果带来了真实的保密问题：苹果的产品设计多次在产品发布会前遭遇泄密，这一度给苹果的新品发布造成极大的被动。也正是出于这样的原因，近年来苹果公司不得不加大对富士康郑州园区的"业务指导"，以免不利情形再次发生。

（三）附加的有机结构：任务小组与委员会模式

所谓附加的有机结构是那些结构惯性比较强的组织，为了获得有机式结构的灵活性，而在传统的机械式结构的基础上附加、增设的某些灵活性较强的新结构，从而为行动缓慢的母体注入应变的活力。其中，为应对急难险重任务而成立的任务小组，以及为确保某种专业化水平而成立的委员会是两种典型的附加有机结构。

任务小组是一种特殊的团队，是为了完成某些特殊的任务，把组织内外的专家人员集合起来形成的一支特别行动队。在完成任务目标之后，这个小组可以解散，也可能转化为永久性团队。这种任务小组在产品开发、研发管理方面应用非常普遍。在中国，这种带有攻关性质的任务小组往往会成为老国企应对新技术的战略选择：通过这种在一定程度上独立于母体的方式，克服传统组织结构中那些僵化与束缚。

管理案例

沈阳机床与中国二重：老国企用好任务小组

沈阳机床集团（沈机）和中国第二重型机构集团公司（二重）代表了老国企利用任务小组的方式应对重大技术挑战的两种方式。

中国二重成立于1958年，1971年全面建成投产，是中国21家重大装备国产化基地之一，其主导产品的国内市场占有率情况为：大型连铸连轧机50%以上，大厚板轧机60%以上，热模锻设备60%以上，大型电站铸锻件45%以上。在开发热卷箱（热连轧带钢短流程生产线上的关键设备）的过程中，二重就采用任务小组的方式进行了持续攻关。20世纪90年代中期，二重成立了热卷箱项目组，持续进行研发投入，历经数年的反向工程和技术学习，二重终于在1999年自主开发出第一代热卷箱，并在结构和制造工艺方面进行改进，以适应国内市场的需要。后来，国际热卷箱技术又向着无芯移送技术方向发展，二重随即成立了无芯移送式热卷箱工程项目组，最终于2001年成功设计出无芯移送式热卷箱，并获得了国家发明专利。此后，二重利用积累的热卷箱技术能力，持续改进热卷箱技术，并于2007年再次取得重大进展，开发出第三代热卷箱，并申请了中国专利。

与二重相似，沈阳机床集团也是一家老国企，是由多家老牌机床企业合并而来的，其中资历最老的一家企业成立于1935年。2007年，一位国家领导人在沈机视察时嘱咐沈机一定要自主开发机床控制系统，并在临别之际强调，“一定要用民营的机制来干”。此后，沈机决定在上海成立专门的研究院实施机床数控系统的开发项目。在很长一段时间里，沈机上海研究院与沈机老国企的“母体”几乎没有任何业务往来，只是一门心思研究运动控制的技术问题。最终，在经历了五年的刻苦开发之后，沈机i5智能机床在沈机上海研究院诞生。在此期间，上海团队一共进行了1 917个大小版本的数控系统更新，累积了1 032条测试用例。其中，数控核心部分拥有整体代码20余万行，核心代码2万行，核心算法50余个。在伺服驱动控制技术上拥有核心代码2万余行，核心算法20余个。i5产品化之后，上海研究院没有像二重热卷箱项目组那样就地解散，而是变成了一个新业务孵化器，向沈机“母体”提供工业机器人、伺服电机等关键技术。图6－17为沈机上海研究院i5系统吉祥物。

图6－17 沈机上海研究院i5系统吉祥物

资料来源：萧延高，刘佳佳，安德鲁·特里克特. 不同产业技术背景的制造企业知识产权能力发展策略[J]. 技术经济，2011，30（7）.

还有一种特殊的附加有机结构是委员会。委员会模式是将一群经验和背景比较丰富但又有所差异的人结合起来，跨职能界限地处理一些高度专业化的问题，比如我们会看到大学里面会有学位委员会、招生委员会等，这种方式往往是由于这类专业化问题在组织中特别重要，但正式组织结构又很难履行相应的职责而进行的局部调整。

四、组织变革

正如我们在“M型组织结构”中提到的，当杜邦这样的在位企业面对环境变化或内部经营存在的问题时，就需要采取必要的手段推动组织改变，这种改变可以体现在技术、产品、组织结构和人员等多个方面，而且在多数情况下，这多方面变化都是紧密结合在一起的。我们将这种以提高组织有效性为目的，对现有组织进行改变的过程称为组织变革。

组织变革包括两种方式：一种是维持现有组织总体平衡、坚持持续改进和循序渐进原则的渐进式变革；另一种则是打破组织基本运行规则，将颠覆性变化引入组织的激进式变革。这两种变革方式在技术、产品、组织结构等方面都存在明显的差别（见表6-9）。这两种变革方式并不是截然分开的，很多时候我们会在现实观察中发现：重大的组织变革过程往往根植于长期蓄积的变革压力，始于一些偶然事件的刺激，从而导致了局部地区渐进式变革的首先发生（即试点），这也为激进式变革拉开序幕做好了准备；而当新的范式在激进式变革中建立起来之后，又需要后续的渐进式变革作为补充，使其臻于完善。此时，激进式变革更像是一个阶跃过程，推动组织跨上了一个大台阶，而渐进式变革则是对这个新平台的不断改进。

表6-9　　渐进式变革与激进式变革

渐进式变革	激进式变革
持续改进	打破范式
在原有结构和管理过程框架内变革	创建新的结构和管理系统
技术改进和产品改进	技术突破，并以新产品创造新的市场

很多时候，成功的组织变革，不管是渐进式变革还是激进式变革，都会遵循一个典型的过程。作为启动这一过程的前提条件，领导层对于组织变革的承诺至关重要：只有当组织的领导层认识到组织惰性的危害和变革的必要性，才会真正承诺去推动变革。在此期间，领导者不仅要将变革的理念明确传达给员工，激发大家的改革热情，更要以身作则、言行一致，唯有如此才能让下属相信组织推动变革的诚意与决心。

当真正的变革过程开始时，往往会遵循一个三步骤理论模型。这个模型是由卢因提出的，他将企业组织的变革经历分为解冻、改革、冻结三个步骤（见图6-18）。①解冻：使全体员工正视改革的现实，同时使他们相信改革是必要的，必须克服过去的惰性与惯性；②改革：以果断的行动推进新的战略，战略转变往往会与资源分配和资产清理，特别是组织结构的重新整合同步发生，组织文化也会启动新的周期，而推动所有这些工作，为新时期建立“四梁八柱”和运行规则需要忠诚的管理团队；③冻结：固化一个组织的新战略和结构，使之合理化、正规化，从而获得更好的有效性和运行效率，这往往需要领导层持续的关注与压力，在信息和实际行为上维护改革方向，才能最终获得全体员工的接受。上述卢因的三步骤理论模型，对于我们理解变革，无论是企业变革还是国家变革都具有重大的启示意义。

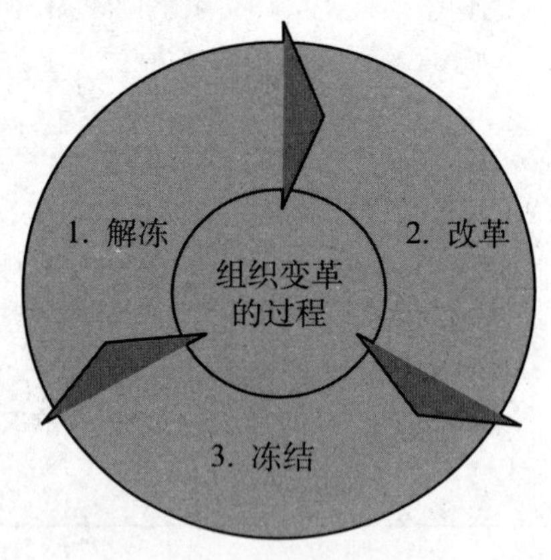

图6-18　理论模型三步骤

图6-19是对上述变革过程的进一步细化与拆解，该模型告诉我们，上述三阶段模型取得成功的关键是按照顺序引入若干关键要素。这些要素包括：

（1）构思：构思是一种新的事物或新的做事方式，它可以是新的产品或服务，一种新的管理思想，或是连接组织内工作单元的一种新的流程。构思构成了变革的内核，而变革则是构思的外延与表现。构思可能来自很多方面，比如内部改革促进者的推动，或是外部改革促进者提供的灵感。

(2) 需求：构思本身通常不会得到重视，除非组织中的人们产生了变革的需求。这种需求可能是意识到的问题与机会，也可能是外部环境的突然变化造成了适应压力，所有这些都使管理者发现了组织的实际绩效与期望绩效之间的差距。

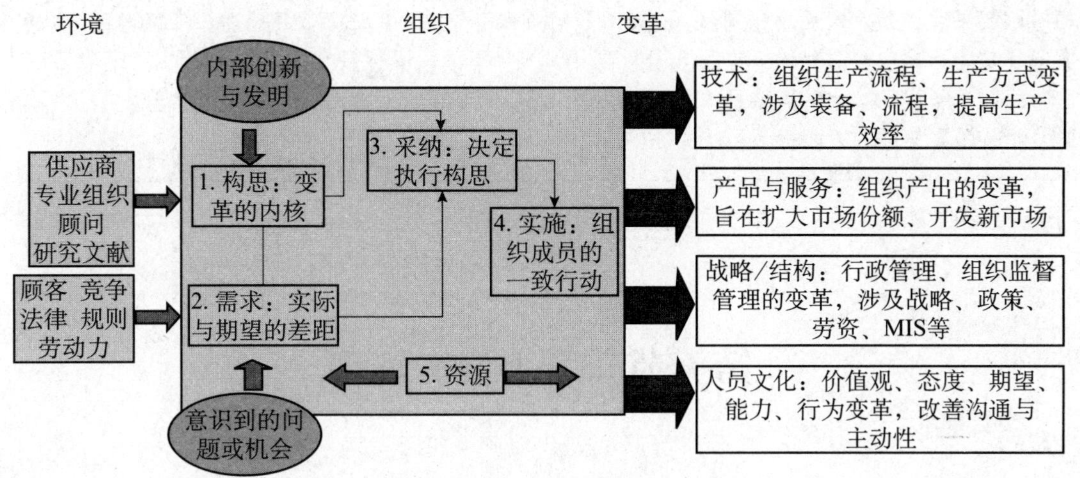

图 6-19 成功变革过程的要素及其顺序关系

资料来源：理查德·达夫特．组织理论与设计［M］．10 版．北京：清华大学出版社，2010.

(3) 采纳：决策者决定采用相应的构思，要使构思得到采纳，主要的管理者和员工必须达成支持变革的一致意见。

(4) 实施：将新的构思付诸实际应用。

(5) 资源：所需的材料和设备必须到位，员工也需要相应的培训。总之，要实现变革，需要投入精力和行动，更需要有形资源的投入。

一系列要素的到位才有可能将组织引向技术、产品/服务、战略/结构和人员文化全方位变革的状态。这样一个由内而外的过程最终影响到每一个部分、每一个环节，而且影响到这个企业组织每一个方面的产出和特征。

当然，组织变革必然面临着来自惯性与惰性的阻力。这些阻力可能体现为以下方面：①过于关注成本，因为变革势必要求相应的人员、资源和时间投入；②过于关注自身利益，尤其是组织结构基本原则的变化，有可能导致原部门制下的主导部门的权力向新的主导部门流失；③害怕变化有可能造成不利影响，很多时候变革会产生自噬效应，即变革的成果（新产品/服务）有可能会影响到企业现有产品的市场份额，如果这种新老交替不能引发预期的市场扩张，就意味着变革的失败和成本负担的加重；④组织内部的协调和领导工作缺乏力度，协调匹配不到位，即我们曾经提到的组织建设滞后于实际需求。面对这些情况，领导者更要加强变革承诺，以高速高效的沟通，保持整个组织上下目标一致；此外，通过培训赋予员工新的技能，鼓励员工早期的参与和介入，帮助其打消对变革的恐惧也是非常重要的手段。当然，在必要的时候，领导者需要暂时采取一些自上而下的强硬手段来压制和无视不同意见，待到局部变革取得成效之后再用业绩说话。这也是中国改革开放过程中的一条重要经验，即邓小平同志著名的“不争论”。

管理者须知

邓小平论“不争论”

在南方谈话中，邓小平曾特别讲到以“不争论”的策略推动改革的问题。他说：“对改革开放，一开始就有不同意见，这是正常的。不只是经济特区问题，更大的问题是农村改革，搞农村家庭联产承包，废除人民公社制度。开始的时候只有三分之一的省干起来，第二年超过三分之二，第三年才差不多全部跟上，这是就全国范围讲的……不搞争论，是我的一个发明。不争论，是为了争取时间干。一争论就复杂了，把时间都争掉了，什么也干不成。不争论，大胆地试，大胆地闯。农村改革是如此，城市改革也应如此。”

第五节　人力资源管理

组织结构的建立只是为组织运行提供了一个基础框架，但要使这个基础框架真正运转起来，“人”就变成了重要的要素投入。如何找到合适的人，把合适的人放到合适的位置上，并使其安心地为组织工作，成为人力资源管理的重要任务。

一、人力资源管理的战略作用

人力资源管理是指在组织内部设计并运用正式的体系，确保高效地利用人才来实现组织目标的过程。这一体系包括为了吸引、培养和留住优秀的劳动力而采取的一切行动。

优秀的人力资源管理不仅能够为组织的战略目标提供支持，而且能够为组织绩效的提高提供必要的支持与整合。

但需要指出的是，取得这一效果绝不是人力资源部门自己的事情，这需要所有的管理者都参与到人力资源管理的过程中，每一个处于管理岗位上的人都能够珍视和善待每一个员工，把每一个岗位都视为企业的要件，把每一个人都视为公司的资产。管理者需要树立恰当的理念：如果你认为某个人、某个岗位不重要，那么不是这个人或岗位的问题，而一定是组织对人员工作的安排和岗位职能的设计出了问题。换句话说，人力资源管理是一个匹配的过程：这种匹配，从宏观上反映为组织战略目标与人力资源管理方法的匹配，从微观上则表现为合适的人与合适的岗位的匹配。只有同时实现这两个匹配，才能够使组织中每个员工的知识、经验、技能和素质都体现出应有的经济价值。此时，这个组织就形成了高质量的人力资本。

具体而言，我们将战略人力资源管理过程分为以下两个条件和三个环节（见图 6－20）。这两个条件是：①公司整体战略与人力资源管理战略的匹配，亦可称之为“使公司的人力资源管理适应于战略目标要求”；②公司人力资源管理战略与外部人力资源管理环境的匹配，这种外部管理环境既包括《劳动法》《劳动合同法》等政治法律因素，也包括全面放开二孩、老龄化等人口变化因素，还会受到自动化生产、网络型组织等技术与组织变革趋势的影响。而所有这些外部环境因素的变迁，都是设计人力资源管理战略时必须考虑的因素。三个环节即吸引、培养和留住优秀的劳动力，下面会重点讨论这一内容。

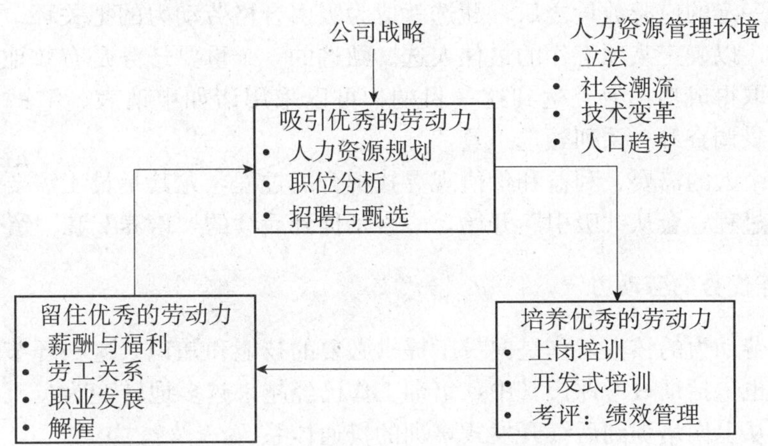

图 6-20 战略人力资源管理过程

对一个企业来说，成功的战略人力资源管理意味着其人力资本水平迈上了一个新的台阶。这种人力资本能力不仅表现为领导层和员工的能力，而且表现为员工的工作热情和工作绩效，以及组织适应环境、推动改变的能力。正是这些人力资本能力的提升，有力地驱动了组织的生产力水平、产品与服务品质、创新能力和客户满意度，即对关键绩效指标（KPI）的改善和最终经营结果的改善。

二、吸引人、培养人、留住人

（一）吸引优秀的劳动力

吸引优秀的劳动力，使他们愿意为组织努力付出，要害在于在组织和个人之间找到需要、利益和价值观的契合点。这种契合直接表现为两个匹配，即公司需要与员工贡献之间的匹配和公司激励与员工需要之间的匹配。

准确理解公司的需求，从一份好的人力资源规划开始。人力资源规划是管理者用来保证正确数量、类型的合格人员在正确的时间处于正确位置的一个过程，即对员工队伍进行规划和设计的过程。通过这一过程，对组织近期的人员需求和人力资源现状有一个明确的评估，能够避免突如其来的人员短缺和人员过剩。这个评估是对企业战略目标、组织文化、市场变化方向、员工流动情形的综合考量，既包括对近年退休、辞职人数的大致估计，也包括对当前人员结构（如人员专业技能方向、受教育程度等）与未来需求（由市场变化和企业战略决定）之间差距的基本判断。其中，后者的一个重要基础是工作分析，即定义工作及从事该工作所需行为（知识、技能与职责）的评估。利用从工作分析中得到的信息，管理者可以制定或者修订工作说明书和工作规范。其中工作说明书界定了工作内容、工作环境和工作条件；工作规范则描述了成功开展某项工作所需要的最低任职资格。

确定人力资源规划之后，如果存在职位空缺，管理者就需要利用工作分析收集到的信息来指导员工招聘。要在直接招聘（如互联网招聘）与间接招聘（如通过猎头公司）之间做出选择，通过合适的方式发现、识别和吸引合格的求职者。通常情况下，不同的招聘途径有着各自的优势与劣势。互联网招聘虽然能够获得即时反馈，且扩散效果更好，但却容易招致很多不合格的候选人，加大了后期甄选的工作量。通过猎头公司招聘，虽然可以借助其行业经验和人际网络，但也增加了信息不对称的风险。

在获得了一定的应聘数量之后，甄选就成为吸引合格劳动力的把关环节。甄选是对求职者进行筛选，以确定某项工作的最佳人选。甄选的一个重要任务是有效地预测哪些应聘者会在雇用后取得成功。为了达到这一目的，可以采用诸如申请表、笔试、绩效模拟测试、面试、背景调查等一系列甄选工具。

在组织与个人的需要、利益和价值观寻找契合的过程，尤其是员工需要与组织激励之间寻找契合的过程，会从“吸引”开始，一直延伸到后续的“培养”和“留住”环节。

（二）培养优秀的劳动力

培养优秀劳动力的核心工作是向员工提供必要的技能和知识。这一环节的工作既包括培训与开发，也包括绩效考评。其中，培训工作已经越来越多地转变为员工培训的全生命周期管理，即从上岗培训到后续开发式培训的贯通体系。

上岗培训适用于那些刚刚从事新工作的员工，这使他们对工作岗位和所在组织有一个基本的了解。上岗培训包括两种类型：工作部门上岗培训的根本目的在于使员工熟悉岗位责任，这既要使其明确自身工作与部门目标之间的关系，也要为其营造起码的人事氛围，包括与新老员工的熟识；组织上岗培训的功能则是使新员工了解组织的目标、历史、理念、程序以及规章制度，本质上是一种企业文化教育。

员工进入工作状态之后的开发式培训则是使员工在知识、技能等各方面与时俱进，保持其求知欲、好奇心与钻研精神的重要手段。这种开发式培训包括如下多种方式。

（1）交叉培训（工作轮换）：在组织内部不同类型的工作岗位之间调动员工，被培训的员工在这些岗位上与经验丰富的老员工共同工作，从而接触、学习和了解各种各样的工作任务。它能够开发员工的新技能，并赋予组织更大的灵活性。

（2）企业大学：企业内部的培训和教育机构，目的是让员工在职业生涯中获得广泛的学习机会，有时也会服务于客户、供应商和战略伙伴。很多人认为这种企业内部制度化的培训机构是由西方人首创的，其实不然。这种职工学校的形式在中国有着深刻的历史渊源和独立的发展轨迹，这同样是 20 世纪六七十年代之后中国国营（有）企业发展历程的一个重要组成部分，甚至直到今天，很多老国企仍然保留着自己的技工学校。

（3）导师与教练制：导师制是让员工跟随一位经验丰富的同事一起工作，该同事向他提供信息、支持和鼓励，引导其更好地熟悉工作环境和业务流程。在某些特定行业中也称为学徒制。教练制则以培养特定的管理技能为目的，对一个人进行指导教育和培训。这种“传帮带”方式在老牌的国有企业中至今仍占有非常重要的地位。

管理者须知

人力资源工作的连续性：只有“运转”的企业才有资格获得“改善”

现实经济生活中的企业并不是微观经济学教科书中的企业：它们不可能“突然”采用一种新的生产函数，继而起死回生；更不可能把所有的生产运行活动停下来去“搜索”新的生产函数。其根本原因就在于企业运行带有连续性，而这种连续性在人力资源工作中表现得尤为突出。因为企业运行一旦出现问题，甚至人为地停顿下来，员工队伍就会出现波动，越优秀的员工越有可能离开现有的工作平台，而在市场机制作用下“人往高处走”。一旦出现这种情况，困难企业就会陷入一个恶性循环。我国的很多老国企都曾经面临过这样的问题。在 20 世纪 90 年代中后期最困难的时候，某国有企业某车间的中青年技工全部流失，剩下的留守人员都是 45 岁以上的老师傅。毫不夸张地讲，这个企业的“传帮带”此时已经散架了。2003 年之后，随着经济形势回暖，这个企业重新有所起色，直到 2006 年前后这个车间十年以来第一次招收新学徒，结果出现了“千顷地、一棵苗”的感人一幕：八个临近退休的大师傅带着一个小徒弟，恨不得把毕生的手艺传下去。

企业的人员培训与培养，必须在基础建设与高层管理团队接续两方面同时发力，不可偏废。只有把人力资本基础建设和高层次接班人计划同时做好，企业的战略人力资源开发才算得上真正取得成功。这也是今天中国企业界面临的最严峻的现实问题之一：很多老一代企业家（以“40 后”“50 后”企业家居多）在长时间艰苦奋斗之后，在年届花甲的时候才发现自己在企业中如此孤独，那种在特殊历史时期的成长经历塑造了他们独特的世界观、人生观和价值观，从某种意义上他们甚至找不到意气相投、三观相符的接班人。

管理案例

您的接班人在哪里?

G 总在一家电子企业工作了三十多年，把这家当年濒临破产的企业一手带大，挤进了全球行业前三甲的位置。我们在 2016 年初采访 G 总的时候，他已经 68 岁，我们谈到了他的接班人问题，老人家红着眼眶说了下面这段话：

“我今年 68 岁了。我从 48 岁开始找接班人，花了十年时间，找了两个。一个培养了七年，后来发现我们的世界观不一样，他对这个企业的感情和我们也不一样，放弃了；一个培养了三年，发现这个人也不是太合适，最后都放弃了。到 58 岁的时候我豁出去了，我不找接班人了，我能干到什么时候再说吧……”

培养优秀劳动力的另一个重要环节就是绩效考评。绩效考评包括观察并评估员工的绩效，记录评估结果，向员工进行反馈等过程。为了使绩效考评成为组织人力资源开发过程中的积极力量，需要努力确保绩效评估的合理性与科学性，并确保管理者能够对考评结果提供反馈，以加强良好的绩效，激励员工的发展。绩效考评的方法有很多，表 6-10 列出了几种主要手段。

表 6-10　　绩效考评方法

书面描述法	考评者以书面形式描述一位员工的优缺点、以往的绩效和潜能，提出改进建议
关键事件法	考评者聚焦于区分有效和无效绩效的关键行为
图尺度评价法	列出一系列绩效要素并规定量表尺度，考评者根据这个量表逐项对员工打分
行为锚定等级评价法	结合关键事件法和图尺度评价法的一些要素，考评者采用一个评分量表进行评估，但其评分项目是实际工作行为事例
360 度评估法	利用来自上司、员工本人和同事的反馈来评估员工

不难发现，所有这些绩效考评办法都高度依赖于管理者对具体业务工作的理解程度。

其实，整个人力资源管理工作都具备这种根植于具体业务的特征。它并不是职能部门关在办公室里面自娱自乐就能完成的，更不应该让外行来考评内行。

（三）留住优秀的劳动力

留住优秀的劳动力，关键在于提升各层级优秀员工的"获得感"，使他们能够为自己的付出感到骄傲，而不是感觉不值。这需要做好以下几方面工作。

（1）薪酬和福利：所有的货币性支付以及用以代替金钱奖励给员工的所有物品或商品，统称为报酬体系，其中工资制度的设计又包括按照岗位和资历付钱，以及按照结果付钱两种思路。其中，前者的代表是职能工资和工龄工资，而后者的代表则是绩效工资。绩效工资是将员工的部分报酬与付出的努力以及实现的绩效水平联系起来，从而起到相应的激励作用。福利是一揽子报酬计划中非常重要的组成部分。比如，我国实行的"五险一金"就是典型的员工保障性福利制度：企业如果足额缴纳"五险一金"的话，这一部分的支出将会占到其薪酬成本的30%，其比重之大可见一斑。与薪酬福利有关的另一个重要问题是报酬平等，即通过工作评价和薪酬调查，确保组织向在职员工提供的报酬是合理且有竞争力的。在我国，就有优秀企业在报酬平等上进行了积极有益的探索，在"多劳多得"的基础上提出了"多劳多得、做优多得、创新多得"的报酬理念，从而确保员工的报酬能够全面体现其在质量、创新等新的重要维度上的贡献。

（2）职业发展：改善员工职业"获得感"的另外一个重要手段就是为广大基层员工创造多元化、系统化、有前景的职业发展空间。进阶与提升本身并不是设计此类制度的根本目的，根本目的在于以此作为对优秀基层人员努力付出的认可，从而激励其更进一步发展。

管理案例

济南二机床：全面的职业发展空间

国内锻压设备行业的龙头——济南二机床集团有限公司（以下简称"济二"）在2003年之后设计了新的组织结构，并采取了新的干部评聘制度，从而将济二内部的"官"位压缩了40%。但济二的专业人才却与此同时获得了更大的成长空间。2005年10月，经过民主测评、专家评审、演讲答辩等环节，济二第一批主任（副主任）工程师诞生。此后，管理人员、销售人员和车间工人的高层次人才成长通道也建立起来。截至2015年，济二共进行了五次主任（副主任）工程师评聘，两次主任（副主任）管理师、营销师和技师评聘，共评聘主任（副主任）工程师80人、管理师28人、营销师11人、技师31人。此外，在技能人员和技术、管理等专业技术领域实行评聘分离，分别评聘中高级技能人员528人、中高级专业技术人员314人，内部评聘的高层次人才和中高级技能/技术人员占职工总数（不含中高层干部和劳务派遣）的比例超过22%。

（3）解雇：通过解雇不合格的员工来强化组织的管理权威和统一领导，是激励优秀员工的重要手段，非如此不足以体现"公平"。此外，还有一些员工属于主动离职，即俗称的"跳槽"。管理者有时需要对跳槽员工开展一些工作，力求挽留，即便不能挽留也应通过离职面谈等手段了解其离职的原因。对于改善企业人力资源管理水平和行政管理水平来说，这种离职面谈是一种性价比较高的手段，能够让企业在支付了人才流失的"学费"之后得到必要的教训。

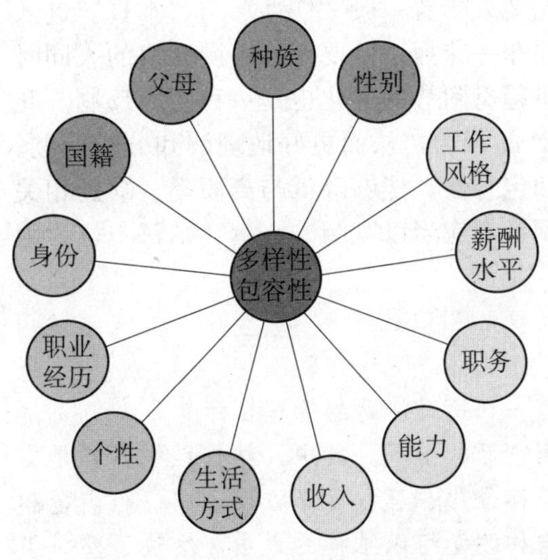

图 6-21　管理多样性

三、管理多样性

随着中国企业的不断发展和国际化，同时伴随着中国社会的快速变迁，如何管理好工作场所的多样性已经成为中国企业管理者面临的现实问题。当不同世代的人在一个团队中共事时，当不同宗教、民族甚至国籍的人融入今天日益国际化的中国企业时，当中国的工业体系和产业链复杂程度已经傲视全球，并因此拥有从低端到高端的全产业链各层级工作岗位时，管理者的包容心态就将在人力资源开发与管理中扮演重要角色。图 6-21 向我们展示了工作场所多样性的部分来源。

管理案例

公平，还是效率？这是一个问题！

李雷读博士的时候发现，学校近年来新晋职称的老师越来越年轻，学历、背景一个比一个光鲜，说不定哪一位就在国际顶级期刊“露过脸”。与此同时，还有一批 50 多岁、把课上到出神入化的老教师却极有可能在副教授岗位上一直干到退休。后来李雷才知道，最近十几年国内学术界正处于转型期，学校发展变化太快，而且在人才评价的时候过快地转向了“科研”这一把尺子，偏偏那批教学能力非常突出的老教师没有及时跟上转变的步伐，知识结构和研究能力都不占优势，在新时期已经失去了晋升的希望，但正是这批老教师为学校上一个时期的辉煌作出了重要的贡献。李雷经常会从自己的立场去思考这个问题：对学生来说，到底更需要教课好的老师，还是更需要在国际期刊上“露过脸”的老师？如果真的只能留一把“尺子”，他会选择谁？

管理案例

在我们这里，每一个人都重要！

J 公司是一家业内顶尖的优质企业。在接受调研访谈的时候，J 公司的董事长 Z 总与客人们分享了一个非常有趣的观点，“我觉得在我们厂里，每一个人都重要！连扫大街的都重要，你信不信？”客人们很不解，问他为什么会有这种想法。

Z 总不紧不慢地说道：“我们这是专业厂，我们的产品怎么制造，你懂吗？你们这些外行都不懂。你们到我们这里来，在车间里面看了一圈，你们有什么印象吗？”客人们想了想，几乎异口同声地说道，“你们车间特别干净！”

听到客人的回答，Z 总露出了胜利者的笑容：“你看，你们觉着我们这里特别干净。我告诉你们，各级领导到我们这里来看一圈也是这个反应，说我们车间特别干净，比我们其他的同行企业的车间都干净。可是这个‘干净’不就是打扫卫生的同志干出来的吗？我问你，我们这里扫大街的同志重要不重要?!”

中国社会的宽容与开放，使得越来越多的职场新人带着一股“任性”与“本真”进入工作场所，面对这种情况，领导者应加以引导，而非一味扼杀。要允许不同性格的人同时存在，这也有利于遏制组织中群体思维的发展，对趋炎附势的文化也是一种有力反制。此外，不同职业经历的人能够为组织提供多元而互补的视角，从而更好地理解和分析问题。而从“避害”的角度看，提高工作场所的多样性和包容性，能够降低与离职率、缺勤相关的成本，包括降低人事诉讼的成本。因此，各级领导者应当以宽阔的心胸容纳每一位为组织作出贡献的成员。

■ 本章小结

作为一项管理职能，组织的根本任务就是配备一切所需，达到管理目标。

组织设计需要考虑结构性维度和关联性维度两方面的情况。其中，结构性维度就是有关组织结构的那些内部特征，如规范化、专业化、标准化、集权化等方面，它们为衡量和比较组织提供了基础；而关联性因素则是那些影响和改变组织结构的力量，反映了整个组织的特征，既包括组织所处的环境，也包括组织本身的若干其他方面的特征，如战略、组织文化及其所采用的技术。

伍德沃德围绕着制造业不同部门中技术复杂性的差异来讨论组织结构问题。她将工业技术按照复杂性分为三类，即单件小批量生产、大批量生产和连续生产三类。

为了适应环境的变化，企业需要不断地调整组织结构。环境不确定性越高，对组织结构调整的要求就越高，组织结构调整就越快。此时，不同程度的环境动态就导致了组织结构上的分化：其中，机械式结构适合于更加稳定的环境，而有机式结构往往是企业应对不稳定环境的选择。

企业的发展历程被分为四个阶段，即创业阶段、聚合阶段、正规化阶段和精耕细作阶段。企业能否沿着这条轨迹从初创走到成熟，关键在于能否发扬不同时期的组织优势，并克服不同阶段的危机。

组织结构中的复杂性就是指一个组织中的差异性，其中包括横向差异性、纵向差异性和空间分布差异性三个方面。

规范化是指组织中书面文件的数量。这种书面文件的一个重要作用，就是作为确切可见且含义清晰唯一的规则程序来引导员工行为。

集权模式的优势集中体现在政策统一，避免了组织内部各部门之间由于竞争性目标导致的内耗，也方便了部门之间的协调和资源的统一调配，从而有利于形成合力，包括对核心业务、拳头产品的全力推动更有可能实现规模经济性。而有效的分权能够减轻高管负担，并有助于推动建立跨部门绩效评价标准。

管理跨度，又称管理幅度，是指向同一位领导人请示汇报工作的下级员工人数，即一名管理者直接有效地指挥的下级员工数量。

职权是管理职位所固有的发布命令和希望命令得到执行的权力。职责是由管理职位决定的完成任务的义务与期待。

制度性分权可以分为三类：直线职权、职能职权和参谋职权。

授权是领导者就特定问题（往往是突发问题）向下属移交相应的权力与责任而建立的一种临时性的、特定性的责任机制。

M型组织结构最大的优势在于它通过总部和事业部这两个层次的分工，把对整个企业命运负责的高层经理人员从那些日常事务中解放出来，使他们有时间、有信息，甚至有心理上的义务感去做长期的计划和评估（非程序性决策）。与此同时，日常管理工作、维持公司正常运行的战术决策（程序性决策）交到了事业部经理的手中。

矩阵式结构是在组织内部某个部分同时采用两种部门制进行组织，从而组成一个矩阵，使同一名工作人员同时处于两种部门制的结点上，与两个方向同时保持联系，并同时满足两个方向的工作要求。

虚拟网络式组织将垂直一体化的产业组织形式转变为更加市场化的企业间的松散联合体。

组织变革包括两种方式：一种是维持现有组织总体平衡、坚持持续改进和循序渐进原则的渐进式变革；另一种是打破组织基本运行规则，将颠覆性变化引入组织的激进式变革。

人力资源规划是管理者用来保证正确数量、类型的合格人员在正确的时间处于正确位置的一个过程，即对员工队伍进行规划和设计的过程。

绩效考评包括观察并评估员工的绩效，记录评估结果，向员工进行反馈等过程。

所有的货币性支付以及用以代替金钱奖励给员工的所有物品或商品，统称为报酬体系。

复习思考题

1. 以伍德沃德的理论为例，简要说明技术对组织结构的影响。
2. 对比扁平型组织与高耸型组织的技术性质与管理特征。
3. 组织结构形式有哪些？如何理解它们各自的适用范围和优缺点？
4. 有效的授权包括哪些要素？
5. 如何理解“灵活性和应变能力是虚拟网络式组织的最大优势”？
6. 简述战略人力资源管理的流程。
7. 如何理解“解雇是留住优秀劳动力的一种手段”？
8. 工作场所多样性可以为企业带来哪些好处？

第七章 Ⅶ
领 导

管 理 学 原 理

本章要点提示

- 领导的本质及其同管理的区别
- 权力的分类及其各类型的定义
- 以人为中心和以工作为中心
- 领导的权变理论
- 内容型激励与过程型激励
- 激励的工作设计
- 沟通的定义与过程

引 例

十多年来，身为一家中型企业的负责人，杜总的日子一直是充实而忙碌的。他发现，要想把工作做好，需要练出好几套大相径庭的本领才行：对于采购和销售这种“油水”比较多的关键部门，他既要像一个“慈母”，又要像一位“严父”，感情和纪律“两手抓、两手都要硬”；对研发部门的“秀才”们则要尽可能的严谨尊重，而且尽量放手让他们自己去干；而面对车间的一线工人则需要他更“接地气”，甚至有时候视情况需要，还得半开玩笑地骂两句。当然，这十几年的“掌门人”也不是白当的，杜总可以叫出全厂 1 400 多名员工每一个人的名字，甚至有些工人的小孩儿的名字和生日他都记得，而他也深得全厂职工的拥戴。

我们会发现，在很多组织中，领导工作都是极富挑战性的。领导者的工作不仅是业务本身，更要立足于业务，获得整个组织全体成员的认同和支持，引导大家心往一处想、劲往一处使。而在这一过程中，很多领导者都要像杜总那样练出一身本领，应对各种需要。这要求他们不仅知事，还要知人，更要善用，只有这样才能“让马儿跑”，但更重要的还得知道“马儿爱吃什么草”。所有这些与获得成员认同与支持相关的工作，都是“领导”职能的范畴。

第一节 领导概述

一、领导的本质

领导是管理过程中非常重要的一个职能环节。狭义地看，领导职能就是指导或指挥工作；而从广义上讲，领导职能是指**领导者以各种方式促成被领导者（追随者）努力去实现既定组织目标的过程。**领导者则是组织中确定和实现组织目标的首领人物。我们可以从不同角度来理解上面这个定义：

（1）领导者与被领导者之间存在上下级关系，而且被领导者愿意主动接受领导者的权威，这是最正常也最健康的一种领导行为。所谓最健康，是指领导者的权威得到了职权的支持。

（2）领导者与被领导者并不存在上下级关系，甚至有可能领导者连正式职位都没有，此时，领导者赢得被领导者的支持与追随，依靠的不是职权，而是某种超越了职位的影响力，正因如此，我们讨论被领导者的行为时会使用“追随”一词。

生活中的管理学

邓布利多与哈利·波特：两种领导者

在当年风靡全球的大 IP 电影《哈利·波特》系列中，邓布利多和哈利·波特是率领正义阵营、与伏地魔集团展开斗争的两位领导者。而这两位领导者的地位与角色却有着天壤之别：邓布利多是霍格沃兹魔法学校的校长，有着正式的职位身份，并因此能够合法地使用自己的职权，赋予自己的追随者以不同的任务，下一盘大棋；而哈利·波特却只是魔法学校的一名学生，没有任何正式职位，但却凭借自己一贯的出色表现和坚定立场赢得了广泛的支持，并因此成为邓布利多逝世之后对抗伏地魔的中坚力量与实际领导。

（3）无论有无正式职位，“领导”都是一个施加影响的过程。

（4）上述定义还说明，领导活动是一种目的性很强的行为，它服务于组织的既定目标。

总之，这种利用影响力（无论是否源于职权）使人追随从而实现组织目标的过程，可以视为领导的本质，我们将这种在领导过程中影响别人的能力称为“权力”。这也决定了领导活动的前提是在领导者与被领导之间必要的人际活动，而其得以实现的基础则是在人际活动中形成并发挥作用的权力。因此，人际活动的性质（是否基于职权）和影响力的类型就构成了讨论领导者权力的重要分类标准。

二、领导的分类

从根本上看，领导的分类是由人际活动的分类和权力的分类决定的。因为我们简单地将人际活动与“职权”挂钩，所以，对领导者及其权力最简单的分类就是从职权出发的。在这里，我们将领导者的权力分为两种：职位权力（职权）和非职位权力（见图7－1）。

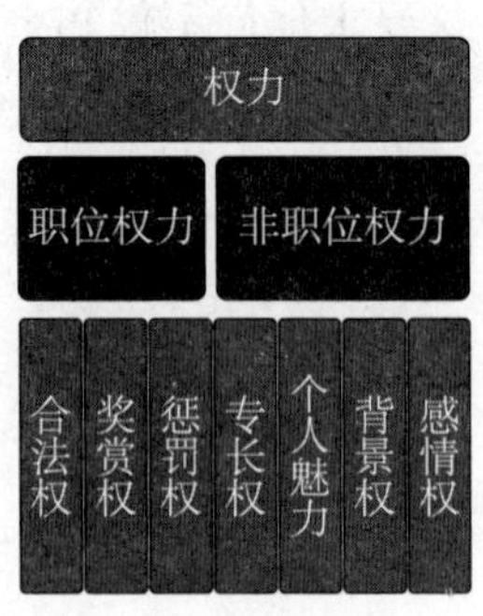

图7－1　权力的类型

顾名思义，与职位体系和工作岗位相关的权力就是职位权力，其中包括合法权、奖赏权、惩罚权。所谓合法权，就是组织中正式等级所规定的正式权力。这种权力因为组织内部制度，甚至更宏观层面的法律、传统而具有合法性与权威性，并沿着组织内部的等级链自上而下行使。处于特定职位的领导者可凭借其合法权而对下级施加影响，使其服从命令、接受安排、完成指定任务。奖赏权和惩罚权都是在合法权的基础上衍生而来的。奖赏权就是给予报酬和奖励的权力。这种奖励既包括加薪、调级等有形奖励，也包括赞许、尊重等无形奖励。相比之下，惩罚权是通过心理、情绪或身体威胁要求服从的权力，是一种能够违背下属个人意愿而获得强制执行的权力，即由合法权赋予的“说不”的权力。而这种“说不”的强制性权力得以成立的前提，是被领导者、下属人员的敬畏心理。而要使权力获得下属成员的敬畏，就必须妥善地使用权力，维护职位权力的信用。在一个崩溃混乱的组织中建立权威，恢复职位权力的政治信用也是不可或缺的第一步。

管理案例

商鞅变法：从恢复权力的信用开始

商鞅恢复权力信用的一个重要方式就是著名的“徙木立信”。《史记·商君列传》对此记载如下：“孝公既用卫鞅，鞅欲变法，恐天下议己。”“令既具，未布，恐民之不信，已乃立三丈之木于国都市南门，募民有能徙置北门者予十金。民怪之，莫敢徙。复曰：‘能徙者予五十金。’有一人徙之，辄予五十金，以明不欺。卒下令。”

商鞅变法两千多年之后，青年毛泽东在《商鞅徙木立信论》一文中对商鞅恢复政权信用的做法予以高度评价，认为“乃必徙木以立信者，吾于是知执政者之具费苦心也”。

还有一类非职位权力，这类权力并非源自职位本身，而与另外几种影响力有关。这些非职位权力包括以下几种。①专长权：由于精通某种工作，即便没有相应的正式职位，也拥有相应的话语权，能够对这类工作的安排走向和问题解决给出自己的意见和建议；②个人魅力：这种权力建立在超然感人的个人素质之上，是一种无形的权力，往往同领导者的公正无私和感召力有关，即我们现在常说的道德修养和情绪智力（一部分），这往往使其成为组织内部的“道德领袖”和“知心人”，并因此获得了组织成员的信任，从而凭借这种信任关系对他人施加影响；③背景权：领导者由于以往的经历，如出身、资历等因素而获得的影响力；④感情权：指个体由于和被影响者感情融洽而获得的权力。不难看出，这些非职位权力并不必然与特定职位存在关系，掌握这种权力的人甚至只是组织中的普通人。

生活中的管理学

巧借感情权

徐老师所在的系里有一位年轻女教师，专业面比较窄，讲过的课程不多，但又不愿意尝试新课程，这也使身为系主任的徐老师对她印象不佳。新学期排课之际，几位老教师同时因为身体状况不佳等原因请求卸一下担子。徐老师正被人手不够闹得焦头烂额，偏偏此时那位年轻女老师因负责的课程增加了一个全英文授课任务而很抵触。如果此时向她“让步”，全系年轻教师的工作分配就会陷入一种严重的苦乐不均。徐老师很恼火，但思前想后还是觉得这个时候需要“争取”这位女同事。于是，他委托系里一位年纪稍长的女老师帮忙做思想工作。这位老教师与那位年轻同事共用一间办公室，而且在她参加工作之初还负责她的业务指导工作。“老师傅”一出手，果然效果不凡，成功地说服了年轻同事接下眼前这项新任务。

无论是职位权力还是非职位权力，从本质上都是对某种资源的拥有，如物质资源、感情资源、智力支持，等等，正是这些资源使领导者能够提供或者剥夺其下属想要却又无法从其他途径获得的东西，也正是这些资源赋予领导者高于其他人的权力和能量。正因如此，美国著名管理学者杰弗瑞·菲佛曾一针见血地指出，“谁拥有资源，谁就有权力”。

对职位权力、非职位权力和资源在权力中的重要性的理解，能够帮助我们对领导者及其影响力进行一个简单的分级。有研究就将领导者分为如下五级。

第一级：能力突出的个人，他们以专长、经验和背景支撑着组织的高生产率；

第二级：乐于奉献的团队成员，他们为实现团队目标出力，并与其他团队成员通力合作，这赋予他们一定的感情权；

第三级：有能力的管理者，他们有效地行使自己的职位权力，制订计划，组织下属的工作，从而实现理想的效益目标；

第四级：强有力的领导者，他们全身心地追求清晰可见、催人奋发的愿景，激励下属向更高绩效努力，此时他们将职位权力与个人魅力结合运用；

第五级：把个人的谦逊品质与职业意志相结合，建立可持续发展的优秀组织，此时，他们的权力基础很有可能覆盖到更广泛的权力类型。

管理者须知

警惕：那些有关领导者的流行神话

2000年，《哈佛商业评论》发表了罗伯特·戈费和加雷斯·琼斯的研究，《凭什么别人要接受你的领导（Why Should Anyone Be Led By You?）》，二位作者指出了有关“领导”和“领导力”的四个流行神话，提醒读者当心。这四个流行神话是：

1. 认为每一个人都可以是领导人，但很多管理者并不具备领导活动所需要的真性情与自知之明；

2. 认为领导人主要关注事情的结果，并为此寻找那些能够取得最好结果的人才，但在某些行业中，取得最好的结果往往取决于能否采取恰当的管理，而非卓越的领导力；

3. 认为处在顶层的人都是领导人，但一些人走上高层管理者的位置其实更多是因为他们具备政治才能，而非领导特质，相反，我们可以在组织所有地方找到真正的领导人；

4. 认为领导人都是伟大的教练，但现实中更典型的是乔布斯那样的领导人，他们擅长通过自身的远见来激励其他人工作，而非通过自己来教别人工作。

三、管理与领导的差别

当与“领导”相关的“权力”远远超出我们讨论“管理”时所说的“职权”范围而涉及大量的非职位权力时，领导与管理的差别就变成了一个真问题。正如前面所说，很多时候仅仅具备非职位权力的领导者未必是管理者，而失去了信用与权威、得不到下属信服与敬畏的管理者也配不上“领导者”的标签。

表7-1从管理者/领导者的产生、任务、权威来源、负责对象和与现有组织文化的关系等多个方面，对管理和领导进行了简要的对比。这里需要对“分权”的问题稍加说明：因为“管理”严格地对应于职权，所以管理者的分权可以与职权直接挂钩，即制度分权，也可以是临时性的授权；相比之下，领导者的权力，尤其是那些非职位权力更多地固化在个体身上，因而无法实现制度分权，只能授权或临时委托。

表7-1　管理与领导的基本差别

	管理者	领导者
产生	上级指定	上级指定，下属接受
任务	实现组织目标	实现追随者的目标
权威来源	权威来自于正式职位	权威来自于追随者的认同
是否需正式职位	具有正式职位	发号施令不需要职位
可否分权	可分权，权力和职位有关	权力固化在人身上，不可分权，只能授权
负责对象	对组织负责	对追随者负责
与现有文化的关系	接受现有文化	文化创新与修正

更进一步来看，我们会发现，当领导源于追随者的认同，并因此需要实现追随者的目标、对追随者负责的时候，这意味着“领导者”在整个管理过程的每一个环节、每一项任务上的表现都会与通常意义上的管理者存在巨大差异。对这一问题的讨论已经不再限于简单的“领导”职能的问题，而是从“领导”的本质去理解整个管理过程。对这一问题的系统回答，来自美国著名的领导变革学者约翰·科特。科特认为，当领导者（他直接称之为“总经理”）需要对追随者和未来发展方向负责的时候，领导者的活动就会从整体上区别于通常意义上的管理者。科特的这一对比见表7-2。

表7-2　科特“领导变革理论”中对管理与领导的对比

	制定议程	发展完成计划所需的人力网络	执行计划	结果
管理	计划、预算过程——确定实现计划的详细步骤和日程安排，调拨必需的资源实现计划	企业组织和人员配备——根据完成计划的要求，建立企业组织结构，配备人员，赋予他们完成计划的职责和权力，制定政策和程序对人们进行引导，并采取某些方式或创建一定系统监督计划的执行情况	控制、解决问题——相当详细地监督计划完成的情况，如发现偏差点，则制订计划，组织人员解决问题	在一定程度上实现预期计划，维持秩序，并具有能持续满足利益相关者主要期望的潜力

续前表

	制定议程	发展完成计划所需的人力网络	执行计划	结果
领导	确定经营方向——确立将来，通常是遥远的将来的远期目标，并为实现远期目标制定进行变革的战略	联合群众——通过言行，将所确定的企业经营方向传达给群众，争取有关人员的合作并形成影响力，使相信远景、目标和战略的人们形成联盟，并得到他们的支持	激励和鼓舞——通过唤起人类尚未得到满足的最基本的需求，激励人们战胜变革过程中遇到的政治、官僚和资源方面的主要障碍	引起变革，通常是剧烈变革，并形成非常积极的变革潜力

从表 7-2 不难看出，科特将“领导”工作与“变革”过程建立起非常紧密的联系，相比之下，“管理”的目的则是“建立秩序”。在他看来，领导者的工作是在帮助团队建立愿景、树立信心的基础上，对团队所有成员提供帮助、支援、激励和培训。管理者则注重“理性”和“控制”。这也决定了科特非常重视组织文化建设，他将这一工作视为领导者在组织内部建立认同感，对下级和追随者施加影响力的重要环节。在一个企业组织中，“领导”和“管理”相互补充但又不能相互替代。管理强而领导弱，则组织僵化，缺乏创新精神，无法适应环境变化；领导强而管理弱，则会出现失控的状态，不能达到预期目标，预算超标，承诺不能兑现。

不难发现，对领导者和管理者的才能与技能要求不尽相同。对于一个管理者来说，最理想的状态就是能够在管理完善的组织中逐渐确立起自己的领导权力，从而均衡地开发管理才能和领导才能。图 7-2 是管理者与领导者技能与才能组合的对比。

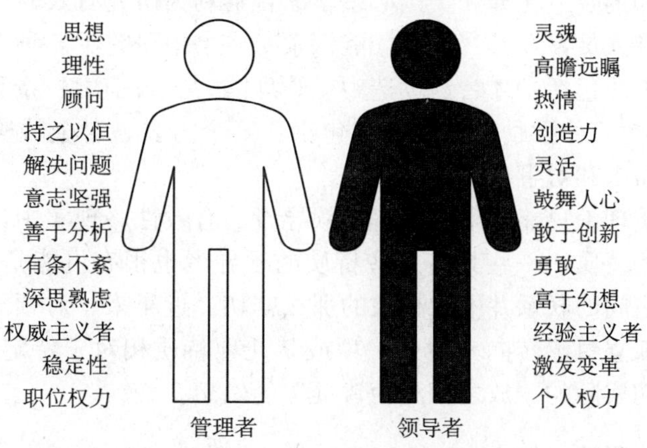

图 7-2　管理者与领导者的技能与才能组合

第二节　领导理论

在理解领导行为的过程中，“领导何以有效”一直是所有问题的中心。而对“有效性”来源的探索，也随着实践经验的积累而发生了重大变化。从总体上看，人们对“领导有效性”来源的解释经历了三个阶段：以个人特质为来源的领导特质理论，以行为方式为来源的领导行为理论和以领导者-追随者之间的匹配为来源的领导权变理论。

一、领导特质理论

领导特质理论是早期领导理论中的典型。这种特质理论着重于讨论领导者的个性特征对领导有效性的影响。换句话说，该理论并不关心领导活动的情境与背景，而更多地关注于“哪些性格特征更适合做领导”这样的问题，追求一些普适性结论。这也就自然而然地把对“特质”的理解引向了那些“与众不同的性格特征”。

其中，传统的领导特质理论认为，领导者的特性和品质是先天形成的天赋，是一个人能否充当领导者的根本因素。这类研究往往会选择对比一些著名领导人，发现他们与一般人在外表、智慧、性格、意志等方面的差别。美国学者斯托格迪在整理了一系列此类研究之后发现，与领导才能有关的特质包括5种体质特征（如精力、外表、身高），4种智力与才干特征，16种个性特征（如适应性、进取心、热情和自信心），6种与任务有关的特征（如追求成就的干劲、坚持不懈和首创精神），以及9种社会特征（如合作精神、行政管理能力和人际交往能力）。所有这些研究都试图得出领导者的特质主要是由先天因素造就的结论，即领导者必须具备某些天赋。从某种意义上，中国古代的相人术（如曾国藩所著的《冰鉴》）就与这种传统理论有着相同的逻辑。

相比之下，现代领导特质理论则认为有效的领导者必须具备一定的素质，但这些素质并非生而有之，而是可以在后天实践中逐步形成并积累起来，并且可以通过有目的、有针对性的训练和培养来造就的。选择领导者有明确的标准，这决定了对领导者的使用和培训也有着具体的方向和内容。比如，美国心理学家吉赛利为研究有效领导的素质而调查了90个企业的300名经理人员，在其《管理才能探索》一书中研究了8种个性素质和5种激励素质。这8种个性素质包括：才智、创造力、管理能力、自信力、亲和力、决断能力、男性-女性和成熟度。而5种激励素质特征则包括：安全需要、对金钱奖励的需求、权力需要、对自我实现的需求和对事业成就的需求。

显然，领导特质理论只能有限度地解释领导者的有效性，现实中，一些有效的领导者并不具备所有的这些特质，一些具备这些特质的领导者也很有可能是“跛脚鸭”。领导者特质和领导有效性之间的联系并不像想象的那么密切。近年来，对领导特质的研究已经从过去对某些特质的孤立讨论转向了对某一项或某几项特质相对于特定领导情境的适用性，而不再对此抱有不切实际的“放之四海而皆准”的幻想。

二、领导行为理论

在发现领导特质理论的局限性之后，人们逐渐把对领导有效性的研究转移到其他方向，其中“领导行为方式”就是一个重要议题。如何寻找一种“最佳”的领导行为，表7-3对几种典型的领导行为理论进行了简单的对比。

表7-3　　领导行为理论汇总

	行为维度	结论
勒温理论	专制型：命令式的领导方式，集中化的决策制定，限制员工参与 民主型：考虑员工，进行员工授权，鼓励员工参与 放任型：为群体提供决策制定和完成工作的自由	民主型领导风格最为有效，虽然后来的研究中出现了不一致的结果

续前表

	行为维度	结论
利科特理论	从“以工作为中心”和“以员工为中心”的两极出发，找出四种领导模式：权威→开明→协商→参与	越是倾向于员工导向的领导，越容易获得较高的团队生产率和工作满意度
四分图理论	以组织为中心（定规）：将工作和工作关系结构化来实现工作目标 以人为中心（关怀）：考虑下属的想法和感受	高关怀-高定规领导者能够实现较高的员工绩效和满意度，但并非总是如此
管理方格理论	关心员工：用1～9量表评估领导者对员工的关心程度 关心生产：用1～9量表评估领导者对工作的关心程度	高度关心生产并高度关心员工的（9，9）型领导绩效最好

（一）勒温理论

美国心理学家勒温把领导行为分为三种形式，分别是专制型、民主型和放任型。

专制型领导的行为特点是以力服人，即依靠权力和强制命令让人服从，表现为：规定下属的具体的工作方法，单方面制定决策，限制员工参与管理活动，靠行政命令、纪律约束、训斥惩罚来维护领导者的权威，并因此与下属保持相当大的心理距离。勒温认为这类领导者虽然可以凭借严格管理达到组织目标，却不利于培育组织成员的责任感和士气。因此，勒温并不认为这是一种有效的领导方式。

作为另一个极端，放任型领导则让团队自己去做决策，任由他们选择任何合适的方法完成任务，甚至在这一过程中事先无布置，事后无检查，一切任其自由，毫无规章可言。勒温认为放任自由的领导方式工作效率最低，充其量只是服务于组织成员的社交目标，但不利于组织工作目标的实现。

相比之下，勒温认为民主型领导风格能够有效提升工作的数量和质量。这类领导会就拟议的行动和决策同下属磋商，并且鼓励下属参与决策。他们会主动向员工授权，并为下属的工作留下充分的选择空间和灵活度；他们会将反馈作为教导员工的机会，并在此过程中建立和运用个人的权力与威信，从而缩小上下级之间的心理距离。在勒温看来，这种领导方式不但能够完成工作目标，而且有利于建设融洽的成员关系，使大家在工作中保持积极主动，并富有创造性。

但后来的研究发现勒温对民主型领导的理解过于理想化。很多时候，民主和专制领导的结果并不恒定，尤其是当下属并不知道自己想要什么、能为组织做什么，以及组织怎样才能更好的时候，一个“手拿小鞭”的专制型领导反而会更好地激励员工成长。

（二）利科特理论

密歇根大学的管理学者利克特和他的团队为领导行为定义了两种极端：一种是以生产为中心，另一种是以员工为中心。其中前者更关注具体任务，包括完成工作进度，降低生产成本，提高生产效率；而后者更加重视人员行为反应及问题，给予成员较大的自由空间，强调关注和满足员工需求，从而“营造具有高绩效目标的有效工作群体”。这两种领导方式分别被称为权威式领导和参与式领导。

在这两个极端中间，利克特和他的同事又找出了两个中间状态，即偏向于权威式领导的开明式领导和偏向于参与式领导的协商式领导。这就构成了一条单一维度的谱线：

以生产为中心：权威→开明→协商→以员工为中心：参与。

在利克特看来，越是倾向于以员工为中心的参与式领导，就越容易获得比较高的团队生产率和工作满意度。因此他大力提倡权威式领导和开明式领导向协商式领导与参与式领导转变。相比于利科特将两种极端置于一个维度之下的做法，后来出现了把“生产”与“员工”分到两个维度的理论，四分图理论和管理方格理论就是其中的典型。

管理案例

辱虐型领导：乔布斯不为人知的一面

无论是勒温还是利克特，其理论背后其实都是研究者的价值取向。这种对民主作风的推崇在学术界由来已久，以至于近年来对“辱虐型领导（或辱虐管理）”的研究都是一股脑地强调其负面作用，甚至称之为“破坏型”领导行为。那么，什么是辱虐管理？它真的有这么强的破坏力吗？

在Tepper给出的经典定义中，“辱虐管理”被定义为“下属对主管持续表现出的语言或非语言性的敌意行为的感知，具体表现主要包括：公开嘲笑、批评下属，对下属大声发脾气、粗鲁无礼，漠不关心下属，羞辱甚至辱骂下属，以解雇等方式强迫、恐吓下属，对下属表现出轻视或贬低的行为等，但并不包含身体接触行为”。但Tepper自己也在后续的研究中指出，“辱虐”很多时候反映了领导者的某种目的性。

在现实生活中，很多著名的企业领袖都带有“辱虐”的特质，而没那么民主。苹果公司的联合创始人史蒂夫·乔布斯就是其中的典型。

在设计最早的Mac电脑时，项目设计师杰里·马诺克和天才设计师大山特里给出的设计方案遭到了乔布斯猛烈的批评：“这造型太方方正正了，必须再多一些曲线美的感觉。”他认为这个样机没有“亲和力”。自此之后，每个月马诺克和大山特里都会受到乔布斯至少一次的猛烈批评，然后根据乔布斯的批评调整模型。在这一过程中，追求完美的乔布斯对产品品质的要求极为苛刻，他甚至亲自前往梅西百货研究各种电器，特别是厨具公司的产品，因为在他看来，这些电器的外观设计既简单又完美，能够满足他自身极为苛刻的审美需求。在乔布斯的高压之下，Mac电脑不断改进设计，直至最终确定类似人脸造型的时候，大家才真正理解并接纳了乔布斯的想法。后来，大山特里回忆说，“正是他（乔布斯）的思想和灵感成就了这个设计。老实说，在史蒂夫告诉我们之前，我们根本不知道电脑的‘亲和力’指的是什么。”

其实，无论是对于Mac机箱的设计，还是对于窗口、文件以及屏幕顶端的标题栏，甚至对于Mac电脑的包装，乔布斯的苛刻让整个团队付出了很大的精力，不仅如此，团队成员在付出时间、精力的同时，也是时时处于乔布斯残酷的“统治”之下。对于这些苛刻、恶劣的行为，乔布斯后来解释说：“你期待他们做出好成绩，你就能让他们做出好成绩。最初的Mac团队让我知道，顶级的人才喜欢一起工作，而且他们是不能容忍平庸作品的。你到那个Mac团队里随便找个人问问，他们会告诉你，那些痛苦都是值得的。”事实正是如此，大多数人也是认同乔布斯的观点。“他会在开会的时候大喊，‘你这个蠢货，你从来就没有把事情做对过。’”黛比-科尔曼回忆道，“类似的事情好像每个小时都会发生。但我还是认为，能够和他并肩作战，我真的是世界上最幸运的人。”

你如何理解乔布斯的这种“辱虐”？它的合理性在哪里？抑或你为什么反对它？

（三）四分图理论

俄亥俄州立大学的研究人员在亨普希尔的率领下，对 1 000 多个领导者行为维度进行整合，最终提炼出两个关键的行为维度。一个维度是关心组织，又被称为“定规”维度，即领导者为实现目标而对自己以及团队成员的角色进行界定的程度，其中的典型工作包括建立明确的组织形态、规定成员的工作职责和关系、努力组织工作，等等。另一个维度是关心人，又被称为“关怀”维度，即领导者与团队成员建立工作关系并相信和尊重成员想法与感受的程度，其典型工作如注重与下属之间的友谊，对所有下属一视同仁等。

关心人		
高	低组织 高关心人	高组织 高关心人
低	低组织 低关心人	高组织 低关心人
	高　　关心组织	低

图 7-3　四分图理论

这些学者认为，这两个维度从某种意义上是相互独立的，并因此可以同时存在于一个领导者的领导行为方式之中。在这种情况下，这两个维度就构成了四种不同的领导方式，即所谓四分图理论（见图 7-3）。在这项研究中，“高-高型领导者”，即既关心组织，又关怀同事的领导者被认为有利于实现较高的员工绩效和满意度。但在后来的研究中发现，这个结论也并不稳健。

（四）管理方格理论

与四分图理论类似，管理方格理论也延续了“关心工作（生产）”（方格的横坐标）和“关心人”（方格的纵坐标）两个领导行为维度，并用 1～9 的量表来评估领导者在这两个行为维度上所表现出来的程度，从而形成了一个有 81 个方块的分类图。在这张图中，他们选取了其中 5 个典型风格加以命名（见图 7-4）。

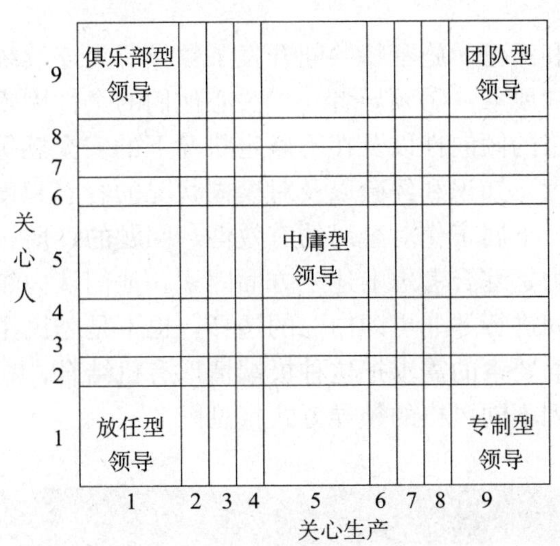

图 7-4　管理方格理论

放任型领导（1，1）：又称贫乏型领导，低度关心生产，低度关心员工，此时的管理者已经放弃了自己的职责，只想保住自己的地位；

（乡村）俱乐部型领导（9，1）：低度关心生产，高度关心员工，努力营造一种人人得以放松、感受友谊快乐的环境，但对实现生产目标并不热心；

中庸型领导（5，5）：中度关心生产，中度关心员工，不设置过高的目标，能够得到一定的士气和适当的产量，但不是卓越的；

团队型领导（9，9）：高度关心生产，高度关心员工，把企业的生产需求同个人需求结合起来，既保障生产力和利润的提高，又使员工得到事业的成就与满足；

专制型领导（1，9）：又称任务型领导，高度关心生产，低度关心员工，在他们眼中没有鲜活的个人，只有需要完成工作任务的“螺丝钉”式的员工。

管理方格理论认为，团队型领导能将组织目标与个人需求最有效地结合起来，既高度重视组织各项工作，又能通过沟通和激励使群体合作，使下属人员共同参与管理，使工作成为组织成员自觉自愿的行为，从而获得较高的工作效率，更协调更有效地实现既定目标。

三、领导权变理论

前面讨论的领导特质理论和领导行为理论，往往指向一个清晰确定、“放之四海而皆准”的唯一解，但后续的很多研究发现，领导活动的特殊性恰恰体现为高度灵活，因人、因时、因势而异：在不同情境中，不同的领导行为会有不同的效果。这意味着，对领导方式的选择和评价往往没有“最优解”或“唯一解”，而要看特定的领导方式与特定领导情境的“化学反应”，即如何寻找二者的合理搭配，从而产生最好的效果。换句话说，我们要寻找的是领导方式与特定领导情境的不同组合解，这种领导情境又集中体现为领导过程中的一些基本要素，其中的典型如领导者和被领导者，他们是领导过程的主体和客体，再比如领导过程所处的任务情境的特征，等等。下面我们将集中讨论五种领导权变理论。

（一）领导行为连续统一体理论

罗伯特·坦南鲍姆和沃伦·施密特共同开发了领导行为连续统一体理论。这种理论就关注了领导情境的三方面要素：①领导者——关心他们的个性因素，如价值观念、对下属的信任程度、对领导风格的倾向性以及在不确定状况下的安全感等；②被领导者——关心他们愿意承担责任的程度、知识和经验以及对模糊状况的容忍程度等；③任务情境——如组织的价值准则和传统、下属工作对全局的有效性、问题的性质、授权下属处理这一问题的可能性，以及时间压力。综合考虑上述三方面因素，他们认为领导方式的选择不是机械地从独裁和民主二者之间进行“非黑即白”的选择，也不是越民主越有效。领导方式的确定，需要按照上述三方面要素的需求把这种极端情形有机结合，在一条连续谱线上确定七个节点，从而形成一系列不同风格的领导方式（见图7-5）。

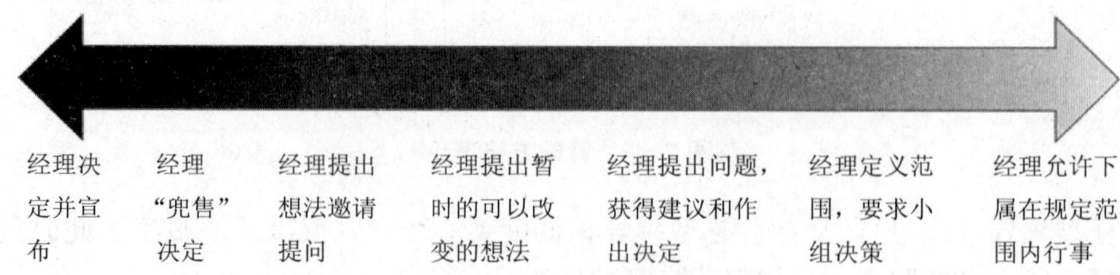

图7-5　领导行为连续统一体理论

在上面的连续谱线中，领导者越是相信权力与权威，越是对下属工作缺乏信心，抑或下属承担责任的积极性越差、任务可分程度越低、时间压力越大，则领导者越是倾向于选择谱线左侧的领导方式，从而形成一种“经理中心型领导”风格。此时，领导者或是自行决策、乾纲独断；或是“推销”决策，争取同意；或是提出自己的想法，在征求下属意见的同时说明自己的意图与计划。反之，管理人员的民主作风越强，对下属的工作能力和责任心越有信心，或是任务可分性越强、时间方面也相对允许的话，则领导者越是倾向于选择谱线右侧的领导方式，从而形成一种“下属中心型领导”风格，留给下属的自由活动区域则越大。此时，领导者可能选择广开言路，或是简单划定问题范围，要求员工做出小组决策，甚至允许下属在规定的范围内行事。

（二）菲德勒权变模型

弗雷德·菲德勒和他的同事研究的权变理论，算得上是领导权变理论甚至整个领导理论中最富知名度的一个理论。该理论认为，人们之所以成为领导者，不仅在于他们的个性，还在于各种不同的情境因素和领导者与群体成员之间的交互作用。因此，领导风格与领导情境之间的匹配，就成为菲德勒权变模型讨论的关键问题。

1. 领导情境

影响领导有效性的关键情境因素包括以下三方面：职位权力、任务结构和上下级关系。

其中，**职位权力是与领导人职位相关联的正式职权，以及领导者从上级和整个组织各个方面取得的支持的程度。**需要注意的是，职位权力是正式权力，与组织设置的职位直接相关。正如菲德勒所指出的，只有具有明确的和相当大职位权力的领导者，才能比那些没有此种权力的领导者更易博得下属真诚的追随。

任务结构是指任务的明确程度和部下对这些任务的负责程度。明确的任务结构意味着：①工作绩效的质量能够获得有效控制，并且能够更加确切地划分群体成员承担绩效的责任；②领导者可以为下属工作给予一定的引导，这种引导可以是全方位、多形式的。

上下级关系（领导者与下级的关系）是指下级乐于追随领导者的程度。这一维度是最为重要的情境因素，因为职位权力和任务结构在很大程度上是外生的：职位权力是由组织决定的，而任务结构是由工作决定的；但“乐于追随”则反映了一种主观意愿，它与下属随时随地变化的心理状态有关，并因此可以经由一定的努力而发生变化。乐于追随的前提条件是：群体成员爱戴、信任领导者，并心甘情愿地追随领导者。

2. 领导风格

菲德勒将领导风格确定为两种基本类型：一是任务导向型风格，即领导者从设法完成任务中得到满足；二是关系导向型风格，领导者通过这种风格实现良好的人际关系和个人获得显赫的职位。为了更加准确地把握和测度领导者的基本领导风格，菲德勒设计了最难共事者问卷（Least-Preferred Coworker，LPC 问卷）。这套问卷包括了 18 组对立的形容词，要求被试者回想与自己共事过的所有同事，并勾勒出最不喜欢的同事是什么样子。如果对最难共事者的描述相对比较积极，则说明被试者很乐于与同事形成友好的人际关系，菲德勒将之定义为关系导向型的领导风格。相反，如果用相对不积极的词语来描述最难共事者，则被试者主要感兴趣的是生产问题，因而是任务导向型。

如图 7－6 所示，任务导向型的领导者更容易在较为有利的情景中脱颖而出，是因为在这类情景中同事之间关系和谐，任务明确，职位权力也获得相应的尊重，此时领导者要做的就是承担责任、发出明确指令。而当形势极为不利时，同样需要一位强有力的领导者制定明确规则、给出任务指示、说明任务结构，并树立领导权威。因为在这种情况下，上下级关系和职位权力情况已经不容乐观，强烈的以任务为导向的领导风格并不会使其进一步恶化到发生质变。相反，当情境对领导者的有利程度居中时，关系导向的领导者的绩效更高。因为在这种情况下，高超的人际关系技巧对于保障团队绩效至关重要。它能够在一定程度上帮助领导者弥补职位权力、任务结构以及上下级关系等方面的缺陷，从而营造友善的人际关系氛围，树立领导权威。总之，应该根据被领导者的特点和工作情境来采用适当的领导方法，这样才能够确保较高的领导有效性。

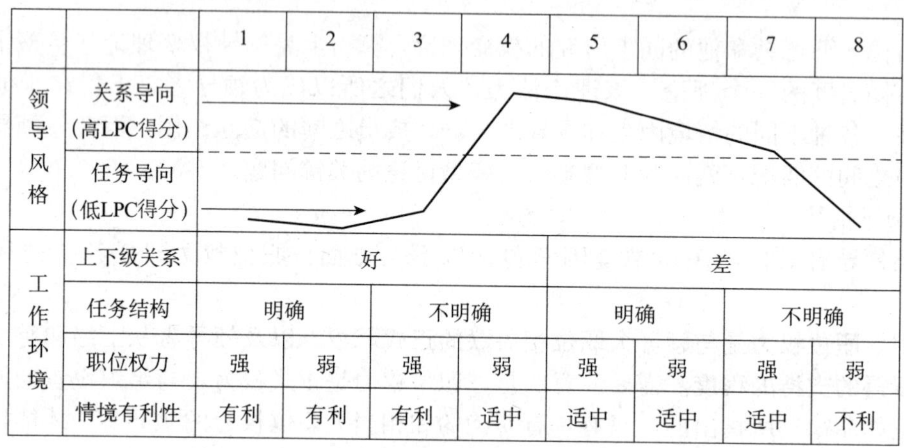

图 7－6 菲德勒领导权变模型

生活中的管理学

菲德勒权变模型在生活中的应用："上下级关系"的变化

我们可以设想以下两种情形来理解上下级关系在实际生活中丰富多变的程度。

早高峰期间，大批私家车主驾车驶出小区，汇入滚滚车流。此时，小区和学校的门口往往会成为交通拥堵的"重灾区"。李雷把孩子送到学校，准备去上班的时候，就在学校门口遇到了这样的情况。

情境一：目前市内交通状况不容乐观，几条主要的干道和学校周边的交通压力都比较大，如果此时李雷下车去协助疏导交通，会遭遇什么情况？

情境二：目前市内交通状况良好，不仅主要干道保持畅通，而且学校周边的整体状况也不错，只是在学校门口形成了一个小"疙瘩"。如果此时李雷下车去协助疏导交通，会遭遇什么情况？

很显然，在以上两种情境中，李雷的任务结构都很明确，但他不具备合法的职位权力，他只是出于一番热心才会选择"学雷锋"。但此时存在的一个重要差别是，在情境一和情境二下，拥堵在学校门口的这些私家车车主的心态会存在较大的差别，因为他们对于下一步的交通状况的预期存在巨大差别，而这种预期上的变化又会影响他们乐于追随李雷的"义务疏导"的程度。你怎么看李雷在这两种不同情境中的处境？

从上面的例子不难看出，领导者要想恰当运用菲德勒权变模型，应当首先知道自己的领导风格属于哪种类型，然后判断自己所处的情境是否有利。此外，需要说明的是，菲德勒认为无论处于何种情境，个人的领导风格都是固定的，换句话说，“江山易改，禀性难移”，改变领导行为，使之适应于工作情境是很困难的；相反，为不同的工作情境去寻找合适的领导风格则相对比较容易。这意味着有两种途径可以提高领导者的领导有效性：一是可以更换领导者以适应领导情境；二是改变领导情境以适应领导者，这可以通过任务重构，加强或削弱领导者的控制力来实现，也可以通过改善领导者与下属之间的关系来实现。

后来，菲德勒领导权变模型受到了一些批评，对其最主要的意见也集中在以上“禀性难移”的观点：有研究就认为有些有效的领导者可以根据具体的情境来调整自己的领导风格。此外，LPC 的实操性不强，而情境变量也难于评估——如上面的例子所反映的，下级乐于追随上级的程度，往往受到太多因素的影响。

（三）途径-目标理论

途径-目标理论（path-goal theory）是由罗伯特·豪斯（R. House）在 20 世纪 70 年代提出的。这套理论的核心是认为领导者的工作是一个激励下属的过程，是帮助下属达到他们目标的过程，为了帮助下属达成目标，就需要帮助下属寻找实现目标的最佳路径，并且确定一种明确的方式来有效地帮助下属清除各种障碍和危险，完成其个人目标，并实现个人价值。也就是说，“途径-目标理论”中的“途径”是把领导者的有效领导行为视为下属成功的途径，“目标”是下属的个人目标。用中国的古话讲，途径-目标理论认为领导者的工作就是“成人达己”。

豪斯确定了四种领导行为，它们分别是支持型领导、指导型领导、参与型领导和成就导向型领导。

支持型领导：待人友善，并关心下属的需求；

指导型领导：让下属知道上级对他们的期望是什么，以及完成工作的时间表，并提供完成任务的详细指导；

参与型领导：与下属商讨，并在决策前充分考虑他们的建议；

成就导向型领导：设定富有挑战性的目标，并期望下属发挥最高水平实现目标。

而对这四种不同形式领导行为的选择又受到工作环境和追随者特征的影响。具体而言，在工作环境方面需要考虑的因素包括：任务结构、正式职权系统的特征，以及工作群体的特点（如内部人际关系是否融洽）。而相应的追随者特征则包括员工的控制点类型、经验与感知能力。其中，所谓员工的“控制点类型”又以员工的拜权主义倾向为标准，划分为以下两类：①内控型：员工更倾向于自我控制，而不愿受到强制权力的裹挟与强迫；②外控型：员工更容易屈从于外部力量的指挥与干扰。

在上述两类影响因素中，环境因素决定了要求的领导者行为类型，而追随者的特征则决定了如何解释环境和领导者行为。当环境、追随者特征和领导者行为三方面相互匹配时，下属将领导者视为满足需要的重要途径和满意的来源，而领导者的行为能够增强下属的努力程度。我们可以想，追随者的特征在这个过程中其实在发生变化，什么样的追随者更需要成就导向型的领导，只要有一些引导，只要去激励他，甚至是给他画一个饼，这些追随者就可以拼命去工作；什么样的追随者可以提供全力的支持，这些下属才能够受到相应的激励，才能够实现组织目标，实现组织的有效性，这是有很大的差别的。在这一过程中，领导者影响着介于行为与目标之间的路径。他们能够这么做是通过确定职位与任务角色，清除实现绩效的障碍，在制定目标方面谋取群体成员的支持，促进群体凝聚力和协作努力，在工作绩效方面增加个人满意机会，减轻压力和外界控制，使期望目标更加清晰，以及采取满足成员期望的措施。如图 7－7 所示。

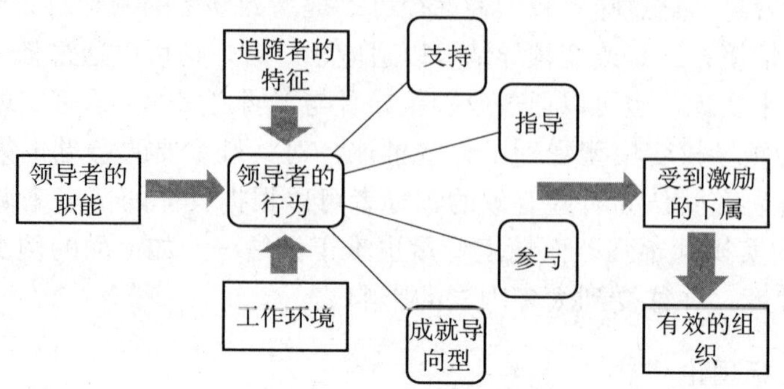

图 7－7 途径-目标理论

由于途径-目标理论涉及大量变量，所以有关研究结果非常复杂。豪斯曾依据上述理论原则作出过如下预测，总体结果较为满意。

（1）与高度结构化的并且有计划性的任务相比，当任务模糊或有较大压力的时候，指导型领导风格能给下属带来更高的满意度；工作群体内部的直接冲突也适用于指导型领导风格；但当员工有足够的能力和经验去完成任务时，指导型领导风格则显得多余。

（2）当下属执行结构化任务时，或者正式权力关系清晰明确并且是行政化关系时，支持型领导风格能为员工带来更高的绩效和满意度。此时，组织情境已经对下属提出了明确的期望，领导者只需对员工给予支持，而不必告诉他们应该做什么。

（3）内控型下属相信他们能够控制自己的命运，他们愿意参与决策，此时参与型领导风格能够获得更高的满意度；相反，外控型下属相信外在力量对他们命运的影响，他们更希望领导者告诉他们做什么，此时指导型领导风格更受欢迎。

（四）生命周期理论

下属职业生涯的生命周期理论也是领导权变理论关心的一个重要变量。这种生命周期理论最早由科曼（A. K. Korman）提出，后来由两位美国学者何塞（Paul Hersey）和布兰查德（Kenneth Blanchard）进一步发展而来。这一理论又名情境领导理论（situational leadership theory，SLT)，它把注意力集中到下属职业生涯的生命周期或下属的成熟程度，来讨论领导者如何调整其领导风格以满足下属在生命周期不同阶段的需求。

在 SLT 中，对下属生命周期及成熟程度的理解，始于对下属成熟度的定义。在这套理论中，成熟度被定义为人们能够并且愿意完成某项特定任务的程度。从这个定义中不难看出，成熟度可以分为两个维度：一是下属对自己的行为承担责任的能力，我们将其称为下属的“任务成熟度”；二是下属承担责任的愿望与积极性，我们将其称为下属的“心理成熟度”。基于这两种成熟度维度，对下属生命周期的划分也呈现出四个阶段，即不成熟的员工、初步成熟的员工、比较成熟的员工和成熟员工。其中，不成熟的员工既没有能力，也没有愿望，既不知道怎么干，也不想干；初步成熟的员工虽然缺乏工作能力，但已经具备了一定的工作积极性；比较成熟的员工能力条件已经具备，但随着职业生涯进入平台期而遭遇了动力不足的问题；待到度过这一平台期，员工更加成熟，不仅具备完成任务的能力，而且拥有完成任务的愿望，包括完成挑战性任务的愿望。

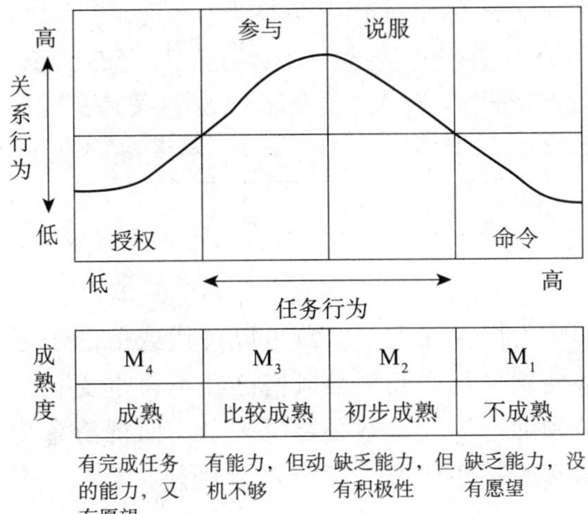

图 7-8 领导的生命周期理论

与前面的领导行为理论类似，对应于这两类下属成熟度和四个生命周期阶段，领导行为同样反映为任务行为和关系行为两个维度，并被分为四种类型，以对应于上述四阶段，这四种领导风格类型分别是命令、说服、参与和授权（见图 7-8）。

（1）命令（高任务-低关系）：领导者高度关心任务的完成情况，但对人际关系并不在意，此时领导者定义员工的角色，并告知员工做什么（what）、怎么做（how）、何时完成（when），以及在哪里完成（where），通过施压的方式提高工作强度，使不成熟的员工快速进入成长轨道，使其逐渐知悉自己所做的事情有何意义、如何完成。

（2）说服（高任务-高关系）：又称推销，此时领导者继续加大下属的工作负荷，并提供必要的指导和支持，使其在高强度任务下迅速提升能力，与此同时利用高关系导向（如开展一些思想工作），使下属按照领导者的意愿来行事。在这种情况下，下属能够以一种积极健康的心态，发展出独当一面、独立解决问题的能力。

（3）参与（低任务-高关系）：比较成熟的员工开始出现职业懈怠，此时领导者要与下属共同制定决策，通过一定程度的分权与民主化管理，激发懈怠下属的工作热情。领导者在这一阶段的主要角色是支持与沟通。

（4）授权（低任务-低关系）：面对较为成熟的员工，领导者只需要提供少量的指导与支持，而不需要做太多的工作。

领导的生命周期理论强调下属的重要性，其理论基础是领导者可以弥补下属缺乏的能力和动力，从而推动下属成熟度的提升。这一理论的优点在于从任务成熟度和心理成熟度两个角度对下属的生命周期进行了较为科学的划分，基本反映了一个职场人从“菜鸟”成长为“老手”的轨迹。在现实中，很多下属在进入“比较成熟”阶段之后，往往并没有等到理论模型中的参与式领导，其结果就是不放权、不放心的领导与职业懈怠的下属在这一时期进入了“僵持”阶段，给双方的工作都造成了不必要的损失。因此领导者一定要避免“武大郎开店”的心理，对那些较为成熟的下属“该放手时就放手”，给他们放手一搏、独立成长的机会，也为他们创造职业成长的通道。

管理案例

曹姐的成功

曹姐是研发管理部的“老人”，也是韩梅梅刚刚参加工作时候的师傅。与曹姐同批进入公司的人，有的早已离职下海，自己创业，有的已经成为公司高层，甚至曹姐的很多徒弟都已经成长为公司的中层干部，而曹姐却一直在基层干得乐此不疲。几乎所有进入研发管理部的“新人”，都由曹姐负责带。面对那些初来乍到十分迷茫，不知道应该干什么，也不知道自己想要什么，更不知道自己能从工作中学到什么的职场“菜鸟”，曹姐的办法就是压担子，让年轻人先干起来再说，让他们自己在工作过程中理解工作的意义和乐趣。待到新人逐渐成长起来，曹姐就开始放手，让他们自己承担一些内部课题申请和项目管理工作，而曹姐也会偶尔凭借自己在高层的“人脉”为这些年轻同事争取更好的生活条件。在解除后顾之忧之后，很多年轻人就是在这个过程中崭露头角，继而成长起来，转调到其他工作岗位上，而曹姐则会在这个时候迎来又一批职场“菜鸟”。

（五）领导替代理论

领导替代理论的核心观点是：情境因素的影响力极为强大，以致可以替代或抵消领导的作用。换句话说，领导替代理论关心的是那些使领导行为或领导风格已经不再重要甚至不再必要的组织背景。其中，替代的意思就是使领导行为变得不必要或多余，而抵消意味着某些负面力量会削弱领导者的作用，使其无法实施某些行为。如表 7－4 所示。

表 7－4　领导的替代与抵消

变量		任务导向内型领导	人际关系导向型领导
组织特征	群体凝聚力	替代	替代
	规范化	替代	无效
	缺乏灵活性	抵消	无效
	职务权力低	抵消	抵消
	空间上分离	抵消	抵消
任务特征	任务高度定规	替代	无效
	自动反馈	替代	无效
	内在满意度	无效	替代
群体特征	有专业技术	替代	替代
	受过培训/有经验	替代	无效

从表 7－4 可知，组织、任务和群体特征等一系列因素会对不同的领导行为起到替代或抵消作用。比如，从组织特征来看，规范化水平越高，人际关系导向型领导的用武之地就越小；而这种组织规范化往往又同工作任务的高度定规有关。而从群体特征来看，某些行业的雇员群体就拥有极强的专业技术和较高的自我管理能力与成就导向，这种群体特点会同时对两种领导风格都起到替代作用。了解这些具有替代与抵消作用的情境变量，可以帮助领导者避免矫枉过正或逆势而为。领导者应该采取与情境因素互为补充的领导方式，从而确保工作群体中的任务需要与人际关系需要都能得到满足。

第三节　激励与激励理论

成功的领导者必须学会如何获得下属的信任与支持，又如何调动下属的积极性，从而获得整体事业的成功。所有这些工作都离不开“激励”。

一、激励：概念与假设

作为名词的激励，**就是那些存在于人的内部或外部，能够唤起人们的热情和决心，从而将精力投入到某个行动方案的力量**；而作为动词，**激励就是唤起人的热情与决心，激发人的动机，调动人的努力，直至达成期望目标的过程。**

当我们从名词角度去理解"激励"的时候，这些热情与决心、动机与努力可以表现为不同形式，如"干劲"，它表示人们愿意从事某项工作的承诺；"责任心"，反映了人们对待工作尽心的程度；再如"主动性"，表示人们愿意无偿承担一些非本职工作的精神状态；"创造性"则与对工作的主动改进有关。而所有这些不同形式的投入（热情、决心与努力）都有利于整个行动方案最终完成得更出色、更到位。

而从过程的角度来理解"激励"，其中涉及三个基本要素，即精力、方向与坚持。其中**精力**是对热情与决心程度的衡量。当一个人获得激励时，他会对工作予以高强度的承诺。但是这种努力的质量必须和努力强度相一致，高度努力并不一定产生令人满意的工作成果，除非这种努力指向有利于期望目标的**方向**。指向期望目标并与其保持一致的努力，才是领导者开展激励工作的目标与着眼点。最后，激励还包括一个**坚持**维度：只有坚持到期望目标的最终实现，在正确方向上的努力才有意义。这与我们在讨论战略性思维时一再强调的时间因素高度相关。

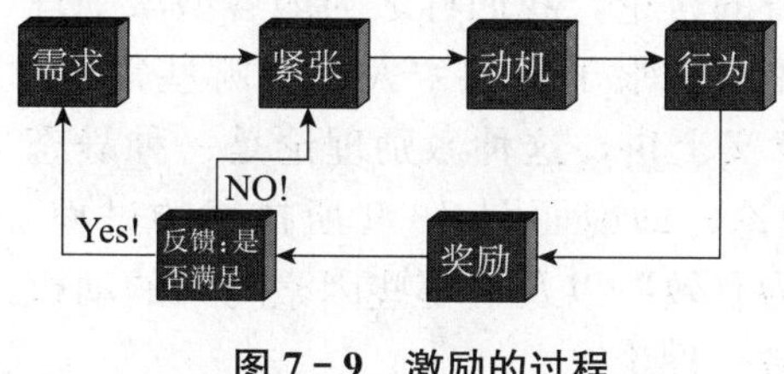

图 7－9　激励的过程

那么为什么人们会以组织（或领导者）期望的热情和决心投入到行动方案中呢？激励是如何起效的？如图 7－9 所示，简而言之，能够激发下属努力的关键在于他们那些尚未得到满足的需求。因为存在未被满足的需求，所以下属会为之紧张或关切。这种紧张或关切或出于本能（例如需求与特定的生理特征相关，如饥饿），或出于其他社会性因素（例如需求与人际交往因素相关，如自尊心）。相应的行为动机及实际行动是其缓解紧张或回应关切的具体手段。当这种行为合乎组织的期望目标时，下属就会获得相应的奖励。但此时奖励和需求之间的匹配又成为一个新问题：当奖励满足需求时，就会有新的未被满足的需求显现出来；否则前面的紧张与关切情形会持续下去，引起新的行为动机。

上述激励过程中的两个基本概念需要着重阐明。

（1）需求：是人对某种事物的渴求和欲望。一般而言，人的需求有以下三个来源：①生理状态的变化引起的需求，如饥饿时对食物的需求；②外部因素影响诱发的需求，如个体对某种新款式服装的需求；③心理活动引起的需求，如对事业成就和个人提升的需求。其中后两种需求都反映了人的社会性。

（2）动机：是基于个体需求，引起和维持人的行为并将其导向一定目标的心理机制。在人的行为过程中，需求具有原动力的作用，它反映为一种潜在心理状态，并不能直接引起行为；动机才是引发行为的直接原因和现实动力。因此，动机的产生一方面依赖于个体需求，另一方面则依赖于那些能够满足需求的外部诱因，如上述过程模型中的"奖励"。

当我们从需求与动机出发来讨论领导者对下属（追随者）的激励问题时，不同下属的需求差异就成为一个现实问题。而有关人的需求差异又涉及对"人"的基本假设：我们在"管理思想史"中讨论的 X－Y 理论就是有关这一议题的经典理论。

麦格雷戈的X－Y理论将人分为两类：其中，“X理论”假设人的需求就是吃喝玩乐，好逸恶劳，并为此逃避工作、回避责任，下属厌恶工作的特性决定了引导和约束其行为的管理手段多为严格而公平的奖惩机制；相反，“Y理论”则假设对事业成就和个人提升的追求是下属需求的一部分，他们愿意为此而接受任务、承担责任，并创造性地完成期望目标，在这种情况下，分权、授权就成为管理者的主要管理手段，以此鼓励员工自主管理。显然，对人性的不同假设导致了两套截然相反的管理措施。

后来美国管理学者莫尔斯（J. Morse）和罗希（J. W. Lorsch）对X－Y理论的适用情况进行试验，并在此基础上提出了超Y理论。他们认为：①人们带着各种不同的需求进入工作，但主要的需求是取得胜任感；②虽然取得胜任感的动机人人都有，但每个人的实现方式不同，而这种选择取决于各种不同需求之间的相互作用；③如果任务和组织相适合，胜任感的动机极可能得到实现；④胜任感即使获得，仍将继续发挥激励作用，因为一旦达到一个目标，新的、更高的目标就会树立起来。根据这一理论，不存在对任何时期、任何情境、任何人都普遍适用的管理模式。“超Y理论”要求管理者在管理中根据实际情况，因人、因事、因不同情境而采取恰当的方法，而非依靠“一招鲜”行走职场。

二、内容型激励理论

当我们紧紧扣住“满足未被满足的需求”这个激励过程的本质特征，意味着激励理论存在一个基本的分类。一种激励理论就是针对需求本身的讨论，我们称之为内容型激励理论，又称为满足型激励理论。顾名思义，这类激励理论着眼于回答“人类有哪些需求”“激励应满足哪些需求内容”这类核心问题。从某种意义上讲，这种激励理论是一种静态激励理论。与之相对的是一种动态的、过程型激励理论，即前面图7－9所描述的过程。这类理论关心的核心问题是“如何满足人类需求才最为有效”以及“哪些因素对人的动机与行为产生作用”等问题。我们下面首先来看内容型激励理论。

（一）需求层次理论

在“管理思想史”一章讨论人本主义的时候，我们已经对美国学者马斯洛的需求层析理论进行了简单介绍。如图7－10所示，马斯洛将人类需求分为五个层次。

图7－10　需求层次理论

1. 生理需求

生理需求是人类维持生命的最基本需求，如必要的食物、水和空气，这类需求是其他层次需求的基础，如果无法满足这类需求，人就无法生存，也谈不上其他需求。满足生理需求对员工激励的先导性意义，决定了企业必须为员工提供合适的工作环境（如温暖、通风的工作场所）和必要的基本工资。

2. 安全需求

安全需求的其含义十分广泛，如远离战争、污染和暴力的追求，涵盖了人身安全，生活安全，免于痛苦、疾病和威胁等方面的安全，等等。在现代企业组织中安全需求表现为渴望一种安全而稳定的职业，包括工作保障、附加福利、保证退休待遇，等等。

3. 社会需求

社会需求又称归属需求，这种需求表现为人们对归属感的追求，包括获得别人的注意、接纳、关心、友爱和同情。这种需求如果得不到满足，就可能影响员工的精神健康。这种社会需求可以在家庭朋友和其他社交圈子中获得满足，而在工作场所中，融洽的工作团队、和睦的同事关系，以及良好的客户伙伴关系，都是满足员工社会需求的重要渠道。

4. 尊重需求

尊重需求包括自尊和受别人的尊重，自尊是自己在工作中取得一定的成功时产生的自豪感；受到别人的尊重是指当自己作出贡献时能够获得他人的承认。这种承认既可以来自家人与朋友，也可以是领导和同事的好评与赞扬。因此，使员工在工作场合获得承认，使之获得与工作贡献相匹配的地位或责任，是满足其尊重需求的重要手段。

5. 自我实现的需求

自我实现的需求是指以自我完善为目标，使个人潜能得到充分发挥。一个成功实现自我的人，往往拥有更多解决问题的能力和更强的自发性，达到一种“随心所欲而不逾矩”的境界。这种需求的满足，既可以来自成功的教育经历和宗教信仰，也可以来自工作场所中培训晋升的机会和个人发展的空间。

正如在前面曾经讲到的，马斯洛在其需求层次理论中认为，没有满足的需求是最主要的激励因素；而只有当低层次的需求得到满足的时候，才谈得上高层次的需求。但在现实中，马斯洛的这种线性需求观点显然是不成立的。

管理案例

老国企工人的奉献精神

一位东北老国企的经理人曾经眼含热泪讲述企业老一辈工人阶级的奉献精神。当时，企业的生产条件很差：东北的冬天，车间里没有必要的保暖措施。有一位老工人把手伸到钻镗内校准设备精度，手臂被厚重而又冰凉的机油包裹。一番校正之后，老师傅打开机器，准备做一次调试，结果刀具打入钻镗孔中心的时候，竟然把老师傅的手心钻透了。原来是作业时间太长，老工人的手臂早已在机油包裹下失去知觉，也无法准确判断手掌的位置。

（二）ERG 理论

马斯洛需求层次理论很快就遭到了挑战，尤其是其中需求层次由低到高线性升级的观点更是遭到了广泛抨击。其中最典型的反对意见是耶鲁大学的奥尔德弗（C. Alderfer）在实证基础上对马斯洛理论做出的重要修正，即 ERG 理论。

ERG 理论是以生存（existence）、关系（relatedness）和发展（growth）三个词的英文首字母命名，意味着对马斯洛的五个需求层次进行了重新归类与分层。具体而言：

生存需求是指人类对物质富足的需求。这类需求关系到机体的生存，这相当于马斯洛需求层次中的生理需求和安全需求。

关系需求是指与他人满意的相处并建立和谐人际关系的需求。这种需求通过与外界接触和交往得到满足，相当于马斯洛需求层次理论的社交需求和一部分尊重需求。

发展需求是指个人开发自身潜能、提高能力，并谋求发展的欲望，与个人的自我发展和自我完善相关。这种需求通过发展个人的潜力和才能得到满足，相当于马斯洛需求层次理论中的自我实现需求和较高级的尊重需求。

与马斯洛需求层次理论中需求升级的线性模式不同，ERG 理论关注到需求沿层次结构上升的过程存在复杂性。它认为：①不同类型的需求可以同时起作用，甚至在低层次需求尚未得到充分满足的时候就可以产生高层次需求；②需求演进存在“挫折-倒退原则”，即当高层次需求得不到满足的时候，低层次需要会更强烈。在现实生活中，我们不难观察到很多与这种需求复杂性观点相吻合的事例。

生活中的管理学

个人需求演进的复杂性

1. 需求跨层次发展的可能性：这种情况在中国非常普遍。在中国历史上，无论是“位卑未敢忘忧国”，还是“天下兴亡、匹夫有责”，都反映了中国古代知识分子在生存需求尚未得到满足的情况下，仍然有着强烈的社会责任感与历史使命感，即归属需求。在互联网大潮的作用下，当代中国网民为这种现象发明了一个颇带自嘲意味的“新词”——“地命海心”，即“吃地沟油的命（也有说‘住地下室的命’），操中南海的心”。

2. “挫折-倒退原则”在现实中有很多典型表现，如中国官场曾经非常著名的“59 岁现象”：很多中层干部都是在 59 岁前后爆出腐败丑闻，之所以如此就是因为他们知道自己已经仕途无望，即发展需求遭遇挫折，继而在生存需求方面表现为报复性反弹，如贪污受贿等。再比如，很多人失恋之后会暴饮暴食，或是通宵游戏，追求感官刺激，也是关系需求受挫之后，倒退到生存需求的表现。

（三）双因素理论

赫茨伯格（F. Herzberg）提出的双因素理论是另一种非常重要的内容型激励理论。这一理论的突出特点是区别了激励因素与保健因素，认为这两方面因素同时影响着工作激励。如图 7-11 所示，在激励的中间地带，员工处于一种“既非满意，也非不满意”的状态，此时的激励手段只有保健因素而没有激励因素。具体而言，**保健因素是那些预防员工产生不满，或能够消除员工不满情绪的因素，是和工作环境或工作关系相关的外在因素。**比如工作过程中的工作条件、工资保障、公司政策，以及上下级关系等。这些因素不会让员工在工作中获得满意，但一旦缺少这些因素，或这些因素的质量不高（如同事关系不佳），就有可能使员工感到不满意。相比之下，**激励因素是那些能够使员工从工作中获得满意的因素，是与工作本身或工作内容相关的因素。**比如说在工作中获得的成就、赏识、责任、工作本身以及在此过程中获得的个人成长。在所有组织中，在员工受到高度激励并取得优秀业绩之前，必须首先具有足量的激励因素，否则员工不会在工作过程中获得满意与激励。

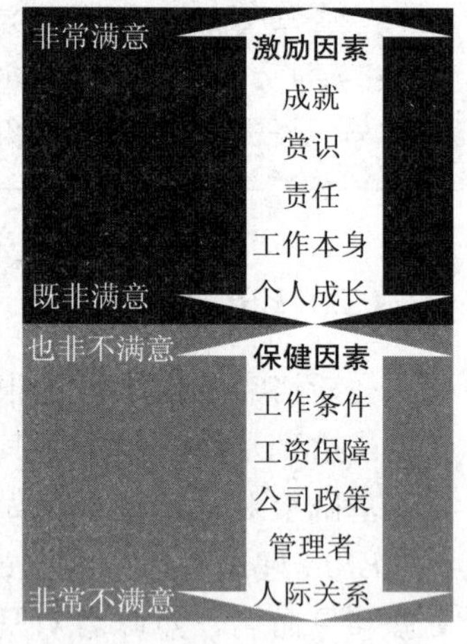

图 7-11 双因素理论

双因素理论对领导实践和组织建设的启示意义显而易见。对于一家企业来说，建设花园式工厂也只能消除员工的不满意，而提高工作本身的挑战性，建设创新型企业，才有可能实现“用事业留人”；对于一家学校来说，食堂伙食的丰盛美好，一天 24 小时热水供应，只能让学生和老师觉得这不是一所“坏学校”，而让学生获得高质量、高强度的专业训练，让老师“得天下英才而教之”，才能获得广大师生的共同认可。总之，对各行各业的管理者来说，其激励工作的首要任务就是消除导致员工不满的因素，即提供足以满足员工基本需求的保健因素，然后再运用激励因素来满足其较高层次需求，进而推动全体成员实现更高的成就，获得更强的满足感。

（四）习得需求理论

习得需求理论，又称为成就激励理论，是由麦克利兰（D. McClelland）提出的。这一理论认为人的某些需求是后天习得的，而非天生的。换言之，特定“需求”是一个人在自己的生活经历中不断学会的。这种经由后天经历塑造形成的习得需求，在成就、权力和归属三个方面表现得最为充分。

成就需求，即达到标准、追求卓越、争取成功的需求，反映了人们克服困难、获得成功、掌握复杂的技能和超越他人的欲望；

权力需求，即使他人按自己的意愿而非他们本身的意愿行事的需求，反映了人们影响和控制他人、对他人负责的欲望，很多时候直观地反映为在层级体系中“往上爬”；

归属需求，即建立友好密切的人际关系、获得友谊、避免冲突的愿望，这些人会成为组织内部协调交际的“润滑油”。

在上述三类需求中，成就需求被研究得最多。麦克利兰认为，一个组织的成败与具有高成就需求的人数有关；相比之下，归属需求与企业绩效甚至存在负相关的可能。而高成就需求人群之所以努力工作，与其说是为了获得个人成功的利益和奖励，还不如说是为了实现个人成就。他们往往避免接受那些非常容易或者非常困难的工作任务，而更愿意选择恰当的挑战性目标，从而在解决问题的过程中快速获悉个人业绩的明确反馈，以便了解自己是否有所改进。也正是由于这样的原因，成就需求的满足未必引向领导工作的成功：因为具有较高成就需求的人，往往只关注自己的成绩；而优秀的领导者则要帮助别人实现他们的目标。

三、过程型激励理论

通过紧扣“动机—行为—奖励—反馈”的链条，来讨论激励手段如何影响这一链条上各个环节的过程型激励理论有很多分支，这里介绍其中的四种，分别是期望理论、公平理论、目标设定理论和强化理论。

（一）期望理论

弗鲁姆（V. Vroom）的期望理论提出了一条逻辑线索，帮助我们理解激励问题：当个人行为能够导致某种报酬或结果，而这类报酬或结果对个人又是有吸引力的，那么个体就会基于这一期望而采取特定的行为。

具体而言，如图 7-12 所示：个人努力产生一定水平的工作绩效，在此过程中投入的个体（员工）会有一种判断或预期：他通过努力达到工作绩效的可能性有多大（A）；个人绩效又导致了组织奖赏（报酬），员工此时同样需要判断绩效与奖赏之间的关联性，即一定的工作绩效能够带来理想奖赏的可能性有多大，所得与付出相匹配的可能性有多大（B）；最后，组织奖赏又能够对个人产生多大的吸引力，即其相对于个人目标的价值和重要性程度（C）。总之，人的积极性的大小，取决于他所能得到的结果的全部预期价值乘以他认为达成该结果的期望概率，即：

激励力＝效价×期望值，或 $M=V\times E$

其中，效价是指个人对自己所从事的工作或所要达到的目标的估价，在现实中相对的估价方式表现为组织奖励和报酬满足个人需要的程度。而期望值则是个人对某项目标得以实现的概率的估计，这往往是个人根据经验积累得出的结论。总之，效价和期望值的不同结合，会产生不同的激励力量，激励作用的大小与效价和期望值成正比，即效价、期望值越高，激励力越大，反之则越小。

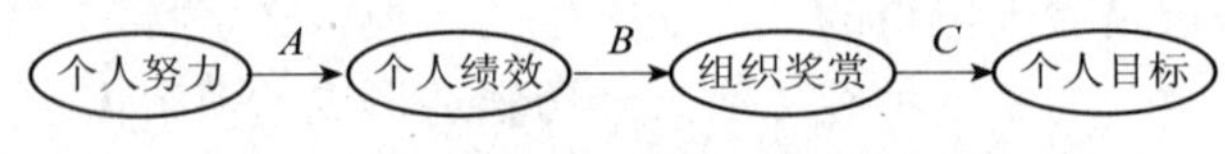

图 7－12　期望理论模式

期望理论指出了激励链条上的三个关键点，即前述的努力-绩效关联性、绩效-报酬关联性和报酬对个体目标的吸引力。它不仅为我们揭示了调动员工工作积极性的条件，而且分析了员工努力与绩效、奖励和个人目标之间的关系。期望理论告诉我们，一个组织所提供的报酬必须与个人欲望相匹配，而且这种匹配往往不存在普遍适用的原则。因此，管理者必须理解员工到底对什么感兴趣，哪些激励措施能够真正打动员工的心。在组织奖赏与报酬设计上的任何创新与进步，都有可能取得事半功倍的效果；相反，在组织报酬设计上的不作为，则有可能使前期各项工作前功尽弃。

管理案例

设计组织奖赏　改进激励质量

1. 在电视剧《大染坊》中，陈寿亭设计买下天津开埠染厂之后，亲自赶往天津安排工厂恢复生产的各项工作。其中，在提到提升职工待遇的时候，陈寿亭毫不吝啬地提出全员加薪的方案：“堂堂高级印花工拿的钱跟泥瓦匠差不多，这不行……技术好的，干得好的，要多涨。”他还特别提到中秋节工人福利的问题，提议“每人给他发一个后肘子，不管是扫地的还是看门的，一人发一个，来点儿实惠的”，随后，他向两位职业经理人解释自己这样做的原因，“这工人呐，你就是发给他钱他也不舍得买肉吃，咱干脆直接发个猪后腿。他手里端的碗里全是肉，心里能不想着咱”。从这一细节不难看出，穷苦出身的陈寿亭非常清楚什么样的奖赏设计对收入寒酸的工人是最有效的。

2. 某事业单位负责人在看了《大染坊》之后也想在奖励多样化方面做些努力。该负责人向单位工会主席提出建议，希望在年节福利方面做一些非货币化的探索。经过密集讨论，工会决定当年的中秋节为每名员工发放一盒月饼、一桶 5L 装花生油和一箱柴鸡蛋。这一改变迅速获得了单位职工的一致好评。于是，工会再接再厉，在此后的国庆、元旦、春节、五一等一系列节假日期间都派发福利，其中 5L 装花生油和一箱柴鸡蛋则是不变的标配。直到有一天，一位职工在领完福利品之后拎起花生油径直跑到工会办公区门口，将一桶油全部倒在地上以示抗议。原来，这位职工在家开火做饭的次数不多，一年五六桶花生油远远超过了他家的消费量，他和家人已经对过节发油的“福利”审美疲劳了……

3. J 公司与上述事业单位隔街相望。这是一家老国企，全厂八千名职工几乎都住在厂区方圆三公里范围内的各宿舍片区。虽然国家早就不允许福利分房，集资建房的政策空间也越来越小，但J公司却通过各种努力，包括争取市政府领导来厂现场办公，向上级主管部门说明自己行业的特殊性——利润率不高、工人收入水平也有限，但又极为重要——最终获得了市政府的支持，将厂区周边的几个地块收入囊中，划为宿舍区。有了集资自建宿舍这个“法宝”，J公司就有了应对房价畸高、高水平人才向金融行业和东南沿海流失的“利器”。公司组建了极具权威性与公正性的分房委员会，每年按照工人的报名情况，结合其工作年限、岗位特征、工作贡献等各方面情况，以低于市价一半的水平集资建房，工人的工作积极性和主动性也得到了更好的调动。尽管J公司要求参与集资建房的职工十年之内不得离职，但每年申请买房的职工仍然排成长队……

（二）公平理论

亚当斯（S. Adams）的公平理论是另一支非常重要的过程型激励理论。这一理论侧重于研究报酬分配的合理性、公平性及其对员工工作心态（如积极性、踏实）的影响。它认为员工会首先考虑自己的投入-结果比（即自我的纵向对比），然后将自己的投入-结果比与其他人的进行比较（同期的横向对比），最终决定对下一步工作的承诺甚至去留。一旦这个比率严重失调，职工就会认为自己的收入过高或过低。这种不公平感出现后，员工就会试图去纠正它，结果可能是更低或者更高的生产率、改善或者降低产品质量、增加旷工次数或者自愿辞职。因此，一个组织如果希望吸引人或是留住人，尤其是留住那些优秀员工，就必须做到贡献（个人付出的努力或投入）与诱因（个人所得的报酬或奖励）相平衡，多劳多得，做优多得，创新多得。总之，个人奖赏与报酬应该体现复杂劳动与简单劳动的差别，脑力劳动与体力劳动的差别，既要避免系统性的倒挂，也要避免不正常的异动。

图7-13反映了公平理论的基本观点。不难看出，“公平”与否的一个关键就是参照点或参照系的选择。这个参照系是选择进行比较的其他人、其他系统或者自身以往的情况。作为参照系的其他人包括同一组织中从事相似工作的其他个体，也包括通过其他渠道认识的同行员工；而作为参照系的系统，包括组织中的薪金政策、福利程序以及分配。当员工在这两个参照系下进行横向比较并得出低报酬不公平的结论时，就会产生“别人家的领导”或“别人家的公司”的挫败感。而作为参照系的自身以往情况，则反映了员工个人的过去经历与交往方式。与之纵向比较得出的结论同样会影响员工对现领导和部门的看法。而报酬公平，则意味着在横向和纵向上都实现了公平。

当事人的报酬（结果）/投入	>（高报酬不公平） ≈（公平） <（低报酬不公平）	参照系的报酬（结果）/投入

图7-13　公平理论的关系

此外，这里还涉及“高报酬不公平”的情形。当员工遭遇高报酬不公平，即奖励过度时，其初期可能会主动要求减少报酬，或在初期主动承担部分工作。但久而久之，他会重新估计自己的奖励和工作情况。

管理案例

高报酬不公平

小陈大学毕业之后就进入了一家创立不久的合资企业，从事内部审计工作。与部门的其他同事相比，小陈资历尚浅，但学历背景略有优势，现在的工作对她来说也没有太多挑战，所以她总能保质保量地完成工作。后来，小陈无意之中发现自己的工资比同部门的其他同事高出15%左右，最初她还比较意外，也有点儿受宠若惊的感觉，于是在工作上也更加用心。后来，她发现无论是和其他同事相比，还是与自己以前的情况相比，她的加薪速度都更快一些。久而久之，小陈也就习惯了。在一次与大学同学的聚会中，她得知在一些世界500强企业，自己这类工作的收入水平还要更高，而她那些进入500强企业的同学的工作并没有比她现在的工作高级到哪里。这时，小陈有了一点屈才低就的感觉，甚至产生了跳槽的想法。

公平理论对管理者有着重要的启示。因为影响激励效果的不仅包括报酬的绝对值，还包括报酬的相对值。这就要求领导者：①对各方面工作的轻重缓急有专业而准确的判断，对能够“出彩”、有“显示度”的工作加大奖励力度固然合理，但也不能让那些坚持做好基础工作、进行长期建设的员工寒心；②在激励设计上尽量公平，既要避免主观判断误差，也要积极了解一线员工的具体工作情况，尽量减少“会哭的孩子有糖吃”“老实人吃亏”的现象；③领导者还要注意下属的心理建设，使其树立正确的公平观，既要避免盲目攀比，又要树立“风物长宜放眼量”的长期观念。

管理案例

没有绝对的公平，就不用追求公平吗?

博士毕业之后，李雷就进入一家企业，在研发部门工作。久经沙场之后，李雷也逐渐成长为能够独当一面的干将。但此时他也越发感觉到本部门在分配方面的一些问题：一些潜心做好基础试验、认真采集数据的同志做得多、说得少，也很少到公开场合中发言“镀金”，他们好像是整个部门被“遗忘”的一群人；最基层的实验员承担了大量支持性工作，而且多是脏活累活，但他们的待遇非常差；在整个部门中，最春风得意的是与李雷年纪相仿的几位年轻博士，口才好、履历漂亮，而且都擅长做项目汇报这类“讨彩”的“大活儿”。李雷知道曾经有前辈同事向部门经理反映过这类问题，但都被部门经理以“没有绝对的公平”为由搪塞掉了。李雷也想和领导谈谈他对这个问题的看法，他怀着忐忑的心情敲开了部门经理办公室的大门……

如果你是李雷，你会如何与领导沟通这一问题?

但是，亚当斯的这套公平理论也有一个非常严重的问题，那就是人们在评价其得到的报酬和付出的努力时，往往缺乏客观、硬性的标准，其主观性更强，并因此具有自由裁量的特征。在这种情况下，人们更普遍的心理是高估自己的付出，低估自己的报酬；而对其他的参照者则恰恰相反，往往会低估别人的付出而高估别人的报酬。这就容易导致中国人常说的那种问题，“光看见贼吃肉，没看见贼挨揍”。

（三）目标设定理论

目标设定理论是由心理学家洛克（E. Locke）和卢萨姆（G. Latham）提出的。这套理论认为目标本身就具有激励作用，那些具体的、富有挑战性的目标可以引导员工的行为方向和努力强度，并在事后通过及时有效的反馈，帮助员工将自己的行为结果与既定目标进行对照，及时调整和修正，从而增强激励和提高绩效。

具体而言，目标设定理论包括两大关键组成部分：

1. 恰当目标的特征

能够产生激励作用的目标应当满足专一性、挑战性和可接受性三个标准。其中，**专一性**是指目标的具体程度和明确程度。越是明确专一的目标，其激励作用越强，而含糊不清的目标则会使员工产生挫败感。**挑战性**的标准意味着太过简单的目标无助于组织绩效的改善，而那些宏伟但又可以通过分阶段操作和长期积累实现的目标可以激发起参与者更大的潜能，即我们在“战略性思维”中强调的“敢想”。前述两种特征紧密联系：具有挑战性的长远战略目标经过分解、降维之后，其短期表现形式就是一系列明确专一的具体战术目标甚至操作目标。**可接受性**意味着员工必须认可目标，因为只有“认可”才能全力以赴地执行和追求。这决定了目标设定过程中员工参与的重要性，与我们讲到的“目标管理”的基本理念也是相通的。

2. 影响目标与绩效的因素

具体包括四个方面，即反馈、目标承诺、自我效能和国家文化。其中**反馈**的作用在于使下属明确自己已经完成的与达到目标所要求的任务之间的差距。只有明确差距，才能修正行为。因此管理者应定期、持续地向员工提供绩效反馈。**目标承诺**与前面的目标可接受性紧密相关：当员工参与目标制定，而员工本人又有强烈的内在控制意愿时，他们会为目标的完成投入更大的精力。**自我效能**是指个人相信自己有能力执行任务。自我效能越高，对自己完成任务的能力和信心就越强；与此同时这种员工会以更大的努力应对消极反馈，改进自身行为。最后，国家文化也会影响目标设定与绩效达成之间的因果关系，在那些更追求成就感、自信心和绩效导向的国家，目标设定理论往往更为有效。

（四）强化理论

与前面几种过程型激励理论不同，由心理学家斯金纳（B. Skinner）最先提出的强化理论并不关心激励过程的前端，即员工的需求和行为过程，转而关注行为与结果之间的关系。这一理论认为，为了达到某种目的，人会采取一定的行为作用于环境，当行为后果对他有利时，行为就会重复出现，否则，这种行为就会减弱或消失，因此，领导者可以通过适当运用及时的奖励和惩罚来改变或修正员工的行为。在这里，**强化是指使某一行为得以重复发生或者被禁止的一切措施。**具体而言，强化可以简单分为正强化和负强化两类。

其中，**正强化**又称积极强化，是对合意行为的奖励性认可，其目的在于引导合意行为的重复发生。如果工人因为提高工作效率而获得表扬和加薪，他就有可能继续探索提高工作效率的途径，这种努力也会被其他人效仿，此时，表扬和加薪就是一种正强化。相反，**负强化**是指通过各种否定手段减少或禁绝某种不符合要求行为的再次发生。负强化包括惩罚和废止两种具体形式。其中，惩罚是把令人不愉快的结果强加给员工，如对工作方法不正确、工作态度不认真的员工严加训斥；而废止则是撤回积极奖励的做法，包括取消加薪、表扬或相关资格等做法，如学校规定出现不及格情况的学生不得参评奖学金，企业规定未完成指定工作量的员工自动取消年终奖资格，等等。正强化与负强化要实现有机结合，也就是人们通常所说的“胡萝卜加大棒”，使用这些手段是为了将员工行为引向符合组织利益的方向，而非“为惩罚而惩罚”。从这个角度来讲，人性化管理固然重要，但“令行禁止”同样是一种重要的管理能力，否则仁慈过度同样会危害组织管理的权威性。《孙子兵法》就对这种只有正强化而缺乏负强化的情况有过经典评述，“厚而不能使，爱而不能令，乱而不能治，譬若骄子，不可用也”，后来这句话被概括为“慈不掌兵”。

管理者须知

火炉效应

火炉效应是指组织建立管理约束机制之后，如果有人胆敢违反组织纪律，就会受到严厉的惩罚。这就像用手触碰滚烫的火炉，会烫得立即将手缩回一样，此后再遇火炉，会尽量避免触摸。这是一种典型的负强化现象，目的就在于确立组织目标和机制的权威性，从而为员工划定合宜行为的边界。

四、激励性工作设计

除了以上讲到的奖励、惩罚和目标设定等激励手段之外，工作本身也可以成为一种重要的激励方式，正如我们在讨论双因素理论时所说，良好的工作设计能够改善员工的心理状态，促使其获得满意。在这里，我们用工作设计这个词来表示利用激励理论对工作任务进行重新组合的过程，从而通过新的工作结构来提高员工的生产率和满意度。为了更好地完成工作设计任务，管理者需要了解工作的哪些方面能够对员工产生激励效果，满足员工的哪些需求。海克曼（R. Hackman）和奥尔德姆（G. Oldham）开发的工作特点模型就是帮助我们理解这一问题的重要工具（见图 7－14）。

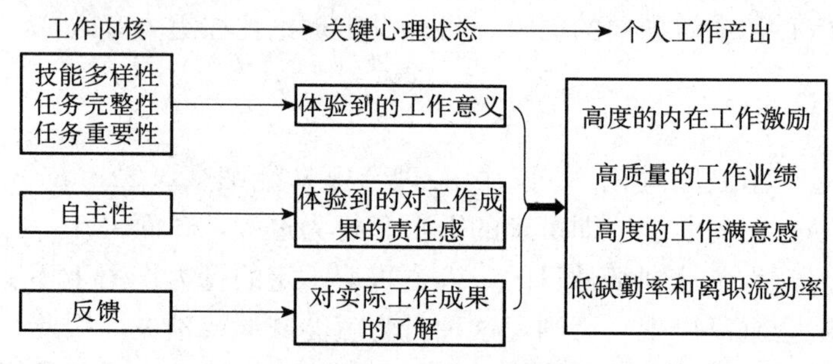

图 7－14　工作特征模型

工作特点模型由三个主要部分组成：工作内核、关键心理状态和个人工作产出。其中，对工作内核的分析又分为五个维度，它们又都指向特定的关键心理状态。

（1）技能多样性：完成一项工作所包括的不同活动的数量，这一工作本身要求工作者掌握多元化的技能和才能。这种技能多样性越强，员工对其工作的评价越高。

（2）任务完整性：一项工作足以完成一个完整的、可识别的任务的程度，即这项工作覆盖自始至终的任务全过程，并获得可见产出的程度。与那些只是单纯完成少部分中间环节的员工相比，那些覆盖完整的产品生产或服务提供过程的员工，对其工作意义的体验会更加强烈和深刻。

（3）任务重要性：一项工作能够对他人的生活与工作产生实质性影响的程度，例如，在重大自然灾害降临之后，赶赴现场提供救援的志愿者往往会觉得自己的工作非常重要。

(4) 自主性：员工在多大程度上享有自主制订工作计划和决定工作进程的自由。如果将员工完全置于老板或者工作手册的指挥之下，他们就很难以强烈的个人责任心来面对工作中的得失成败。

(5) 反馈：为完成特定的工作目标，个人能够获得多少与其工作绩效相关的、直接而清晰的信息。这种反馈有助于员工了解其实际工作成果。

上述五个工作内核特征及其导致的关键心理状态，带来了令人满意的工作绩效、工作激励和满意度，并降低了旷工率和离职流动率。

在这样一种工作特征模型的指引下，领导者可以从以下五个角度进行激励性的工作设计，提高工人在工作过程中的满意度。这五个角度包括：工作简化、工作轮换、工作扩大化、工作丰富化和员工参与。图 7－15 表示了其中的三种情况。

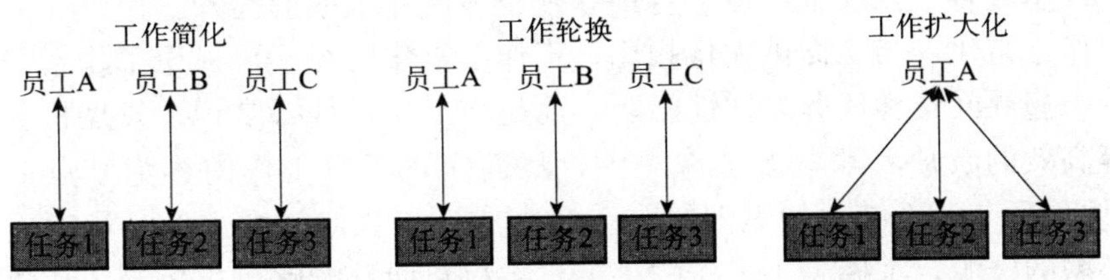

图 7－15 激励性工作设计：工作简化、工作轮换与工作扩大化

(1) 工作简化：尽可能减少员工的工作范围和必须完成的任务数量。工作简化的初衷是提高工作效率。在西方发达国家中，由于其专业化分工已经达到了相当细致的水平，工作简化往往与重复化和标准化相关，相应的工作感受多是枯燥乏味。这种情况下的工作简化，至少从工作设计的角度来看，失败的占多数。但在我国这样的发展中国家，绝大多数企事业单位内部的分工水平还处于初级阶段，粗线条、相对模糊的分工更加普遍，这种情况往往迫使很多专业工作人员不得不自己“兼职”从事一些支持性工作：无论是大学还是专业科研院所，全体科研人员集体贴发票的情形就是这种分工初级阶段的典型表现。此时，工作简化就成为提高员工工作满意度的一项重要手段。特别是当一个人的工作范围紧扣某一特定任务，并且随着这一工作的逐渐深入而不断接近行业前沿的时候，这种工作简化就有可能使员工产生任务完整性和任务重要性的感受。

管理案例

十年做好一件事

在大连光洋科技集团，有一位年仅三十多岁的资深工程师 Z。说他资深，是因为他从大学毕业之后就加入了大连光洋，被选派从事编码器的开发工作，并且被公司高层指定，“不用干别的”。编码器用于提高传感器分辨率，是高端数控机床上非常重要的光学部件，属于西方向中国禁运的高端元器件之一。在接受这一任务之后，Z 开始研究世界各大领先企业的编码器技术，并在理解德国海德汉编码器的过程中开始了细分器的研究工作。在光洋各条战线捷报频传的过程中，他仍然俯下身子，踏实工作，不眼红、不气馁。最终，经过近十年的艰苦摸索，通过引入一种极具创造性的正余弦信号快速插值细分算法，完成了细分器和编码器的开发工作，产品技术性能远远超过了德国海德汉的水平。

（2）工作轮换：系统性地将员工从一个工作岗位转换到另一个工作岗位，即在不同员工的工作之间形成交替轮岗。这种工作设计能够在不改变整体工作量的情况下，提高员工完成各种工作任务的数量，从而提升员工的技能多样性，提高其工作兴趣，也可以有效避免员工长期从事单一工作所产生的职业倦怠。当然，这种工作设计也存在一定的局限性：一方面是专业要求太高的工作岗位通常很难参与轮岗，另一方面是随着员工对重复性工作的掌握，最初的新鲜感难免逐渐消失。

（3）工作扩大化：将以前的几种工作任务综合成一个新的、涉及面更广泛的任务。这种工作设计往往是以一项工作为基点，逐渐向前后工序延伸，从而扩大了工人的工作范围和职责边界，不仅有利于提高技能多样性和任务完整性水平，进而对工人的工作心态产生积极影响，而且对于上下游工作之间的衔接和协调也会产生积极作用。这种工作设计变化，既有可能是新的技术集成（包括跨界）的结果，也有可能成为触发新的技术整合的诱因，而这种技术整合一旦发生，也会直接导致整体工作效率的提升。

（4）工作丰富化：与工作扩大化相比，工作丰富化已经不再讨论工作本身，也不再关心单纯的分工边界问题和任务多样性问题，而是将工作责任、赏识、发展机会、学习机会和成就感等高效的激励因素融入工作之中，从而实现了以工作内容为基点，向计划环节（上游）和评价环节（下游）的纵向扩展。在完成这一纵向扩展之后，员工不仅控制了完成工作所必需的资源，掌握了对工作的决策自主权，而且能够自主控制工作进度，依靠自身掌握的评价和反馈手段，进一步提升工作绩效、实现个人成长。但是，工作丰富化也存在一定的局限性，即它主要适用于技能要求较低的那些工作，因为技能要求较高的专业技术工作本身就已经有较强的自主性和挑战性。

（5）员工参与：很多时候，一线员工最清楚工作中的实际问题是什么、在哪里，而且也知道如何解决这些问题。所以，让员工适当参与管理和决策工作，提高其工作自主性水平，不仅迎合了员工赞许和归属的需求，能够产生激励效果，而且会为企业的成功输入新的、基础广泛的动力。但是，鼓励员工参与并不意味着削弱管理人员的权威：管理人员鼓励下属参与讨论问题，认真倾听下属建议，但绝不应以此为理由推卸自己的管理职责，从而使组织陷入决策分散、资源分散的困局。

第四节　沟　通

一、沟通：定义、过程与分类

对“沟通”的定义有很多，下面列出几个典型定义：

（1）沟通是信息从发送者到接收者的传递过程，而信息则是接收者所理解的信息。

（2）沟通是通过信息交换达到相互理解的过程。

（3）沟通是两个或两个以上的人交流并理解信息的过程。

（4）沟通就是信息从一个人传到另一个人，具体而言是发送者的信息经编码转换为符号，然后通过渠道传送至接收者，再由接收者通过解码将信息进行转换的过程。

从以上几种对“沟通”的定义中我们不难发现一些共性，综合这些共性，我们将“沟通”定义为**可理解的信息或思想在两个或两个以上的人中传递或交换的过程。**这个定义有以下三个要点需要注意：

（1）承载沟通功能的载体是那些“可理解的信息或思想”，其中“可理解”意味着没有歧义，成功的沟通首先需要保证没有歧义；

（2）沟通本质上是一个社会活动，即在两个或两个以上的人中发生，可以用来交流情报信息，也可以用于感情交流；

（3）沟通过程可以是单向的（传递），也可以是双向的（交换），但由于单向传递的信息往往需要经过反馈确认，因此一个完整的沟通过程一定是双向的。

如果回到上面“沟通”的第四种定义来看，人群中展开无歧义的沟通意味着发送者与接受者的编码与解码方式相一致，形象地说，二者有着共同的“密码本”。其实，在现实中，沟通双方缺少共同经验与知识，这是影响沟通效率、造成沟通噪音的根源之一。所谓**噪音，就是那些在信息传播过程中导致信息扭曲或变形的各种因素。**如图 7-16 所示，包括编码与解码在内，沟通过程中的每个环节都有可能受到噪音的干扰。其中既包括环境条件的限制对信息发送者思路的影响（即信息发送者缺少计划），也包括传递过程中信息渠道受到的干扰（如通信信号强度偏低、信息丢包等）；而在编码解码环节，措辞、标点、手势、姿态等各方面语言要素与非语言要素都会影响双方相互理解。2016 年 3 月 12 日，在十二届全国人大四次会议记者会上，中国证监会主席刘士余在回答央视记者董倩有关注册制的提问时，就逐字逐句逐标点地引用了中共十八届三中全会的决议，“健全多层次资本市场体系，逗号，推进注册制改革，逗号，多渠道推动股权融资”，并就这几处标点的内涵做了解释。刘士余的这种做法就是在公开、正式场合避免标点“噪音”的一种恰当方式。

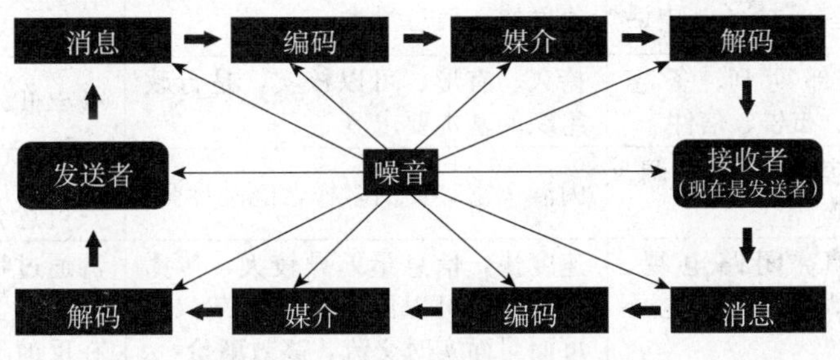

图 7-16 沟通过程及其中的噪音

生活中的管理学

“呵呵”

李雷本科是在家乡的一所重点大学读的，所以他当时经常周末回家。有一次，李雷的爸爸给他 QQ 留言：“周末没事去相个亲呗?”李雷看到消息之后本想直接回复“不去”，但又不好直说，就把千言万语浓缩成了两个字：“呵呵”。李爸爸误以为李雷同意了，欣喜若狂，确认的时候也就没怎么上心，回了一句模棱两可的话：“那就这样。”结果周末回家，看到“相亲”的饭局之后李雷才知道他爸爸误会了，搞得两家人都很尴尬。

在一个组织中，有效地控制噪声，保证高质量的组织沟通，有着重要的作用：①使广大组织成员认清形势，了解组织目前所处的状态；②丰富决策的信息基础，推动组织决策更加合理；③更好地了解组织内外环境，使组织与外部环境建立联系的桥梁；④稳定员工的思想情绪，应对特殊时期的舆论困难。此外，正如我们在前面一再强调的沟通过程中共同知识与共同经验的重要性，有效的组织沟通与组织内部的团结凝聚互为因果：组织的团结为沟通提供了共同语言，而有效的沟通又是协调组织各要素的黏合剂。

既然有效的组织沟通如此重要，那么正确选择技术工具，设计迅速有效而立体多元的组织沟通体系就变得非常重要。我们可以从不同侧面对这个沟通体系进行分类：

(1) 按照沟通的功能，分为工具式沟通和感情式沟通。

(2) 按照沟通的方式，分为书面沟通、口头沟通、非语言沟通和电子媒介沟通，其各自的优劣势见表 7-5。其中，随着技术的发展，电子媒介沟通日益便利，方式日益多样，而且很多国家也与时俱进，赋予组织内部的工作邮件以法律效力，将其视为合法证物。电子媒介作为沟通方式的一个典型特征是信息承载能力差异较大。在这里，我们将一种沟通方式在单位时间内传递信息数量的差别称为沟通渠道丰富度。一种沟通方式的沟通渠道丰富度受到三方面因素的影响：同时处理多种信号的能力；促进快速双向反馈的能力；建立个人沟通焦点的能力。以这三种能力作为评价标准，电子媒介中的 BBS 公告牌、传真等方式渠道丰富度相对较低，而电子邮件、视频会议等方式的渠道丰富度相对较高。在沟通能力相当的情况下，视频会议的渠道丰富度已经超过了口头沟通中的电话，而仅次于面谈的形式。

表 7-5　　不同沟通方式对比

沟通方式	举例	优点	缺点
口头	交谈、讲座、讨论会、电话	速度快，信息量大	容易失真、扭曲和过滤，核实较为困难
书面	报告、内部期刊、备忘录、文件、布告、信件	持久、有形、可以核实，是行政组织的基本要求	效率低，层级多，缺乏反馈
非语言	体态、手势、语音语调、声光信号等	内涵丰富，灵活多样，隐蔽性强	传送距离有限，界限模糊，只可意会、不可言传
电子媒介	BBS、传真、闭路电视、局域网多媒体交流、电子邮件	速度快，信息量差异较大，传播范围广，可以同时上传下载，也可面对面实时交流，高效廉价	沟通过程中容易产生噪音，噪音源不易控制，有时存在反馈障碍

(3) 按照沟通的方向，分为上行（沿等级链自下而上）沟通、下行（自上而下）沟通、平行（平级之间）沟通与交叉沟通（又称斜向沟通）。

(4) 按照反馈的有无，分为单向沟通与双向沟通。

(5) 按照沟通网络的正规性，分为正式沟通系统与非正式沟通系统，这是下面着重讨论的内容。

二、正式沟通与非正式沟通

在有关沟通的一系列主题中，对正式沟通与非正式沟通的对比能够帮助我们更好地理解组织沟通系统的立体性、多面性与复杂性。一种常见的管理误区是将制止传言视为管理组织沟通的一个重要内容。但传言永远不会消失，它是一种非常正常的组织现象。有效的管理者应该正视组织中传言的存在，并有效利用组织中的各种沟通工具，从而使传言为自己服务。

（一）正式沟通

正式沟通一般是指组织系统内部依据组织规定的原则进行的信息传递与交流。总体而言，正式沟通的优势在于：沟通效果较好、约束力强、形式严肃、便于保密、具有权威性。因此，关键组织信息、重大战略决策一般都采取正式沟通方式传达。但这种正式沟通的速度较慢、过于严肃和刻板，有时候也存在扭曲失真的问题。正式沟通的沟通网络主要包括以下五种形式，见表 7－6。

表 7－6 正式沟通网络的不同形式及其对比

沟通网络	轮式	Y 式	链式	圆周式	全通道式
沟通图式					
速度	快	中	中	慢	快
准确性	高	高	中	低	中
士气	低	中	中	高	高
领导明确性	高	高	中	中	低
成员满意度	低	低	中	中	高
任务复杂度	低	低	中	中	高

（1）轮式沟通：只有一个成员处于各种信息的汇集点和传递中心，多见于一个上级直接监管、指导多名下级的情形，因此能够实现严密控制，但也会影响到组织士气。

（2）Y 式沟通：在一个纵向沟通网络中，只有一个成员位于网络的中心位置，从而成为整个沟通网络的枢纽。与轮式沟通类似，其控制力度较强，但成员平均满意度较低。

（3）链式沟通：组织成员之间的信息交流依靠单线、顺序传递的沟通网络，往往存在于流水线前后工序之间，因此团队内部相互依赖程度较高。但由于层层传递与筛选容易导致信息失真，团队成员的平均满意程度也因此存在较大差距。

（4）圆周式沟通：沟通网络中大家地位平等，不存在中心人物，集中化程度低，从而保证了成员满意度，但由于沟通渠道窄、环节多，容易导致信息失真和沟通缓慢。

（5）全通道式沟通：也叫星型沟通或全开放沟通网络。在这种沟通网络中，所有成员之间可以进行不受限制的交流，沟通渠道多，因此保障了成员平均满意度，有利于解决复杂问题；但由于沟通渠道太多，也对工作效率造成了负面影响。

（二）非正式沟通

非正式沟通是指存在于组织正式沟通渠道之外的，不遵从组织中职权等级关系的信息流通过程。因为这种沟通脱离了职权体系的约束，而完全依赖于员工个人的人际网络，并因此跨越层级和指挥链与组织中任何位置的人沟通，所以又被称为个人沟通渠道。

非正式沟通的优点在于速度快、形式不拘一格，这种高效沟通形式能够极大地满足员工的需要，包括八卦猎奇的需要。但其缺点也显而易见：难以控制，容易失真，还容易导致小集团和圈子化。其主要的网络形式如表 7－7 所示。

表 7-7　　　　非正式沟通网络的形式

沟通网络	沟通图式	沟通特点
集群沟通		在沟通过程中存在几个中心人物，他们将信息转告给其他人，并具有一定的弹性
密语沟通		由一人将信息告知其他所有人，类似独家新闻
随机沟通		信息传播者将信息随意传播给遇到的任何人，而没有一定的中心人物或选择性
单线沟通		一人将信息转告给另一人，而绝大多数人都只是信息传播的“二传手”

如前所述，传言与组织中的非正式沟通网络有着直接关系。这种传言把组织各个层面的人员联系起来，成为正式沟通体系的重要补充。尤其是当正式沟通渠道被堵塞时，传言就会成为组织沟通的主导力量，甚至成为一种重要的服务手段，帮助管理者弄清一些重要事件的来龙去脉，而员工也可以借此填补信息空白、了解决策背景。更重要的是，绝大多数真实而重要的信息，都是通过传言这类非正式沟通渠道传播的，这也就为员工提供了茶余饭后的谈资，也有利于组织内部的团结稳定。因此，如果领导者用心倾听，小道消息就可以有效帮助他了解员工的所思所想，掌握组织成员的心态洞见。在策略性地应用非正式沟通的过程中，管理者要加强对信息的辨别能力，尤其是要正确对待那些对组织不利的信息。而无论是正式沟通还是非正式沟通，准确、完整、及时都是至关重要的基本原则。

■ 本章小结

领导职能是指领导者以各种方式促成被领导者（追随者）努力去实现既定组织目标的过程；而领导者则是组织中确定和实现组织目标的首领人物。利用影响力（无论是否源于职权）使人追随从而实现组织目标的过程，可以视为领导的本质，我们将这种在领导过程中影响别人的能力称为“权力”。

领导者的权力可以分为两种：职位权力和非职位权力。与职位体系和工作岗位相关的权力就是职位权力，其中包括合法权、奖赏权、惩罚权。非职位权力并非源自职位本身，而与另外几种影响力有关，包括专长权、个人魅力、背景权和感情权。

“领导”工作与“变革”过程建立起非常紧密的联系；相比之下，“管理”的目的则是“建立秩序”。

传统的领导特质理论认为，领导者的特性和品质是先天形成的天赋，是一个人能否充当领导者的根本因素。而现代领导特质理论则认为有效的领导者必须具备一定的素质，但这些素质可以在后天实践中形成，并且可以通过有目的、有针对性的训练和培养来造就。

勒温把领导行为分为三种形式，分别是专制型、民主型和放任型。

利克特的领导理论将“以生产为中心”和“以员工为中心”作为两个极端，识别出四种领导行为方式，即权威、开明、协商、参与。

四分图理论和管理方格理论都选择了“关心生产（组织）”和“关心人”这两个维度

对领导行为进行分类。

领导权变理论认为领导方式的选择和评价往往没有“最优解”或“唯一解”，而要看特定的领导方式与特定领导情境的“化学反应”，即如何寻找二者的合理搭配，从而产生最好的效果。

菲德勒领导权变模型理论将影响领导有效性的关键情境因素归纳为三方面：职位权力、任务结构和上下级关系；将领导风格分为任务导向型风格和关系导向型风格两类。

途径-目标理论认为领导者的工作是一个激励下属的过程，是帮助下属达到他们目标的过程，为了帮助下属达成目标，就需要帮助下属寻找实现目标的最佳路径，并且确定一种明确的方式来有效地帮助下属清除各种障碍和危险，完成其个人目标，并实现个人价值。

生命周期理论把注意力集中到下属职业生涯的生命周期，来讨论领导者如何调整其领导风格以满足下属在生命周期不同阶段的需求。其中，成熟度被定义为人们能够并且愿意完成某项特定任务的程度，可以分为任务成熟度和心理成熟度两方面，并识别出命令、说服、参与和授权四种领导模式。

领导替代理论关心的是那些使领导行为或领导风格已经不再重要甚至不再必要的组织背景。其中，替代的意思就是使领导行为变得不必要或多余，而抵消意味着某些负面力量会削弱领导者的作用，使其无法实施某些行为。

作为名词的激励是那些存在于人的内部或外部，能够唤起人们的热情和决心，从而将精力投入到某个行动方案的力量；作为动词的激励是唤起人的热情与决心、激发人的动机，调动人的努力，直至达成期望目标的过程。

马斯洛将人类需求分为五个层次：生理需求、安全需求、社会需求、尊重需求和自我实现需求。ERG 理论将其归纳为生存、关系和发展三个层次，并对需求动力的机制进行了新的分析，提出了挫折-倒退原则。

双因素理论区别了激励因素与保健因素，其中保健因素是那些预防员工产生不满，或能够消除员工不满情绪的因素，是和工作环境或工作关系相关的外在因素，而激励因素是那些能够使员工从工作中获得满意的因素，是与工作本身或工作内容相关的因素。

期望理论认为当个人行为能够导致某种报酬或结果，而这类报酬或结果对个人又是有吸引力的，那么个体就会基于这一期望而采取特定的行为，并基于此提出了“激励力＝期望×效价”的公式。

公平理论区分了公平、高报酬不公平和低报酬不公平三种情形，但公平理论的缺陷在于公平评价的标准过于主观。

目标设定理论认为目标本身就具有激励作用，那些具体的、富有挑战性的目标可以引导员工的行为方向和努力强度，并在事后通过及时有效的反馈，帮助员工将自己的行为结果与既定目标进行对照，及时调整和修正，从而增强激励和提高绩效。

强化理论认为，为了达到某种目的，人会采取一定的行为作用于环境。它将强化分为正强化与负强化。

工作特点模型由三个主要部分组成：工作内核、关键心理状态和个人工作产出。基于这一模型，领导者可以从工作简化、工作轮换、工作扩大化、工作丰富化和员工参与五个角度进行激励性的工作设计，提高工人在工作过程中的满意度。

沟通是可理解的信息或思想在两个或两个以上的人中传递或交换的过程。

噪音是那些在信息传播过程中导致信息扭曲或变形的各种因素。

■ 复习思考题

1. 如何理解领导的实质？领导与管理有何区别与联系？
2. 领导过程中的权力包括哪些类型和来源？
3. 菲德勒权变模型的理论内涵是什么？
4. 什么是激励？如何认识激励过程与人的行为规律的关系？
5. 如何理解公平理论的主要内容、主要意义及其局限性？
6. 试述有关人性假设的X-Y理论。
7. 简要介绍具有激励功能的几种工作设计方法。
8. 完整的沟通过程包括哪些环节和要素？
9. 如何理解和看待非正式沟通？

管 理 学 原 理

第八章 控 制

Ⅷ

本章要点提示

· 控制的定义及其闭环特征
· 按环节分类的控制活动
· 前馈控制对中国企业的重要性
· 六西格玛管理
· 分权式控制
· 开卷管理法
· 全面质量管理的来源、工具与组织形式

引 例

Y总十几年前下海创业，成立了一家高技术企业。公司业务不断扩张，产品逐渐升级，招进来的新人也逐渐增多。Y总是技术出身，自然十分关心新产品开发的工作。公司最近的一次产品升级难度较大，和传统业务存在一定差距，Y总更是非常关心。他每天早来晚走，早九点、晚九点各一次到技术部门调研进度。他调研的方式很特别，就是跟每个技术人员打声招呼，然后看似漫不经心地问一句："工作进展得怎么样？现在卡在哪里了？"但技术人员都很清楚，第二天早上的回答要和前一天晚上不一样，否则总有一点"无颜相见"的感觉。Y总的这番心机没有白费：那段时间，年轻的工程师们几乎每天都要干到深夜，公司的新产品也得以如期面世，抢占了市场先机。

上面的例子告诉我们，"控制"作为整个管理过程的把关环节，对完成计划、实现目标、获得产出起到决定性作用。而没有控制的管理是难以想象的：个人放飞、组织无序、目标完成遥遥无期，这会从根本上动摇组织存在的合理性。那么，控制都包括哪些方面？哪些手段？又有哪些趋势值得关注？作为控制最重要的任务之一，质量管理源于何处？如何发展？中国企业如何借鉴国外企业的先进经验？本章将着力回答这些问题。

第一节　控制概述

一、控制的定义与作用

控制是整个管理过程——计划、组织、领导、控制——的把关环节，那么何谓控制？我们首先从对控制的几个典型定义来理解这一问题。

(1) 控制是对绩效进行衡量与矫正，以确保企业目标以及为实现目标所制订的计划能够得以完成。

(2) 控制是规范组织工作的系统过程，以确保所有的工作都与制订的计划、目标和绩效标准所期望的结果相一致。

(3) 控制涉及对活动进行监督，以确保活动按计划完成，并能够纠正任何明显的偏差。

(4) 控制是组织在动态的环境中为保证既定目标的实现而采取的检查和纠偏活动。

(5) 控制是为了保证企业计划与实际作业动态适应的管理职能。

以上对“控制”的定义有两点显著的共性：①控制的目的是确保工作实际进展与初始目标及其计划相一致，符合起初制定的绩效标准，这是我们一再强调“把关环节”的重要原因，由这一目的决定的；②控制的核心工作是监督、比较和纠正工作绩效。基于这两点共性，我们将“控制”定义为：为了应对复杂多变的环境，以组织目标及其相应的计划与绩效标准为参照系，对组织工作的过程和产出进行监督、调整和纠偏。

在这种情况下，管理者只有同时掌握正确的绩效标准信息以及反映过程/产出状态的正确信息，才能够有效履行控制职能，明确解决问题、纠正偏差的边界、时机与措施。而失去了准确信息的支持，管理者就无法保证对产、供、销各个环节，人、财、物各个方面的准确理解和把握，也就失去了有效评价、判断和纠正的物质基础，控制工作就变成了盲人摸象，整个组织运行也有可能陷入“盲人骑瞎马，夜半临深池”的危险境地。这意味着：管理者系统建设并有效掌控组织内部的信息反馈渠道，是整个控制工作的基础和关键，它直接影响预警与分析的准确性，并因此在整个管理工作中处于非常重要的位置。

背景资料

把技能从车间现场夺走：回眸泰勒制

在“管理思想史”一章介绍泰勒制的时候，我们曾经指出，泰勒以金属切削实验、铁块搬运实验和铁锹实验三大实验为基础，通过对车间作业的时间动作研究，率先完成了生产过程的标准化改造，并在此基础上设立了八个职能工长，负责车间现场的监督、指导，以及设计新的作业标准。这是企业史上管理者从车间现场起步，建立信息收集与反馈渠道的第一次尝试，其结果就是生产效率的大幅提升。

正如前面所说，控制工作的根本目的或作用，在于“确保工作进展与初始目标及其计划相一致”。这种“控制”工作之所以成为一项独立的管理职能，与以下三方面因素有着紧密联系：

(1) 组织活动日益复杂。在《看得见的手》一书中，钱德勒就指出，为了充分利用先进技术所带来的生产力，自第二次工业革命以来出现的现代大型企业的一个突出特征就是内部分工逐渐细化，通过日益细致的岗位设置来提高生产效率和管理效率。但这种分工深化不可避免地导致了协调与监控的需求。只有准确掌握各个岗位的具体执行情况，并确保其按照要求推进，才能保证各方面工作齐头并进，形成合力。

(2) 环境多变而竞争日益激烈。大型企业对先进技术的充分利用及其自身组织形式的发展，使得整个工业竞争开始向“速度经济”的方向转变。企业运行不断加速的同时，环境变化越来越快，环境变量也越来越多。面对这种复杂多变、竞争激烈的外部环境，只有积极适应，甚至主动引导环境变化，才能实现组织目标，提升组织竞争力。这就要求控制工作必须体现环境变化，了解发展趋势，以可靠的控制过程和标准准确反映组织需求及其与环境的关系，包括在维持现状与打破现状之间的战略选择。

(3) 管理失误不可避免。组织环境的日益复杂和组织分工的日益细化共同决定了管理决策的非结构化水平。决策难度在不断加大，这决定了管理失误不可避免。此时，为了及时发现并改正错误，明确问题出现的根源，甚至进行新的结构性调整以避免新问题的出现，监督控制都是不可或缺的重要环节，是改进工作、推进工作的有效手段。

正是由于以上原因，控制才成为现代企业管理的一项基本职能，甚至成为整个现代企业管理过程必不可少的“把关环节”。“把关”的意义就在于：以一套健全的管理控制系统，自始至终地跟踪、掌握、衡量和校正整个工作过程的情况，以确保目标的实现。从这个意义上讲，良好的目标设定与计划安排是有效控制的前提条件。反过来看，在实现目标的过程中，组织可以为其制定相应的战略与计划，可以通过相应的组织结构、部门设计和分工协调来落实战略，可以通过有效的领导方式来激励员工。所有这些努力都非常重要，但是，如果没有精准、有效、权威、强制的控制手段作为保障，这些努力就会面临难以落地的尴尬：因为并不能确保所有人的所有行动都能够按计划执行，也不能确保可靠的跨部门、跨职能的配合，而领导者的好心也有可能变成“热脸贴上冷屁股”。正因如此，通过必要的控制手段来考察计划执行的偏差程度才显得尤为重要：如果计划执行过程中没有产生严重偏差，那么就可以启动新一轮计划；而一旦计划执行产生了无法接受的、不合乎要求的偏差时，就需要采取相应的纠正措施，重新执行计划或进入下一轮计划过程（见图 8-1）。

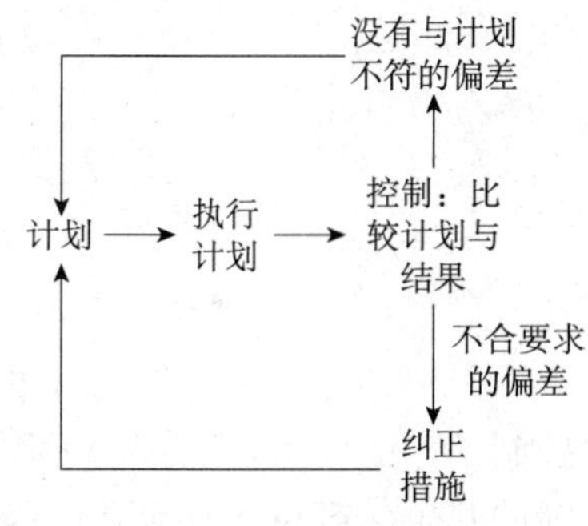

图 8-1 控制与计划

对这一问题的进一步讨论，可以帮助我们更好地理解管理过程的闭环特征。

管理者须知

有效控制的特征

控制应以战略和产出为导向：支持战略计划，并关注给组织带来异常的重大活动。

控制应该易于理解：通过提供可理解的数据来支持决策制定，而非复杂的报告和模糊的统计数字。

控制应该鼓励自我控制：互相信任，沟通良好，使每个员工参与其中。

控制应该以及时和例外管理为导向：及时报告偏差，了解绩效差距的内在原因，并考虑应当采取的纠正措施。

控制在本质上应该是积极的：强调对发展、变革和改善的贡献，而非一味突出罚金和斥责的作用。

控制应该公平和客观：应当被认为对每一个员工都是公平和准确的，并立足于提高组织绩效之根本目的。

控制应该是有弹性的：要为个人评价留有余地，并且在环境变化时能够及时调整。

资料来源：邢以群．管理学［M］．杭州：浙江大学出版社，2016.

二、管理过程的闭环特征

一个完整的管理过程，始于目标，终于控制。一旦为战略目标建立起相应的业绩标准，衡量目标达成情况的尺度就确立了标准。控制的中心环节就是对实际业绩表现进行测评与比较。而测评比较的结果引致各类不同情形下的处理路径，从而使得一个完整的管理过程成为一个首尾相顾、能够实现优化循环的闭环。以上制定标准、衡量绩效、纠正偏差三方面内容就构成了控制过程的基本步骤。如图 8－2 所示。

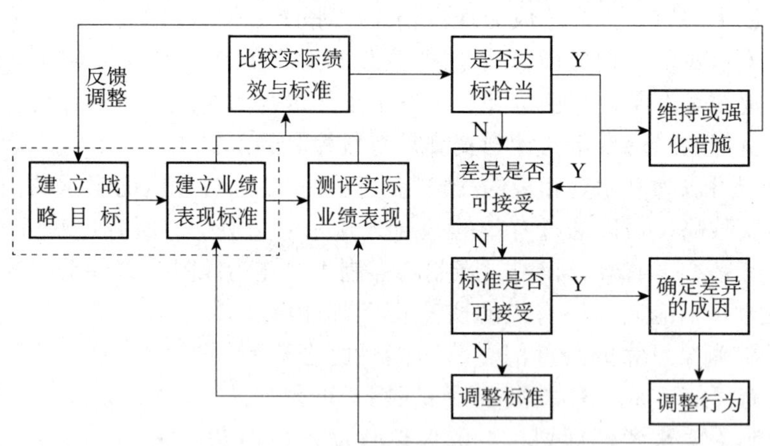

图 8－2　控制使管理过程成为闭环

其中，标准来自组织计划，但又不等于组织计划。组织计划中的相关标准未必适合于控制工作的要求，而控制工作需要的不是计划中的全部指标和标准，通常只是衡量工作业绩的几个关键点。在企业中经常使用的标准类型包括：时间标准、效率标准、消耗标准、质量标准和行为标准等。评价标准确定之后，绩效衡量就是必要的信息反馈环节。这种反馈一方面可以反映出计划执行过程的基本状况，使管理者了解不同部门各个员工的绩效差异，以便确定奖惩对策；另一方面，还能够使管理者及时发现那些已经发生或预期发生的偏差。衡量绩效之后的处理对策包括以下三种路径。

路径 1：如果实际绩效达到了业绩标准的要求，或二者之间的差异是可接受的，则维持或强化现行的实施措施（计划、组织、领导等各方面工作），并启动新一轮战略目标的制定与实施过程（如适度调高战略目标）。

路径 2：如果绩效并未达到业绩标准的要求，而业绩标准本身又恰当地反映了战略目标，则需确定产生绩效差异的原因，并对相应的战略实施过程进行调整，待完成新一轮工作后重新进行测评。

路径 3：如果绩效并未达到业绩标准的要求，而标准本身已经不能恰当反映目标，则需对标准进行调整，建立新的业绩表现标准，应用于未来的管理实践。

生活中的管理学

住校生的生活费：多少才合适?

大学宿舍，同寝室的三个男生效仿古人来了个“桃园三结义”。说来也巧，三个人都不是本地人，来报到的时候家长都给他们预存了 9 个月的生活费 9 000 块钱。一个学期下来，大哥精准地把 4 500 块钱全花完了，过年回家还给家里的长辈买了些土特产，这也为他以后不被家长“断供”创造了条件，如果运气好还可以多争取一点。二哥一入学就迷上了网购，每次遇到购物网站“特价”的时候就有用没用地买上一大堆，不仅把上半年的 4 500 块钱花得见了底，还把下半年的4 500 块钱也花掉多半。过年回家被家长一顿呵斥之后，二哥决定新学期回来“剁手”，而且还把上半年囤下、没拆封的一部分存货以七八折的价格处理了。老三花的一点儿也不比二哥少，但回家却没有“挨处分”，原来他一入学就谈恋爱了，找了个女朋友，两个人经常出去看电影、下馆子、买零食。后来，经过商议，老三的家长决定把他的生活费标准提高到每月 1800 块钱，“支持孩子谈恋爱”。

三、控制的分类

这一节从不同角度来分析管理控制的一些基本类型。

（一）按控制的环节划分

以环节为标准，控制活动可以分为前馈控制、现场控制（或同期控制）与反馈控制。基本分类如图 8－3 所示。

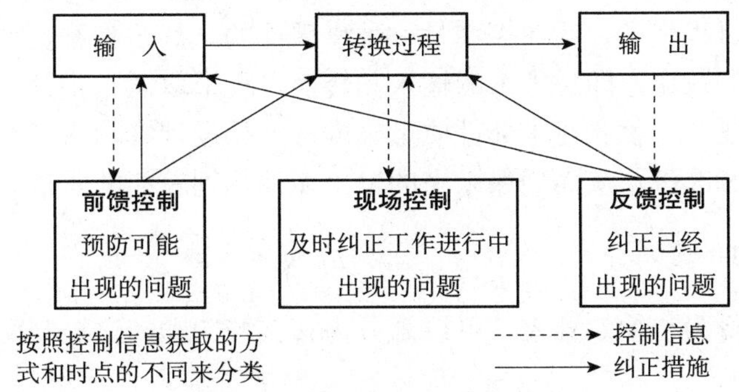

图 8－3 不同环节上的管理控制

1. 前馈控制

其控制对象是整个生产过程或投入产出过程的输入（或投入），目的在于预防可能出现的问题。有效的前馈控制依赖于对“输入”的全面了解，如原材料的技术特征、质量标准。这种预防和矫正可能发生在输入环节，如全面提高原材料的质量检验标准；也可能发生在转换环节，如某批原材料可能存在一定问题，需要在生产过程中多加注意。前馈控制反映了管理者“防患于未然”的期望，但这种控制方式对管理者和生产过程的技术经济性质也提出了较高的要求。我们在下面还会着重讨论这一问题。

2. 现场控制

又称同期控制，其控制对象是整个投入产出的转化过程，目的在于及时纠正工作进行过程中出现的问题。在这一过程中，管理者通过各种方式获得具体的现场作业信息，确认相应岗位上的作业人员及其速度、质量，从而在发生重大偏差之前及时发现并解决问题。在传统场景中，现场控制的重要形式之一是走动式管理，又称亲自观察法。采用走动式管理的管理者直接与一线员工接触，交换有关工作进展的信息，从而收集到那些不易察觉的面部表情和语音语调信息。而在新时期，现场控制已经获得了越来越多技术手段的支持，如各种定位技术、视频技术和实时纠错技术，都可以极大地减少后期的工作反复，而这些反复有可能产生巨大的成本和浪费。

管理者须知

小洞不补，大洞吃苦：现场控制的意义

我国民间有句俗话：“小洞不补，大洞吃苦。”表层意思是说，衣服鞋袜破了个小洞若不及时修补，等它破成大洞就难以修补了；深层意思是说，小的错误不改正，等到铸成大错就要吃苦头了。类似这样的话还有很多，比如陈寿在《三国志·吴书·陆凯传》中说“恶不可积，过不可长”。在刚刚露出端倪的小问题面前，如果管理者出于一时大意或是懒政心理，犯了“等、靠、要、拖”的错误，就有可能把小问题拖成大问题，直到与其他问题纠缠不清，更加复杂化，这就会给整个组织酿下大祸。

3. 反馈控制

其控制对象是整个投入产出转换过程的输出结果，即产出绩效，其目的在于避免不合格产出流出组织，如劣质产品/服务流入市场，不健全的政策法规颁布实施等。但是，当所有人财物料投入转变为成品，再对其进行控制检查，这种控制就必然存在一定的时滞，因此，对本期作业过程来说，反馈控制是一种事后性的，甚至弥补性的工作。但反馈控制的纠偏可以产生跨期效应，即对未来的输入和转换过程采取矫正措施。比如，当在成品质检环节接连发现问题时，就要对零部件质量标准、产品设计（输入环节）和工艺设计（转换环节）进行检查和改进，从而确保未来的输出能够达到较高的质量水平。

（二）按控制的手段划分

对管理人员的行为与绩效管控，可以划分为直接控制和间接控制两种手段。

1. 直接控制

紧扣作业与管理过程中“人”的因素，着眼于培养更好的主管人员，通过遴选和培训等手段来提高业务主管人员的素质，通过完善有关管理工作的考核办法来约束主管人员的管理行为，从而促使他们能够熟练应用管理的概念、技术和原理，有效地避免因管理不善而造成的不良后果。由于这种方式赋予主管人员更大的责任、信任与威信，因此能够更好地鼓励他们主动采取纠偏措施，提高工作绩效。

2. 间接控制

通过考核绩效而非素质来控制主管人员的管理行为，即根据计划执行结果，通过分析偏差产生的原因并追究相应的责任，来控制主管人员的管理水平和领导能力。与直接控制相比，间接控制变成了一个“两张皮”的过程，也就是通过控制和考核产出来监督和纠偏管理行为的过程，这就决定了其中必然存在一定的滞后性，且产生了更多成本（包括转换成本和纠偏反复）。但其优点在于：将不易控制和测度的“人”的因素，转变为更易测量的“物”的因素，避免依赖于心态、承诺、责任感等难以把控的个性化变量来实现组织绩效的一致性与可靠性，也在一定程度上避免了层层推卸责任的问题。

（三）按控制的重要性划分

从重要性的角度划分，控制可以分为战略控制、绩效控制和任务控制三个层次，而重要性的差异也决定了控制工作衡量标准的层次性。其中，战略控制是对战略计划和目标的实现程度进行控制，并以此为标准衡量工作进度。相比之下，绩效控制是利用财务数据观测企业的经营状况，基于一组由总部或上级部门制定的财务与绩效指标，观察和控制下属各经济活动中心和责任中心的经营行为。任务控制则更多的是针对基层的生产作业，以专业化的作业标准为基础，对投入产出的具体转化过程进行控制。

四、管理控制的对象

选准控制对象或控制内容，是进行管理控制的重要抓手，也是执行控制职能的先决条件。一般来说，控制对象可以分为五个方面：人员、信息、财务、作业和绩效。

（一）人员

组织中的一切工作，归根结底需要人去执行。因此，以有效的措施对组织内部的人员素质进行控制，就是控制职能的一项重要任务。而人员控制的中心任务，是确保在组织人力资本建设与发展过程中形成的技能、知识与价值符合组织的战略目标导向。要实现这一目标，可以在组织管理过程的多个方面进行有目的的引导与控制，如：①在计划环节，为每一个员工的工作设定明确的目标，以此塑造员工的行为；②在组织环节，加强对人员遴选、招募环节的把关力度，在强化系统性的结构设计与职务设计的同时，详细界定每个工作岗位的具体职责，并着力建设敢于担当、恪尽职守的组织文化；③在领导环节，落实公平、公正、公开的原则，鼓励多干、干好。此外，在具体的作业过程中，要加强对工作岗位的直接监督，等等。这都是加强人员控制的基本手段。

（二）信息

信息的产生和传递是组织运行的一部分，因此有效控制信息——信息源头的采集、信息传递的网络和信息储存的数据库——就自然成为管理控制的一项重要内容。对信息的控制也就聚焦在系统、网络、数据库的建设上。先进的信息系统最早应用于企业管理的财务环节，近三十年来信息技术在企业管理中的运用日益广泛，管理信息系统（MIS）和企业资源规划（ERP）等信息技术手段已逐步普及，一部分企业也开始试水知识管理系统（KMS），希望通过信息化的方式加强对设计模块、技术流程、知识产权和解决方案的规范化、系统化管理。表 8－1 是从实现功能的角度出发对企业应用信息技术的情况所做的一个基本分类。

表 8－1　企业应用信息技术的基本类型

信息技术种类	描　述
变革型应用程序	变革公司主流业务模式的系统和网络
分析型应用程序	促进信息/知识分析、解释和分享的系统和网络
技术基础设施	促使有效传递和使用信息资本应用程序所要求的共享技术和管理专长
交易处理型应用程序	使公司基本的重复交易自动化的系统

特别是在新时期技术革命与产业升级的背景下，对产供销各环节信息的有效控制是企业应对新竞争形势的重要手段。无论是德国鼓吹的工业 4.0 还是美国鼓吹的工业互联网，包括我国近年来积极推动的智能制造示范试点，其本质都是在企业生产运营中进一步挖掘信息技术的潜力。对生产过程的信息化控制，从最初的 BOM（物料清单）到后来的 MRP（物料需求计划）、MRPⅡ（制造资源计划）和 ERP，直到进入 21 世纪之后逐渐流行的 MES（制造执行系统）和 CIMS（计算机集成制造系统），以及近年来备受追捧的"智能工厂""工业 4.0 工厂"，其总体发展态势是一个连续过程，是对长期积累形成的信息控制能力的发挥应用，而非凭空嫁接的"天外来客"，更不是包治百病的"灵丹妙药"。

管理者须知

信息技术在企业管理中的运用：术语

MIS：利用计算机软硬件、网络通信设备及其他办公设备，进行信息的收集、传输、加工、储存、更新、拓展和维护的系统。

MRP：制造业企业的物资计划管理模式，基于产品结构中各级部件的从属与数量关系，以完工时期为准倒排生产计划，按提前期长短区别确定每个部件下达计划时间的先后顺序。

MRPⅡ：制造业企业的生产经营管理计划，在全面继承 MRP 的基础上，将企业宏观决策的经营规划、产供销、财务、成本、跨国经营以及计算机辅助设计等管理功能进行集成。

MES：面向制造企业车间执行层的生产信息化管理系统，除 MRPⅡ的功能模块外，还包括了质量管理、工具工装管理、底层数据集成分析等一系列管理模块，从而确保管理者实时了解全生产过程的各种情况，并以准确数据应对例外问题。

CIMS：通过计算机软硬件，综合运用现代管理技术、制造技术、信息技术、自动化技术、系统工程技术，集成了 MIS、MRPⅡ、计算机辅助设计系统、计算机辅助工艺设计系统、计算机辅助制造系统等多个子系统，从而实现对生产全过程中的人、技术与管理要素及其信息与物流的监控、集成与优化。

（三）财务

在企业运行过程中，财务控制是非常重要的一环。获取准确的财务信息，编制并读懂资产负债表、损益表和现金流量表这三张最基本的财务报表，可以帮助管理者对企业运行的基本状况有一个起码的了解，也为下一步的工作改进指明了方向。

资产负债表是表明企业在某个具体时间点上资产和债务状况的财务报表，它提供三种信息：企业的资产、负债和所有者权益，其中资产包括流动资产和非流动资产，负债包括流动负债和非流动负债，所有者权益则关注了股东权益、实收资本、股本、资本公积、专项储备、盈余公积等信息。

损益表是汇总给出一个企业在给定期间内的财务状况，用于表明企业从所有渠道获得的收入，并减去包括商品成本、利息、税收及折旧在内的各项费用支出，损益表的最后一行表示给定期限内的净收入。

现金流量表反映企业在一定会计期间的现金和现金等价物的流入和流出，用于说明企业一定期间内现金流入和流出的原因、企业的偿债能力和支付股利的能力，也用于分析企业未来获取现金的能力，分析其投资和理财活动对经营成果和财务状况的影响，有助于对企业整体财务状况作出评价。其中，现金是指企业库存现金以及可以随时用于支付的存款，现金等价物是指企业持有的期限短、流动性强、易于转换为已知金额现金、价值变动风险很小的投资。

清晰准确的财务报表有助于管理者进行必要的财务分析。表 8-2 给出了财务分析的四个基本方面和有关指标的计算公式。

表 8-2　　财务分析指标：含义与计算

指标	内涵及计算公式
流动性比率：	组织偿还其流动债务的能力
流动比率	流动资产/流动负债
运营比率：	企业内部一些关键的经营活动之间的关系
存货周转率 转换率	销售总额/平均存货 订单量/顾客询问次数
盈利性比率：	用于分析公司盈利状况，揭示利润来源
销售利润率 毛利率 资产回报率	净收入/销售总额 毛收入/销售总额 净收入/总资产
杠杆比率：	可以通过杠杆使得资产发挥更大的效益，但也要确保公司负债不超过可以接受的水平
负债率	负债总额/资产总额

（四）作业

所谓作业，就是将劳动力、资金、原材料等投入资源转换为产品或服务的过程。显然，这种“作业”过程绝不只是单一的生产运营环节，还同时包括了研发管理（创新管理）、客户关系管理等多个方面的内容。它直接决定着组织的经济效率，因此对作业过程的控制非常重要。对很多中国企业来说，现场控制和质量控制都是它们面临的大问题，也是中国一部分优秀企业的特色与优势所在。这种控制既包括确保供应商及时、足量提供高质量零部件，也包括确保生产环节的低成本和产品质量的持续改进；既包括有效地管理细分市场和现有用户群体，也包括开发新的客户线索与经销商网络；既包括准确地监测、识别新兴技术机会与创新可能，也包括妥善管理研发项目组合和产品开发周期。

（五）绩效

组织绩效是一系列反映组织效能的指标体系，且从不同利益相关者的角度出发，绩效指标的设计选择将会有较大差异。比如，股东最为关注的绩效指标是分红和市盈率，而顾客关注的绩效指标则是产品质量与价值，员工更加关心收入与获得感，等等。但无论哪一种单一绩效指标都不足以全面衡量组织绩效，合理的方法应该是通过一套较为完整的指标体系加以衡量，从而促进企业的均衡协调发展。这就涉及一项非常流行的绩效管理工具：平衡计分卡以及作为其落实手段的战略地图。

平衡计分卡是卡普兰（R. Kaplan）和诺顿（D. Norton）领衔开发的一套统筹考虑企业财务、客户、内部流程和学习成长（包括人力资本、信息资本和组织资本三方面）等各方面情况的绩效评价工具。它基本上涵盖了我们前面讨论的人力、财务、信息和作业等各方面情况。图 8-4 是一个通用战略地图的展开模式，为我们勾勒了四个层面的基本控制指标及其相互关系。在这一通用模板的基础上，企业可根据自己的战略选择设定各层面不同指标的侧重方向，从而形成更具针对性的绩效评价指标体系。比如，当企业选择产品领先（差异化）战略时，就会在学习成长层面更关注跨职能团队建设（人力资本）和 CAD/CAM（计算机辅助设计/制造）能力建设（信息资本）等问题；这支撑了内部流程层面快速推出新产品的能力（如小试、中试）、产品开发效率及创新合规性等问题；客户因此收获了新产品领先时间和远优于竞争产品的产品性能；最终导致了财务层面更大的新产品收入占比和更高的新产品毛利，并有助于产品生命周期总成本管理。

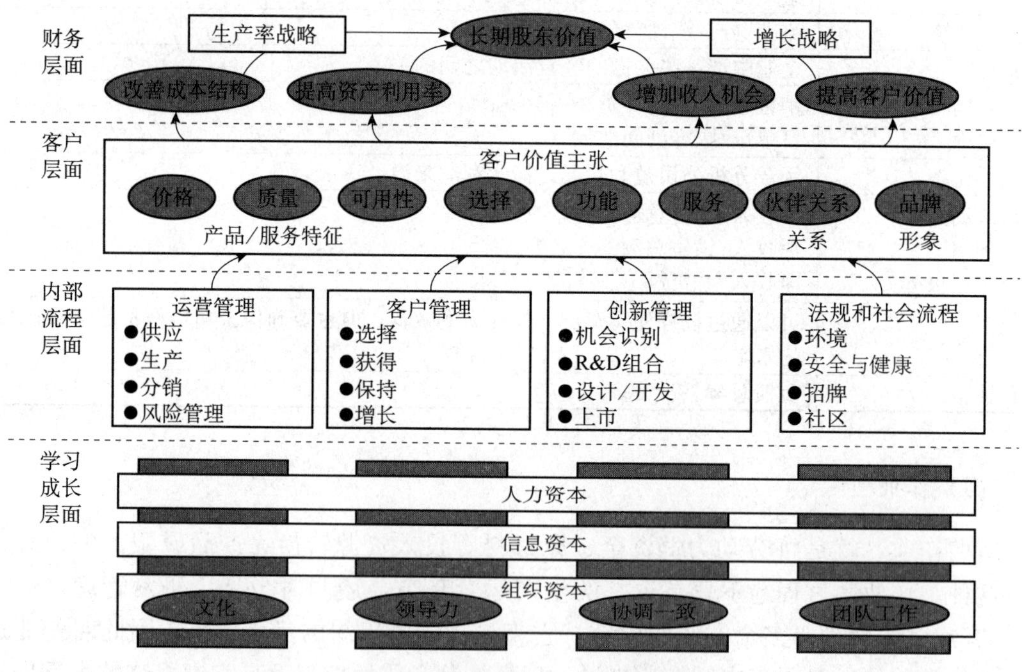

图 8-4　通用战略地图模板

另一种被很多企业普遍采用的绩效管理方法是标杆管理法（benchmarking）。这种方法的基本思路是，从生产成本、营销成本、产品质量、生产周期、零售价格、物流效率、信息管理等各个领域中，找出一些明确的评价项目，然后分别挑选出在这些指标上表现最佳的顶尖企业作为标杆或锚定，将公司在这些评价项目上的绩效表现与标杆企业进行对比，明确差距，找出原因，争取达到甚至超过标杆企业的项目指标，从而使企业的绩效指标大幅改善。正因如此，标杆管理法又被称为标杆锚定法。

第二节　控制理念的转变：前摄性、定量化与全员化

从整体趋势来看，现代管理控制的发展有很多方向，比如信息技术的全面渗透、直接控制的日渐流行，等等。我们在这里选择了其中三个方向：从事后处理转向事前预防的前摄性趋势，从经验判断转向科学分析的定量化趋势，以及从专职管控转向全员参与的全员化趋势，作为有代表性的控制理念转变趋势，着重加以讨论。之所以选择这三个发展方向，也是同我国产业发展的整体环境和优秀企业的升级实践密切相关。

一、前摄性：从事后处理转向事前预防

从事后处理转向事前预防的前摄性转变反映了前馈控制在现代管理控制中的重要性。在讨论管理过程的闭环特征时，我们曾经强调控制工作尤其是反馈控制使整个管理过程成为一个闭环，这决定了反馈控制在管理控制中的极端重要性。但我们也一再强调，反馈控制的缺陷在于时滞性，这使其作用更多地体现在损失形成之后的跨期补救上。相比之下，前馈控制——无论是对“物”的质量控制，如对外购零部件的质检，还是对“人”的质量控制，如对一线工人的在职培训——则可以更多地服务于当期工作，包括对输入环节的纠偏和对转换环节的警示，从而避免损失扩大化和补救滞后性。因此，近年来前馈控制获得了日益广泛的关注和应用。尤其是在我国的法治条件和产业环境下，前馈控制更是扮演着非常重要的角色：高质量的前馈控制可以极大地提高企业的投入产出效率和经济运行质量。

（一）前馈控制的条件与优势

在前馈控制中，作为控制对象的投入产出过程输入量或者控制量，其选择与标准设定都是基于组织的预期目标及其对转换过程的先验知识。这就决定了高质量的前馈控制必然依赖于一定的基础条件。其中包括：

（1）实施控制的管理者掌握大量准确的、有代表性的信息，从而明确对合格输入的判定标准以及标准设定的原则，并有适当的、经济的工具来准确判断现有输入的达标情况；

（2）打开投入产出的黑箱，充分了解转换过程本身，能够有效识别转换过程中容易出现问题的敏感环节和关键指标，并准确判断不同质量水平的输入经转换后导致的进一步损失和收益（以便将其同第一条中控制工具的成本水平进行对比）；

（3）管理者掌握科学的、经过实践检验的预测模型，能够较为准确地预测将来可能发生的问题，尤其是有关“何种输入导致何种输出”的因果对应关系，从而在必要的情况下对输入环节和转换环节发出警示；

（4）转换过程高度稳定，或管理者对转换过程的变化高度敏感，从而保持前馈控制模

型的动态升级与持续优化，这种变化有时也是对外部环境变化（如法定质量标准的变动）的一种响应。

综合以上各方面要求，高质量的前馈控制更容易在大规模流水线工业中实现，因为这类转换作业的重复性极高，每一次转换的组织内外部条件基本相同，这就使得企业前期经验的可信度更高，从而更加充分地发挥其作用，在计划和输入环节更好地预测下一次运作的过程中可能出现的状况和问题。

与反馈控制的事后堵漏和跨期弥补相比，具备上述条件的高质量前馈控制一旦建立起来，就能够对输入环节的“环境”和“生态”进行更有力的把控，将问题扼杀在萌芽阶段和投入环节，从而及时地避免输入环节的小问题经过转换之后放大为大问题，造成更大的损失。

（二）中国企业加强前馈控制的重要意义

在输入端加强前馈控制，尤其是对“物”的质量控制，将会对中国企业的竞争力产生重大的推动作用。之所以出现这种现象，是由中国特殊的法治环境和产业环境决定的。

（1）社会信用体系建设滞后：我国的社会主义市场经济体制仍在不断健全和完善过程中，尤其是社会信用体系的建设只是在进入 2010 年后才逐渐提上党和国家的议事日程。2011 年，中共十七届六中全会的决议首次直面诚信问题，提出“抓紧建立健全覆盖全社会的征信体系，加大对失信行为惩戒力度”的任务，党的十八大则进一步将“诚信”作为社会主义核心价值观的一项重要内容。但长期以来，“诚信”这个市场经济的道德内核已经遭到了严重伤害：在信用体系不健全和地方保护主义等各方面力量的共同作用之下，失信失德行为得不到有效惩戒，抄袭剽窃、损人利己之风盛行，而契约精神却长期无法确立并得到应有的尊重。这是长期以来中国企业交易成本偏高、供应链管理难度过大、质量管理负担沉重的重要原因。

（2）产业体系存在高端缺口：长期以来，我国产业体系，尤其是产业链上游的装备工业面临着较为严重的“低端混战、高端失守”问题。这就使得很多国内企业在采购一些高端零配件时选择很少，或是不得不直接选择西方企业作为供应商。在这种情况下，极少数处于垄断地位的供应商就有动机以各种理由限制产品的产量和质量；即便是有些西方企业，面对我国的产业环境也难免产生机会主义心理，打起以次充好、蒙混过关的算盘。

在这种情况下，加强对物料输入环节的前馈控制——某种意义上就是加强对采购环节的反馈控制，严把入口关，避免劣质元器件进入后端生产流程，导致在成品环节更大的质量问题和经济损失，就成为中国那些矢志于成为行业领先者的优秀企业的共同选择。而在做出这一选择之后，这种前馈控制可以根据企业的自身情况及其同上游供应商或外包企业的关系而采取各种不同形式。比如我们在“战略性思维与战略管理过程”一节曾经提到格力早在 20 多年前通过组建筛选分厂、实施“落地返冲”等一系列措施来控制元器件质量，确保“好空调，格力造”的案例，就是这些优秀企业中的典型代表。

管理案例

中国领军企业在前馈控制环节的组织、 资产与智力投入

1. 大连光洋科技集团在从事数控机床业务之前，在自动化工控系统领域打拼多年。早在 20 世纪 90 年代，光洋设计生产的高端工控产品就打入了很多在华经营的外资企业。但是，高端工控系统离不开高质量的芯片，而国内芯片企业又无法提供光洋所需要的产品。在这种情况下，光洋只能从国外采购芯片，同时由于工控设备对芯片的需求量毕竟不大，所以光洋的采购只能通过一些中间商。由于采购链条过长，外购芯片的质量就失去了保障，有时买进来的芯片上虽然打着国外品牌的商标，也要着国外品牌的价钱，但其内部结构却根本不是芯片，这也一度给光洋造成了很大的困扰。后来，光洋迫于无奈，只能买进一台 X 光机。每次采购进来的芯片都要经过这台 X 光机，先行确认芯片“有没有内容”，以免其流入下道工序造成更大的损失。

2. 常熟开关制造有限公司（以下简称常开）是国内低压电器行业的龙头企业。在历史上，常开也曾经遭遇过外协厂和供应商“不给力”甚至“掉链子”的情况。后来，常开采用了一种非常特殊的方式来确保输入端的质量，那就是最大限度地把物料、设备等硬件投入纳入自己的控制体系。比如说，在开关企业需求量极大的轧制铜板环节，常开就与业内绝大多数企业所采用的成品直接采购办法不同，常开不仅负责铜材采购，而且常年承诺外协厂家，只要它们提出合理的设备采购和技改需要，一律出钱支持。常开的负责人很清楚，当“甩手掌柜”看似容易，但却不得不面对质量失控的风险：“2mm 厚的铜板它们（外协厂）最多是 1.5mm”；即便是同样的铜板，如果外协厂出于成本考虑而在应该涂银的地方涂了锡，开关的分断能力也全变了。正是在前馈控制上投入的巨大的人力、财力和智力，使得常开有效避免了输入端的质量问题，其产品质量也自然处于全国同行前列。

（三）注意前馈控制的边界：以研发预算管理为例

我们在前面着重强调了有效的前馈控制所依托的技术条件，并着重强调了“前期经验可信度”在高质量前馈控制中的重要性。但是，企业经营中的很多环节，其前期经验往往并不能顺利移植到后续工作中，此时就要严格预防对前馈控制的滥用。

而在企业中，有一种前馈控制工具却几乎可以渗透到企业经营的每一个角落。这种前馈控制工具就是预算。预算是以数字表示的未来某个时刻的计划，它预估了企业在未来时期的经营收入或现金流量，同时也为企业各部门、各项活动规定了在资源（如资金、劳动、材料、能源）投入方面的使用额度。预算控制就是根据预算规定的收入与支出标准，来检查和监督各部门业务活动，以保证各项活动和各个部门在充分达成既定目标的过程中有效利用各种经营资源，有效约束业务费用支出。显然，预算控制可以是财务性的，如对收支、资本的预算；也可以是非财务性的，如对直接工时、物资实际销售量或产量的预测。编制预算的过程，通常也是对计划的（广义的）货币化过程，即将计划转化为具体明确的资本投入和非资本投入。

一般而言，预算编制的主流方法包括增量预算法和零基预算法两种。其中，增量预算法又称基线预算法，是以上一年度的实际发生数为基础，再结合预算期具体情况加以调整。这种预算编制方法很少考虑某项费用是否必须发生，或某项预算额是否必要。在这种情况下，预算编制单位的负责人常常竭尽全力用完全年预算指标。相比之下，零基预算不受前一年度预算水平的影响，而是根据未来一定期间生产经营活动的需要和各项业务的轻重缓急，对每项费用进行成本-效益分析和评定分级，从而确定开支的必要性、合理性和优先顺序。高质量的预算控制可以有效避免很多浪费，但在一些高度不确定的领域，预算编制工作如果过度依赖财务理性、过度相信前期经验，也有可能对一些本不应该过分约束和控制的环节造成束缚。其中最典型的情形，就是将严格的预算控制应用于研发部门时，企业就有可能因为落入折现现金流陷阱（discounted cash flow trap，DCF Trap）而对其创新能力造成严重自戕。

折现现金流陷阱的概念是由哈佛商学院的克里斯滕森（C. Christensen）教授提出的。他认为，如果企业在制定研发投入预算时过于严苛，过于关心短期的收益回报，而无视创新的不确定性和创新前期的巨大沉没成本，就有可能因为滥用财务工具而导致研发投入不足。克里斯滕森以图 8-5 来说明这种思路的荒谬之处。

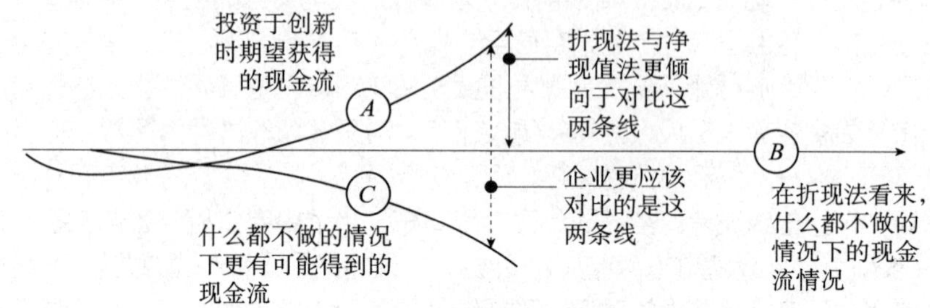

图 8-5　折现现金流陷阱

克里斯滕森认为，如果企业过于财务理性，并低估竞争对手进行创新投资的决心，就很有可能从短期净现值出发而选择压缩研发预算，尤其是对颠覆性创新的投资计划，因为他们可能会错误地认为不做创新投资足以保证一个稳定的市场收益（线 *B*）。但现实是，一旦落入这样的折现现金流陷阱，企业就会发现竞争对手的研发投资会使自己更快落入更加不利的境地。所谓更快，是说竞争对手的创新举措会让不创新企业的收益从线 *B* 转为线 *C*，导致其收益更早下滑；而收益一旦按照线 *C* 的趋势开始下滑，不创新企业与创新企业之间的收益差距就会进一步拉大，不创新企业就会处于更加不利的境地。

在现实情况中，发达国家的不少领头企业都面临着这种过分严苛的研发预算控制问题。这使得美国等发达国家在过去二十多年间的激进产品创新大幅下降，革命性开发项目严重萎缩。而之所以出现这种情况，恰恰是因为企业在财务预算控制的过程中忽视了创新的不确定性及其对前期经验的挑战，这是过度严苛的预算控制在研发管理领域失败的根本原因。因此，管理者要尤其注意实施前馈控制的适当条件，避免滥用而造成不可挽回的损失。

二、定量化：从经验判断转向量化分析

（一）中国企业推行定量化控制的障碍

量化管理是全球范围内控制技术的一种非常典型的发展趋势。但这种趋势在中国的推进却面临着一些极具中国特色的情况。比如，由于种种原因，中国的企业运营与管理在很长一段时间中存在明显的非量化特征。这种非量化特征既表现为组织建设滞后、书面化制度不健全所导致的随意化、个人化甚至情绪化，也表现为与中国传统意象思维密切相关的经验化特征。这种意象思维的典型优势在于其灵活性与创造性，而且比西方抽象思维更擅长于构建整体性概念，这赋予那些有经验的实际操作者以极大的权威与自由。但从某种意义上讲，这种灵活性与创造性的另一面则是模糊性，是缺乏科学性与精确性的表现。传统意象思维的这种半结构化特征深刻影响着中国文化的方方面面，从艺术中对“神似”的看

重，到传统医学中的“取象比类”，甚至包括中餐技艺都体现着这种高度经验化的特点，这也是今天中国传统国粹后继乏人的重要原因。

生活中的管理学

“少许”是多少?

打开一本中国菜谱，我们不难发现其中有大量的“少许”“适量”（如“加盐少许”“醋适量”）这种似是而非的、模糊的意象化表达赋予厨师极大的创作自由。但是，如果把这样一份菜谱交到一个西方厨师手里，他就会一脸茫然地不知道如何是好。因为西方人的思维方式更加倾向于理性和实证，他们能够接受的菜谱应该写成“加盐 3 克”“醋 5 克”“放入烤箱烤 20 分钟”。

管理案例

广东省中医院牵手 IBM：推进中医数字化

成立于 1933 年的广东省中医院是中国历史上最为悠久的中医院之一，每年门诊量超过 600 万人次。为了更好地服务于患者，广东省中医院积极尝试中医药现代化和中西医结合的诊疗方式。但整合中西医学面临许多挑战，比如二者各有一套独立的语言系统。尤其是中医治疗往往高度依赖于意象思维和经验积累，如中医对二十八脉象的识别就在很大程度上依赖于类比方式，而要准确认定这些脉象则需要医生常年积累大量病例。面对这种情况，广东省中医院于 2009 年开始与 IBM 合作启动了“临床科研整合平台（CHAS）一期项目”，正式建立中医临床科研基地综合信息化平台。在这个项目中，IBM 为广东省中医院总院住院部提供一套支持开放标准的、互联互通的整合平台，这个平台整合了电子病历系统、临床影像系统和实验室信息系统等多方面功能；在这样一套标准化、语义化整合平台的支持下，广东省中医院的接诊能力提高了 25%，临床信息采集量大幅增长 10 倍以上，这些海量数据的积累支持了数据挖掘和分析，从而能够概括出某些疾病的模式，为医生提供确诊和治疗建议，继而为中医临床科研基地构建数据基础。

这种结构化程度较低的模糊的经验化同样大量存在于中国的企业管理之中。很多企业在高度复杂的作业环节仍然大量依赖于较为原始的试错摸索，而非科学化、定量化的精准操作。这种作业方式和管理行为造成了大量不必要的返工和浪费，以及与经验化管理相得益彰的“凑合（或差不多）”文化。可以说，这种经验化、模糊化的行为方式是今天中国很多企业长年无法获得显著成长的一个重要原因。表 8-3 是一组简单的对比，都是来自中国顶尖企业在与国外同行的竞争与交流（包括合作、学习）过程中发生的真实案例，可以帮助我们理解国内企业在定量化作业细节上与国际领先水平的差距。

表 8-3　　定量化作业细节对比

作业类型	国内企业	西方及日本企业
焊接加工	确保表面光滑	焊接面上每平方厘米焊渣不得超过×个，否则返工重做
设备组装	各处螺丝拧紧	依照规定参数使用力矩扳手，将螺丝拧紧×圈，拧紧后放松 2 圈（为热胀冷缩留有余量）
设备安装	挖地坑、装设备、抹水泥	按照指定技术参数，地坑厚度达到×米，采用##标号水泥抹平，地坑水泥面阴干期间保持温度控制在 27±2℃

（二）推动定量化控制的内外动力

下面厦门宏发电声的例子可以帮助我们进一步理解中国的领军企业是如何在国际化合作的过程中一点一滴地学会量化控制的，而这种点滴积累无疑是中国所有致力于成为行业领导者的企业的必修课。

管理案例

厦门宏发：学会“控制”异物

厦门宏发电声股份有限公司（以下简称“宏发”）从事各类继电器的开发生产工作已有三十多年历史，其营业规模位列继电器行业全国第一、世界前三，是名副其实的“继电器王国”。早在 20 世纪 90 年代，宏发就建立洁净化工厂，推进自动化生产，希望借此解决外部异物带入和手工作业干扰（如汗渍油脂等）的问题，但结果并不理想。2004 年，宏发开始与日本松下展开技术咨询合作，课题涵盖继电器研发、生产各个环节，异物检测也是其中一项内容。当时，松下的品质改善专家要求宏发将产品杂质水平控制在 100ppm（百万分之 100）以内，宏发的技术人员一度认为这是不可能完成的任务，甚至“不明白为什么松下会把它单独拿出来作为课题”。但通过咨询合作，宏发全面学习掌握了松下在异物改善对策方面的 know－how 集，并将自己的经验与松下的 know－how 集相结合，从而在 2013 年之后实现了＜10ppm 的异物控制水平。也是在合作过程中，宏发才真正学会了如何减少和清除生产和装配过程中产生的异物。在此期间，工艺部门牵头完成了异物分析工作，明确了各种异物的来源；然后，模具、工艺、设备等部门分头行动，按照要求分别解决各自的问题。其中，工艺部门和设备部门合作减少部件插装、铆接过程中产生的碎屑，通过提高插装精度和调整零件倒角，异物总量可以减少近 50%。

进行定量化管理的关键是要事先确定量化控制的标准。一般来说，为那些对象一致性水平高、操作标准化程度高的具体生产作业任务工作——多数都是简单劳动——确定标准是一件比较容易的事，而为另外一些专业化水平较高、知识密集度较高或权变因素较多的复杂劳动设定控制标准的难度则相对较大。很多时候，对后一种情形的量化控制往往要经过多次反复摸索才能找到一个较为合适的指标来准确衡量工作质量。总体而言，量化控制标准往往是对以下各方面数据综合比较之后形成的：

（1）开展有针对性的时间动作研究，尤其适用于那些本企业内部独有的大量重复作业；

（2）参考其他同行企业的技术资料，包括国际标准，这适用于那些行业通用作业；

（3）参考企业自身的历史经验；

（4）顾客满意度等市场调研数据还可以用于有关产品性能、质量等方面的标准制定。

除此之外，企业自身的战略定位或战略意图是影响其控制标准设定的另一项重要因素：正如我们在“计划”一章所举的小松制作所（表 5－2）的例子，极具挑战性的长期目标的落地过程，往往就是连续设定一组非常详尽且逐渐拔高的阶段性目标和控制标准的过程。其实，对于任何一个有着远大目标的落后企业来说，这种“心中有数”都是不可或缺的重要一步。

管理案例

格力筛选分厂：用黑科技保证质量

我们在前面曾经提到格力在 20 世纪 90 年代中期成立筛选分厂，对进厂电子元器件进行全检，最终成就“好空调，格力造”的案例。其实，随着产品质量问题的逐步解决，格力的战略目标定位逐渐提升，筛选分厂的质量控制能力也在与时俱进。进入 21 世纪以来，格力的电子元器件采购质量标准通常远高于国家标准：以继电器为例，国家标准要求空调用继电器的工作时间范围不得小于 400 小时，而格力的采购标准则高达 2 000 小时。为了适应自身的量化控制标准，格力筛选分厂自主发展了一套非常尖端的“黑科技”，从而确保能够在极短时间内准确判断一批零部件的质量。正是有了这种“黑科技”做保障，格力的产品质量才保持了极高的稳定性，甚至会有企业专门采购格力筛选分厂淘汰出来的零部件：因为即便是格力的残次品，其质量水平也通常远远高于国家标准。

（三）从 KPI 到 OKR：量化控制的工具、歧途与救赎

关键绩效指标（key performance indicator，KPI）法一度成为最为流行的量化控制工具之一。这种控制方法是通过对组织内部流程的输入端、输出端的关键参数进行设置、取样、计算、分析，衡量流程绩效的一种量化管理指标，是实施目标管理、将企业战略目标分解为可操作的战术目标和工作目标的有效途径，也是企业绩效管理的基础。KPI 反映了企业在一定时间内的经营重点，通过关键指标的牵引，强化组织在关键绩效领域的资源配置与能力，使全体成员的行为能够聚焦在成功的关键行为和经营重点上。

在具体实施过程中，部门主管明确本部门在各个绩效层面的主要责任，并借助平衡计分卡等工具明确部门人员的业绩衡量指标；而部门员工的 KPI 得分又与其绩效薪酬直接挂钩，从而成为一种高度结果导向的控制工具。正是因为上述特征，KPI 具有一种典型的“考评什么，就会得到什么”的特征。因此，建立明确可行的 KPI 体系，是做好绩效管理的关键。

但在长期的管理实践中，人们逐渐认识到 KPI 的明显缺陷：一方面 KPI 的导向性如此之强，又如此明确，一旦领导层选错 KPI，就意味着员工会执行错误的指令，其后果不堪设想；另一方面，如果定量化管理过于严苛细致，且结果导向如此强烈，那么另外一些难以量化的长期性指标就得不到体现，久而久之，创新就会变得困难，而组织却有可能迷失在绩效主义的歧途上。正因如此，很多优秀企业都在选取 KPI 上有过困惑与迷茫。

管理案例

海底捞：到底考核什么？

在 2017 年春天的一次公开演讲中，海底捞火锅的创始人张勇就讲述了自己选取 KPI 时走过的那些弯路。据张勇介绍，海底捞曾经尝试把 KPI 细化，甚至规定客人杯子里的水不能低于多少，戴眼镜的客人一定要给眼镜布，否则扣 0.05 分，结果来一个客人就送眼镜布，即便客人说不喝豆浆、不用加了，服务员也还要给客人加满杯，否则就要被扣分。后来，张勇决定绕过这些指标，转而考核翻台率。因为从理论上看，翻台率高就证明服务满意度高，也意味着盈利能力更强。结果，没过多久，张勇就听说海底捞太火了，“不订（座）是绝对没位置”“订了座晚去几分钟，也是没位置”。张勇觉察到这种说法背后的不满，于是又做了一次调研，发现问题就出在“翻台率”上：因为预订客人不一定准点来，但现场还有客人在排队，如果空台等客人的话，翻台率就少了一轮。张勇崩溃了，他无奈地意识到，好像“找不到考核的指标了”……

从上面海底捞的例子不难看出，当管理者难以找到合适的量化控制指标去有效反映战术目标和战略目标时，就有可能陷入指标设定"庸俗化"的陷阱，把组织目标置于一旁，转而沉迷于摆弄数字和商务数据。这也是我们在"计划"一章讨论"目标管理"时着重强调的一种风险。正因如此，近年来出现了一种更加贴近于目标管理最初意图的管理控制工具，即目标与关键成果法（objectives and key results，OKR）。

OKR的核心是帮助企业找到对其发展最关键的方向，并且保持专注，通过集中优势资源，在最重要的地方取得突破。与KPI相比，OKR弱化了"量化"成分，而更加突出那些相对模糊的目标，这些目标往往更具挑战性和追踪意义。换言之，如果说KPI对"目标管理"精神的体现更多地集中在"管理"，那么OKR则更多地聚焦于"目标"。这种管理控制工具更倾向于在正确的方向上努力，通过激发员工的热情，得到超出预期的结果。目前，这种管理控制手段在英特尔、谷歌、知乎等组织能力水平较高的高技术企业中获得了越来越广泛的认同。

总之，走出似是而非的经验化管理阶段和避免量化管理控制的庸俗化，是一个过程的两个方面。特别是对中国企业来说，在这两者之间保持恰当的平衡与取舍，以更加科学化、可测度的方式提高企业管理控制的水平，是一项非常重要的阶段性任务。

三、全员化：从专职管控转向全员参与

现代企业控制理念的另一重要发展趋势，就是从以往的专职人员集权管控，即纯粹自上而下的等级式控制，加入了越来越多分权式控制的成分：鼓励全员参与、鼓励员工自我控制和自我管理。其中，等级式控制更多地依赖于"硬约束"，通过大量使用规章制度、政策方针、等级权力、书面文件、奖励制度以及其他正式机制来监督和影响员工的行为。相比之下，分权式控制则更多诉诸"软约束"，依赖组织全体成员所共享的组织文化，如组织的价值观、行为传统、共同信仰以及员工之间的信任，等等，来促使员工行为与组织目标保持一致。显然，这种转变的发生在很大程度上取决于组织文化建设的成效。表8-4对这两种控制理念和模式的基本假设、行为方式和组织后果进行了简单对比。

表8-4　等级式控制与分权式控制的对比

	等级式控制	分权式控制
基本假设	人是不会自我约束的，也是不能信任的，他们需要给予严密的监督和控制	只有当人对组织具有充分的献身精神，他们才能把工作干到最好
行为方式	·使用详细的规章制度和工作程序，以及正式的控制系统 ·使用自上而下的权力、正式的等级关系、职位赋予的权力，如专职的质量检验员 ·依靠以任务为导向的岗位工作说明书 ·强调外在的奖励，如工资、福利和地位 ·具有僵硬的公司文化，不相信文化规范可以作为控制手段	·只在有限的范围内使用规章制度，主要依靠价值观 ·集体和个人的自我管理，注意员工的挑选和是否合群 ·依赖灵活的授权，扁平型组织结构，专家的权力，每个人都对质量负责 ·依靠以结果为导向的岗位工作说明书，强调的是需要实现的目标 ·强调内在的和外在的奖励，包括有意义的工作以及提高自己的机会 ·适应性很强的组织文化，把文化看作是统一个人、团体和组织的目标，以及实现全面控制的手段
组织后果	员工按照指令工作，只做要他们做的事情，对工作态度冷淡，缺勤率和流失率都很高	员工愿意主动承担责任，工作积极主动，有献身精神，流失率也很低

从上面的对比中不难看出，等级式控制对员工的基本假设更接近于X理论的观点，而分权式控制的出发点则与Y理论有相通之处。正是这两种对员工人性的不同假设导致了两种截然不同的管理行为。

在等级式控制中，集中的权力、正式的等级关系和严密的监督将一线员工置于一种"被夺走"的境地：自主控制作业过程的权力与责任"被夺走"，且其背后往往伴随着生产技能的"被夺走"，即"去技能化"。此时，控制的权力与责任集中于极少数专职管理人员（如泰勒制中的职能工长），控制工作的基本依据是自上而下确立的、以任务为导向的工作说明书，对员工工作的激励措施也往往是保健因素性质的物质奖励（如泰勒制中的差别计件工资制）。一般而言，在作业高度标准化、一线员工的受教育水平和专业素质都较低的情况下，即大规模制造的传统工作场景中，等级式控制能够带来更高的效率，也增强了组织的有效性。但很多时候，采取等级式控制的企业的文化氛围往往更为僵硬、高压，甚至存在明显的自上而下的歧视链，这也决定了员工对工作的冷淡态度。

相比之下，从Y理论出发的分权式控制往往强调对一线员工的赋能、赋权：相信一线员工有动机、有能力做好本职工作，完成特定的结果，并为此赋予一线员工更大的自主权，包括自我控制作业质量，甚至根据一线工作的需求自主开发新的业务活动。在这一过程中，仅在有限范围内使用规章制度，而更多地依靠集体和个人的自我管理，强调每一个人在工作中获得的机会、快乐与成就感。这种工作设计本身就具备了激励因素的成分，能够对员工起到适当的激励作用。而对一线员工能力的信任，也决定了员工遴选与培训工作的极端重要性。相比之下，分权式控制更加适合于那种工作场景丰富多变、要求一线作业人员能够随机权变的工作类型，如高度依赖于一线人员经验积累的定制化解决方案开发项目，以及服务业中与客户直接接触的前台工作。

管理案例

海底捞：让员工感觉自己"有权"

虽然海底捞寻找KPI的过程充满艰辛，但公司对一线员工的"放权"却是多年的传统。据张勇介绍，今天门店的那些创新做法其实没有一件是他想出来的，都是员工在平时工作中自发提出来的。在海底捞，门店店长的审批权就是100万，而一个一线员工就可以决定送顾客一盘菜、一份水果，甚至还有免单权。更值得品味的是，海底捞的工人对"工作"的理解也别具一格。一般来说，如果一个成本会计在检查上菜速度的时候发现速度没有达标，而在上菜房发现已经积压了很多上菜单，"以任务为导向"的会计会把问题记录下来，向经理反映；而海底捞的会计人员却会先不去记录和检查工作，马上帮助上菜，并在上菜过程中了解问题的根本所在，也就是"以结果为导向"地解决眼前现实问题。

海底捞还特别鼓励员工创新和总结，员工在收工之后都要把当天做的一些有价值的事情包括好的做法记录下来，发表到公司论坛上。公司有专门的部门对这些"小改小革"进行搜集、整理和反馈。与此同时，还为员工的创新建议设立分级标准，对应一定的创新奖金，同时也与晋升挂钩。但是，海底捞的控制并不完全依靠分权式控制和组织文化，强有力的制度建设同样重要。比如明确要求与客户吃饭必须AA制；海底捞内部还设立了内部记者：由一名副总率领几名"神秘人"前往门店明察暗访，了解门店的卫生情况和顾客满意度，等等。

从上面海底捞的例子不难看出，其实我们很难简单地说等级式控制与分权式控制孰优孰劣。这两种控制方式在"人员遴选与培训成本→员工技能水平→自我控制程度→员工队伍稳定性"这个完整的逻辑链条上都是自洽的。换言之，分权式控制虽好，但却有着较高的组织成本（遴选与培训成本）。因此，有效的管理控制的关键在于明确向员工赋能、赋权的范围，并以此为标准确定等级式控制与分权式控制的合理组合，而不是以非黑即白的思维方式认识二者的差别。这也意味着，分权式控制绝不是管理者层层推卸管理责任、加强组织制度建设的借口，更不可能以此否定正式层级权力的重要性。恰恰相反，推行分权式控制，需要管理者更加清楚地知道自己应当保留哪些自上而下进行管理控制的权力，在哪些环节开展更为深入的制度建设，并更加熟练地应用自己的合法权与奖惩权，以此确保最大限度地发挥组织文化等"软约束"的正面作用。

第三节　全面质量管理

全面质量管理（total quality management，TQM）是企业为了保证和提高产品质量，综合运用的一套质量管理体系、手段和方法，是近年来企业管理中最常用的管理控制工具之一。这种质量管理理念很好地体现了上一节所谈到的现代管理控制的三个基本趋势，即前摄性、定量化和全员化。可以说，从诞生之日起，TQM 就携带了上述三个基本理念作为"基因"，而随着时间的推移和 TQM 推行范围的扩大，这三方面因素又在表现形式上有了新的反映。因此，这一节将首先回顾日本式全面质量管理的历史起源，从而说明上述三方面"基因"最初的表现方式，然后介绍近年来被普遍采用的那些 TQM 工具。

一、日本式全面质量管理的由来与模式

世界上很多国家的汽车企业都曾经尝试效仿丰田制，学习日本式的全面质量管理，但普遍而言学习效果不佳。之所以出现这种问题，很重要的一个根源在于：日本式全面质量管理的很多具体表现，其实质是前摄性、定量化、全员化三条通用的管理控制原则，与第二次世界大战之后很长一段时间内日本的社会经济条件和文化传统等国别因素相结合的产物。换句话说，日本式 TQM 的很多成分是通用基本原理与日本具体国情两方面力量共同塑造的产物。因此，下面首先回到历史中来理解日本式 TQM 的来龙去脉。

（一）全面质量管理思想：源于美，成于日

如果认真回溯 TQM 思想的源头，应该回到二战之后的美国。当时，美国质量管理协会已经成立，戴明（E. Deming）、朱兰（J. Juran）等代表性人物积极投身于现代质量管理知识的开发过程中，并在统计过程控制、提高制造绩效等方面取得一定成绩。戴明等人也开始同日本科学家与工程师联盟建立联系，将质量管理中的统计控制方法引入日本。

1956 年，美国通用电气（GE）的费根鲍姆（A. Feigenbaum）在《哈佛商业评论》上发表了一篇题为《全面质量管理》的文章。费根鲍姆在文中提出一个在当时的美国看来非常异类的观点："在组织一个现代质量管理时必须明确的第一原则是：质量管理是每个人的责任。"

他认为，在企业中“最简单的事实是市场营销人员最有资格充分判断消费者的质量偏好，设计师是唯一可以从专业角度来有效设定标准的人；最好的车间监管员就是那些最直接地进行产品制造的人。总的质量管理计划的第一步要求是，最高管理当局要着重强调公司所有人员在新产品设计管理、材料采购管理、产成品管理和各专门环节上的责任和义务。”总之，只有通过有效的系统整合组织内各单位的质量管理、质量维护和质量改进工作，才能实现最经济的生产和服务，取得全面的顾客满意。

1961 年，费根鲍姆出版其专著《全面质量管理》。他和朱兰等人当时提出的全面质量管理基本点包括：①要生产优质产品，除运用数理统计方法控制生产过程外，还需要加强一系列的组织管理工作；②产品质量有个产生形成过程，管好质量要管好全过程，包括市场调查、设计、制订标准、制订生产计划、采购物资、配备工具仪表、生产制造、工序控制、检验试验、销售、技术服务等环节，形成一个螺旋式上升的过程。

但是，需要指出的是，费根鲍姆所说的“每个人的责任”并不包括身处生产一线的车间工人。更准确地说，当时美国企业的管理层从未将领时薪的车间工人看作企业的固定成员：他们始终认为车间一线工人的流动性太高，可替代性又太强，所以也就不需要平等相待。这与上一节所阐述的等级式控制的逻辑链条相一致：人员遴选与培训成本低→员工技能水平低→自我控制程度低→员工队伍稳定性低。这意味着，费根鲍姆所说的“质量管理是每个人的责任”，其实仅限于车间监管员一层，即泰勒制中的职能工长。

后来，全面质量管理的理念被戴明和朱兰引入日本，并与日本的企业组织结构和社会人际网络发生了奇妙的“化学反应”。因为在 20 世纪 50 年代之后，日本的主流企业已经逐渐将蓝领工人吸纳到企业的组织结构中，将其视为企业的正式成员。在此过程中，日本的管理人员开始有条件地向车间一线工人放权：50 年代初，丰田汽车尝试开发即时生产制（just in time，JIT），企业管理层就允许一线工人在领取工件时主动检查部件质量，并自主校正生产流程中的偏差，这不仅极大地减少了质检员的人数，而且大大消除了产成品的返工和废件。但是，日本企业中的这种组织结构和放权特征，其本身又是一个意外，是一系列社会经济力量共同塑造的结果。具体而言，这些社会经济力量包括：①二战之后的终身雇佣制；②由终身雇佣制导致的一支多面手、多技能的工人队伍；③某些直接影响上述做法的其他社会性因素。

（二）终身雇佣制的发展

所谓终身雇佣制是指自企业雇用之日起，只要没有特殊事情发生，就要继续雇用，直至退休年龄为止。所谓特殊事情发生，是指工作人员本人要求离职，或者工作人员已严重违反就业规则和劳动契约，抑或企业破产倒闭。从历史上看，终身雇佣制是第一次世界大战之后日本经济不景气的产物，是以低工资换取工业化迅速推进而采用的雇佣制度。但在当时，日本大企业内采取身份制，把职工分为社员、准社员、工员和组夫等级别。这就使得第二次世界大战结束之前的终身雇佣制，还一定程度地带有人身依附的残余成分。而二战之后的终身雇佣制却是一番严酷斗争的结果，并因此具有了一些新的内涵。

二战之后，为了应对严峻的经济萧条、争取银行贷款，丰田公司决定裁减过剩人员。一直坚持“不要裁员”的公司时任总裁丰田喜一郎计划裁掉 1/4 的工人，却意外激起了工人的罢工抗议。此后，劳资双方经过了长达两个月的马拉松式谈判，公司领导层提出的“募集 1 600 名志愿辞职员工”的方案也被工人否决。为了打破这种争执不下的胶着状态，丰田喜一郎决定主动承担责任、引咎辞职；此后，1 700 名员工自愿辞职，公司也为他们的再就业提供了必要的帮助。

此时，留下来的员工不仅获得了长期工作保障，而且获得了更高的待遇：工人不仅获得了与公司利润相匹配的奖金，工资也不再是生活保障性质的“低工资”，还要在一定程度上反映工人连续工作的年限，即为留下来的工人定期提薪，这就构成了日本战后产业关系和报酬体系的另一重要组成部分——年功序列工资制。但是，企业也不会白白为工人提供工作保障和福利待遇。丰田公司的高管毫不掩饰在此问题上的立场：“如果想要终身受雇，你就必须担负起需要你承担的工作。”言下之意就是，企业向员工承诺并进行高水平投资，员工就要为企业创造价值。

也正因如此，终身雇佣制并不是一种普惠政策：在实际操作过程中，真正得到终身雇佣的只是一少部分员工，即占全体一线工人总数近 1/4 的成年男性技术工人，因为正是他们连续四十年职业生涯中不断提高的技能、知识和经验，构成了企业最为重要的固定成本。这意味着，终身雇佣制已经不再是人身依附的表现，也不再是一种低收入的工作保障，而更多地变成了一种激励手段。

（三）多面手工人队伍的打造

早在丰田喜一郎担任总裁期间，丰田公司就曾经派人多次前往美国福特鲁支河工厂考察。面对庞大的生产车间，丰田的管理层和技术人员都坚信：福特的生产系统还有改进空间，而且它从根本上就不适合日本的情况。因为福特的生产系统的最小经济生产批量太大，一旦启动，每年就要完成上百万次特定作业，而丰田的汽车产量实在太小。

更重要的是，福特的系统是“一个萝卜一个坑”：总装线上的工人常年重复地完成一两项简单工作，修理工、清洁工、磨削、切削、淬火、攻丝，工人们在各自的岗位上各司其职，而每一名工人的工作都受到并不直接参与组装工作的工长和工业工程师的监督和指挥。在这样的总装线上，只有那些负责的高级管理人员才有权停止总装线，这就为质量问题的连续传递和不断放大创造了条件，也就必然导致大量的返工。

但在丰田的管理者看来，专职工长和工业工程师并不能为汽车带来任何增值，而且总装线上的工人能够更出色地完成这些专职人员的大部分工作，因为他们直接了解总装线上的情况。因此，丰田的管理者首先是从技术上解决了快速换模、快速转产的生产柔性问题，从而使小批量生产成为可能。然后，一项非常重要的工作就是把工人分成若干小组，每个小组设一名组长而非工长，而丰田的一系列尝试都是以小组为单位进行的：

（1）每个小组负责总装线上一部分区域，并要求同组工人实行轮岗、彼此合作，从而以群策群力的方式为所有操作找到最佳方案，而在总装之外，小组还要自行负责设备清洁、维修检测，甚至换模转产（在其他所有汽车生产厂都由专业工程师负责）等工作。

（2）小组的组长不仅要协调各岗位的工作，而且他本人也要承担组装工作，特别是当小组内有人缺勤时，组长要替代其工作，此外还要定期向工人征求改进生产的建议。

（3）为了解决产品质量问题，每个工位上方都设置了一条拉绳，工人们只要遇到他们解决不了的问题，就立即停下整条总装线，然后把整个小组叫到一起来解决问题。

（4）制定了一套问题解决制度，叫做“五次为什么”，从而“迫使”生产工人系统针对每一个错误“找出真正的原因”，以刨根问底的精神查找根源、设计方案，杜绝此类错误再次发生，而在实践过程中，并不是所有情况都可以通过重复五次“为什么”找出根源，有时两三次就能找出来，也有十几次才能找出来的。

所有这些想法付诸实施，意味着一个与美国式的质量管理体系完全不同的新模式出现了：通过工作丰富化的设计，使每个工人变成多面手；小组内部的相互支持使他们能够从整体上推进质量控制工作。虽然在这种模式运行之初，总装线总是停下来，但当所有工作小组在识别问题和追溯根源方面取得经验后，质量问题的数量开始锐减；而在进入稳定状态之后，整个总装线就再也没有停下来。其结果是，出厂汽车的质量稳步提升，总装线末尾的返工区则不断缩小。

（四）社会性因素的作用

丰田的“小组”之所以能够取得成功，还有赖于一些社会性因素的支持：

（1）企业之所以能够推动员工在小组内部轮岗作业，是因为日本的产业工会在20世纪50年代中后期之后日益式微。没有了产业工会的影响，企业才能比较自由地安排工人进行岗位轮换，从而使得每一个技术工人都能成长为多面手。

（2）工人小组内部之所以能够发展起合作氛围，实现知识与技能的共享，从根本上源于工人之间错综复杂的人际关系。因为日本原本就不是美国那样的移民社会，而日本人的乡土观念又极强，这就使得很多日本企业的车间一线工人往往是来自附近的同乡甚至宗亲，工人之间有着或远或近的亲缘关系。这极大地方便了管理者以整个生产线为单位进行组织协调，系统性地推进质量管理，从而实现整个生产线的全面协调、匹配与优化，也大大减少了设立专门负责质量管理岗位的必要性。

（3）工人之所以能够对质量问题进行系统性的追根溯源，是因为教育的广泛普及，极大地提高了车间一线工人采用定量化工具分析质量问题的能力。二战后日本教育不断发展与提高，近40%的高中毕业生直接升入各类大学。在这种情况下，企业新录用的青年工人基本上都受过高中以上教育，可以熟练地运用统计管理方法去分析和解决问题。

以上一系列社会性因素、历史渊源与偶发事件的结合，最终使得源于美国的全面质量管理思想在日本开花结果，全面质量管理对日本企业的发展提供了强有力的支撑，成就了日本企业在20世纪七八十年代之后急速扩张的全球市场份额和美誉。在确立这种新的质量管理模式的过程中，尽管丰田公司的管理层对此做出了巨大的战略承诺与智力投入，熬过了最困难的初始阶段，但这一模式中的前摄性（如对上序部件的检查，以及对人的投资）、定量化与全员化成分，却几乎没有一项是在引入TQM理念时就刻意设计出来的。而一旦确立了这一模式，日本企业的首要任务就变成了持之以恒地培训车间工人，并且留住他们。相比之下，对其他国家的企业来说，追求“神似”，抓住TQM中前摄性、定量化与全员化这些基本原则，要比学习日本企业的那些具体作业方法，追求“形似”更加重要。

二、全面质量管理的实施

全面质量管理的具体实施工具有很多，我们在此介绍其中的三类，它们不同程度地体现了前摄性、定量化和全员化这三条基本原则。这三类具体实施工具包括：①质量圈，又称质量控制小组；②质量管理工作循环，又称PDCA循环；③质量管理分析工具，其中包括所谓“老七大工具”和“新七大工具”。

（一）质量圈

质量圈，又称质量控制小组（QC group），是指在生产（工作）现场的职工，根据企业生产经营方针和目标，以提高和改进产品、工作和服务质量为目的，自愿组织起来进行质量管理活动的小组。这样的质量圈通常由 6～12 名自愿参加的员工组成。

他们根据企业、车间的质量目标，制定出小组的质量目标，定期开会讨论在其工作环境中出现的各种共同的重要质量问题。在此基础上，质量圈自己选定要解决的问题，或者根据上级管理者的建议选定题目。在选择质量改进课题、编制活动计划之后，选择每周固定时间段小组成员集合在一起，设法找出问题并提出解决方法。在此过程中，小组成员自由收集数据和进行调查，并定期召开成果发布会，经评选委员会对小组活动成果进行评定后，给予不同形式的奖励并予以推广。此外，为了提高质量圈发现问题、解决问题的能力，许多企业会对参与成员进行培训，指导他们如何采用恰当的定量分析工具，并立足于数据分析结果解决问题。

质量圈的形式将质量管理决策推广到组织中每个环节、每个角落，让那些最了解一线具体工作的员工，以群策群力、集思广益的形式提出改进工作的建议，从而最大限度地诠释了全面质量管理团队合作、自主管理的精神，成为全员化质量管理的有力保障。

（二）质量管理工作循环（PDCA 循环）

所谓 PDCA 循环，P 是计划，D 是实施，C 是检查控制，A 是处理，如图 8－6 所示。

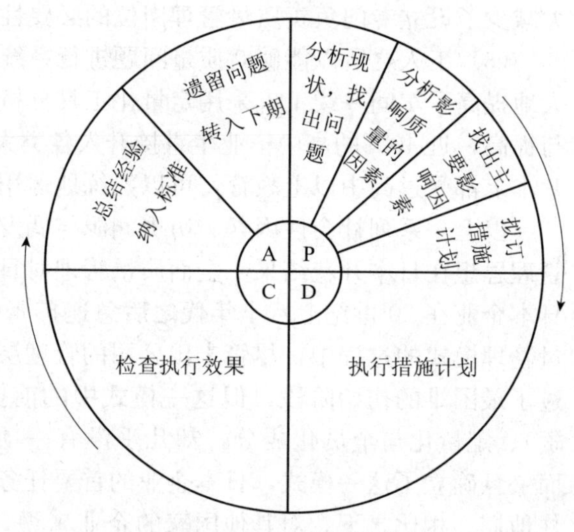

图 8－6　PDCA 循环图

（1）计划阶段：经过收集资料、分析研究，确定质量管理目标项目和拟定相应的措施。这个阶段可具体分为四个步骤，分析现状，找出目前在质量方面存在的问题，并用数据来说明；逐个分析影响质量的各种因素；找出影响质量的主要因素，以及解决问题的“火力”；拟订措施计划。

（2）执行阶段：根据预定目标和措施计划，落实执行部门和负责人组织计划的实现。

（3）检查阶段：检查计划实施结果，衡量和考察取得的效果，找出问题。

（4）处理阶段：总结成功的经验和失败的教训，并纳入有关标准制度和规定（标准化），巩固成绩，防止问题再度出现，在获得期望结果的前提下实施相应的激励机制，同时修订管理目标，将本次循环中遗留的问题提出来，以便进入下一个循环加以解决；如果对结果不满意，就要返回前面的计划阶段，重新来过。

PDCA 循环的特点是：大环套小环，小环保大环，推动大循环（见图 8－7）。每完成一次循环，解决一批质量问题，就使得产品质量和工作质量达到一个新水平，迈上一个新台阶（见图 8－8）。PDCA 循环是开展所有质量管理都会采用的一种非常重要的方法，广泛应用于 ISO 9000 质量管理体系建设等质量管理活动中。

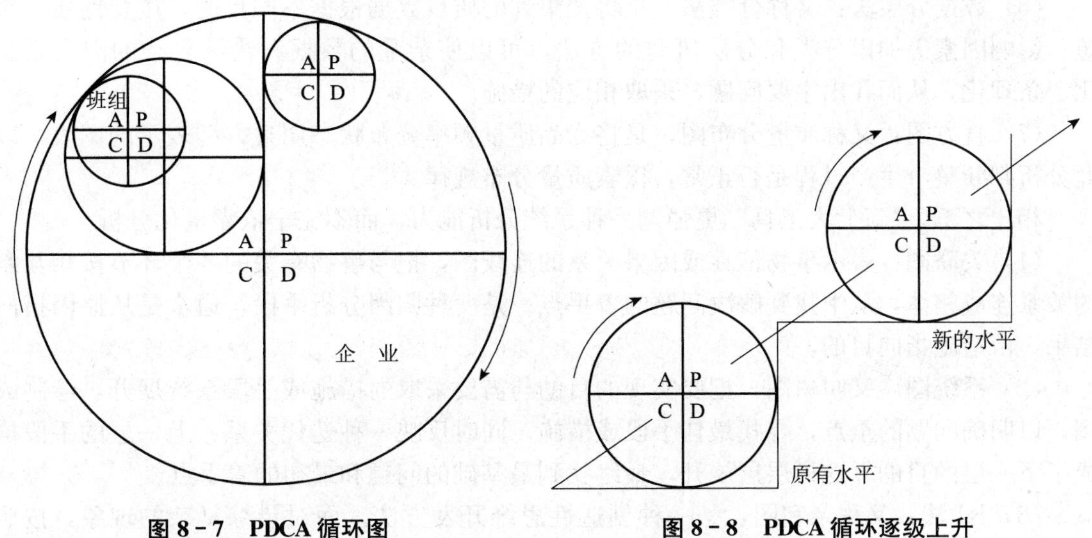

图 8-7 PDCA 循环图　　　　图 8-8 PDCA 循环逐级上升

(三) 质量管理分析工具

传统的质量管理分析工具即所谓“老七大工具”，其中的大多数都采用了不同程度的定量化手段。

(1) 控制图：在一定的生产技术组织条件下，根据数理统计原理分析和判断工序是否处于稳定状态所使用的，带有上、下控制界限的一种质量管理图表，可以形象地表现产品质量波动，从而使管理者能够将产品质量特性控制在正常波动界限之内。

(2) 鱼骨图：又叫因果分析图，表示产品质量特性与影响质量的有关因素之间的关系。在制作过程中，首先明确要解决的质量问题，写在主箭头之前；然后将构成工序的几大因素（工人、设备、材料、工艺、环境）分别标在大原因上；通过集思广益，列出影响质量的因素，有系统地分出不同层次，从而形象地描述有关的因果关系。如图 8-9 所示。

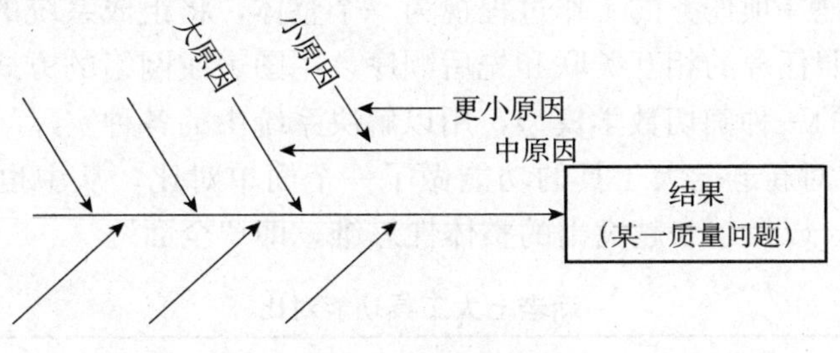

图 8-9 鱼骨图示例

(3) 散点图：又叫相关图，将影响质量特性因素的各对数据，用散点填列在直角坐标图上，以观察判断两个质量特性之间的关系。

(4)（主次因素）排列图：找出影响产品质量主要因素的一种简单而有效的方法。把影响产品质量的因素和项目，按其对质量影响程度的大小顺序排列起来，就形成了主次因素排列图，这有助于分析影响产品质量的主要因素。

(5) 统计分析表：又称调查表，是通过表格形式，把产品可能出现的情况及其分类预先列出，在检查产品时在相应分类中进行统计，从而简明有效地反映产品和工作的质量。

（6）数据分层法：又称分类法，是将搜集到的质量数据根据不同目的，按其性质、来源、影响因素等加以分类和分层研究的方法，可以使杂乱的数据和错综复杂的因素系统化、条理化，从而找出主要问题，采取相应的措施。

（7）直方图：又称质量分布图，是将产品质量频率分布状态用直方型表示的图表，以此分析判断整个生产过程是否正常，探索质量分布规律。

相比之下，“新七大工具”更强调一种系统分析能力，而不完全依靠量化分析。

（1）关联图：表示事物依存或因果关系的连线图，把与事物有关的各个环节按相互制约关系连成整体，从中找到解决问题的着手点；是一种归因分析手段，通常是从原因指向结果，由措施指向目的。

（2）系统图：又叫树图，把要实现的目的与需要采取的措施或手段系统展开，绘制成图，以明确问题的重点，寻找最佳手段或措施；同时反映一种迭代关系：上一层的手段构成了下一层的目的，这样层层展开，最终找到最基础的问题和最初的着手点。

（3）KJ 法：又称亲和图，是一种创造性思维开发方法。面对错综复杂的现象，按照“合并同类项”的方式，依据现象之间的“亲和性”和“相似度”进行整合，按照各类属之间的亲和性加以归纳、分析整理，从而抓住问题实质，找出解决问题的新途径。尤其适合于以创造性的方法解决那些需要时间慢慢解决、不容易解决而又非解决不可的问题。

（4）矩阵图：借助矩阵形式，把影响问题的各对应因素列入一个矩阵，然后依据矩阵中的特点找出确定关键点的办法，是一种通过多因素综合思考探索解决方法的工具。

（5）矩阵数据分析法：同样是借助矩阵形式，但在矩阵中直接填入数据，形成一个分析数据的矩阵，并在此基础上求出相关数据矩阵，以及矩阵的特征值、特征向量和主成分，从而将若干线性相关指标凝练为少数线性相关指标，因此特别适合分析大量数据组成的不良因素和受到众多复杂因素影响的工序。

（6）过程决策程序图法：是在执行一个过程之前，通过不断获取新的信息来预测可能出现的障碍和结果，从而事先采取预防措施或准备预案，将此过程引向理想目标的方法。

（7）箭线图：把一项任务的工作过程视为一个整体，将组成系统的各项任务细分为不同层次和阶段，按照任务的相互关联和先后顺序，用图表或网络的方式表达出来，形成工程问题和管理问题的一种确切数学模型，用以解决系统中的各种实际问题。

下面的表 8－5 对新老七大工具的功能做了一个简单对比，从中也不难发现全面质量管理的定量化特征，以及越来越突出的整体性思维，即“全面”。

表 8－5　　新老七大工具功能对比

老七大工具	新七大工具
控制图：识别波动的来源	关联图：理清复杂因素间的关系
鱼骨图：寻找引发结果的原因	系统图：系统地寻求实现目标的手段
散点图：展示变量之间的线性关系	KJ 法：从杂乱的语言数据中汲取信息
排列图：确定主导因素	矩阵图：多角度考察存在的问题、变量关系
统计分析表：收集整理资料	矩阵数据分析法：将多变量转化为少变量的数据分析
数据分层法：从不同角度层面发现问题	过程决策程序图法：预测设计中可能出现的障碍和结果
直方图：展示过程的分布情况	箭线图：合理制订进度计划

除此之外，作为对日本式全面质量管理的消化吸收和竞争反应，美国企业同样开发了一批质量管理工具，其中最为著名的就是六西格玛（6σ）管理。这是由摩托罗拉公司在 20

世纪80年代最先提出的一套质量管理策略。六西格玛管理强调高目标的重要性，在目标指引下收集数据、分析结果，由此减少产品和服务缺陷。而“六西格玛”的名称正是这种“高目标”的具体表现：其意为将产品或服务偏离完美情况的概率控制在6个标准差范围内，即每百万件次的产品或服务的次品不超过3.4件。为了实现这一目标而进行的定量化分析有一套完整的流程，即DMAIC方法：这五个字母来自定义（define）、测量（measure）、分析（analyze）、改进（improve）和控制（control）五个词的英文首字母。

（1）定义：辨认需改进的产品或过程，定义项目并确定项目所需的资源；

（2）测量：定义缺陷，收集此产品或过程的现状数据，建立改进目标，并利用因果矩阵、数理统计图表等工具寻找可能的原因；

（3）分析：利用回归分析、多变异分析、多元回归、逻辑回归等一系列工具分析此前收集的数据，以确定一组按重要程度排列的、影响质量的关键变量；

（4）改进：利用全因子/部分因子实验、调优运算等技术手段优化解决方案，并确认该方案能够满足或超过项目质量改进目标；

（5）控制：对关键变量和项目目标进行持续监控，确保过程改进一旦完成能继续保持下去，而不会返回到先前的状态。

（四）确保TQM的成功实施

正如前面所说，TQM充分体现了现代管理控制技术向前摄性、定量化和全员化发展的趋势。而全面质量管理的成功实施同样要求组织各个层面、各项专业的工作与这三种趋势相匹配，否则TQM的努力就会遭遇事倍功半的尴尬。具体而言，以下方面的努力可以对全面质量管理起到适当的推进作用：

（1）在提高工作自主性的同时，改善员工的工作丰富化和工作完整性水平，从而进一步提高工作设计的激励作用，为参与TQM的员工提供更好的心理状态。

（2）通过在职培训等多种方式提高所有员工解决问题的技能，这是TQM前摄性的重要体现，也是有效推进TQM的底层保障。

（3）运用参与和团队合作的方式来解决重大难题。唯有如此，才能确保TQM的长期性和稳定性，使持续改善成为可能，这同时意味着，要积极发挥中层管理人员的积极性和创造性，他们是联结高层意图和基层团队的重要枢纽。

（4）高层管理者积极投身于质量管理，他们既可以提供战略方向，也可以成为有经验的建议者，从而确保目标落地。而他们的参与也会成为员工积极性的重要原因。

■ 本章小结

控制是为了应对复杂多变的环境，以组织目标及其相应的计划与绩效标准为参照系，对组织工作的过程和产出进行监督、调整和纠偏。

管理者系统建设并有效掌控组织内部的信息反馈渠道，是整个控制工作的基础和关键，它直接影响预警与分析的准确性，并因此在整个管理工作中处于非常重要的位置。

控制，尤其是反馈控制，使得始于计划的管理过程成为一个完整的闭环。

前馈控制的控制对象是整个生产过程或投入产出过程的输入（或投入），目的在于预防可能出现的问题。现场控制的控制对象是整个投入产出的转化过程，目的在于及时纠正工作进行过程中出现的问题。反馈控制的控制对象是整个投入产出转换过程的输出结果，即产出绩效，其目的在于避免不合格产出流出组织。

控制对象可以分为五个方面：人员、信息、财务、作业和绩效。

平衡计分卡是一套统筹考虑企业财务、客户、内部流程和学习成长等各方面情况的绩效评价工具。

前馈控制尤其适用于那些作业重复性极高、前期经验可信度较高的工作环境。

预算编制的主流方法包括增量预算法和零基预算法两种。

折现现金流陷阱是指企业过于财务理性，并低估竞争对手进行创新投资的决心时，就很有可能从短期净现值出发而选择压缩研发预算，尤其是对颠覆性创新的投资计划，但其结果往往会严重伤害企业的长期可持续发展能力。

等级式控制更多地依赖于“硬约束”，通过大量使用规章制度、政策方针、等级权力、书面文件、奖励制度以及其他正式机制来监督和影响员工的行为。而分权式控制则更多诉诸“软约束”，依赖组织全体成员所共享的组织文化来促使员工行为与组织目标保持一致。

全面质量管理是企业为了保证和提高产品质量，综合运用的一套质量管理体系、手段和方法。

质量圈是指在生产（工作）现场的职工，根据企业生产经营方针和目标，以提高和改进产品、工作和服务质量为目的，自愿组织起来进行质量管理活动的小组。

PDCA 循环就是计划、实施、检查控制、处理四步骤的循环，每完成一次循环，解决一批质量问题，就使得产品质量和工作质量达到一个新水平，迈上一个新台阶。

■ 复习思考题

1. 概述现代控制产生的背景及现代控制的作用。
2. 概述不同环节上控制活动的定义与功能。
3. 实施前馈控制的条件包括哪些？
4. 简述分权式控制的一系列举措。
5. 何为 PDCA 循环？
6. 简述全面质量管理的新七大工具。
7. 确保全面质量管理取得成功的积极因素包括哪些？

第九章 管理创新

管 理 学 原 理

本章要点提示

- 管理创新的定义及其对中国企业的重要性
- 知识创造的条件
- 创新型企业
- 变革型领导
- 业务流程再造
- 学习型组织

引 例

老唐是一家改制企业的负责人。二十年前，企业响应政府号召，从国有独资企业转制成为一家股份制公司，是中国最早实行员工持股的企业。但是，后来的经历告诉老唐员工持股并不那么“美好”：每逢重大决策关头，总会有工人犯“近视眼”，只盘算着眼前的丁点利益，置企业的长远发展于不顾。后来，老唐力主再次改制：将职工个人持股改为工会集体持股；同时完善企业福利制度和员工成长体系，近年来先后落实了企业年金、带薪休假、补充医疗保险、取暖补贴、午餐补助、免费体检等一系列福利制度。这样就兼顾了企业决策权和职工获得感。与此同时，老唐还竭力打破老国企留下来的“铁交椅”惯性，用结构调整、竞争上岗这根“杠杆”撬动了全体领导干部的积极性。

当今世界，唯一不变的就是变化本身。为了适应日益加速的变化节奏，所有组织——不管是企业，还是非营利机构——都需要以“自我革命”的勇气推进管理创新，打破保守惯性。尤其是对赶超世界先进水平的中国企业而言，“自我革命”式的管理创新更有着特殊意义。但管理创新谈何容易！正像上面老唐的例子所展示的那样，有些“自我革命”未必能够带来预期的结果；有些“自我革命”引发的不平衡需要配套措施的补救；而有些“自我革命”则是对利益格局的打破和重塑，其中势必引发激烈的冲突（即便表面风平浪静）。那么，如何实现管理创新？推动管理创新应遵循哪些原则与基本规律？本章就尝试回答这些问题。

第一节　管理创新的意义

1912 年，熊彼特（J. Schumpeter）的《经济发展理论》一书，第一次将“创新”的概念引入经济学体系。自此之后的 100 多年间，尤其是 20 世纪六七十年代以来，“创新”作为一种重要的经济现象，已经成为跨学科、跨行业、跨领域的热词，深受企业、学界、政府和媒体的追捧。尤其是在中国，“创新”一词更是高度泛化，在中文语境的创造性发挥中早已突破了经济现象的边界，向社会、政治、经济、生活的方方面面展开全面渗透。

一、管理创新的定义

具体到本章所关心的管理创新，自熊彼特以来的创新研究就一直将其作为重点讨论议题。在《经济发展理论》中，熊彼特将“创新”定义为“创立一种新的生产函数”，其具体形式包括：①生产新的产品；②采用新的生产方式；③开辟新的市场；④获得新的供应商；⑤形成新的组织形式。显然，“形成新的组织形式”本身就是一种管理创新——针对组织职能的管理创新，而“创立一种新的生产函数”更把计划、领导、控制等各方面因素包罗其中，因为生产函数的本质就是各种生产要素的结合与转化方式，而这个结合与转化过程恰恰是在我们前面所讲的一系列管理职能的支持下发生的。

那么，何为管理创新？我们首先从一组“管理创新”的定义来理解这一问题。

在管理创新领域有着重要影响的金伯利（J. Kimberly）在其 1981 年的代表作中，将管理创新定义为那些与现行管理实践存在显著差异的管理程序或管理技术，而这些管理程序与技术能够直接影响决策过程所需要的信息的性质、位置、质量与数量。这意味着，管理创新可能产生的一个重要后果就是决策质量的改善。同样从组织内部信息活动的角度出发，达曼波尔（F. Damanpour）在其 1984 年的代表作中将管理创新定义为组织内部规则、角色、流程与结构的调整，这些调整会影响组织内部各方面及其与外部环境的沟通。

战略管理领域的大师，贡献了“战略意图”“革命性思维”等重要概念的哈默尔（G. Hamel）在 2006 年撰文指出，管理创新是对传统管理原则、程序和实践的明显偏离。这些偏离显著地改变了经理人员的工作方式，并构成了组织完成工作的新法则。后来，哈默尔在与伯金肖（J. Birkinshaw）等人的合作中将这一观点进一步发挥，并从两个层面加以阐释：①抽象地看，管理创新是某种“管理创意”，是那些能够告诉经理人员应该做什么的稳定的知识；②从操作层面看，管理创新是为了实现更宏伟的组织目标，而创造并应用的一系列新的管理实践、管理流程、管理技巧以及组织结构。

在这里，我们综合以上典型定义的思路，将管理创新定义为：为了更好地实现组织目标，有意识地开发和实践的那些获得管理信息与管理知识的新途径，以及改变组织战略、结构、行政程序与体制的新流程。对此，我们还要做以下说明：

（1）虽然有可能最初起源于即兴活动或随机应变，但管理创新的优化和定型一定离不开恰当的目标导向，并在此目标指引下有意识地推进，尤其是对于企业来说，管理创新通常的目标就是提升竞争力和经济绩效；

（2）无论是“新途径”还是“新流程”，都意味着这些变化对当事组织而言是“新”的，但它们有可能是在其他组织中已经发生或应用过的成熟形式；

（3）管理创新未必一定表现为宏大的“战略”“创意”“认知”，也可以是具体而微的“信息”“行政程序”，换句话说，管理创新既可以是宏观的全局式调整，也可以是操作层次的细节改变。

二、管理创新的功能

与技术创新相似，管理创新同样涉及对知识、流程、行为和关系的大量投资；但相比之下，管理创新更多表现为一些隐形的管理经验和组织沉淀，而非具体的实物形态。这就使我们很难通过专利等形式来保护“独家”管理创新。然而，这丝毫不会削减领先企业进行管理创新的积极性，因为它们深知管理创新在当今市场竞争中的重要意义。

（1）市场环境日益复杂，不确定因素越来越多，这要求企业必须改善组织结构、组织流程，以提高组织适应外界变化的能力。

近年来，企业面对的外部市场环境日益复杂，一方面是全球化竞争不断加剧，另一方面则是西欧和美国的贸易保护主义在逐渐抬头，这两种力量的结合为全球市场的发展变化注入了新的不确定性力量。与此同时，民族国家和全球治理层次的规制要求（尤其是涉及金融安全、环境保护等方面）出现了新的强化趋势。在这种市场与行业背景下，企业必将遇到越来越多的突发状况；此时，只有采取必要的管理创新，才能使企业在前所未有的大变局中维持现状，甚至获得更加有利的市场地位与竞争处境，否则只能导致越来越多的不满与不适。

（2）适逢产业革命的重大转折点，新的竞争者、新的产品和服务形态，甚至新的业态层出不穷，这对企业的适应能力提出了更高的要求。

进入21世纪以来，产业发展形势出现了前所未有的加速趋势，从几年前的移动互联网、云计算到近年来的人工智能、智慧工厂，信息与通信技术、新能源与新材料技术对整个产业经济体系渗透的深度与广度都已达到了更高的水平，各行各业的领军企业也都认清形势，紧紧抓住产业革命的重大机遇，或“互联网＋”，或“＋互联网”，“八仙过海，各显神通”。席卷整个产业体系的信息化、智能化、绿色化趋势对产业结构产生了深远影响：既有大批在位企业华丽转身，开启“跨界”之旅，典型如百度、华为等IT技术巨头杀入无人驾驶领域；也有大批新兴企业携资本助力，改变旧行业、创造新行业，典型如近年来异常火爆的出行平台（如滴滴打车）和共享单车（如摩拜单车）。总之，新的、更多的技术机会正在改变越来越多的行业和企业：无论是行业竞争格局，还是产品与服务形态，都在这一过程中发生了重大变化。无论是发起这些变化，还是适应这些挑战，技术创新都不可能独立发挥作用，而必须与特定的管理创新相结合——如果没有高效的管理手段和先进的体制机制，单纯依靠技术创新拿出市场竞争中实打实的产品和服务，通过更高的性价比建立起市场优势地位是不可能的，而势必被其他模仿者“搭便车”，甚至排挤出局。因此，管理创新和技术创新必须相辅相成、相互协同，才能使得创新的经济绩效达到最佳。尤其是对中国企业来说，过去很多年都把技术创新作为“创新驱动发展”的主要焦点和核心任务，但在未来的竞争中，没有管理创新的配合，技术创新只能是事倍功半。

（3）环境变化与竞争加剧，使得对有形资源的争夺和对知识资源的高效利用变得更加重要，这同样离不开管理创新的支持。

如前所述，行业格局与发展走向决定了未来产业竞争的高速与残酷，这使得对有形资源的争夺和对知识资源的高效利用变得更加重要。此时，管理创新更是有效提高企业投入产出效率的利器：通过有效的管理创新，补齐短板，避免跑冒滴漏；提高效率，加速业务流程，从而最大限度地实现要素投入应有的经济效益，而不会因为管理水平低下拖了先进技术生产力的后腿。从这一角度来看，管理创新也是一种生产力提升。

三、管理创新的意义：中国企业管理创新的重要性

如果进一步聚焦到中国企业的具体实际，管理创新的意义则显得更加重要。今天，中国和中国企业面临着前所未有的全球图景：从国际上看，甚至开始出现所谓“G2”的声音，将中国与美国并列为主导未来世界发展格局的两国集团；而从国内来看，我国政府也开始越来越重视对中国模式与中国经验的总结和回顾。而作为企业竞争力的重要组成部分，中国企业的管理创新显然对这两个不同层面都具有十分重要的意义，因为正是这些具体而微的努力构成了中国模式与中国经验的微观基础，也正是这些实实在在的企业实践使未来中国有可能成为一支影响甚至塑造世界发展格局的重要力量。然而，也正是这两方面的共同要求，使我们认清了中国企业在管理创新上方面的艰巨任务。

（一）企业管理创新是工业强国的微观基础

自英国工业革命以来的二百多年，无论是英国、在第二次工业革命中崛起的美国和德国，还是在第二次世界大战之后异军突起的日本，这些国家之所以能够在世界经济史上曾经甚至至今占有一席之地，成为“各领风骚几十年”的工业强国甚至工业霸权，并进而成为世界格局和全球体系的主导者、塑造者和决策者，其中的一个重要原因就是在微观经济基础上进行了必要的改革，尤其是与技术创新相匹配的管理创新。

在第一次工业革命中，英国之所以能够迅速崛起，其背后的一个重要原因就是管理创新，具体而言，就是用工厂制代替了家庭手工作坊。马克思在《资本论》中详细而深刻地讨论了工厂制的重要性：正是在工厂这种体制下，实现了更加深入细致的分工和专业化，这也为进一步的技术创新创造了有利条件；也正是在工厂这种体制下，实现了生产过程的有组织性，从而保证了局部工人之间的协作。这两方面因素都有利于生产效率的提高，从而使得工厂最终取代了家庭作坊，成为工业革命时期英国主导的工业组织形式。可以说，如果没有工厂这种新的组织形式，英国就不会成为“日不落帝国”。

在第二次工业革命中，美国和德国的企业都走上了高资本密集度、高技术密集度的技术发展道路，而与这种技术创新相匹配的则是现代大型工业企业的一系列管理创新。泰勒制在时间动作研究、差别计件工资等方面的探索构成了美国式企业管理的微观基础；以洛克菲勒的标准石油公司为代表的两权分离（经营权与所有权相分离）体制成为现代大型企业公司治理的“标配”；杜邦公司和通用汽车的事业部制组织结构则成为现

代多产品线企业组织共同采纳的组织结构；通用电气的现代研发实验室则是现代工业研发的起源。总之，对大规模的生产设施、销售网络和正式管理组织的三重投资，构筑了美国企业和德国企业在整个 20 世纪的先行者优势地位，也成为两国工业霸权和全球政治地位的重要支撑。

同样的，日本能够在二战之后创造所谓的经济奇迹也得益于一系列管理创新，正是 JIT（即时生产制）、精益生产、同步工程、TQM（全面质量管理）等一系列业务流程改造和内部关系调整，才成就了丰田制，使日本在 20 世纪七八十年代之后逐渐建立起全球范围的工业竞争力。

表 9－1 分析了几种与上述历史过程相关的典型管理创新。

表 9－1　　典型管理创新分析

案例	从管理创新的角度来理解
现代研发实验室	管理技术创新过程的一种新结构，旨在改善技术与产品创新水平
M 型组织	多产品、多市场企业开发的一种新的组织结构，旨在适应日益复杂的业务
全面质量管理	一套新的实践与流程，旨在降低质量瑕疵，改善顾客满意度
折现现金流	加入了时间维度的一套新技术，旨在优化投资和预算决策
平衡计分卡	一套整合了多方面信息的技术与实务，旨在提高决策信息水平
现代大规模流水线	一套新的实践与流程，旨在改进生产效率，降低成本

因此，我们从历史经验不难得出结论，如果中国要成为一个在全球范围内有重要影响力的工业强国，就必须在企业管理创新这个微观基础进行全面而扎实的努力。从某种意义上讲，这种努力带有“补课”的性质——因为我国企业在管理创新方面还较为落后。

（二）中国企业在管理创新上的投入严重不足

“管理思想史”一章对中国现当代企业管理实践的讨论指出，我国的领先企业在近年来开始了一些管理创新方面的努力。但是，从总体上看，中国企业的管理创新仍然处于一种严重投入不足的状态，究其原因有很多方面。

首先，改革开放以来四十年的高速经济发展，为中国企业创造了大量的发展机遇。但机会一多，就容易导致机会主义问题，这就严重削弱了企业进行管理创新的动机。尤其是 1992 年以来的“超常增长”时期，让很多谋求快速发展的企业看到了“东方不亮西方亮，黑了南方有北方”的可能性。当企业认定存在这种可能性的时候，就极易在某一点、某一方向遭遇困难的时候发生动摇，甚至转投其他方向，而少有企业认准一个产品、一个方向之后，一门心思扎实向前，向技术要效益，向管理要效益。这也正是今天很多中国企业在管理创新上少有作为的重要原因。

其次，中国企业所处的制度环境及其面对的员工队伍，在一定程度上加大了中国企业管理创新的难度。从制度环境的角度来看，影响中国企业管理创新的力量主要体现在两方面。一是与我国社会主义市场经济体制相适应的法制体系尚在建设完善过程之中，很多时候企业实践大大领先于制度政策，这就使得企业的很多做法无法获得相应的法律保护。二是在我国法治建设中一度出现民粹主义倾向，这种价值取向集中体现在 2007 年颁布的《劳动合同法》中，而这种制度环境往往会给某些素质较低的员工留下可乘之机，从而进一步加大企业管理创新的难度。

管理者须知

从《劳动合同法》到《关于构建和谐劳动关系的意见》

对很多企业的管理者来说，对2007年《劳动合同法》最深刻的印象莫过于有关“无固定期限劳动合同”的规定。《劳动合同法》第十四条明确规定了用人单位与劳动者签订无固定期限劳动合同的若干种情形，其中包括劳动者在用人单位连续工作满十年，或连续签订两次固定期限劳动合同，且无《劳动合同法》第三十九条和第四十条第一项、第二项规定的情形。全国人大法工委在对《劳动合同法》的释法中明确表达了支持“单保护”（保护劳动者）的观点，并将此视为企业和管理层对劳动者应有的“还账”与“补课”。这就从某种意义上把企业发展、加强管理权威和保护劳动者权益设定为一个零和博弈，并因此招致很多企业强烈反应。很多企业都在《劳动合同法》颁布之后、施行之前出台了紧急应对措施：LG中国将旗下大批5～10年的员工辞退；华为也曝出“辞职门事件”，要求所有工作满八年的约7 000名员工主动辞职，重新与公司签订1～3年的劳动合同。

相比之下，2015年出台的《关于构建和谐劳动关系的意见》则大大弱化了劳动关系运作方面的强制规定，而赋予其内部协商以更大的权重。该意见对“无固定期限劳动合同”只字未提，也不再对用人单位的用工方式进行直接干预，只是强调要落实广大职工的社会保险权益，并转而注重发展与劳动关系相关的各种机制，如“健全企业民主管理制度”“推进厂务公开制度化与规范化”以及“推行职工董事、职工监事制度”等。

资料来源：董保华，李干．构建和谐劳动关系的新定位［J］．南京师大学报（社会科学版），2016（2）．

生活中的管理学

如何礼让斑马线？

随着近年来全国各地“礼让斑马线”电子抓拍系统的启用，礼让斑马线成为机动车司机茶余饭后讨论的热门话题。尤其是随着处罚办法的明确，不礼让斑马线的行为正式从不文明上升到违法的高度，一旦被抓拍，不仅罚款，还要扣分。

史上最严“礼让斑马线”整治行动的初衷固然是好的，但也难免遇到一些问题，其中最突出的问题就是，如果行人闯红灯怎么办？虽然我国已经在机动车礼让行人方面逐渐向发达国家的相关规定看齐，但与发达国家相比，我国现行交通法规对于行人的约束几乎为零。以美国马里兰州为例，机动车必须礼让行人，违者最高可处以500美元的罚款，并记1分；但与此同时，行人若违反行人过街信号灯规定过街，或以侵犯机动车路权的形式过街，同样要被处罚40～500美元的罚款。

资料来源：腾讯汽车．已上升到违法行为，你真懂如何礼让斑马线吗？［EB/OL］．（2017-07-15）［2017-08-02］．http：//auto. qq. com/a/20170715/004997. htm.

管理案例

我们为什么要借鉴ISO的管理体系？

中国人的聪明举世公认，但也正因如此，应了中国人的一句老话，“聪明反被聪明误”。再加之中国人多，“林子大了，什么鸟都有”，管理难度可想而知。我们在企业调研过程中，曾经与一位年近七旬的老企业家讨论这一问题，说到“为什么中国的很多企业宁愿去引进 ISO9000、ISO14000 的标准，而在自主管理创新上投入不足”，这位企业家认为，很重要的一个原因就是中国人太聪明了，中国企业要做好管理几乎要事无巨细，头发丝细的问题都要想到。在这种情况下，中国企业做好管理创新的第一步往往就是模仿，甚至照搬照抄，先从一个非常详细的管理模板开始，以此为对照表做好基础工作，然后再去管理创新，但落实这个模板就要花很长的时间，中国企业管理创新的难度可想而知。

最后，长期以来，跨国公司在中国市场的有利地位，使得中国企业管理创新的努力面临着极大的风险和微薄的回报，这严重挫伤了中国企业管理创新的积极性。时至今日，中国绝大多数行业的高端市场仍然被西方跨国公司所掌控，而高端市场的利润率又远远高于中低端市场，这就把中国企业压到了“低端混战”的泥淖之中。在这种情况下，中国企业从低端市场的混战中起步，加强管理创新，市场留给它们试错的回旋余地很小，而低端市场的回报率又往往难以弥补管理创新所需要的投入，企业管理创新的积极性也就因此受到了抑制。

因此，中国企业在管理创新上的投入不足是多方面原因造成的。但是，这并不等于中国企业没有开展管理创新的机会。恰恰相反，上述三方面阻力的动态发展，也为中国企业的管理创新留下了一定的机会：

（1）中国企业可以利用众多的市场机会来分散管理创新的风险，降低管理创新的难度。

（2）中国的制度环境整体向好，逐渐完善，而且中国政府对这一问题的认识逐渐清晰。即便是《劳动合同法》也没有把企业管理创新的路堵死，《劳动合同法》第三十九条和第四十条第一项、第二项所规定的解除劳动合同的情形，恰恰是以一套明确而完善的管理制度为前提的。换句话说，那些以《劳动合同法》为由，在管理创新与改革方面减少投入甚至不投入的企业，只能把自己困死在《劳动合同法》留下的“死循环”中。

（3）中国政府近年来开始努力构建公平的市场竞争环境，为国内企业从低端打入高端创造了很多有利条件。

总之，中国企业的管理现代化和管理创新是一场伟大的长征。这场长征虽然来路曲折，却仍然前途乐观。那些有理想、有抱负的中国企业及其管理者，必须为完成这一征程而付出巨大的心血和努力，有意识、有目的地走好每一步，“勿以善小而不为”。

第二节 管理创新的原则

在中国企业有意识、有目的地推进管理创新的过程中，必须遵循若干基本原则。具体而言，我们提出以下三条基本原则。

一、战略性思维与内生性原则

“战略性思维”是“计划”一章讨论的重点内容。我们将其定义为一种“以我为主，放眼长远，立足优势，着眼于赢”的思维方式，并说明了这种思维方式在企业、产业和国家竞争力发展方面的广泛适用性。

在企业管理创新的过程中，这种战略性思维同样成立，并具体表现为一种内生性原则。所谓内生性原则，是指企业未来发展的内容与方向都会受到其历史基础（即现状）的影响。历史基础集中反映为企业组织的管理规章和程序，而正是这些条条框框指导着组织成员如何相互交流、如何解决问题。因此，在选择和试验新的管理流程与管理技术的过程中，企业一定要从自己的战略目标出发，充分认识自身条件（优势与劣势），学会扬长避短。

所谓“扬长”，就是一定要保留自己的优势特色，这是企业竞争力之所在。很多企业在管理创新、结构调整的过程中迷失了自我，改来改去把自己的特长和优势改没了：特种钢材企业不去充分发挥特种钢材的优势，与普通钢铁厂拼产量、拼成本，结果干到关门了事；本土汽车企业不能积极发挥了解本土市场需求的特长，盲目照搬照抄跨国公司的业务流程，到头来把企业的市场知识憋到“英雄无用武之地”。类似这样的例子在中国过去三四十年的企业改革过程中屡见不鲜。

而“避短”，则要求企业必须对自己的劣势有明确的认知。这种劣势同样深深植根于企业的历史基础，它包括两方面：一是那些易于察觉的缺陷，即公认的短板；二是企业的历史优势所具备的惯性，这种惯性往往反映为一种自上而下的共同信念和共同环境，而这种信念有可能影响企业知识的更新与演进，甚至成为企业无视外部剧烈变化的认知障碍。

管理案例

IBM悖论

作为世界上最领先的信息技术企业，美国IBM公司直到1991年仍然坚信大型机有能力维持其盈利、增长和规模，而对从20世纪70年代就已经开始的小型电脑市场的爆炸式增长视而不见。之所以出现这样的情况，恰恰是因为IBM的认知和信念早已被大型机牢牢锁定，这种锁定一方面是因为IBM轻信了80年代中期对大型机市场的乐观预测，另一方面恰恰是因为IBM本身在大型机领域的优势所形成的思维方式，早已经渗透到公司的决策之中。

对中国企业而言，在立足于战略性思维、扬长避短的过程中，需要审慎处理的一个重要问题就是如何看待西方先进经验。过去，中国企业与西方领先水平差距很大，这使很多企业在思维方式上形成了一种“跟随模式”，将西方的各种经验，无论对错都予以神化，而缺乏必要的战略眼光与自信。近年来，随着中国企业成长壮大，中国经济不断发展，我们开始走出这种“跟随”误区，强调经济发展的中国模式与中国道路，呼唤发展过程中的理论自信与道路自信，总结发展中国特色、中国风格和中国气派的企业管理实践和理论体系。在这种情况下，又出现了将“中国特色”等同于“回归国学”“丢掉西方现成理论”的现象。

其实，我们不难发现这两种极端都没有正确处理“中国实践/学派”与“西方理论”之间的关系，从某种意义上说其本质都是不自信：“跟随模式”的不自信体现在“不敢”从自身情况出发摸索中国特色的内容；而“丢掉西方”的不自信则体现在“不信”在学习西方先进经验的过程中，中国企业能够发展出本土化的成功经验。前者失于“全盘照搬”，而后者失于“一概排斥”。我们要清楚地看到：发展中国特色与中国风格的企业管理创新，并不等于我们一定要从自身有限的经验积累出发，一点一滴地从头摸索。相反，我们应该充分学习、借鉴和吸收人类二百多年工业化的各种经验教训，充分利用西方总结得出的基本规律，尽量避免西方曾经走过的历史弯路，以免在那些被历史一再证明的铁律面前碰得头破血流。

总之，中国企业的管理创新应当成为世界产业发展进程的一部分，而不是自外于人类二百年的工业化经验。只有立足于中国具体实际，面向全球产业主流，在战略方向上做到“以我为主”，对西方经验做到“为我所用”，勇于创新的中国企业才能够立于产业发展的潮头，成为主流市场的赢家，并最终引领和塑造全新的行业发展趋势。

二、自上而下与自下而上相结合的原则

管理创新的一项重要内容就是开发与应用新的管理实践。在此过程中，一线的作业者既是管理流程的直接实施者，也往往成为管理流程的约束对象；而与此同时，好的管理实践的推广又离不开管理层的支持与背书，因此，管理创新的第二项重要原则就是自上而下与自下而上相结合。

在推动管理创新的过程中，领导者要在组织内部努力谋求共识：①有关推进管理创新必要性的共识，这种共识能够最大程度地动员整个组织群策群力地开展管理创新活动；②对新的管理实践的合理性的共识，使那些在局部试验中已经被证明有效的管理创新将获得推广、实现其价值的最大化。上述两种共识一旦形成，变化过程一旦启动，自上而下发动的组织变革与管理创新就会像瀑布一样自上而下地流下去，从而形成一种泰山压顶的改革态势，使得基层的创新能够凝聚形成更大的动力与压力。

在形成上述两种共识的过程中，自下而上的过程同时发生：群策群力、集思广益的过程本来就包含了自下而上的成分，而在确定变革与创新的方向之后，组织的高层领导者不可能包办一切，势必为一线作业者留下一定的试错空间，使其在符合组织整体战略发展方向的前提下积极探索新的出路和方式方法，在领导层搭建的“四梁八柱”的框架之内添砖加瓦。

总之，自上而下与自下而上相结合的原则，要求推动管理创新的领导者既要避免命令主义，又要避免“尾巴主义”。这意味着，领导者既不能刚愎自用、一意孤行，事无巨细地指手画脚，这种命令主义轻则损伤下级的工作积极性，重则使整个组织走上歧途、迷失方向；也不能轻易为民意所左右，成为某一部门、某一局部利益的代言人和“尾巴”，否则也就无所谓战略性思维与整体眼光。

三、为新的管理知识的产生创造有利条件的原则

考虑到管理创新“开发和实践新的管理知识”的特点，我们提出的第三条原则就是为新的管理知识的产生创造有利的条件。

有关组织知识创造的讨论，不可能绕过日本学者野中郁次郎（L. Nonaka）及其同事的一系列工作。在长期跟踪日本大批成功企业并总结其发展与创新的经验教训之后，野中提出知识创造的五项促进条件。

1. 意图

意图类似于我们在前文所讲的“战略性思维”和“敢想”。在野中的理论中，意图被

定义为组织对其目标的渴望，是知识创造的驱动因素。在企业的经营中，实现组织意图的努力通常是以战略的形式表现的。组织意图为判断已知知识的真实性提供了最重要的基准；缺乏意图的组织则往往无法准确判断信息或知识的价值。因此为了创造知识，企业组织应该制定相应的意图，并向员工推荐这种意图，以便培育员工的献身精神。

2. 自治

自治与前文所讲的“自上而下与自下而上相结合”的原则相通。自主管理的条件意味着，在个体层面，只要条件允许，应该让组织的所有成员自主行动。自主行动不仅可以加强员工个人的自我激励，而且增加了意外机会的可能性。营造个体可以自主行动氛围的有力工具，是建立自组织团队。这种团队应该是跨职能部门的，由具有不同组织活动背景的成员组成。

3. 波动与创造性混沌

这一条件有利于组织同外部环境之间的对话。这里所说的“波动”并不是一种无序状态，其特征是“没有循环的有序”。因为外部环境每天都在波动，因此在组织内导入波动，可以“消解”组织成员在认知模式与行为习惯上的惯性，而启动重新研讨与思考的过程。当组织面对一场真正的危机时，组织又会出现混沌现象。这可能是组织的，领导人通过提出挑战性目标，试图在组织成员中唤起“危机感”而有目的地制造的结果。这种刻意造成的“创造性混沌”，有利于增强组织内部的张力，将组织成员的注意力集中在分辨问题及解决危机等方面。但是野中也指出，“创造性混沌”的益处只有在组织成员具备对自身行动的反思能力时才能具体实现。

4. 冗余

简而言之，即组织中存在并非马上需要的信息。在野中的理论中，冗余是指在业务活动、管理职责和企业信息方面的有意识的重叠。全面质量管理中的质量圈和工作丰富化就充分体现了“冗余”的特点，多面手工人之间的岗位与知识重叠，使得一旦出现问题，大家都可以参与到解决问题的讨论之中。因此信息的冗余有加速创造知识过程的作用。之所以如此，是因为信息冗余能够促使个体“侵入”彼此的职能领域，并以不同的观点提供意见和信息。正因如此，在西方被视为浪费的信息冗余，恰恰成为日本企业知识创造的法宝之一，也是日本企业与西方企业价值观的重要差别。

管理案例

美国式“冗余”：强制性“实验”时间

野中对日本企业的观察使他将“冗余”定义为“重叠”。如果我们回到“并非马上需要的信息”这个本质特征去理解“冗余”，就会发现“冗余”意味着一种松弛与弹性，它与过度紧绷相对，而在组织中创造这种弹性的方式不止一种。很多美国企业的解决方法就是给员工规定一段时间，使他们得以在公司相关的项目范围内实验自己的创意。例如，谷歌公司拥有“20%时间”的激励手段，鼓励员工把20%的工作时间花在与本职工作不相关的项目上。正是这一规定，为谷歌带来了Autocomplete系统、谷歌新闻和Gmail邮箱。Facebook、苹果、3M等其他公司也有类似的激励手段。

5. 必要的多样性

正像邓小平同志当年所说，“不能只有一种声音，最可怕的是鸦雀无声”。如果组织想要迎接环境所带来的各种挑战，其内部多样性必须配得上环境的多样性与复杂性。只有

“百花齐放、百家争鸣”，才能以最快的方式、通过最便捷的途径，获取最广泛的必要信息。

第三节 管理创新的过程

我们以图 9－1 为起点展开对管理创新的讨论。

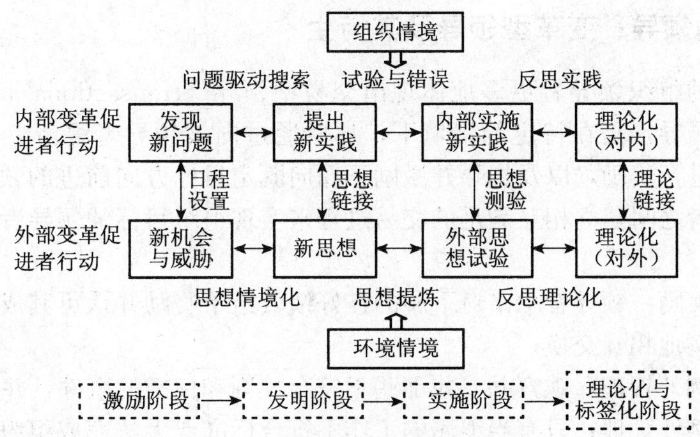

图 9－1 管理创新的流程框架

资料来源：J. Birkinshaw，G. Hamel，M. Mol. Management innovation［J］. Academy of Management Review，2008，33（4）：823－845.

图 9－1 所描述的管理创新流程框架包括两个基本维度。其中水平维度刻画了管理创新过程的四个阶段：①在激励阶段，个体在威胁、机会、不满等各种促进因素的作用下受到激励，开始考虑开展管理创新的问题。②在发明阶段，一种管理创新的灵感首次诞生，这种灵感可能源于内部人对组织现状的观察与理解（如杜邦公司的调查委员会最终建议对组织结构进行调整），可能源于管理思想家的理论洞见（如海尔公司受德鲁克理论的启发，推动人单合一），也可能来自其他社会体系的成功经验（如华为从 IBM 公司引进集成产品开发管理流程）。③实施阶段是将管理创新在现实场景中付诸实践的技术过程，在此之间，管理层将各种不满、灵感以及解决方案组合在一起，以重复渐进、快速迭代、反复实验的方式推动管理创新工作取得进展。④理论化与标签化的过程是一个社会化过程，在此期间，组织内外各方面都已经认同了管理创新的合法性。其中，理论化是指在不满、机会与创新解决方案之间建立的一套因果逻辑关系，而标签化是对管理创新的名称选择。

与此同时，图 9－1 的纵轴则描述了参与管理创新过程的两组个体，他们分别是内部变革促进者与外部变革促进者。其中前者是指实施管理创新企业的一部分员工，他们对于那些尚处意向阶段的管理创新的可能效果和试验、推进非常积极且有兴趣；而后者多是那些咨询师、学者，甚至是管理大师，他们对于新的管理实践的兴起、发展、存续和合法化都表现积极，有些时候他们甚至可能成为管理创新合法性的某种重要来源，也可能会为管理创新的“星星之火”背书，从而助力其走向燎原之势。

此外，我们不难发现，图 9－1 并不是展现一个简单的从左向右的顺序过程，其中的每一步都有可能是一个反复迭代、来回嵌套的过程，比如“问题驱动搜索”的过程就有可能在激励阶段和发明阶段之间、在两种变革促进者之间反复互动确认。这意味着，这个流程上的每一个环节都必须拥有扎实的基本素质，为管理创新提供可靠的条件保证，创新过程才能够稳步向前推进。因此，我们下面将基于“内生性原则”，以内部促进者这条线索为核心，讨论这一框架中的若干关键点，其中包括：①合适的领导——内部促进者的基本特征；②学习型组织——发明环节的组织保证；③创新型企业——有效实施创新的社会条件与组织特征；和④企业流程再造——实施阶段的具体落地要求。

一、合适的领导：变革型领导及其衍生

传统意义上的组织领导者更多地体现出交易型领导（transactional leader）的某些特征。所谓交易型领导，是在特定的情境下，那些通过向被领导者澄清工作角色与任务要求、对工作成果进行奖励，以及指导并激励下属向既定目标方向前进的领导者，即通过在领导者与被领导者之间建立相互满足的交易过程来实现组织目标的领导者。这种交易型领导有以下特征。

（1）权变式奖励：领导者承诺对下属的良好绩效给予奖励并认可其成就，即下属努力与组织奖励成比例地相互交换；

（2）主动的例外管理：观察并寻找那些不符合规则和标准的事件，并予以纠正；

（3）被动的例外管理：只有当下属的工作不符合标准或无法完成组织任务目标时，领导者才实施干预，这意味着领导者更相信“多一事不如少一事”的管理哲学；

（4）放任型：放弃责任，回避作出积极有效的决策，以便主动应对形势变化。

从以上描述不难发现，交易型领导遵循个人主义的领导哲学，领导者和追随者均被认为是理性追求个人利益的个体。其中，领导者采用单方面安排或双方协商的形式约定各自的权利和义务，追随者则努力提高绩效，帮助实现组织目标，这样可以不断提升双方的交易满意度，从而建立信任关系，提高领导效率。但是这样的领导方式也往往意味着平庸，甚至从长期来看会对生产效率的提高起到负面作用，当领导者高度依赖于“被动的例外管理”原则时尤其如此。而在大规模、高度不确定的组织转型过程中，这样的领导方式和领导风格也会显得力不从心。在这种情况下，变革型领导（transformational leader）将会发挥更加积极的作用。

与交易型领导相比，变革型领导更加关注每个下属的兴趣所在及其发展需要，帮助下属用新视角看待老问题，从而改变其对问题的看法，能够激励、调动和鼓舞下属为实现群体目标而付出更大的努力。尤其是在逐渐认清转型期组织的长期目标和使命并努力推广组织战略的过程中，更需要变革型领导激励广大雇员超越小我、服务大局。同样，变革型领导也表现出如下某些基本特征。

（1）领袖魅力：向追随者提供愿景、规划和组织使命，灌输荣誉感，赢得尊重和责任；

（2）感染力：传达高期望，使用各种方式强调努力，通过简明的方式来表达重要目标；

（3）智慧刺激：激发智力、理性和深入细致的问题解决活动；

(4) 个性化关怀：关注个体，不同员工不同对待，有针对性地给予指导和建议。

需要注意的是，交易型领导和变革型领导不应被视为截然相反的两种领导方式，他们也并不是一条领导方式谱线的两个极端。在现实中，一个领导往往既有变革型的一面，也有交易型的一面；很多时候，变革型领导是建立在交易型领导的基础之上。印度电影《摔跤吧！爸爸》就充分体现了这一点。

生活中的管理学

教练与爸爸：不同的领导风格

在印度电影《摔跤吧！爸爸》中，国家队教练经常会被拿来与阿米尔·汗扮演的父亲（马哈维亚·辛格·珀尕）角色进行对比。前者是一位典型的交易型领导：只要队员满足他的要求和条件，按照规定进行训练，他就会对其进行奖励，否则就会老气横秋地把队员臭骂一顿，甚至会为了个人利益，在记者招待会上谎话连篇。而在吉塔（国家队队员、珀尕的大女儿）训练的后期，尤其是整个赛事指导期间，珀尕则体现出强烈的变革型领导特征：他会为女儿提供一个愿景，向她灌输某种荣誉感，在背水一战的情况下，这位父亲使女儿懂得自己这一战的背后有多少印度农村的家庭妇女和幼女，她是在为她们而战，因此，只要"追随你的心去做"就好。与此同时，这位父亲深更半夜研究技术材料、亲临现场为女儿助威指导等一系列行为也极富感染力。从这一点来看，这位来自印度农村的"大老粗"的领导艺术丝毫不逊于那些顶尖企业家。

但是，也是这位父亲，在女儿小时候刚刚开始接触摔跤运动时，却显得更像是一位交易型领导：女儿必须百分百绝对服从他的训练，稍加抵抗就会遭受惩罚（如把女儿的头发剪短），甚至羞辱（如在盛大的婚礼上把女儿带回家），而当女儿的表现令他满意时，又会给予各种奖励，如食品、奖金，等等。也正是在这样的过程中，父女之间的信任才建立起来。这种信任又为后来父亲比赛期间的现场指导埋下了伏笔。

后来，聚焦于变革型领导的某一项或某几项特征，又出现了变革型领导的不同衍生理论。其中最为著名的有两种：魅力型领导（charismatic leadership）和服务型领导（servant leadership）。

(一) 魅力型领导

有关魅力型领导的讨论，与马克思·韦伯对不同类型权力的划分直接相关：魅力型领导的权力恰恰来自韦伯所说的超凡魅力。这意味着，这种权力的合法性并不是源于正式的组织职位，而是因为追随者观察到的某些行为使他们相信领导者具有英雄式的或卓越的能力。康吉（J. Conger）和卡南高（B. Kanungo）认为，魅力型领导都有着期望实现的理想目标，这使他们有着极高的承诺与投入强度。在实现目标的过程中，他们表现出自信的行为方式，并因此被视为根本性创新的媒介而非维持现状的管理者。这也意味着，在理解现状及环境因素、确定和描述目标以及实现目标的全过程中，魅力型领导都会体现出某些非传统成分。如表 9-2 所示。

表 9-2　魅力型领导的行为特征

阶段	步骤	魅力型领导的行为方式
评估现状及环境	环境敏感度	致力于改变现状，因此对环境高度敏感
	与现状的关系	从本质上反对现状并极力求变

续前表

阶段	步骤	魅力型领导的行为方式
形成并描述组织目标	未来目标	严重脱离现状，高度理想化的愿景
	领导者被接受程度	共享观点与理想愿景使领导者深受喜爱，并成为模仿对象
	目标的描述	对愿景的表述极其强大，并鼓舞人心，有利于形成影响力
实现的方式	行为的新颖程度	非主流、反潮流、反常规
	可信赖性	热情的宣传，及由此导致的巨大的个人风险和成本
	专业水平	使用反常规手段、超越现有秩序的专家
影响力	权力基础的使用	个人权力（独特的英雄人物所具有的专家权、尊重与敬仰）

资料来源：Jay A. Conger，Rabindra N. Kanungo. Charismatic leadership in organizations［M］. Sage Publications，1998.

当然，在组织没有危机或者不需要根本性改变的时候，魅力型领导就有可能成为一种负担。因为此时可能既不需要他们那些不可抗拒的自信，也不需要反常规、非主流的行为。而且魅力型领导通常难以听进别人的意见，当积极进取的下属挑战他的时候，他们反而会选择固执己见，甚至刚愎自用。

（二）服务型领导

相比之下，服务型领导则与变革型领导“个性化关怀”的特征高度相关。在有关这种领导方式的理论中，过去看似矛盾的“领导”和“仆人”角色得到了统一。因为领导者的传统形象是负责某事或者控制他人，仆人则是顺从听命于他人的人，而服务型领导理论则强调领导者的公仆意识，他们从自身的原则、价值观和信仰出发，以关怀为出发点，主动扮演服务者的角色，这也使得“关系”成为他们权力的基础。当然，领导者的服务意识不仅体现在其对待员工的态度上，作为这种服务意识的一种根本动力，领导者的服务意识还体现在他对待企业整体目标与使命的态度上，即他对自身目标与对组织更大使命的承诺。

服务型领导与追随者之间是相互服务的关系，服务是一种自觉自愿的行为。此时，组织变成一个阶级上下颠倒的金字塔，领导者在最底层，其他各阶层反向调整，领导者要支持组织，其责任分散到整个组织内部，使组织各阶层都更具责任感。通过了解并满足下属需要，服务型领导获得了下属的信赖，建立了互信关系，从而创造了一个让下属充分发挥其潜能并且不害怕受挫与失败的环境。在这种环境下，实现了团队合作与角色共享，强化了伦理与关怀行为，从而促进了员工个人成长和组织内部平等，也达成了组织的共同愿景。

二、学习型组织

在变革型领导发起变化之后，组织应该向何处去？具有哪些特征的组织能够最大限度地实现甚至放大这些变化？我们的答案是学习型组织。

学习型组织是指那种有能力持续地适应环境并作出改变的组织。很多企业都严重欠缺系统思考的能力，即整体动态搭配的能力，这使许多组织无法有效地学习。之所以如此，是因为现代组织分工负责的方式是将组织分割。很多时候，每个人在自己的岗位上如同一颗“螺丝钉”，但“螺丝钉”不可能从自己的局限中跳出来，从组织整体去思考全局性问题。这就使得个体行动与组织整体需求之间存在差距，而个体又无法在局部修正其行为，以满足组织需求，组织学习的效率自然不可能提高。因此，学习型组织的重要基础就是团结、协调与和谐。建设学习型组织绝非一两个人就能掌握的技能，必须整个组织共同参与这一过程。在此期间涉及的五项关键技能（修炼）包括建立共同愿景、实现团队学习、改变心智模式、实现自我超越和进行系统思维。

（一）建立共同愿景

实现团结、协调与和谐的重要起点，是将个人愿景汇集为组织的共同愿景。当更多的人分享一个共同愿景时，这个愿景就会因为人们的认可而变得更加真实；大家有了伙伴和共同创造者，愿景就不再是他们各自肩膀上的重担。建立共同愿景的技巧包括：①鼓励个人愿景；②沟通与寻求帮助，尤其是对于领导者来说，他们必须不断分享个人愿景，而不只是作为公司愿景的法定代表；③将愿景作为正在进行的过程，即将构筑愿景的工作视作一项不断演进、永不停止的正式业务，而不只是沉默的愿景报告和挂在墙上的海报；④综合外在和内在愿景，即构筑组织内部持续发展的动力源泉，而不只是防范对手或者赢得竞争；⑤识别消极和积极愿景，其中前者往往源于恐惧，并会在短期内引发巨大变化，而后者多表现为雄心壮志，是学习和成长真正的源泉。

（二）实现团队学习

利用团队智慧做出正确的组织决策；透过集体思考和分析，找出个人弱点，强化团队向心力。

（三）改变心智模式

很多时候，真知灼见和首创精神经常与现有的心智模式发生冲突，如果要挑战现有心智模式而不引起抵抗，领导者就必须具有反思和探索的技能。其中包括：①识别并警惕跳跃式推论，避免未经验证就快速进入概括阶段；②兼顾调查与雄辩，以便与具有不同知识的人们进行平等的合作学习，避免过于看重表达自己的观点而造成反作用；③区分主张的、名义上的理论（价值观）与使用的、实际上的理论（价值观），认识到“知”与“行”之间的差距，确认真实的心智模式（即实际使用的理论和价值观）是启动深度学习的关键；④认识和排除习惯性防御，对绩效的焦虑往往加剧人们保护自己真实思想以免于尴尬或威胁的想法（即习惯性防御），这会更加难以暴露那些隐藏的心智模式，从而减少学习。

（四）实现自我超越

个人与愿景之间的“创造性张力”使其有意愿投入工作，这是自我超越的来源。所谓创造性张力是组织成员清楚地看到想要去的地方，即组织愿景，并且被告知目前所在的位置，即“我们的现实”，这两者之间的差距所产生的一种自然的张力。这意味着，仅仅止步于分析和了解现状并不会产生足够的改变动力，因为人们会“抵制”那些改变组织和个人的变革。改变现状的动力来自这样一种情境，即告诉人们未来可能是什么比现在是什么更为重要。

（五）进行系统思维

领导者应当帮助追随者看到更大的画面，而不是在自己的“螺丝钉”位置上鼠目寸光。这要求优秀的领导者通常是相当程度的“系统思考者”，他们对日常事件关注很少，更多关注的是潜在趋势与变化的动力。这种系统思考要求领导者：①看到各种事件、过程之间的相互关系，避免从静态的视角出发“只见树木，不见森林”；②当遇到问题时，不要指责他人或将其归因于外界环境，要从“系统设计不完善”的角度分析问题的根源；③认识细节复杂性与动态复杂性，其中前者与变量的数量有关，而后者则根源于变量之间的距离以及干扰因素的存在；④聚焦于高杠杆作用领域，如果选准了问题突破口，针对性强的小型活动也会产生巨大持久的改进，即中国人俗话所说的“牵牛要牵牛鼻子”和“抓住主要矛盾和矛盾的主要方面”；⑤避免就事论事，避免在线性思维的主导下“头痛医头，脚痛医脚”，否则问题就会不断升级，解决问题的手段也要不断升级。

从上面的讨论不难看出，学习型组织的这些特征可以有效满足管理创新过程在激励阶段和发明阶段的需求，并因此成为管理创新过程中非常重要的组织建设方向。

三、创新型企业

变革型领导和学习型组织对机遇、问题的主动发现，以及解决问题、激发创意的努力并不会自然地转化为管理创新实践，也很少一帆风顺地取得期望的成效。管理创新的落地过程充满了试错、探索和不确定性（见图 9－1），这就对组织层面提出了相应的要求：某些特定的组织特征、结构特点和治理机制设计，能够极大地提升管理创新成功的概率。在拉佐尼克（W. Lazonick）有关创新型企业的理论中，这种组织特征和结构特点被称为创新型企业的社会条件。

虽然创新型企业理论所讨论的重点是技术创新，是“为了生产出低成本、高质量的产品而去转换技术、获取市场”的那种创新，但它对创新过程基本性质的把握同样适用于管理创新。这套理论认为，创新过程具有以下三种基本性质。

(1) 不确定性：无论何种创新，都不可能提前获知那些在未来某一时间点才会出现的关键信息，这意味着创新取得成功、获得期望绩效的过程，究竟需要组织学习什么新知识、作出哪些技术和流程上的改变，只有通过这个过程本身的实践才会为人所了解。

(2) 累积性：正如我们在前面提到的，管理创新过程是一个内生性过程，这个过程中的学习与创新不可能一次完成，而必须不断积累获得；尤其是面对着不断变化的外部环境，组织需要不断从已有知识基础出发，学习和开发新的管理知识和管理实践。

(3) 集体性：创新和学习不可能由局部人员或个体单独完成，因此，创新过程具有集体性，它需要拥有不同技能的人们进行合作。

创新过程的这三种基本性质决定了创新型企业的某些结构性特征，即我们前面所讲的“创新型企业的社会条件”。它们是：

(1) 由不确定性决定的战略控制：从下定决心、引入管理创新的那一刻起，创新型企业就必须坚信自己对管理创新、结构调整进行的所有前期投入终将获得回报。这要求企业决策者将这种对胜利的信念和管理意图转化为具体的管理控制措施，其中既包括对投资方向、资源配置的控制，也包括对管理实践和生产过程中速度与纪律的控制。总之，“必胜”的信念以及以此为导向的控制措施使企业有条件从管理创新中获利。

(2) 由累积性导致的财务承诺：借助可依赖或可控制的财务来源支持管理创新与结构调整，直至获得经济回报，建立竞争优势。这就要求投资活动必须在创新者进入竞争之后，即便是在最困难也最容易动摇的初始阶段也能够确保这一“承诺”。因为从长期来看，这种持续投入最终将使创新型企业不断改变，甚至主动塑造行业内的主流组织形式与管理技术。过去二十多年，由于经济金融化走势强劲，实体经济部门的财务承诺——无论是对何种类型的创新——受到了严重影响。这是今天的企业家尤其需要关心的问题。

管理者须知

警惕经济金融化：美国的教训

经济金融化影响实体经济部门的一种重要表现就是分红与回购压力的与日俱增。为了保障分红与回购，确保企业的现金流水平，绝大多数经理人员都有可能滥用财务工具。这些被滥用的财务工具包括我们在“控制”一章提到的“折现现金流陷阱”、对沉没成本和固定成本的错误计算以及每股收益率。它们被哈佛商学院的克里斯滕森称为“创新杀手”。在美国，经济金融化及其导致的“创新杀手”已经严重压制了经理人员为创新投资的动力和勇气。与工业利润大涨的表面繁荣相悖，美国工业企业的实际研发支出在 1992—1994 年、2000—2004 年出现两轮连续下滑，重大创新项目占比从 20.4%下降到 11.5%，重大创新产品大幅减少。近年来，很多美国龙头企业的创新能力都大不如前，这一方面与技术革命的时机有关，另一方面就是受到了经济金融化和由此导致的分红与回购支出的影响：2003—2012 年，微软、思科、宝洁、IBM、辉瑞、惠普等知名企业用于分红和回购的支出都超过了企业同期的净收入水平，企业在行业变局面前力不从心也就不难理解。

(3) 由集体性导致的组织整合：创新型企业拥有战略控制和资金投入之后，就要对参与到管理创新实践过程中的各方面人员的专业技能和积极性进行整合。因此，组织整合意味着，要把不同层级和职能分工的劳动力及其资源与才能整合进学习和创新过程，其中既包括在横向上打破不同职能部门之间的“部门墙”，也要求在纵向上克服“官本位”思想，鼓励等级链上不同层级的共同参与，即前述自上而下与自下而上相结合的过程，从而实现组织内部的包容性发展。正如我们在第六章第五节“人力资源管理”所讲述的案例，如果一个企业的领导者相信企业中每一个人都重要，这个企业很难做不好。

上述战略、财务、组织三方面环环相扣，构成了一个可持续的动态过程，从而为管理创新从创意变成实践并最终创造期望的经济收益创造了条件。

四、企业流程再造

变革型领导和学习型组织对管理创新的激励与发明，以及创新型企业所创造的实现条件等各方面要素齐备之后，管理创新进入到实打实的实践阶段。此时，企业流程再造（business process reengineering，BPR）开始了。

BPR 的概念始于达文波特（T. Davenport）和他的同事的研究。他们的开创性研究将 BPR 定义为组织内部和组织之间工作流和流程的分析和设计。后来，哈默尔（G. Hamel）和钱皮（J. Champy）进一步指出，为了在成本、质量、服务和速度等关键性能指标上取得显著改进，企业必须对业务流程进行根本性的反思和彻底的重新设计。

上述定义中有四个关键词：①“根本性”，这意味着从事 BPR 的企业必须防范那些已经嵌入其运行过程中的假设，防范想当然，BPR 应该首先决定公司必须做什么，然后才去考虑如何做的问题；②“彻底”，它意味着从根本上解决问题而非简单肤浅的改变，是砸掉现有瓶瓶罐罐之后对业务流程的再发明；③“显著”，这意味着 BPR 不是着眼于微调或渐进式改进，而是要实现性能上的巨大飞跃，甚至数量级的改变（见表 9-3），这既可以发生在那些深陷困境或已发现问题苗头的企业身上，也可以发生在那些没有明显困难甚至正值巅峰的企业身上；④“流程”，它被定义为一组有一种或多种输入的活动，其输出则是用户价值，这个定义反映了“流程”的整体性特征，并因此与由分工体现的结构相对应。这也意味着 BPR 的一项重要任务是打破企业按照职能设置部门的管理方式，转而以流程为中心进行业务设置，从而重新设计面向顾客满意度的、全局最优的业务流程。上面四个关键词准确界定了 BPR 与其他活动的边界（见表 9－4）。

表 9－3　　BPR 典型例证：显著改善

企业	流程	绩效改善
贺曼	产品设计作业	每年完成的贺卡设计项目增加 23 000 多种
IBM 信托	信托申请流程	申请流程从 6 天缩短到 4 小时，业务处理量增长 100 倍
福特汽车	应付账款	会计人员减少 75%，从 500 人减少到 125 人，向供应商付款时间缩短 14 天
沃尔玛	采购分销	与最接近的竞争对手相比，仍有 2%的成本优势
利宝保险	合同签约流程	合同处理时间缩短了 50%，每年节省开支超过 5 000 万美元

表 9－4　　BPR 不是什么？

裁员	BPR 取消的是工作，而非岗位或人员
重组	BPR 关注于如何完成工作，而非组织如何重构
自动化	BPR 使新的流程设计成为可能，而不只是为传统业务提供新的技术手段
新瓶装旧酒	BPR 是一场革命

推动 BPR 的过程涉及一系列管理技术，其中较为典型的包括：①流程可视化，对未来流程愿景的构筑与开发被视为 BPR 成功的关键；②流程映射/操作方法研究，这种技术已经被整合进集成定义方法（IDEF0）、数据流程图（DFD）、面向对象分析（OOA）和基于流程的项目管理（Prince 2）等一系列软件工具中；③变革管理，这是 BPR 过程中的一项重要任务，其中包括需要着重考虑再造过程中人的因素，因为“人”的工作技能甚至工作岗位本身都会受到 BPR 的影响；④标杆管理，这是 BPR 过程天然的组成部分，尤其是对那些在其他组织中得到应用的流程的可视化和二次开发；⑤流程与用户焦点，用户焦点是 BPR 的初衷和起点。

但是，BPR 在后来的实践中并未取得广泛成功。因此，钱皮在 2005 年的一篇总结性文章中提出了有效推动 BPR、落实管理流程创新的几点原则性建议。

（一）提供积极的执行导向

高层管理团队的积极态度是 BPR 成功的关键，这种态度不仅包括赞助和监督，高层管理人员对 BPR 的商业利益的理解至关重要。在此基础之上，他们才能准确定义团队成员各自的目标，并将其与公司的整体项目目标联系起来。而当一位高管能够向项目团队解释超常努力是如何帮助公司赢得市场的时候，这将会产生巨大的激励作用。这些项目也是资源密集型的，并有严格的时间限制。此时，领导者要毅然决然地取消所有形式主义的仪式和活动，否则团队成员会怀疑他们工作的意义。另一方面，如果高管人员能够对 BPR 团队的贡献给出一个简单总结，这也将会是超强的激励。

（二）与实际业务紧密结合

当明确组织变革的原因之后，BPR 项目的成功率会变得很高。因此，项目应该设定明确的目标来驱动改进特定的业务指标，如收入、成本、利润、服务水平、市场、时间和质量。良好的流程设计、与ERP软件平台相结合，可以对这些指标产生明显的阶跃式改进。相反，如果没有这些目标，BPR面对的将是无休止的争论和效率损失，这将会极大分散项目团队的注意力。为了从BPR中获得巨大的收益，也应该尝试去了解改变供应商和客户关系的可能性与重要性。在技术手段的支持下，业务流程可以与数据与环境因素的变化实时更新。

（三）尽可能标准化

在引入信息技术的支持下，尽可能实现标准化。虽然业务团队更倾向于定制化的过程，但管理者应坚持对定制化进行成本/收益分析。生产过程和技术变革需要专注于高业务回报的活动，而过多的定制化意味着管理信息系统和企业资源规划整体升级时高昂的维护成本。因此，尽可能采用现成的行业级解决方案，而非定制化方案，这能够极大地缩短与用户和供应商对接的时间，也能够降低系统转换的难度。不要低估采用标准流程方法的能力，它是驱动BPR落地并获得作业灵活性的最大因素。在行业级解决方案的基础上，一个BPR项目对现成系统进行20％左右的定制改造，就可以极大地释放流程再造的潜在收益。

（四）依托专业团队，快速反应决策

BPR是涉及企业整体的大型复杂项目。这类项目极少能够完全根据初始计划按部就班地进行。因此，及早识别偏差并迅速采取纠正措施至关重要。依靠内部资源和行业经验丰富的内外部顾问组成的跨职能团队将大大降低项目走上歧途的风险。经验丰富的团队会在工作进程中迅速发现偏差，它也有足够的冗余在确保团队正常工作不受影响的情况下，将额外资源转移到瓶颈环节（关键的滞后任务）。相比之下，那些等级森严而经验又显不足的团队将会面临高风险：如果所有重大决策都来自中心人物，就很有可能错过解决问题的最佳时间点而坐视问题爆发。此外，在解决关键问题的过程中能够直通决策层，对推进项目至关重要。在3天内解决关键问题的能力以及能够持续动态作决策的能力，对项目成功至关重要。

（五）好钢用在刀刃上：把最好的员工放到BPR团队中，缩短项目周期

公司流程的重新设计和信息化改造是让员工了解公司运营和能力的最佳机会，也是公司改进运营和提升能力的最佳机会。当公司内的关键员工（通常也是不可替代的员工）全身心投入到BPR项目时，就会引发最为显著的改进。相反，如果只是因陋就简、抓着谁就用谁，BPR项目将难以达成其目标。但是，那些关键员工还要回到他们的本职工作中去，因此制定一个略显激进的短期项目计划就显得非常重要。这也有利于调动公司最优秀人才的注意力。延长项目虽然看似安全，但那些超过10个月尚未取得显著成绩的BPR项目就面临着内部人员流转（关键员工回归本职）的尴尬和风险：在项目进程中切换资源和人员，不能做到专人专职专用，这种风险比一个激进的BPR计划的风险大得多。

（六）流程再造是一个持续改善的过程

一个运行良好的流程再造项目能够锻炼出一批深入了解公司主要业务流程的员工。正

是这些人，掌握了政策设定的方法，改变了组织管理技术和持续改进的方法。这些核心团队成员应被视为落实持续改进项目的关键资源。这样做有助于获得持续业务价值。当企业的信息系统（如ERP）随着BPR而重构之后，三到五年的持续改进将会使业务流程进一步优化，从而产生更加可观的效益。

■ 本章小结

管理创新是为了更好地实现组织目标，有意识地开发和实践的那些获得管理信息与管理知识的新途径，以及改变组织战略、结构、行政程序与体制的新流程。

企业越来越需要管理创新，这是高度不确定的市场环境的本质要求，是迎接和适应产业革命的必要条件，是提高资源争夺和利用效率的关键环节。

管理创新必须遵循战略性思维与内生性原则、自上而下与自下而上相结合的原则，并为新的管理知识的产生创造有利条件。其中，知识创造的五项促进条件包括：意图、自治、波动与创造性混沌、冗余、必要的多样性。

管理创新包括四个阶段：激励阶段，发明阶段，实施阶段和理论化与标签化阶段。

参与管理创新过程的个体既有内部变革促进者，也有外部变革促进者。

交易型领导是在特定的情境下，那些通过向被领导者澄清工作角色与任务要求、对工作成果进行奖励，以及指导并激励下属向既定目标方向前进的领导者，即通过在领导者与被领导者之间建立相互满足的交易过程来实现组织目标的领导者。

变革型领导更加关注每个下属的兴趣所在及其发展需要，帮助下属用新视角看待老问题，从而改变其对问题的看法，能够激励、调动和鼓舞下属为实现群体目标而付出更大的努力。

服务型领导理论强调领导者的公仆意识，他们从自身的原则、价值观和信仰出发，以关怀为出发点，主动扮演服务者的角色，这也使得"关系"成为他们权力的基础。

学习型组织是指那种有能力持续地适应环境并作出改变的组织。建设学习型组织绝非一两个人就能掌握的技能，必须整个组织共同参与发展五项关键技能（修炼）：建立共同愿景、实现团队学习、改变心智模式、实现自我超越和进行系统思维。

战略控制、财务承诺和组织整合是创新型企业的三个社会条件特征。

BPR是为了在成本、质量、服务和速度等关键性能指标上取得显著改进，企业对业务流程进行根本性反思和彻底的重新设计的过程。

■ 复习思考题

1. 为什么当前企业越来越需要进行管理创新？
2. 如何理解中国企业开展管理创新的条件与环境？
3. 管理创新的原则有哪些？
4. 知识创造的促进条件包括哪些？
5. 如何理解交易型领导与变革型领导的关系？
6. 如何理解创新型企业的社会条件？
7. 有效实施BPR、落实管理流程创新需要注意哪些方面？

主要参考文献

1. 小艾尔弗雷德·钱德勒. 战略与结构——美国工商企业成长的若干篇章. 昆明：云南人民出版社，2002.

2. 安维. 管理学原理. 北京：中国人民大学出版社，2010.

3. 彼得·德鲁克. 管理的实践. 齐若兰，译. 北京：机械工业出版社，2009.

4. 查尔斯·希尔，史蒂文·麦克沙恩，李维安，周建. 管理学（中国版）. 北京：机械工业出版社，2014.

5. 丹尼尔·雷恩，阿瑟·贝德安. 管理思想史（第六版）. 孙健敏，黄小勇，李原，译. 北京：中国人民大学出版社，2014.

6. 哈罗德·孔茨，海因茨·韦里克. 管理学：国际化与领导力的视角（精要版第9版）. 马春光，译. 北京：中国人民大学出版社，2014.

7. 亨利·明茨伯格，约瑟夫·兰佩尔，詹姆斯·布莱恩·奎因，苏曼特拉·戈沙尔. 战略过程：概念、情境、案例（第四版）. 徐二明，译. 北京：中国人民大学出版社，2014.

8. 理查德·达夫特. 管理学（第九版）. 范海滨，译. 北京：清华大学出版社，2012.

9. 理查德·达夫特. 组织理论与设计（第9版）. 王凤彬，张秀萍，刘松博，等，译. 北京：清华大学出版社，2008.

10. 罗伯特·卡普兰，大卫·诺顿. 战略地图：化无形资产为有形成果. 刘俊勇，孙薇，译. 广州：广东经济出版社，2005.

11. 斯蒂芬·罗宾斯，戴维·德森佐，玛丽·库尔特. 管理学：原理与实践（原书第九版）. 毛蕴诗，译. 北京：机械工业出版社，2016.

12. 斯蒂芬·罗宾斯，玛丽·库尔特. 管理学（第13版）. 刘刚，程熙镕，梁晗，等，译. 北京：中国人民大学出版社，2017.

13. 宋克勤，徐炜. 管理学（第二版）. 北京：首都经济贸易大学出版社，2013.

14. 王新哲，孙星，罗民. 工业文化. 北京：电子工业出版社，2016.

15. 沃尔特·艾萨克森. 史蒂夫·乔布斯传（修订版）. 管延圻，魏群，等，译. 北京：中信出版社，2014.

16. 辛西娅·蒙哥马利. 重新定义战略：哈佛商学院核心战略课. 蒋宗强，王立鹏，译. 北京：中信出版社，2016.

17. 邢以群. 管理学（第四版）. 杭州：浙江大学出版社，2016.

18. 野中郁次郎，竹内弘高. 创造知识的企业——日美企业持续创新的动力. 李萌，高飞，译. 北京：知识产权出版社，2006.

19. 约翰·伊特韦尔，默里·米尔盖特，彼得·纽曼. 新帕尔格雷夫经济学大辞典（1—

4卷）. 北京：经济科学出版社，1996.

20. 詹·法格博格，戴维·莫利，理查德·纳尔逊. 牛津创新手册. 柳卸林，郑刚，蔺雷，李纪珍，译. 北京：知识产权出版社，2009.

21. 詹姆斯·沃麦克，丹尼尔·琼斯，丹尼尔·鲁斯. 改变世界的机器：精益生产之道. 余锋，张冬，陶建刚，译. 北京：机械工业出版社，2015.

22. 中国企业管理百科全书编辑委员会，中国企业管理百科全书编辑部. 中国企业管理百科全书（上、下）. 北京：企业管理出版社，1984.

23. 中央电视台《跨国风云》节目组. 跨国风云：中国企业海外远征记. 北京：中信出版社，2007.

24. 周三多，陈传明，贾良定. 管理学——原理与方法（第六版）. 上海：复旦大学出版社，2014.

图书在版编目（CIP）数据

管理学原理/孙喜编著．—北京：中国人民大学出版社，2018.2
新编 21 世纪远程教育精品教材．经济与管理系列
ISBN 978-7-300-25440-1

Ⅰ.①管… Ⅱ.①孙… Ⅲ.①管理学-高等学校-教材 Ⅳ.①C93

中国版本图书馆 CIP 数据核字（2018）第 008275 号

新编 21 世纪远程教育精品教材·经济与管理系列
管理学原理
孙　喜　编著
Guanlixue Yuanli

出版发行	中国人民大学出版社		
社　　址	北京中关村大街 31 号	**邮政编码**	100080
电　　话	010－62511242（总编室）		010－62511770（质管部）
	010－82501766（邮购部）		010－62514148（门市部）
	010－62515195（发行公司）		010－62515275（盗版举报）
网　　址	http://www.crup.com.cn		
	http://www.ttrnet.com（人大教研网）		
经　　销	新华书店		
印　　刷	北京溢漾印刷有限公司		
规　　格	185 mm×260 mm　16 开本	**版　　次**	2018 年 2 月第 1 版
印　　张	17.5	**印　　次**	2018 年 2 月第 1 次印刷
字　　数	416 000	**定　　价**	39.00 元